公共管理创新系列教材

公共危机管理

唐 钧 著

Crisis Management in the Public Sector

中国人民大学出版社
·北京·

图书在版编目（CIP）数据

公共危机管理/唐钧著. —北京：中国人民大学出版社，2019.10
公共管理创新系列教材
ISBN 978-7-300-27468-3

Ⅰ.①公… Ⅱ.①唐… Ⅲ.①突发事件-公共管理-高等学校-教材 Ⅳ.①D035.29

中国版本图书馆 CIP 数据核字（2019）第 202709 号

公共管理创新系列教材
公共危机管理
唐 钧 著
Gonggong Weiji Guanli

出版发行	中国人民大学出版社		
社　　址	北京中关村大街 31 号	**邮政编码**	100080
电　　话	010－62511242（总编室）		010－62511770（质管部）
	010－82501766（邮购部）		010－62514148（门市部）
	010－62515195（发行公司）		010－62515275（盗版举报）
网　　址	http://www.crup.com.cn		
经　　销	新华书店		
印　　刷	天津中印联印务有限公司		
开　　本	787 mm×1092 mm　1/16	**版　　次**	2019 年 10 月第 1 版
印　　张	16.75	**印　　次**	2025 年 1 月第 8 次印刷
字　　数	354 000	**定　　价**	45.00 元

前　言

PREFACE

公共危机管理任重而道远。全球的公共危机管理均面临着新形势和新挑战，需要承担新使命和新任务。

第一，公共安全的范畴扩大。对此，公共危机管理亟待以总体国家安全观①为指导，科学界定公共危机，全面提升国家应急能力。党的二十大报告用专章对此进行全面阐释和科学部署，指出："必须坚定不移贯彻总体国家安全观，把维护国家安全贯穿党和国家工作各方面全过程，确保国家安全和社会稳定。"公共危机管理应坚持贯彻落实党的二十大报告相关要求，"以人民安全为宗旨、以政治安全为根本、以经济安全为基础、以军事科技文化社会安全为保障、以促进国际安全为依托，统筹外部安全和内部安全、国土安全和国民安全、传统安全和非传统安全、自身安全和共同安全，统筹维护和塑造国家安全，夯实国家安全和社会稳定基层基础，完善参与全球安全治理机制，建设更高水平的平安中国，以新安全格局保障新发展格局。"

第二，公共安全的风险激增。对此，公共危机管理亟待构建全流程风险防控机制，形成常态防控工作和危态应急处置工作的有机结合。习近平总书记指出，"要清醒认识面临

① 习近平总书记关于总体国家安全观的讲话要求我们：既重视外部安全，又重视内部安全，对内求发展、求变革、求稳定、建设平安中国，对外求和平、求合作、求共赢、建设和谐世界；既重视国土安全，又重视国民安全，坚持以民为本、以人为本，坚持国家安全一切为了人民、一切依靠人民，真正夯实国家安全的群众基础；既重视传统安全，又重视非传统安全，构建集政治安全、国土安全、军事安全、经济安全、文化安全、社会安全、科技安全、信息安全、生态安全、资源安全、核安全等于一体的国家安全体系。

的风险和挑战，把难点和复杂性估计得更充分一些，把各种风险想得更深入一些”①。风险社会已全面来临，风险新变化和新生风险不断出现，风险的“传导渗透”“连锁反应”“交互融合”“次生演变”等特征日益凸显，给公共安全带来严峻挑战，也给公共危机管理带来巨大压力。对此，我们应按照习近平总书记提出的要求，“既要高度警惕‘黑天鹅’事件，也要防范‘灰犀牛’事件；既要有防范风险的先手，也要有应对和化解风险挑战的高招；既要打好防范和抵御风险的有准备之战，也要打好化险为夷、转危为机的战略主动战”②。在公共危机管理中，坚持防抗救结合，做好危机决策、危机预警、应急响应、危机公关等危态工作的同时，做实风险评估、应急准备、风险控制、风险沟通等常态工作。

第三，群众对安全的需求提高。对此，公共危机管理亟待坚持以人为本，把人民群众的安全感和满意度放在首位、落到实处。党的十九大报告指出，“坚持人民主体地位，坚持立党为公、执政为民，践行全心全意为人民服务的根本宗旨，把党的群众路线贯彻到治国理政全部活动之中”。公共危机管理应将群众的安全感和满意度作为标准，坚持以人为本的原则，做到：一是将人民群众的安全需求贯穿到全流程和全方位的公共危机管理工作中；二是重视社会建设、发展、治理的安全理念，积极防范重特大安全责任事故等群众“不答应、不满意、不高兴”的问题；三是提高全民防灾减灾意识，推动公众安全知识普及和自救互救技能学习，切实减少人员伤亡和财产损失。

公共危机管理将迈向科学和专业。新时代的公共危机管理是指，在总体国家安全观的指导下，在“党委领导、政府负责、社会协同、公众参与、法治保障”的体制框架内，为了有效预防和科学应对突发公共危机事件，通过防灾减灾、综合准备、预案管理、及时预警、科学响应、联动处突、信息发布、调查追责、危机公关、现场秩序管理、舆论场负面影响防范、过渡安置、灾后重建等一系列工作，有效防控社会风险、科学应对突发事件，控制、减轻和消除公共危机及其损害，保护人民群众的生命财产安全并满足其安全感需求，从而对包括政治安全、国土安全、军事安全、经济安全、文化安全、社会安全、科技安全、信息安全、生态安全、资源安全、核安全等11类安全在内的国家安全进行综合保障。

公共危机管理是突发危机处置和社会风险防控的统一，根据国家应急能力建设和应急体系建构③的要求，应做好事前防灾减灾备灾、事中应急处突救援、事后恢复重建整改，做好上游的规划与决策、中游的执行与监督、下游的应急和救援，做好“常态减灾”和“非常态救灾”，努力实现从“灾时应对和灾后救助”向“灾前预防并力争无灾”转变，从

① 习近平在浙江召开华东7省市党委主要负责同志座谈会［EB/OL］．新华网，2015-05-28.

② 提高防控能力着力防范化解重大风险 保持经济持续健康发展社会大局稳定［EB/OL］．人民网，2019-01-22.

③《中共中央办公厅国务院办公厅关于印发〈应急管理部职能配置、内设机构和人员编制规定〉的通知》（厅字［2018］60号）要求，“应急管理部应加强、优化、统筹国家应急能力建设，构建统一领导、权责一致、权威高效的国家应急能力体系，推动形成统一指挥、专常兼备、反应灵敏、上下联动、平战结合的中国特色应急管理体制”。

“减少危机损失”向“减轻灾害风险”转变。

基于上述分析，公共危机管理亟待重构，以符合新时代要求（见图0－1）。

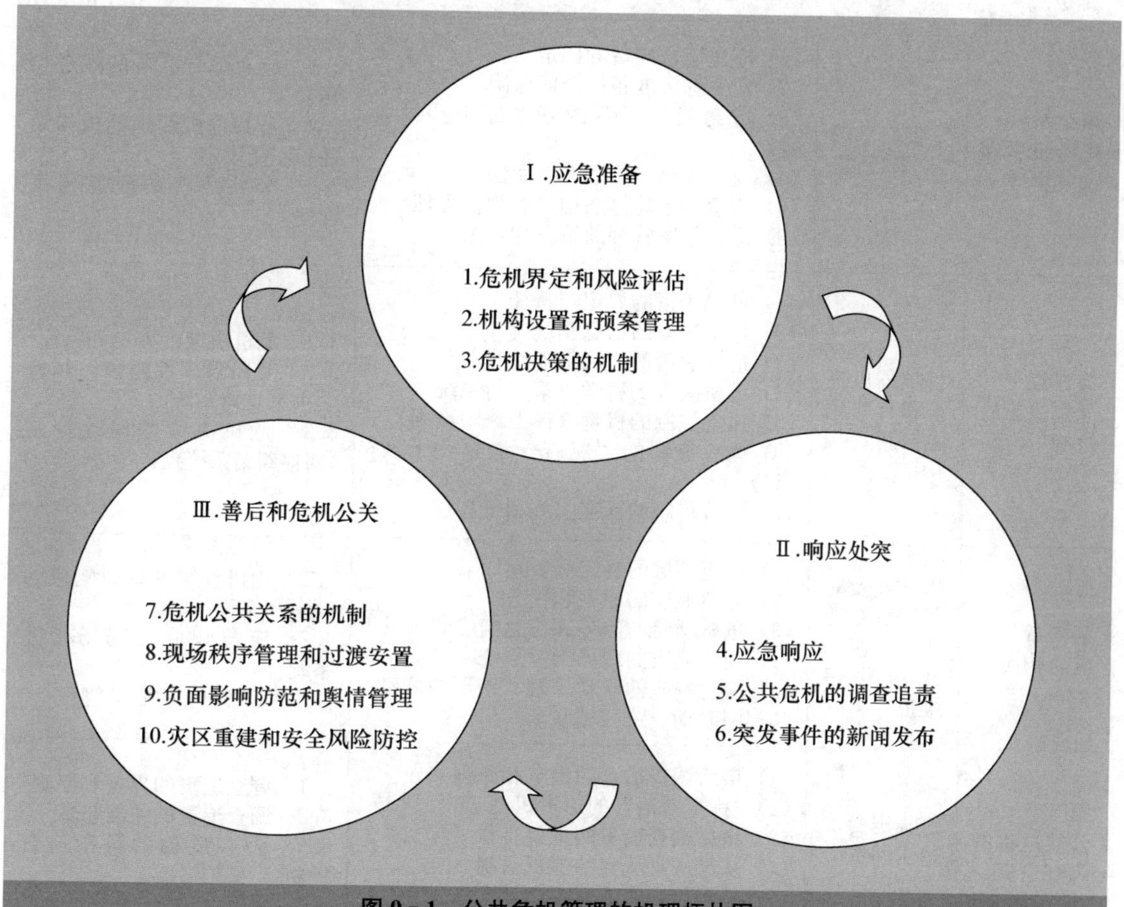

图 0－1　公共危机管理的机理拓扑图

表0－1为本书的内容一览表：

表 0－1　本书的内容一览表

项目 / 章节分布	目标	理论和实务的要点	篇章结构
第1章 危机界定和风险评估	树立科学危机观，评测危机等级	（1）公共危机的界定和特征 （2）公共危机的分类与分级 （3）“三重危机”的内涵 （4）“损失程度-影响范围”评估 （5）“发生概率-发生后果”评估（PR） （6）“社会责任-负面影响”评估（RI）	1.1　公共危机的界定和特征 1.2　公共危机的分类与分级 1.3　公共危机的风险评估

续前表

项目 章节分布	目标	理论和实务的要点	篇章结构
第2章 机构设置和预案管理	完善应急的“一案三制”	(1) 应急综合准备的界定 (2) 应急综合准备的全面保障 (3) 应急机构设置的基本原则和设置规律 (4) 应急机构设置的典型做法 (5) 应急预案的体系构建和规范管理 (6) 应急预案管理的情景构建法	2.1 应急综合准备的界定和要素 2.2 公共危机管理的机构设置和职能设定 2.3 公共危机的应急预案管理
第3章 危机决策的机制	科学危机决策和有效风险控制	(1) 危机决策的界定与特征 (2) 危机决策的信息系统 (3) 危机决策的“局限理性模型” (4) 危机决策的科学决策支持系统 (5) 风险控制的机理（捍卫风险准则） (6) 风险控制的“规避→消除→干预”措施 (7) 风险控制的动态实施和所有权	3.1 危机决策的界定和特征 3.2 “局限理性模型”和科学决策支持系统 3.3 危机决策的风险控制（纠偏纠错系统）
第4章 应急响应	提前或及时预警、专业快速响应和现场秩序维护	(1) 危机预警的界定和要素 (2) 应急响应的原则和任务 (3) 危机预警的趋势和应急响应的升级 (4) 应急响应的现场指挥系统 (5) 应急响应的联动管理（跨层级联动、跨部门联动、跨区域联动）	4.1 危机预警和应急响应的要素和流程 4.2 应急响应的现场指挥系统 4.3 应急响应的联动管理
第5章 公共危机的调查追责	定损定责，追责问责	(1) 事后调查追责的界定和原则 (2)“标本兼治”的追责机制 (3) 事后调查追责的主要步骤 (4) 从严从紧从实的追责机制 (5) 追责与容错的兼容设计	5.1 调查追责的界定和原则 5.2 调查追责的主要步骤 5.3 公共危机的科学追责机制
第6章 突发事件的新闻发布	依法公开信息，回应社会关切	(1) 新闻发布的原则和要素 (2) 突发事件新闻发布的全媒体布局（特征、机理、关系优化） (3) 突发事件新闻的主动发布 (4) 创新突发事件新闻的内容与形式 (5) 拓展突发事件新闻发布的渠道和平台	6.1 突发事件新闻发布的原则和要素 6.2 突发事件新闻发布的全媒体布局 6.3 突发事件新闻发布的科学策略
第7章 危机公共关系的机制	改善媒体关系，舒缓社会恐慌	(1) 危机公关的“双SPACE”原则 (2) 危机公关的“两场-三维”机理 (3) 危机公关的“信息管道”原理 (4) 危机公关的“利益相关”模型 (5) 危机公关的“责任模型” (6) 应对舆情来源的“181”议题设置法 (7) 应对舆情加工的“还原全貌”模型 (8) 应对舆论报导的“常态清理 & 危态止损”法	7.1 危机公共关系的原则和架构 7.2 危机公共关系的“责任模型” 7.3 危机公共关系的运行机理

续前表

项目 章节分布	目标	理论和实务的要点	篇章结构
第8章 现场秩序管理和过渡安置	有效管理灾区现场秩序，过渡安置和心理疏导	(1) 灾区现场秩序管理的六要点 (2) 秩序管理效果的检验标准 (3) 过渡安置区域的建设原则和综合保障 (4) 次生灾害和衍生事件的风险防控要求 (5) 灾民心理疏导的基本原则和科学路径 (6) 灾民心理疏导的方式方法 (7) 基于不同群体的心理疏导策略	8.1　灾区的现场秩序管理 8.2　灾区的过渡安置 8.3　灾区民众的心理疏导
第9章 负面影响防范和舆情管理	防范负面影响，争取舆论支持	(1) 负面影响的机理和防范要求 (2) 舆情的机理和管理要求 (3) 舆情分析和负面影响评估（信息收集、"舆情画像"、全面分析、趋势预测） (4) 舆情引导的基本原则 (5) 舆情引导的五策略："正面引导""否定责任""降低责任""减轻批评""重塑形象"	9.1　负面影响的机理和防范要求 9.2　公共危机的舆情分析和负面影响评估 9.3　公共危机的舆情引导
第10章 灾区重建和安全风险防控	科学重建并有效防灾，提升承受力	(1) 灾区重建的基本原则 (2)"生理-心理-社会"的三维重建模型 (3) 灾区"三维重建"的总体目标概述 (4) 灾区重建"输血"和"造血"模式概述 (5) 灾区重建的规划和实施要点 (6) 安全风险防控的三维架构 (7) 安全风险防控的三重目标 (8) 安全风险防控的长效机制	10.1　灾区重建的原则和模式 10.2　灾区重建的总体规划与实施要点 10.3　公共危机的安全风险防控

坚定走好新时代中国特色的公共危机管理之路，应以习近平新时代中国特色社会主义思想为指导，深刻把握其精神实质和丰富内涵，全面贯彻落实党的二十大精神，认真贯彻党中央、国务院相关决策部署，坚持人民至上、生命至上，坚持稳中求进工作总基调，全面贯彻新发展理念，加快构建新发展格局，更好统筹发展和安全、当前和长远，着力完善体系、预防为主、专项整治、提升能力，突出防范化解重大安全风险，深入推进应急管理体系和能力现代化，为全面建设社会主义现代化国家创造良好安全环境。基于此，在本书的框架体系内，公共危机管理覆盖了危机的界定和风险评估、应急准备和机构设置、危机决策和风险控制、危机预警和应急响应、公共危机调查追责、突发事件新闻发布、危机公共关系、灾区现场秩序管理和过渡安置、负面影响防控和舆情管理、灾区重建和安全风险防控等内容。本书对新时代的公共危机管理进行系统建构和整体介绍，以期构建出符合当前中国公共危机管理实际情况、满足现实需要的公共危机管理体系。

本书对当前国内外公共危机管理的理论成果和实践经验进行了全面梳理和系统总结，

并结合本人在公共危机管理领域的多维度研究成果和多年心得体会，突出展现了新媒体环境和风险社会的时代背景下公共危机管理的要求和做法：第一，本书汇总了公共危机管理的国际理论研究成果，当前侧重于指导思路的全面革新、职能运作的优化调整、科学管理的充分应用和社会战略的全民动员等领域；第二，本书总结了公共危机的全球实践操作经验，尤其是危机管理法制体制机制建设、事前防灾减灾备灾应急、危机管理民主和科学决策、应急能力建设和评估、智能危机预警与应急响应、绩效评估和责任管理、联动合作和全民动员等领域的实操经验；第三，本书收录了美国、德国、澳大利亚、日本等多国公共危机管理的实际运作和案例操作，同时，联合国、世界卫生组织、国际标准化组织等对公共危机管理的研究和实践，在本书中均有体现；第四，本书提炼了国内相关政府部门、社会组织、研究机构、学者专家的理论研究和实践操作成果，尤其是危机管理、应急处置、风险评估、风险防控、舆情管理、危机公关等领域的成果；第五，本书汇总了近年来我国公共危机管理的法律法规和政策要求，收录了我国重特大公共危机事件的经验总结和问题反思。

感谢为本书收集大量案例并整理文稿的中国人民大学的龚琬岚，感谢中国人民大学出版社的编辑们为本书所做的努力。

本书适用面广、实用性强，适用于危机管理、公共关系、舆情管理、风险管理、社会治理、公共服务、公共安全、形象研究等领域的本科生、硕博研究生、政府职能部门管理人员和专家学者，也适用于警察、城管、医院、企业、学校等窗口行业或执法部门的从业人员和管理咨询人士等。

唐钧
于中国人民大学

目　录

CONTENTS

第1篇　应急准备

第2篇 响应处突

第 3 篇　善后和危机公关

第 1 篇

应急准备

要做好公共危机管理，首先要做好应急准备。应急准备的内容包括三个方面：危机的现行界定和通过风险评估确定危机的类型和等级，应急准备的全要素和机构设置，科学的危机决策机制。本篇由三章组成：第 1 章危机界定和风险评估，介绍现行的危机分类分级，以及科学的风险评估和危机识别定级。第 2 章机构设置和预案管理，介绍科学的应急机构设置和职能设置，有效的应急预案及其管理，以及在此基础上开展备灾所需的应急综合准备。第 3 章危机决策的机制，介绍危机决策的特征、科学的危机决策机制，以及基于风险准则的危机决策风险控制。

第 1 章

危机界定和风险评估

知识结构图

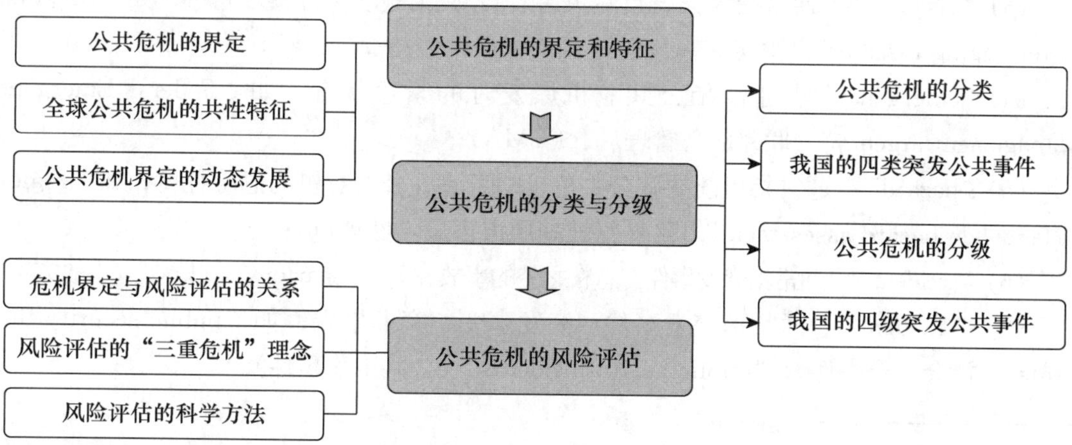

重点问题

- 公共危机和公共危机管理的界定
- 全球公共危机的共性特征概述
- 公共危机的分类与我国四类突发公共事件
- 公共危机的分级与我国四级突发公共事件
- 危机界定和风险评估的关系概述
- 风险评估“三重危机”理念的要点
- “损失程度-影响范围”评估方法的要点
- “发生概率-发生后果”评估方法的要点
- “社会责任-负面影响”评估方法的要点

1.1 公共危机的界定和特征

公共危机根据不同的视角，有多重界定；通常需要参照国际通用概念、结合本国国情和本土情况，才能得出科学的界定。

1.1.1 公共危机的界定

1.1.1.1 危机的国际通用概念

危机的国际通用概念主要有七种：crisis，damage，disaster，emergency，hazard，accident，incident。这七种概念在特定词组或情境中所描述的“公共危机”，存有内涵的差异。

(1)“crisis”① 通常指社会性危机、带有冲突的公共危机，如“socialization crisis and its solutions”(社会化危机及其出路)；

(2)“damage”② 通常指公共危机所造成的损害、公共危机引发的损失，如“irreversible damage”(不可逆的损害)；

(3)“disaster”③ 通常指天灾、自然灾害、自然原因导致的公共危机，如“flood and waterlogging disaster”(洪涝灾害)；

(4)“emergency”④ 通常指公共危机爆发时的紧急状况，如“Federal Emergency Management Agency”(联邦应急管理局，FEMA)；

(5)“hazard”⑤ 通常指可能导致公共危机的隐患、公共危机的危险程度，如“regional landslide hazard assessment”(区域滑坡地质灾害危险性评价)；

(6)“accident”⑥ 通常指突发事件、意料之外的事故，如“calamitous accidents”(事故灾难)；

(7)“incident”⑦ 通常指突发事件、突发事变、突发事端，如“public security incidents”(社会安全事件)、“public health incidents”(公共卫生事件)。

---

① 根据《朗文当代英语词典》(*Longman Dictionary of Contemporary English*)和中国知网(CNKI)翻译助手，“crisis”通常解释为“a situation in which there are a lot of problems that must be dealt with quickly so that the situation does not get worse or more dangerous”，译为“危机”。单词“damage、disaster、emergency、hazard、accident、incident”的翻译和解释来源一致。

② “damage”通常解释为“physical harm，emotional harm，or a bad effect on something”，译为“损害”“损失”。

③ “disaster”通常解释为“a sudden event such as a flood，storm，or accident which causes great damage or suffering”，译为“灾害”“灾难”。

④ “emergency”通常解释为“an unexpected and dangerous situation that must be dealt with immediately”，译为“突发事件”“紧急情况”。

⑤ “hazard”通常解释为“something that may be dangerous，or cause accidents or problems”，译为“危险”“隐患”“危险性”。

⑥ “accident”通常解释为“a situation in which someone is injured or something is damaged without anyone intending them to be”，译为“意外”。

⑦ “incident”通常解释为“an event，especially one that is unusual，important，or violent”，译为“事故”“事件”“事变”。

1.1.1.2　危机的国内常见定义

我国学者对于危机的界定，可归纳为三种。

(1) 危机是“紧急事件”或“紧急状态”。例如，张成福等认为，危机是这样一种紧急事件或者紧急状态，它的出现和爆发严重影响社会的正常运作，对生命、财产、环境等造成威胁、损害，超出了政府和社会常态的管理能力，要求政府和社会采取特殊的措施加以应对①。

(2) 危机是“受到威胁或挑战的不利情境”。例如，薛澜等认为，危机通常是在决策者的核心价值观念受到严重威胁或挑战、有关信息很不充分，事态发展具有高度不确定性和需要迅捷决策等不利情境的汇聚②。

(3) 危机是“非正常状态”。例如，马建珍认为，危机是指社会遭遇严重天灾、疫情，或出现大规模混乱、暴动、武装冲突、战争等，社会秩序遭受严重破坏，人民生命财产和国家安全遭受直接威胁的非正常状态③。

1.1.1.3　公共危机与公共危机管理的界定

根据危机界定的理论研究和实践做法，本书对公共危机的定义如下：

公共危机是指，突然发生的，可能造成或已造成人员伤亡、财产损失、环境破坏、群体恐慌、社会负面影响等社会危害中的一种或多种，危及公共安全乃至国家安全，亟待采取应急处置措施予以防范或应对的紧急事件。

公共危机管理是指，在总体国家安全观的指导下，以政府为主体、全社会参与，为有效预防和科学应对突发公共事件，通过事前防灾减灾备灾、事中应急处突救援、事后恢复重建整改，来有效防控社会风险、科学应对突发事件，达到防止和减少公共危机的发生，控制、减轻和消除公共危机造成的损害，保护人民群众的生命财产安全，维护国家安全、公共安全、环境安全和社会秩序的一系列管理工作与活动。

1.1.2　全球公共危机的共性特征

就全球实践而言，公共危机具有突发性、公共性、复杂性等共性特征。

1.1.2.1　公共危机的突发性

公共危机的突发性（sudden）是指，公共危机的产生和发展具有不确定性、不可预知性和不可控性，在一定程度上难识别和难应对，进而导致危机突发和难防难控的局面。

公共危机的突发性主要表现在三方面：一是危机源的交互融合、动态变化，具有复杂性与变动性；二是危机爆发的速度快、势头猛，难提前发现和防范；三是危机演变发展的难预测性，可能引发关联危机或产生连锁反应。

公共危机的突发性易导致严重后果：一是毫无防备或防御不足的突发状况易导致应对

---

① 张成福，唐钧，谢一帆. 公共危机管理：理论与实务［M］. 北京：中国人民大学出版社，2009.

② 薛澜，张强，钟开斌. 危机管理：转型期中国面临的挑战［M］. 北京：清华大学出版社，2003.

③ 马建珍. 浅析政府危机管理［J］. 长江论坛，2003 (5).

失误、人员死伤和财产损失；二是猝不及防的突然爆发易引发受灾群众的恐慌；三是难以承受的突发危机易招致群众的质疑和问责，造成负面影响。

1.1.2.2 公共危机的公共性

公共危机的公共性（public）是指，公共危机的发生过程和后果不仅对个体利益产生影响，还可能牵涉一定规模或范围的群体利益和公共利益。

公共危机的公共性，导致公共危机与个体危机相比，后果可能更加恶劣，具体表现为：一是损害其他个体或群体的合法权益，二是破坏公共规则、公共秩序、公共环境，三是公共管理者或责任方因负有整改不力、监管不严等社会责任而出现形象危机或使公信受损。

公共危机的公共性对公共危机管理提出更多要求，公共部门既要指导、帮助、敦促个体开展安全防范和自救互助，更要贯彻落实中央关于防灾减灾和应急处置的方针政策和决策部署，有效防范或应对公共危机。

1.1.2.3 公共危机的复杂性

公共危机的复杂性（complicated）是指，公共危机的来源、发展、演变等多方面具有复杂的规律、特征、机理，这加大了公共危机防范和应对的难度。

公共危机的来源具有复杂性，危机源具有多方面的特征：一是多样化特征，自然或社会因素、技术或管理因素、个体或群体因素、主观或客观因素均可能引发公共危机；二是交互融合特征，多维度、多层次、多主体的社会因素在交互融合的作用下均可能导致公共危机；三是固化和突变共存特征，某些危机源受客观环境影响而长期存在，但可能由于特定条件变化而发生突变，引发新的公共危机。

公共危机的传播和发展具有复杂性，存在多重“传导渗透效应”：一是地域性的传导渗透，公共危机可能在不同国家、地区之间形成传导，例如，全球范围内制造公共危机的某一新做法易被模仿或复制，进而渗透至其他地区；二是人际化的传导渗透，涉公共卫生或意识形态类的公共危机可能在特定群体中通过接触或交流“传染”；三是关联性的传导渗透，涉安全生产类的公共危机可能在具有关联性的部件或项目间进行传播，导致风险升级与恶化；四是突围式的传导渗透，公共危机可能打破有形的安全保卫或无形的“防火墙”而出现渗透或传导；五是“连锁反应”的传导渗透，包括触发关联危机源的爆发、引发以往危机的重现等。

1.1.3 公共危机界定的动态发展

针对新生危机和危机新变化，公共危机的界定必须经常更新，形成动态发展的态势。

(1) 通过定期或不定期发布形势报告，形成公共危机的动态更新制度。例如，美国政府向国会提供的《国家安全战略报告》是美国政府声明其国家安全关注、世界秩序主张、军事与外交方略的“宣言书”，与其下位的《国家防务战略》《四年防务审议报告》《国家军事战略》共同构成国家层面的战略文件体系，其中对美国的公共危机界定也在不断更新。美国法律要求，美国总统应当每年向国会提交一份《国家安全战略报告》，阐述美国政府在内政、外交和防务等方面的总体目标和宏观政策①。

（2）通过定期出台战略规划，形成公共危机的动态更新制度。例如，我国的突发事件应急体系建设五年规划纲要，和防灾减灾、安全生产、食品药品安全等领域的五年规划纲要制度，形成国家战略层面对公共危机界定的动态更新制度。例如，《国家突发事件应急体系建设“十三五”规划》（国办发〔2017〕2 号）对公共危机界定从“发生态势”和“复杂程度”两方面进行更新：一方面，从突发事件发生态势看，突发事件仍处于易发多发期；另一方面，从突发事件的复杂程度看，各种风险相互交织，呈现出自然和人为致灾因素相互联系、传统安全与非传统安全因素相互作用、既有社会矛盾与新生社会矛盾相互交织等特点。

（3）通过定期或不定期更新应急预案，形成公共危机的动态更新制度。例如，通过对《北京市突发公共事件总体应急预案》的不定期更新，北京市突发公共事件的分类定级实现制度化的动态更新。从《北京市突发公共事件总体应急预案》，到《北京市人民政府关于实施北京市突发公共事件总体应急预案的决定》，到《北京市突发事件总体应急预案（2010 年修订）》，再到最新修订的《北京市突发事件总体应急预案（2016 年修订）》，北京市突发公共事件的种类变化从 2004 年和 2005 年的 4 类 13 种 34 项，发展到 2010 年的 4 类 23 种 51 项，再发展到 2016 年的 4 类 23 种 52 项，实现了公共危机界定的动态更新（见表 1－1）。

表 1－1　北京市突发公共事件总体应急预案中的危机界定变化

预案版本	公共危机的“类”数	公共危机的“种”数及其变化	突发公共事件的“项”数及其变化
2004 年和 2005 年版（两个版本内容一致，故在此表中合并）	共计 4 类，包括：（1）自然灾害；（2）事故灾难；（3）公共卫生事件；（4）社会安全事件	共计 13 种，包括： （1）自然灾害类：水旱灾害、地震灾害、地质灾害、气象灾害、森林火灾； （2）事故灾难类：安全事故、环境污染和生态破坏突发事故； （3）公共卫生事件类：重特大传染病疫情、重特大动植物疫情、食品安全与职业危害； （4）社会安全事件类：重特大群体性事件、重特大刑事案件、涉外突发公共事件	共计 34 项，包括： （1）自然灾害类：洪涝、干旱，破坏性地震，泥石流、滑坡、采矿塌陷，大风及沙尘暴，浓雾、冰雪天气，暴雨、雷电天气，森林火灾； （2）事故灾难类：危险化学品事故、矿山事故、特种设备事故、轨道交通运营突发、道路突发事故、桥梁突发事故、道路交通事故、人防工程事故、火灾事故、建筑施工突发事故、公共供水突发公共事件、公共排水突发公共事件、城市地下管线突发公共事件、重特大电力突发公共事件、燃气事故、供热事故； （3）公共卫生事件类：环境污染和生态破坏突发事故，鼠疫、炭疽、霍乱、SARS、流感等，口蹄疫、高致病性禽流感等，职业中毒事件，食物中毒事件； （4）社会安全事件类：影响校园安全稳定事件、重特大群体性上访事件、公共场所滋事事件、民族宗教群体性突发公共事件、重大恐怖事件和刑事案件、涉外突发事件

① 截至本教材编写完成时间（2019 年 8 月底），美国共发布了 17 份《国家安全战略报告》，分别是里根政府时期 2 份（1987、1988），老布什政府时期 3 份（1990、1991、1993），克林顿政府时期 7 份（1994、1995、1996、1997、1998、1999、2000），小布什政府时期 2 份（2002、2006），奥巴马政府时期 2 份（2010、2015），特朗普政府时期 1 份（2017）。

续前表

预案版本	公共危机的“类”数	公共危机的“种”数及其变化	突发公共事件的“项”数及其变化
2010年版	共计4类，同2004年和2005年版	共计23种，包括：(1) 自然灾害类：水旱灾害、地震灾害、地质灾害、气象灾害、森林火灾、生物灾害（增加项）；(2) 事故灾难类：工矿商贸企业等安全事故、火灾事故（增加项）、交通运输事故（增加项）、公共设施和设备事故（增加项）、核事件与辐射事故（增加项）、环境污染和生态破坏事件；(3) 公共卫生事件类：传染病疫情、群体性不明原因疾病（增加项）、食品安全和职业危害、动物疫情、其他严重影响公众健康和生命安全的事件（增加项）；(4) 社会安全事件类：恐怖袭击事件（增加项）、刑事案件、经济安全事件（增加项）、涉外突发公共事件、群体性事件、其他（增加项）	共计51项，包括：(1) 自然灾害类：水灾、旱灾、气象灾害（暴雨、大风、沙尘暴、浓雾、冰雪、雷电、冰雹、高温等）、破坏性地震、突发地质灾害（滑坡、泥石流、地面塌陷等）、突发林木有害生物事件、植物疫情、外来生物入侵、森林火灾；(2) 事故灾难类：危险化学品事故、矿山事故、建设工程施工突发事故、火灾事故、道路交通事故、轨道交通运营突发事件、公共电汽车运营突发事件、铁路行车事故、民用航空器飞行事故、供水突发事件、排水突发事件、电力突发事件、燃气事故、供热事故、地下管线突发事件、道路突发事件、桥梁突发事件、网络与信息安全事件（公网、专网、无线电）、人防工程事故、特种设备事故、辐射事故、核事件、重污染天气、突发环境事件；(3) 公共卫生事件类：重大传染病疫情（鼠疫、炭疽、霍乱、非典、流感等）、群体性不明原因疾病、食品安全事件、职业中毒事件、重大动物疫情（高致病性禽流感、口蹄疫等）、药品安全事件；(4) 社会安全事件类：恐怖袭击事件，刑事案件，生活必需品供给事件，粮食供给事件，能源资源供给事件，金融突发事件，涉外突发事件，上访、聚集等群体性事件，民族宗教群体性事件，影响校园安全稳定事件，新闻舆论事件，旅游突发事件
2016年版	共计4类，同2004年和2005年版	共计23种，与2010年版保持一致	共计52项，与上一版（2010年版）相比，变化如下：将“涉外突发公共事件”细分为“京内涉外突发公共事件”和“境外涉及本市突发公共事件”

资料来源：根据《北京市突发公共事件总体应急预案》《北京市人民政府关于实施北京市突发公共事件总体应急预案的决定》《北京市突发事件总体应急预案（2010年修订）》《北京市突发事件总体应急预案（2016年修订）》等公开资料整理。

1.2 公共危机的分类与分级

公共危机界定的核心是分类分级，分类分级让公共危机管理得以操作化并具有科学性，其中：分类（classification）便于精细化的公共危机管理，分级（grading）便于高效化的公共危机管理。

1.2.1　公共危机的分类

根据不同的标准，可对公共危机进行不同的分类。公共危机的数量繁多、类型多样，通过危机分类，能够将复杂的公共危机分门别类，实现精细化的公共危机管理，提升公共危机管理实际操作的可行性和科学性。公共危机通常从以下六个维度进行分类研究：

（1）从基本性质进行分类，可分为自然危机（如自然灾害、某些传染病）和人为危机（如恐怖活动、犯罪行为、破坏性事件）等；

（2）从影响范围进行分类，可分为国际危机、国内危机、组织危机等；

（3）从主要成因进行分类，可分为政治危机、经济危机、社会危机、价值危机等；

（4）从采取手段进行分类，可分为和平的冲突方式（如静坐、示威、游行）和暴力性的流血冲突方式（如恐怖活动、社会骚乱、战争）；

（5）从复杂程度和可控性进行分类，可分为结构良好的危机（危机涉及的价值和根本原则程度轻，波及范围有限，解决危机的决策方案有限且容易寻找，控制难度和危害程度都不大）和结构不良的危机（结构良好的危机的反面状态）；

（6）从演变过程进行分类，可分为“能量积累型”的危机（如地震、火山爆发）和“级联放大型”的危机（如金融危机）。

1.2.2　我国的四类突发公共事件

我国《中华人民共和国突发事件应对法》《国家突发公共事件总体应急预案》等相关法律法规对公共危机进行分类，按照危机发生过程、性质和机理，将突发公共事件分为四类：自然灾害、事故灾难、公共卫生事件、社会安全事件。

1.2.2.1　自然灾害类事件

自然灾害类事件是指，由自然异常变化造成的人员死伤、财产损失、社会失序、资源被破坏等一系列后果的公共危机事件。我国是全球自然灾害最严重的国家之一，灾害种类多、发生频率高，灾变强度大、影响范围广，频发多发的自然灾害主要包括气象灾害、海洋灾害、洪水灾害、地质灾害、地震灾害等。总体而言，常见的自然灾害具有三个特征：

第一，不可抗力。自然灾害本质而言属于自然现象，灾害爆发不以人的意志为转移；对此人类能动性的作用有限，通常难以消除或规避灾害，只能在一定范围内减少灾害带来的损失。

第二，破坏程度大。自然灾害的强破坏性主要表现为人财损失，通常情况下，经济欠发达的国家或地区的人员伤亡程度相对更高，经济发达的国家或地区的财产损失程度相对更高。

第三，恢复难度大。自然灾害易对人类造成不可逆转的毁灭性破坏，灾后工农业基础设施、生产生活环境等的恢复重建工作面临涉及面广、制约因素多、资源需求量大、时效性要求高等困难。

1.2.2.2 事故灾难类事件

事故灾难类事件是指，在人类生产生活过程中发生的，直接由人类活动引发，并且造成人员伤亡、经济损失或环境污染的公共危机事件。我国常发的事故灾难主要包括安全生产事故、交通运输事故、公共设施和设备事故、辐射事故、环境污染和生态破坏事件等。总体而言，常见的事故灾难一般呈现出三个特征：

第一，事故灾难的环境较复杂。事故灾难多发于生活生产区域，诱发衍生灾害的因素多，人员大量集聚、危险品存放不当、生产区与生活区界限不明等均可能导致事故灾难并引发衍生事故和连锁反应。

第二，事故灾难的救助难度较大。事故灾难的现场往往面临人员密集、伤员多、伤情重、救援设施设备简陋、疏散空间有限等困难，救援难度大。

第三，事故灾难的救助专业性要求高。事故灾难往往对救助提出多学科、多领域的专业要求，救助人员需要具备专业知识、技能、设备；事故灾难现场的客观障碍对专业设备正常发挥功能和救助人员熟练操作专业设备提出了更高的要求。

1.2.2.3 公共卫生事件类事件

公共卫生事件类事件是指，突然发生、造成或者可能造成社会公众身心健康严重损害的公共危机事件。我国常见的公共卫生事件主要包括传染病疫情、群体性不明原因疾病、食品安全事件、职业危害及其他严重影响公众健康的公共危机。总体而言，常见的公共卫生事件呈现出以下四种特征：

第一，诱因复杂。公共卫生事件发生的诱因复杂，人类改变生活习惯和生产方式、探索性干预自然等活动或行为均有可能引发公共卫生事件。

第二，影响面广。公共卫生事件逐渐呈现区域性乃至全球性蔓延的趋势，流行性疾病传播或有毒有害食品扩散，易从一地一国向多地多国蔓延。

第三，控制难度大。公共卫生事件发生初期一般具有较强的隐蔽性，危害性易被忽视，难以有效把握遏制事态的有利时机。传染性疾病具有辐射性爆发和几何性扩散的特点，食品卫生事故具有集中性爆发和群体性危害的特点。

第四，应对专业性强。公共卫生事件应对需做好划定控制区域、有效控制疫情、病人接诊收治转运、现场控制和隔离防护、应急疫苗接种和预防服药、流动人口管理、交通卫生检疫等一系列工作，并要采取边调查、边处理、边抢救、边核实的方式，以专业措施控制事态发展。

1.2.2.4 社会安全事件类事件

社会安全事件类事件是指，由人为因素引起，由极端敌对分子制造或人民群众参与，有一定组织性和目的性，对社会公共秩序、群众人财安全、政府公共管理造成负面影响的突发性公共事件。我国常见的社会安全事件主要包括恐怖袭击事件、民族宗教事件、经济安全事件、涉外突发事件和群体性事件等，近年来我国社会安全事件呈现出以下三项特征：

第一，后果严重，影响恶劣。社会公共安全类事件的后果复杂恶劣，轻则导致人财损失，重则妨碍公共秩序、危害公共安全，甚至威胁到较大区域内的经济发展和社会稳定，且事发后易引发全球范围的高度关注，造成长期的恶劣负面影响。

第二，成因复杂，急剧爆发。社会安全事件的诱发因素较多，既有敌我矛盾直接导致的恶性事件，也有人民内部矛盾疏导不畅引发的治安类事件，还包括自然灾害、事故灾难、公共卫生事件连带产生的安全事件，还可能掺杂着民族问题、历史传统、宗教影响等复杂因素。

第三，处置不当易导致恶性衍生灾害。处置不当的社会安全事件易触发恶性衍生灾害。恶性衍生灾害一方面来源于处置社会安全事件不当导致的社会矛盾升级和事件性质的转变，另一方面来源于应急处置时可能触发的其他诱发因素并引发的其他安全事件。

1.2.3　公共危机的分级

通过分级来划分公共危机的等级，可以更有效地分配人力、财力、物力等资源，使公共危机管理更高效。

实践中通常按照危机导致的损害程度进行分级，损害程度越大则危机级别越高。例如：美国国家航空航天局（National Aeronautics and Space Administration，NASA）根据财产损失和人员伤亡情况，将航空事故分为五级①；国际海事组织（International Maritime Organization）根据事故导致的财产损失、伤亡和职业病的严重程度，将海事事故划分为三级②；英国卫生和安全执行局（Health and Safety Executive）根据事故对人造成的影响，将公共安全事故分为三级③。

1.2.4　我国的四级突发公共事件

我国相关法律法规对公共危机进行分级，按照其性质、严重程度、可控性和影响范围等因素，将突发公共事件分为四级，其分级标准由国务院或者国务院确定的部门制定，旨在落实应急管理的责任和提高应急处置的效能。就整个国家而言，四级的划分依据和标准分别是：

第Ⅰ级：特别重大（especially serious）：一般由国务院负责组织处置，如“5・12”汶川地震（2008 年）、“东方之星”轮翻沉事件（2015 年）、天津港“8・12”瑞海公司危险品仓库特别重大火灾爆炸事故（2015 年）、广东深圳光明新区渣土受纳场“12・20”特别重大滑坡事故（2015 年）等。

第Ⅱ级：重大（serious）：一般由省（自治区、直辖市）级政府负责组织处置，如

① 根据美国国家航空航天局公开文件 NPR 8621.1B《美国国家航空航天局事故和危机报告、调查和记录保持的程序性要求》整理。

② 根据美国国防部（Department of Defense）公开文件 DoDI 6055.7《事故调查、报告和记录保持》整理。

③ 根据英国卫生和安全执行局公开文件《职业健康安全管理体系（OHSAS 18001）》整理。

"12·31"上海外滩踩踏事件（2015年）、"11·18"北京大兴西红门镇重大火灾事故（2017年）等。

第Ⅲ级：较大（relatively serious）：一般由市级政府负责组织处置。

第Ⅳ级：一般（common）：一般由县级政府负责组织处置。

1.3 公共危机的风险评估

危机是已经爆发和兑现的风险，危机界定的实质是风险评估（risk assessment）。因此，风险评估有利于科学界定危机，并为提前规避或阻止危机发生、最大限度地减轻或减缓危机损害做好准备工作。

1.3.1 危机界定与风险评估的关系

风险是"未爆发"的危机，危机是"已爆发"的风险。基于此，公共危机界定的实质是公共领域的风险评估。

1.3.1.1 危机与风险的"火山原理"

风险是指危机发生的可能性及其可能造成的损失，可理解为"可能爆发的危机"；进一步而言，危机与风险之间存在着"火山原理"：危机与风险是一体的"火山"，危机是"火山喷发"的显性表现，风险是"火山"在山体内的隐性"岩浆"，风险达到高危状态时易转化为危机，危机也有可能"沉淀"为风险（见图1-1）。

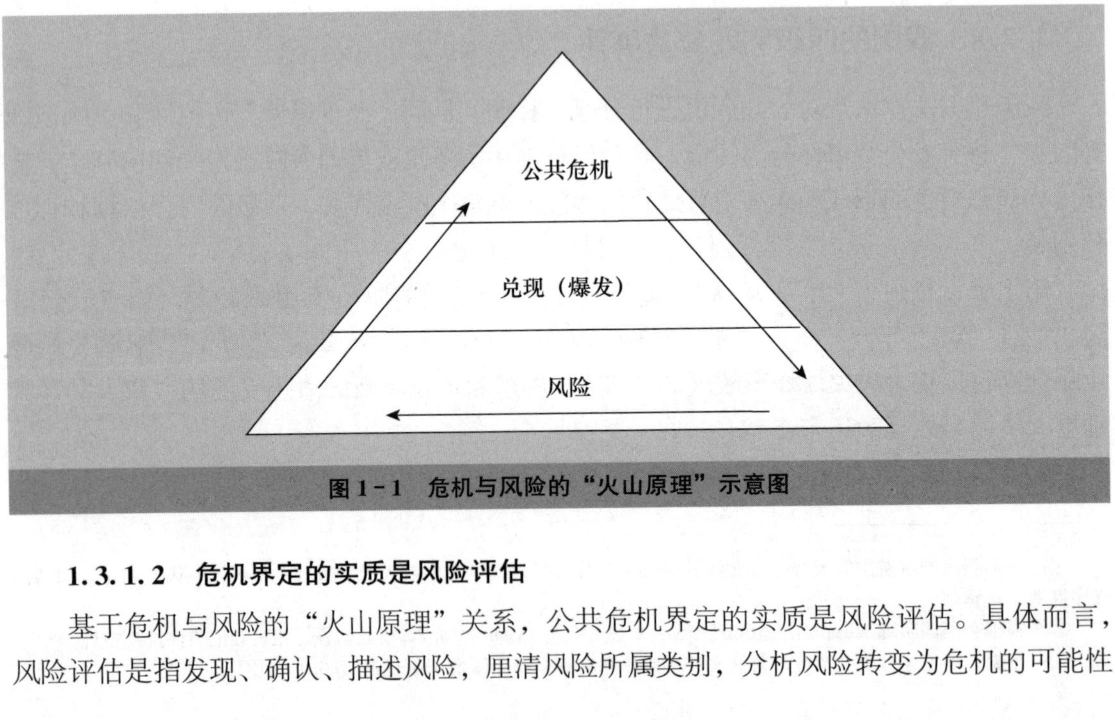

图1-1 危机与风险的"火山原理"示意图

1.3.1.2 危机界定的实质是风险评估

基于危机与风险的"火山原理"关系，公共危机界定的实质是风险评估。具体而言，风险评估是指发现、确认、描述风险，厘清风险所属类别，分析风险转变为危机的可能性和可能造成的损害程度，研判定级高危风险，从而界定出公共危机的过程。

国内外的风险评估已在理论和实践上有丰富的成果，例如，美国商业环境情报所（Business Environment Risk Intelligence）的国家风险预测指数（又称“富兰德指数”）①，美国组约国际报告集团的国家风险国际指南（International Country Risk Guide，ICRG）②、世界经济论坛（World Economic Forum）的全球风险评估指标③。

在我国，风险评估在实际操作中通常称为“隐患排查”，是指：在对公共危机分类分级的基础上，中央、省级、市级（设区）、县级、乡级及其相关部门和组织人员需通过定期检查、实时监控、风险调查、检验检测等一系列工作，及时发现可能存在的安全隐患和事故风险。

专　栏

我国四类公共危机事件的风险评估

《中华人民共和国突发事件应对法》《国家突发公共事件总体应急预案》《国家突发事件应急体系建设“十三五”规划》对四类公共危机事件的风险评估做了相关要求和规划：

第一，四类突发公共事件的共性风险评估，具体包括：对易引发危机的危险源、危险区域进行调查、登记、风险评估，定期进行检查、监控；建立健全安全管理制度，定期检查安全防范措施的落实情况，及时消除事故隐患；完善预测预警机制，建立预测预警系统，开展风险分析，做到早发现、早报告、早处置等。

第二，自然灾害的风险评估，具体包括：开展自然灾害综合风险调查，编制自然灾害风险图和自然灾害综合区划图，推进自然灾害风险、综合减灾能力调查与评估等。

---

① 由三个评估体系组成，最终得出总的得分（0～100），分数越高，表明该国的风险越低，三个评估体系包括：(1) 定量评级体系侧重评估一国的外债偿付能力，包括外汇收入、外债数量、外汇储备状况、政府融资能力 4 个方面，占 50%的比重；(2) 定性评级体系主要考察该国的经济管理能力、外债结构、外汇管制状况、政府贪污渎职程度、政府应付外债困难的措施 5 个方面，占 25%的比重；(3) 环境评估体系侧重于整体环境的风险，包括政府风险指数、商业环境指数、社会政治环境指数 3 个方面，占 25%的比重。张小明. 公共危机预警机制设计与指标体系构建 [J]. 中国行政管理，2006 (7).

② 由美国纽约国际报告集团编制并每月发布一次。国家风险由偿付能力和偿付意愿两个基本的部分组成，综合风险指数（CR）为 0～100 分，分数高表示风险低，具体通过政治风险指数、经济风险指数、金融风险指数来衡量；其中，政治风险（PR）与偿付意愿有关，而经济风险（ER）和金融风险（FR）则与偿付能力有关。综合风险指数计算式为 CR=0.5 *（PR+ER+FR）；其中，政治风险分析 100 分，占比 50%；经济风险分析 50 分，占比 25%；金融风险分析 50 分，占比 25%。政治风险包括 12 个要素，经济风险包括 5 个要素，金融风险包括 5 个要素。The PRS Group. The International Country Risk Guide (ICRG) [EB/OL]. [2018-09-10]. https://www.prsgroup.com/about-us/our-two-methodologies/icrg.

③ 由世界经济论坛编制的《全球风险报告》(The Global Risks Report) 每年发布，从经济风险、环境风险、地缘政治风险、社会风险、技术风险 5 大指标进行评估，结合全球风险认知调查（Global Risks Perception Survey，GRPS)，对年度全球风险进行识别、分析、定级。World Economic Forum. The Global Risks Report 2018 [EB/OL]. [2018-09-10]. https://www.weforum.org/reports/the-global-risks-report-2018.

第三，事故灾难的风险评估，具体包括：重要设施设备、高危行业领域、高危生产环节应及时排查和消除隐患，公共场所类和人员密集类场所应定期检测其监测预警和应急救援的设备设施，基础性行业业务系统和关键信息基础设施应做好风险管控和隐患排查等。

第四，公共卫生事件的风险评估，具体包括：对高危环境、重点领域、关键物品做好风险监测和检验检测，及时发现突发公共卫生事件等。

第五，社会公共安全事件的风险评估，具体包括：及时掌握并处理可能引发社会安全事件的问题，防止矛盾激化和事态扩大；完善重大决策社会稳定风险评估机制；等等。

1.3.2 风险评估的“三重危机”理念

风险方针是指风险评估和危机界定的参考依据①，是衡量风险大小、研判危机级别的标准。设定风险方针，有助于明确公共危机的范畴。例如，在传统“人命关天”的风险方针下，公共危机的范畴限于人员死伤；随着“衡量财产损失”纳入风险方针的范围，公共危机的范畴拓展为人财损失；在当前，随着“社会秩序”“负面影响”“公信力”等逐步被列入公共危机的范畴，风险方针应进一步拓展，不仅要关注人身安全、衡量财产损失，还应充分考量群众身心健康、社会公共安全、社会秩序、社会负面影响、公信力情况等多方面因素。

“三重危机”② 是公共危机管理中的典型风险方针，是指从生理、心理、社会三个维度对公共危机进行考量，适当拓展危机范畴，达成更加科学合理的危机界定和评估标准。其中，生理层面的公共危机，包括人员死伤和财产损失；心理层面的公共危机，包括民众精神损害和群体恐慌；社会层面的公共危机，包括负面影响和公信受损。

1.3.2.1 人员死伤和财产损失的风险评估

根据“三重危机”的风险方针，需对生理层面“人员死伤和财产损失”（实践中通常简称为“人财损失”）的风险进行评估。人财损失是当前公共危机分级的基本标准。例如，《生产安全事故报告和调查处理条例》（中华人民共和国国务院令第 493 号）根据生产安全事故造成的人员伤亡或者直接经济损失，将事故分为四级（见表 1-2）；再如，美国国防部根据事故导致的财产损失、伤亡和职业病的严重程度，将国家安全事故分为四级。

表 1-2　人员死伤和财产损失的公共危机分级界定（以生产安全事故为例）

事故分级	人员死伤的事故界定	财产损失的事故界定
特别重大事故	造成 30 人以上死亡，或者 100 人以上重伤（包括急性工业中毒，下同）	1 亿元以上直接经济损失
重大事故	造成 10 人以上 30 人以下死亡，或者 50 人以上 100 人以下重伤	5 000 万元以上 1 亿元以下直接经济损失

① 国家标准化委员会. 风险管理　术语：GB/T 23694—2013［S］. 国家标准全文公开系统，2013-12-31.

② 唐钧. 新媒体时代的应急管理与危机公关［M］. 北京：中国人民大学出版社，2018.

续前表

事故分级	人员死伤的事故界定	财产损失的事故界定
较大事故	造成 3 人以上 10 人以下死亡，或者 10 人以上 50 人以下重伤	1 000 万元以上 5 000 万元以下直接经济损失
一般事故	造成 3 人以下死亡，或者 10 人以下重伤	1 000 万元以下直接经济损失

资料来源：根据《生产安全事故报告和调查处理条例》等公开资料整理。

1.3.2.2　精神损害和群体恐慌的风险评估

根据风险评估的“三重危机”模型，在对“人员死伤和财产损失”进行评估的同时，还应对心理层面“精神损害和群体恐慌”的风险进行评估。

“精神损害和群体恐慌”是群众面对危机时的担忧恐慌等情绪及其他更严重的不良心理反应，是由灾难恶劣影响、灾后救灾物资缺乏、灾后连锁反应、群众个体问题等多方面因素造成的①，具体包括：一是危机带来的人员死伤和财产损失造成群众心理阴影，二是社会信息渠道不畅引起群众焦虑和怀疑，三是群众的生存需求得不到满足引发群众担忧，四是应急方面的知识和技能储备不足导致群众害怕，五是灾后的社会和市场秩序不稳定造成群众慌乱等。因此，公共危机的界定中应纳入对精神损害和群体恐慌的风险评估，在公共危机管理尤其是事中应急救援和事后灾区重建中，充分考虑直接受害者和所有相关群体的心理状态，尽可能规避个体心理问题、群体恐慌及其可能引发的集体失范。

1.3.2.3　负面影响和公信受损的风险评估

在危机界定和风险评估中，除了考虑生理层面和心理层面的危机，还应将社会层面“负面影响”纳入公共危机的范畴。

负面影响是指，由危机直接导致或危机应对不力间接导致的造谣传谣、舆论质疑、社会抗议、形象受损、公信受损等一系列社会问题。

在党纪条例和法律法规等规范性文件中，负面影响问题通常被称为“社会影响恶劣”或“恶劣影响”，国务院、最高人民法院等机构围绕负面影响的危机，制定和实施了一系列相关法律法规，其内容主要涉及“社会影响恶劣”的重点领域、事故处理、法律责任等内容，强调造成“社会影响恶劣”的事件（或事故）要依法追究主要负责人的法律责任，依法从严惩处（见表 1-3）。

表 1-3　党纪条例和法律法规对负面影响的相关规定

党纪条例和法律法规	涉及“社会影响恶劣”类公共危机的具体内容
1.《中华人民共和国刑法》	国家机关工作人员滥用职权或者玩忽职守，致使公共财产、国家和人民利益遭受重大损失的，处三年以下有期徒刑或者拘役；情节特别严重的，处三年以上七年以下有期徒刑②

---

① 唐钧，黄永华，郑雯，等. 灾后恐慌症及其应对 [J]. 中国减灾，2011 (7).

② 《最高人民法院、最高人民检察院关于办理渎职刑事案件适用法律若干问题的解释（一）》指出，《中华人民共和国刑法》第三百九十七条中，“致使公共财产、国家和人民利益遭受重大损失”包括“造成恶劣社会影响的”情形，“情节特别严重”包括“造成特别恶劣社会影响的”情形。

续前表

党纪条例和法律法规	涉及“社会影响恶劣”类公共危机的具体内容
2.《中国共产党问责条例》	(1) 领导不力，出现重大失误，给党的事业和人民利益造成严重损失，产生恶劣影响的；(2) 问题突出，党内和群众反映强烈，损害党的形象，削弱党执政的政治基础的；(3) 团团伙伙、拉帮结派问题严重，造成恶劣影响的
3.《中国共产党纪律处分条例》	(1) 在涉外活动中，其言行在政治上造成恶劣影响，损害党和国家尊严、利益的；(2) 利用职权或者职务上的影响操办婚丧喜庆事宜，在社会上造成不良影响的
4.《关于实行党政领导干部问责的暂行规定》	(1) 决策严重失误，造成重大损失或者恶劣影响的；(2) 因工作失职，致使本地区、本部门、本系统或者本单位发生特别重大事故、事件、案件，或者在较短时间内连续发生重大事故、事件、案件，造成重大损失或者恶劣影响的；(3) 政府职能部门管理、监督不力，在其职责范围内发生特别重大事故、事件、案件，或者在较短时间内连续发生重大事故、事件、案件，造成重大损失或者恶劣影响的；(4) 在行政活动中滥用职权，强令、授意实施违法行政行为，或者不作为，引发群体性事件或者其他重大事件的；(5) 对群体性、突发性事件处置失当，导致事态恶化，造成恶劣影响的；(6) 违反干部选拔任用工作有关规定，导致用人失察、失误，造成恶劣影响的；(7) 其他给国家利益、人民生命财产、公共财产造成重大损失或者恶劣影响等失职行为的
5.《国务院关于特大安全事故行政责任追究的规定》	发生特大安全事故，社会影响特别恶劣或者性质特别严重的，由国务院对负有领导责任的省长、自治区主席、直辖市市长和国务院有关部门正职负责人给予行政处分
6.《生产安全事故报告和调查处理条例》	没有造成人员伤亡，但是社会影响恶劣的事故，国务院或者有关地方人民政府认为需要调查处理的，依照本条例的有关规定执行
7.《关于充分发挥刑事审判职能作用深入推进社会矛盾化解的若干意见》	对国家工作人员贪污贿赂、滥用职权、失职渎职的严重犯罪，包庇纵容黑恶势力犯罪、重大安全责任事故、制售伪劣食品、药品所涉及的国家工作人员职务犯罪，发生在社会保障、征地拆迁、灾后重建、企业改制、医疗、教育、就业等领域严重损害群众利益、社会影响恶劣的国家工作人员职务犯罪，发生在经济社会建设重点领域、重点行业的严重商业贿赂犯罪，依法从严惩处
8.《国务院关于进一步加强和改进最低生活保障工作的意见》	民政部或者省级人民政府民政部门对最低生活保障重大信访事项或社会影响恶劣的违规违纪事件，可会同信访等相关部门直接督办
9.《国务院关于进一步加强消防工作的意见》	地方各级人民政府和公安消防部门、其他有关部门及其工作人员因工作不力、失职、渎职，导致重特大火灾事故发生的，或者造成重大人员伤亡和经济损失，社会影响恶劣的，要依法追究主要负责人的法律责任
10.《最高人民法院关于充分发挥审判职能作用切实维护公共安全的若干意见》	对于制售伪劣食品药品、破坏环境资源所涉及的国家工作人员渎职犯罪，发生在社会保障、征地拆迁、灾后重建、企业改制、医疗、教育、就业等领域严重损害群众利益、社会影响恶劣、群众反映强烈的国家工作人员贪污贿赂犯罪、渎职犯罪，发生在事关民生和公共安全的重点领域、重点行业的严重商业贿赂犯罪等，要依法从严惩处

资料来源：根据公开资料整理，为不完全统计。

1.3.3 风险评估的科学方法

公共危机的风险评估，可根据实际情况和需要，选择恰当的评估方法。

1.3.3.1　“损失程度-影响范围”评估

在对“三重危机”中的“人员死伤和财产损失”进行评估时，可应用“损失程度-影响范围”指标，对风险爆发为危机后所导致人财损失程度及其影响范围进行评估。

(1) 损失程度评估，即对公共危机事件造成的人员死伤、财产受损等情况进行的统计、分析、评估。具体操作中，应收集灾害现场和受影响的周边地区有关重要设施、居民区、商业建筑、重要交通线、运输、工业等多方面的信息，记录可直接明确的损失；与此同时，通过与涉灾群众、相关单位的沟通，问、访、查相结合，统计其他需间接明确的损失情况。

(2) 影响范围评估，即对危害影响的物理空间范围和社会影响范围进行的评估。具体而言：一方面评估危机影响的物理空间范围，以事件发生地为圆心向四周扩散，一定范围内均可能受到直接影响，扩散越远则受到的直接影响越小；另一方面评估危机影响的社会影响范围，包括公共危机事件本身的社会影响、事件连锁反应的社会影响、事件处置或管理不当的社会影响等。

(3) 风险等级研判。根据人员死伤和财产损失的“损失程度-影响范围”，风险从高到低依次为人员死亡、人员重伤、财产损失和人员轻伤、暂无人员死伤和财产损失四种情况。

1.3.3.2　“发生概率-发生后果”评估

在对“三重危机”中的“人员死伤和财产损失”与“精神损害和群体恐慌”进行评估时，也可应用“发生概率-发生后果”（“PR 模型”）指标，对风险爆发为危机的后果损失和发生概率进行评估（见图 1 - 2）。

(1) 对风险发生概率（也称为“可能性”，possibility，P）进行评估，通常主要依据风险识别中获取的全要素数据或既往文献资料，分析并推测事件发生的可能性，不同类别风险的概率评估具有不同的研判标准。

(2) 对风险发生后果（也称为“严重性”，result，R）进行评估，通常对突发公共危机事件可能产生的一系列直接影响和间接后果进行定量或定性的分析。直接影响通常包括人员死伤、安置人数、经济损失、基础设施影响、生态环境影响等，间接后果包括应对成本和赔偿损失等。

(3) 在确定发生概率和发生后果的基础上，可形成风险评估的“PR 模型”，进而确定风险等级。

1.3.3.3　“社会责任-负面影响”评估

针对“三重危机”进行综合评估时，可应用“RI 模型”也即“社会责任（responsibility，R）- 负面影响（influence，I）”两个维度的评估模型，开展联动分析[①]，评估风险程度（见图 1 - 3）。

① 唐钧. 社会稳定风险评估与管理 [M]. 北京：北京大学出版社，2017.

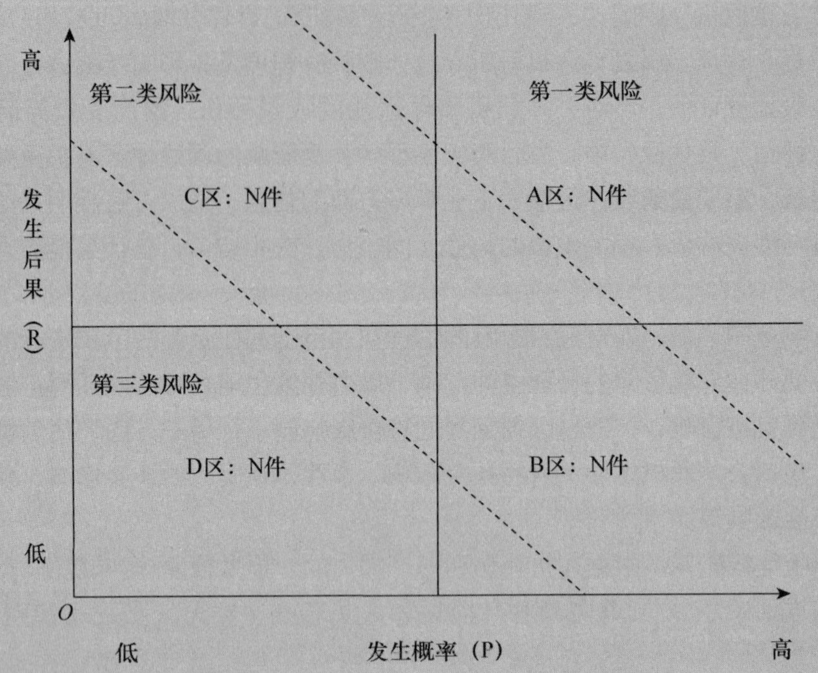

图 1-2 风险评估的"PR 模型"示意图

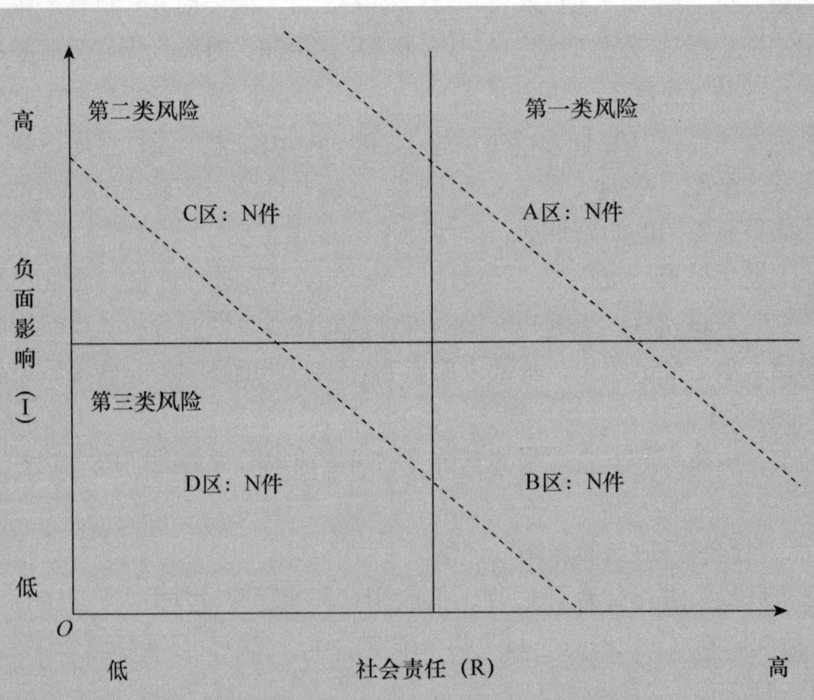

图 1-3 风险评估的"RI 模型"示意图

(1)“负面影响”评估已涵盖“发生概率-发生后果”和“损失程度-影响范围”的科学评估，并对其进行深化和延伸，统筹考虑公共危机可能导致的人员死伤、财产损失、社会恐慌、造谣传谣、公信受损、利益相关群体利益受损、自然生态环境受影响、社会经济状况受影响、民众生产生活受影响等一系列后果及其产生的负面影响。

(2)“社会责任”评估应综合考虑多重责任，包括公共危机管理主体在保障利益相关群体合法合理权益、维护自然生态、改善居民生产生活水平等方面应尽的社会责任。

专　栏

公共危机的风险评估清单

风险评估清单法是指，采用适当的方法和工具，通过识别、分析、评估可能导致公共危机的风险及其造成的损失、影响范围、发生概率、潜在后果、涉及责任等因素，最终生成风险评估清单，全面、系统和准确地描述风险状况。

制作风险评估清单时，应对查找出的风险进行归类并进行适当描述，必要时对每个风险设置相应的编号和名称。然后将这些风险统一列表，列示每一风险的发生阶段、所属领域或类型、发生概率、发生时间、潜在后果、涉及部门或岗位、责任人员、涉及的利益相关者、适用管理依据等信息。此外，考虑到内外环境的不断变化，有必要对风险评估清单进行定期更新和持续升级。风险评估清单如表 1－4 所示：

表 1－4　　风险评估清单（示例）

序号	风险名称	风险发生阶段	所属领域或类型	发生概率	发生时间	潜在后果	涉及部门或岗位	责任人员	涉及的利益相关者	适用管理依据	其他
1											
2											
3											
⋮											

资料来源：根据《GB/T　33455—2016　公共事务活动风险管理指南》总结，为不完全概括，有一定的误差。

专　栏

基于 ISO 标准的风险评估科学流程

根据国际标准化组织（International Organization for Standardization）发布的《ISO 31000—2018 风险管理：原则与指南》，公共危机的风险评估在执行中应形成科学流程和动态循环，从而促进危机决策得以根据风险控制的结果来不断调整策略和方案，形成连续的危机决策。风险控制形成的科学流程拓扑图如图 1-4 所示：

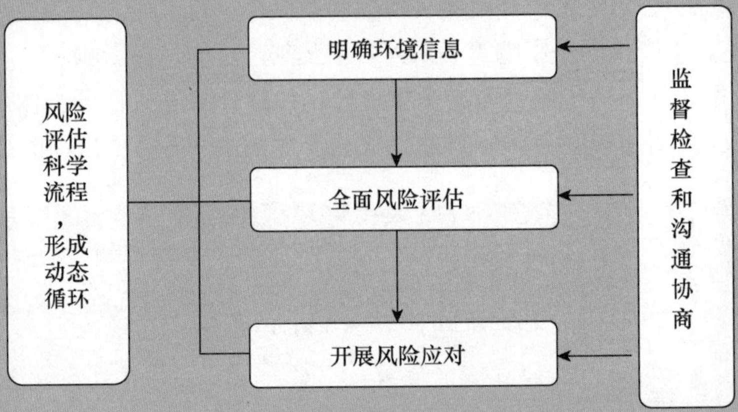

图 1-4　风险评估的科学流程拓扑图

第一，明确环境信息。应用适当的方法，对内部和外部环境中与风险相关的信息进行收集、分析、整理、归纳，从而确定风险准则，为风险评估和风险应对提供充分的信息保障。

第二，全面风险评估。根据风险环境的信息，开展全面风险评估，要点有三：一是风险识别，识别可能影响到的风险源、影响范围、事件及其原因和潜在的后果等；二是风险分析，综合分析风险发生的原因、可能性、后果、不同风险及其风险源的相互关系、现有的管理措施及其效果和效率以及风险的其他特性；三是风险评价，将风险分析的结果与风险准则相比较，确定风险等级，以帮助做出风险应对的决策。

第三，开展风险应对。在风险评估的基础上，制定并实施风险应对方案，要点有三：一是选择风险应对策略；二是评估风险应对现状；三是确定风险应对类型，明确风险应对的实施方案。

风险应对策略包括规避风险、预防风险、降低风险、转移风险、接受风险和其他策略等，可将其单独或组合使用。风险控制策略应当考虑各种环境信息，包括内外部利益相关者的利益诉求、风险承受度、绩效目标，以及法律、法规和其他方面的要求等；评估风险应对现状应综合考虑的因素包括：职责权限是否明确、资源配置是否满足需要、过程监控是否有效、奖惩机制是否设置并执行、执行者资质和能力是否满足要求、审理审查或纪检监察是否开展、风险意识是否到位等；风险应对类型通常包括资源配置类、法律法规类、标准规范类、预案类、信息类、活动类、培训类；风险应对的实施方案内容应包括岗位设置、人员安排、责任分配、奖惩机制、资源需求和配置方案、应对措施涉及的具体业务及管理活动、实施风险控制措施的优先次序和条件、报告监督检查的要求、实施时间表等。

第四，监督检查和沟通协商，开展对实施过程的监督检查，同步与内部外部相关主体进行沟通协商，实时跟踪内外部风险环境的变化，确保风险应对有效执行，并对风险应对工作进行持续改进。

本章小结

公共危机是指，突然发生的，可能造成或者已造成人员伤亡、财产损失、环境破坏、群体恐慌、社会负面影响等社会危害中的一种或多种，危及公共安全乃至国家安全，亟待采取应急处置措施予以防范或应对的紧急事件。公共危机具有突发性、公共性、复杂性等共性特征。

危机界定的核心是分类分级，分类便于精细管理、分级符合效率要求。基于此，我国相关法律法规将公共危机分为四类和四级，四类是指自然灾害、事故灾难、公共卫生事件、社会安全事件，四级是指特别重大、重大、较大、一般。

危机界定的实质是风险评估；在风险评估中，发现、确认、描述风险，厘清风险所属类别，分析风险转变为危机的可能性和可能造成的损害程度，研判定级高危风险，从而界定出公共危机。

风险评估的科学开展应遵循“三重危机”理念的科学风险准则，对生理层面的人员死伤和财产损失、心理层面的精神损害和群体恐慌、社会层面的负面影响和公信受损进行评估，具体实施中可应用“损失程度-影响范围”“发生概率-发生后果”“社会责任-负面影响”等模型和方法。

关键术语

公共危机　危机界定　分类分级　风险评估“三重危机”理念

案例研讨

“11 · 22”中石化东黄输油管道泄漏爆炸事故的风险评估教训

《中华人民共和国安全生产法》① 对安全事故的风险评估和隐患排查提出系统化的规定，要求“建立事故隐患排查治理制度”，将强化隐患排查治理作为安全生产的硬性内容，具体而言：第一，生产经营单位必须建立内部的事故隐患排查治理制度，采取技术、管理措施消除事故隐患等；第二，政府有关部门要建立健全重大事故隐患治理督办制度，督促生产经营单位消除重大事故隐患等；第三，强化社会监督，形成外部的事故隐患排查治理制度等；第四，对未建立隐患排查治理制度、未采取有效措施消除事故隐患的行为，设定严格的行政处罚等。

“11 • 22”中石化东黄输油管道泄漏爆炸事故暴露出安全生产事故风险评估不力将

① 《中华人民共和国安全生产法》由中华人民共和国第九届全国人民代表大会常务委员会第二十八次会议于 2002 年 6 月 29 日通过，自 2002 年 11 月 1 日起施行；2014 年 8 月 31 日第十二届全国人民代表大会常务委员会第十次会议最新修订，自 2014 年 12 月 1 日起施行。

导致严重危害的深刻教训。2013 年 11 月 22 日 10 时 25 分，位于山东省青岛经济技术开发区的中国石油化工股份有限公司管道储运分公司东黄输油管道泄漏，原油进入市政排水暗渠，在形成密闭空间的暗渠内油气积聚遇火花发生爆炸，造成 62 人死亡、136 人受伤，直接经济损失 75 172 万元。

根据国务院调查组的调查处理报告，“11·22”中石化东黄输油管道泄漏爆炸事故是一起特别重大责任事故，事故原因和风险评估不到位存在重大关联，具体表现为：

第一，涉事集团公司及下属企业安全生产主体责任不落实，隐患排查治理不彻底，突出表现为：对管道安全运行跟踪分析不到位，安全生产大检查存在死角、盲区，未发现事故段管道严重腐蚀等重大安全隐患，也未对事故段管道采取任何保护措施。

第二，涉事市人民政府及开发区管委会贯彻落实国家安全生产法律法规不力，突出表现为：督促指导相关部门履行管道保护职责和安全生产监管职责不到位，对长期存在的重大安全隐患排查整改不力，没有按照“全覆盖、零容忍、严执法、重实效”的要求，对事故涉及企业深入检查。

第三，管道保护工作主管部门履行职责不力，安全隐患排查治理不深入，具体表现为：对管道保护的监督检查不彻底、有盲区，安全生产大检查走过场，2013 年开展了 6 次管道保护的专项整治检查，但都没有发现秦皇岛路道路施工对管道安全的影响。

第四，开发区规划、市政部门履行职责不到位，事故发生地段规划建设混乱，突出表现为：一方面，开发区控制性规划不合理，规划审批工作把关不严，事故发生区域危险化学品企业、油气管道与居民区、学校等距离近或交叉布置，造成严重安全隐患；另一方面，管道与排水暗渠交叉工程设计不合理，管道在排水暗渠内悬空架设，存在原油泄漏进入排水暗渠的风险且不利于日常维护和抢维修，管道处于海水倒灌能够到达的区域导致腐蚀加剧。

第五，市及开发区管委会相关部门对事故风险研判失误，导致应急响应不力，表现为：未能充分认识原油泄漏的严重程度，对原油泄漏事故发展趋势研判不足，指挥协调现场应急救援不力，未及时提升应急预案响应级别，未及时采取警戒和封路措施，未及时通知和疏散群众，也未能发现和制止企业现场应急处置人员违规违章操作等问题。

资料来源：国务院调查报告揭示青岛输油管道泄漏事故教训 [EB/OL]. 人民网，2014-01-11.

第 2 章

机构设置和预案管理

知识结构图

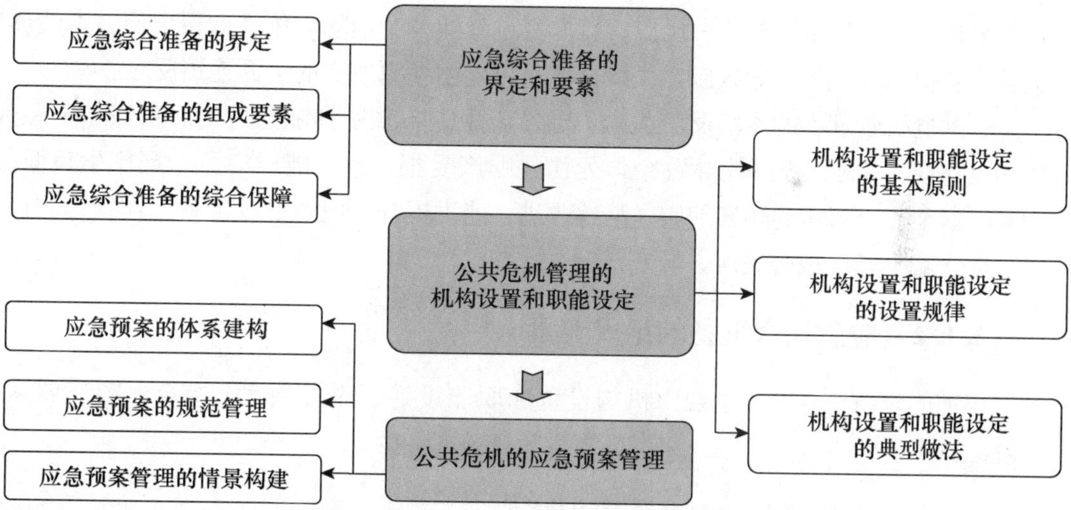

重点问题

- 应急综合准备的界定和组成要素
- 应急综合准备的综合保障概述
- 机构设置和职能设定的基本原则
- 机构设置和职能设定的设置规律
- 机构设置和职能设定的典型做法
- 应急预案科学编制的四要件概述
- 应急预案规范管理的五环节概述
- 情景构建法的原理和作用概述

2.1 应急综合准备的界定和要素

2.1.1 应急综合准备的界定

“凡事豫则立，不豫则废”（《礼记·中庸》），应急综合准备（emergency preparedness）是公共危机管理的重要基础。

联合国难民署在其危机管理框架中，将应急综合准备定义为“制定计划与采取一定行动，以确保拥有应对预期危机的足够资源与具备配置资源的能力，通过预防性的行为使危机的负面影响最小化的过程”①；美国《国家危机准备指导方针》② 将危机准备界定为“为建立、维持和改进现有的能力而采取的一系列活动，旨在预防、应对和修复危机事件”。

我们把应急综合准备界定为：为应对常见灾种和频发危机，公共危机管理主体在制定应急预案、设置应急机构、落实应急保障等方面所做的事前准备工作。

应急综合准备有利于优化应急时的本能反应，规避本能反应失误。“本能反应”是指公共危机发生之后主体的第一反应；若非受过专业和专项的训练并取得资质，本能反应的失误率会很高，不仅会导致应急失败，还有可能引发更恶劣的负面连锁反应。

公共危机管理者的本能反应失误，通常表现为不知所措随意应对、自保却不顾大局、误用常态模式等③，极可能导致个体死伤或财产受损，也可能对应急全局产生负面影响。因此，必须通过日常的预案编制、演练改进、能力提升等应急综合准备工作，切实优化本能反应，减少乃至规避失误。

2.1.2 应急综合准备的组成要素

事前的应急综合准备主要由机构设置和职能设定、应急预案、综合保障三要素组成（见图 2-1）。

2.1.3 应急综合准备的全面保障

应急综合准备的全面保障（sound guarantee）是指，落实用于满足公共危机管理和突发应急处置全流程工作顺利进行的人、物、技术、制度等一系列保障性资源与支持。应急机构和人员如何履行职责、应急预案能否发挥作用，最终靠的是相应的综合应急保

---

① UNDP. Disaster Preparedness (Second Edition) [M]. DHA/UNDRO-DMTP-UNDP, 1994: 66.

② DHS. National Preparedness Guidelines (Formerly the National Preparedness Goal) [EB/OL]. [2018-09-10]. https://www.fema.gov/pdf/emergency/nrf/National_Preparedness_Guidelines.pdf.

③ 唐钧. 新媒体时代的应急管理和危机公关 [M]. 北京：中国人民大学出版社，2018.

障能否到位和落实。做好综合保障，应急综合准备工作才算真的“落地”，才可能“有用”。

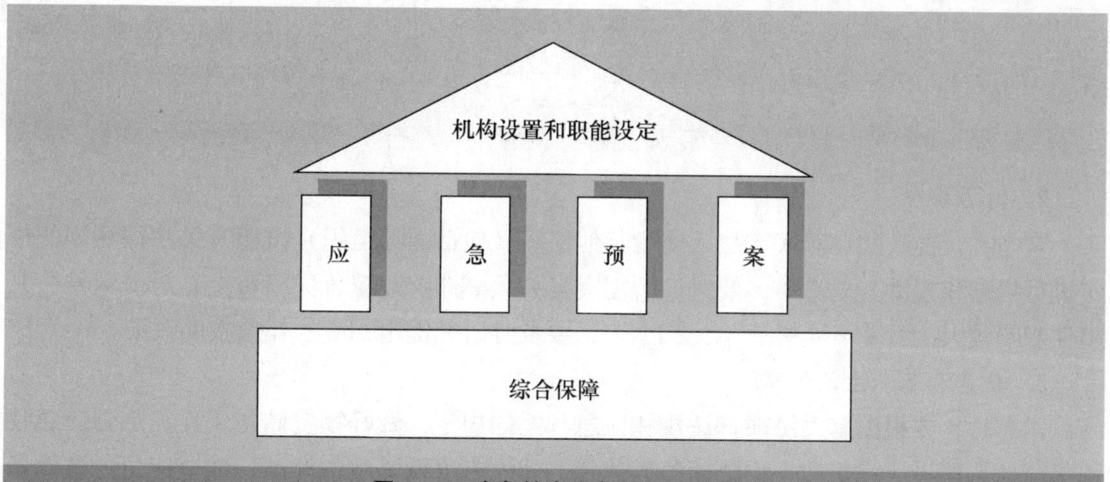

图 2－1　应急综合准备的组成要素

公共危机管理部门应按照职责分工和相关预案，做好 10 个方面的综合保障工作①，具体包括：

1. *人力资源*

常态时，要加强应急救援队伍的业务培训和应急演练，建立联动协调机制；动员社会团体、企事业单位以及志愿者等各种社会力量参与应急救援工作；加强基层公众应急能力建设，等等。危态中，要确保应急救援的专业队伍和骨干力量②切实发挥作用。

专　栏

人才培养的目标和分类

人才培养是应急综合准备的核心，最终任务是培养出符合客观需求、高素质、专业化的具备综合防灾减灾和应急处突能力的人才队伍，在监测预警、应急决策、应急指挥、应急救援、现场处突、信息发布、舆情应对、风险沟通等方面履行职责、发挥作用。

人才培养一般分为专业人才培养和社会人才培养两类：

一是专业人才培养：应急救援专业人员包括国家应急救援队伍和地方应急救援队伍以

① 根据《中华人民共和国突发事件应对法》《国家突发公共事件总体应急预案》《国家综合防灾减灾规划（2016—2020 年）》《国家突发事件应急体系建设“十三五”规划》等总结整理，为不完全统计。

② 包括公安（消防）、医疗卫生、地震救援、海上搜救、矿山救护、森林消防、防洪抢险、核与辐射、环境监控、危险化学品事故救援、铁路事故、民航事故、基础信息网络和重要信息系统事故处置，以及水、电、油、气等工程抢险救援队伍等。

及解放军、武警部队在内的各种应急救援力量，应急指挥人员培训包括应急救援专业训练和应急预案实施、媒体应对、风险防范等的专题培训。二是社会人才培养：防灾减灾志愿者培训主要对基层单位、社会组织、企事业的志愿者进行灾害常识、基础救援、医疗救护等方面的培训教育，社区减灾培训是由民政部门在社区范围内开展的防灾减灾培训。

2. 财力保障

常态时，要鼓励自然人、法人或者其他组织（包括国际组织）按照有关法律法规的规定进行捐赠和援助。危态中，要保证所需突发公共事件财政应急保障资金；对受突发公共事件影响较大的行业、企事业单位和个人，要及时研究提出相应的补偿救助政策。

3. 物资和基本生活保障

常态时，要根据有关法律、法规和应急预案的规定，做好物资储备工作，加强应急物资保障体系建设，完善救灾物资储备库体系，建立应急物资储备标准，健全应急物资储备管理制度。危态中，要建立健全应急物资生产、储备、调拨及紧急配送体系，保障及时供应，并加强对物资储备的监督管理和补充更新，确保灾区群众“有饭吃、有水喝、有衣穿、有住处、有病治”。

4. 科技支撑和技术保障

常态时，要积极开展公共安全领域的科学研究，加大公共安全监测、预测、预警、预防和应急处置技术研发的投入，改进技术装备，建立健全公共安全应急技术平台，提高我国公共安全科技水平。危态中，要充分发挥智能监测预警系统、政府综合应急平台体系、部门专业应急平台、应急地理信息可视化展示系统等技术手段和设施设备的作用。

5. 医疗卫生保障

常态时，要加强突发急性传染病防控队伍建设，推进国家紧急医学救援基地和区域紧急医学救援中心建设，健全各级紧急医学救援队伍。危态中，要组建医疗卫生应急专业技术队伍，根据需要及时赴现场开展医疗救治和疾病控防，及时为受灾地区提供卫生医疗物资设备，组织动员红十字会等社会卫生力量参与医疗卫生救助工作。

6. 交通运输保障

常态时，要完善铁路、公路、水路、民航等应急运力储备，加强灾害多发易发地区航空应急服务基地建设，并建立健全应急物流体系。危态中，要保证紧急情况下应急交通工具的优先安排、优先调度、优先放行，确保运输安全畅通；要依法建立紧急情况社会交通运输工具的征用程序，确保抢险救灾物资和人员能够及时、安全送达。

7. 治安维护和秩序保障

常态时，要加强公安特警队伍建设，强化防暴制暴、攻击防护等装备配备，提高公安特警应急处突、反恐维稳能力。危态中，要加强对重点地区、重点场所、重点人群、重要物资和设备的安全保护，依法严厉打击违法犯罪活动，必要时依法采取有效管制措施，控制事态，维护社会秩序等。

8. 疏散避难和人员防护保障

常态时，要指定或建立与人口密度、城市规模相适应的应急避险场所，完善紧急疏散管理办法和程序。危态中，要明确各级责任人，确保在紧急情况下公众安全、有序地转移或疏散等。

9. 通信保障

常态时，要建立健全应急通信、应急广播电视保障工作体系，完善公用通信网，建立有线与无线相结合、基础电信网络与机动通信系统相配套的应急通信系统，确保危态中的应急通信畅通。

10. 公共设施保障和次生灾害防范

常态时，要强化城市公共安全风险管理，做好“海绵城市”、房屋建筑、城市桥梁、轨道交通、地下综合管廊和管线、大型游乐设施等风险评估、安全监管、设施建设。危态中，要按照职责分工，分别负责煤、电、油、气、水的供给，以及废水、废气、固体废弃物等有害物质的监测和处理。

2.2 公共危机管理的机构设置和职能设定

应急准备的首要工作是机构设置和职能设定，通过特定的组织机构、明确的职能分工、充足的人员编制、制度化的组织管理，既将临时性的危机管理机构转变为永久性的危机管理机制，也让常态下的公共危机管理工作开展具有支撑，从而形成公共危机管理的常态化运营。

机构设置和职能设定也称“三定方案”——定机构、定职能、定编制（人员），以定机构为依托，以定职能为核心，以定编制（人员）为保障。

2.2.1 机构设置和职能设定的基本原则

机构设置和职能设定是公共危机管理体制和机制的依托和载体，是政府为完成法定的应对突发公共事件的任务而建立起来的、具有确定功能的应急管理组织结构和行政职能[①]。在实际操作中，公共危机管理的机构设置和职能设定应遵循统一领导、综合协调、分类管理、分级负责、以属地管理为主的基本原则。

2.2.1.1 统一领导的原则

中央和地方均应设置统一领导机构来统一指挥和统筹安排，具体包括四个层面的统一

① 高小平，刘一弘. 我国应急管理研究述评（上）[J]. 中国行政管理，2009（8）.

领导：一是党委领导，公共危机管理部门应贯彻落实党中央关于应急工作的方针政策和决策部署，在履行职责的过程中坚持和加强党对应急工作的集中统一领导；二是中央领导地方，涉及中央层级或全国层面的公共危机管理，应由党中央和国务院统一领导；三是上级政府领导下级政府，建立自上而下的组织管理体制，形成垂直领导、下级服从上级的关系；四是政府对其有关部门的统一领导，除了垂直领导的机构，应急管理的各相关部门应遵循政府的统一领导。

2.2.1.2 综合协调的原则

在政府层面设置综合协调的应急部门，这个部门一般称为“应急管理办公室”，简称“应急办”，履行值守应急、信息汇总和综合协调职责，发挥运转枢纽作用，以便在应急中综合协调多种主体、力量、系统，形成反应灵敏、协调有序、运转高效的应急机制。

2.2.1.3 分类管理的原则

根据不同类型突发公共事件的特征与规律，有相应的政府管理部门作为公共危机管理的主责部门，从而制定和实施有针对性的公共危机管理策略、措施、方法，以便于公共危机的精细管理和专业处置。《中华人民共和国突发事件应对法》将突发事件划分为“自然灾害、事故灾难、公共卫生事件和社会安全事件”四类，各由其业务主管部门作为主要管理机构。

2.2.1.4 分级负责的原则

按照突发事件的性质、范围、危害的不同，分别由不同层级的政府负责应急处置，在事中根据级别动用不同的人力、物力、财力处置突发事件，在事后根据级别追究相关责任单位或责任人，这有利于提高公共危机管理的效率并明确责任。《中华人民共和国突发事件应对法》将突发事件划分为“特别重大、重大、较大、一般”四级，分别对应国家级、省级、市县级、乡镇街道级的主要负责机构。

2.2.1.5 以属地管理为主的原则

属地政府是指，危机管理工作由事发地人民政府负主要责任，实行谁主管谁负责的原则，本辖区、本单位、本部门的主要负责人是危机管理工作的第一责任人，负责公共危机事件的事前评估、整改预防、启动响应、开展应对、防止扩散等全方位工作，具备统一实施应急处置的权力。在现实操作中，坚持以属地管理为主而非“全靠属地管理”，并不排斥上级政府及其有关部门对其应对工作的指导，也不能免除发生地其他部门和单位的协同义务。

2.2.2 机构设置和职能设定的设置规律

综合全球经验，就国家层面而言，公共危机管理的机构设置和职能设定通常由五大板块构成：一是通常由行政首长担任的应急最高领导，二是各级政府设置的应急统一领导机构，三是统一领导机构下常设的应急管理机构，四是在主管部门牵头下的应急专项指挥机构，五是专家顾问组。综上，形成统一指挥、反应灵敏、功能齐全、协调有序、运转高效的应急管理机制。

2.2.2.1 以本国政体为基础，通常由行政首长担任最高领导

公共危机管理的最高领导，通常由各级政府的最高长官担任，对重大事项进行决策，对关键性资源进行指挥调动和处理，确保发生重大公共危机事件时的应急决策效率和重要资源的快速调配。

就国家层面的公共危机事件而言，政府的行政首长作为最高领导，是最高指挥官和最终决策者，对重大事项进行决策，对关键性资源进行指挥调动和处理，全面领导国家的应急响应工作。这种体制确保了发生重大突发事件时的应急决策效率和重要资源的快速调配。例如，美国总统、俄罗斯总统、日本首相、澳大利亚总理等是国家公共危机事件的最高领导人，北京市市长、纽约市市长是全市公共危机事件的最高领导人。

2.2.2.2 以各级政府为载体，设置应急的统一领导机构

在各级政府内部，设置应急管理委员会或组建联席会议，将其作为这一层级政府应急的统一领导机构。这一机构进行跨部门的综合性决策和指挥，并为行政首长提供决策的辅助和咨询，兼有信息中心、协调中枢、报警处理与紧急服务等功能。应急管理委员会的负责人由各级政府的最高长官担任，成员由分管各类突发事件应对的政府长官、部门负责人担任。例如，美国的国土安全部（Department of Homeland Security，DHS）、北京的突发事件应急委员会等。部分国家或地区根据其政体特征，设立紧急状况下的“联席会议”制度，如俄罗斯的联邦安全会议。

应急管理委员会或联席会议的职责主要包括：(1) 研究制定应对突发事件的重大决策和指导意见；(2) 审定应急预案；(3) 组织指挥处置特别重大、重大突发事件；(4) 在应对突发事件工作中协调与上下级政府、有关部门和单位的关系；(5) 领导下一级的应急管理委员会开展特别重大、重大突发事件的相关应对工作；(6) 定期分析总结应对突发事件工作等。

例如，澳大利亚在国家层面的应急统一领导机构是联邦抗灾特别委员会（The Commonwealth Counter-Disaster Task Force）和澳大利亚危机管理委员会（The Australian Emergency Management Committee)。联邦抗灾特别委员会由总理与内阁部担任主席，并由联邦政府各部门和机构的代表组成，是在危机管理方面协调各联邦政府机构的最高领导机构和协调委员会。澳大利亚危机管理委员会由危机管理局局长担任主席，并由各州危机管理委员会的主席和执行长官组成，是澳大利亚的最高危机管理咨询会议，为协调和促进联邦和州的危机管理工作提供建议和指导。

2.2.2.3 常设的应急管理机构，负责日常事务和紧急协调

在每一级应急管理委员会或联席会议中，设置应急管理机构，作为应急常设办事机构，遵照效率原则，直接对各级政府的最高长官负责，配备专门编制，有行政经费和专项

预算。

办事机构的工作一般可分为两类，一是负责常态下的应急管理日常事务，主要包括：(1) 协助应急管理委员会的成员组织处理突发事件，承担其具体工作；(2) 负责总值班工作；(3) 根据应急管理委员会的决定，负责规划、组织、协调、指导、检查突发事件的应对工作；(4) 根据应急管理委员会的要求，负责应急管理的预案、体制、机制、法制建设。二是负责紧急状态下的指挥和协调工作，统一指挥和协调各应急管理职能部门，同时兼具应急指挥中心的职能，设有指挥场所并配备相应的设备设施，作为突发事件发生时的指挥平台。

澳大利亚危机管理局（Emergency Management Australia，EMA）是澳大利亚联邦政府具体负责危机管理的专门机构，负责常态的日常管理和危态的联邦协调，下设多部门：(1) 危机管理联络处，负责对外联系、协调和推动管辖权限内的危机管理问题；(2) 计划和实施处，负责为属地政府提供联邦援助、协作制定民防政策和发展危机管理计划等；(3) 发展处，负责制定灾害预防缓解策略和危机管理政策，并督促属地和基层的实施；(4) 知识管理及交易处，提供危机知识管理、技术发展、公共关系及其他行政支持等；(5) 教育和培训处，发展和维持危机管理能力标准和课程、危机管理研究以及社区教育。

北京市设置的突发事件应急委员会办公室，是突发事件应急管理委员会的常设办事机构，设在市政府办公厅，同时挂市政府总值班室和市应急指挥中心牌子，负责协助市政府领导同志处理需由市政府直接处理的突发事件和重大事故，承担市应急管理委员会的具体工作，具体职责为：(1) 研究制定全市应对突发事件的重大决策和指导意见；(2) 审定市突发事件总体应急预案；(3) 组织指挥处置特别重大、重大突发事件；(4) 在应对突发事件工作中协调与中央和国家各部委、驻京部队及其他有关部门和单位的关系；(5) 领导区县突发事件应急委员会开展特别重大、重大突发事件的相关应对工作；(6) 分析总结全市年度应对突发事件工作。

2.2.2.4 在主管部门牵头下，成立应急管理的专项工作机构

遵循专业导向的原则，在各类公共危机事件主管部门的牵头下，设置应急管理的专项工作机构，分别负责此类公共危机事件的常态管理和紧急状态下的统一指挥和应对。

常设的应急管理专项工作机构一般涉及以下领域：群体性事件、电力事故、通信保障和信息安全、核事故、反恐和刑事案件、突发事件应急救助、空气重污染、建筑工程事故、公共设施事故、交通安全、防汛抗旱、突发公共卫生事件、涉外突发事件、生产安全事故、森林防火、人防工程事故、重大动植物疫情、消防安全、地震等。如发生其他突发事件，成立临时专项机构，具体负责相关突发事件的指挥和处置等应对工作。

北京市设置了 17 个市公共危机事件的应急指挥部，负责 19 类公共危机事件发生

后的应急响应和统一指挥，具体包括：（1）电力事故应急指挥部；（2）市通信保障和信息安全应急指挥部；（3）市反恐和刑事案件应急指挥部；（4）市建筑工程事故应急指挥部；（5）市城市公共设施事故应急指挥部；（6）市交通安全应急指挥部；（7）市防汛抗旱应急指挥部；（8）市突发公共卫生事件应急指挥部；（9）市生产安全事故应急指挥部；（10）市森林防火应急指挥部；（11）市人防工程事故应急指挥部；（12）市重大动植物疫情应急指挥部；（13）市消防安全应急指挥部；（14）市地震应急指挥部；（15）市应急救助指挥部；（16）市空气重污染应急指挥部；（17）市涉外突发事件应急指挥部。

2.2.2.5 组建专家顾问组，提供专业咨询和对策建议

设置专家顾问组，联动相关专家，为应急响应提供专业咨询和对策建议。专家顾问组的主要职责有：一是对公共危机事件的发生和发展趋势、救灾方案、处置办法、灾害损失和恢复方案等进行研究、评估，并提出相关建议；二是为公共危机事件相关应急处置工作提供科学有效的决策咨询方案；三是为公共安全规划、信息系统的建设与管理、灾害科学最新发展趋势的跟踪等方面提供意见和建议等。

广东省从 2007 年开始，成立突发事件应急管理专家组，其主要工作职责是为全省应急管理工作出谋划策，提供决策建议、咨询指导和技术支持。截至 2019 年，专家组里共有专家 53 名，涉及 5 大类 45 个领域，包括自然灾害类 10 名，事故灾难类 11 名，公共卫生事件类 10 名，社会安全事件类 10 名，综合管理类 12 名。

综上，公共危机管理的机构设置，由应急最高领导、应急统一领导机构、常设的应急管理机构、应急专项指挥机构、专家顾问组五大板块构成，进而形成统一指挥、反应灵敏、功能齐全、协调有序、运转高效的应急管理机制。

2.2.3 机构设置和职能设定的典型做法

从全球实践来看，不同国家的国体和政体的差异，也导致了公共危机管理的机构设置和职能设定上存在差异，但不同国家公共危机管理的机构设置和职能设定都符合上述的设置规律。现以我国、美国、俄罗斯、日本的做法为例。

2.2.3.1 我国公共危机管理的机构设置和职能设定

根据《国家突发公共事件总体应急预案》和《应急管理部职能配置、内设机构和人员编制规定》的相关规定，我国公共危机管理的机构设置由领导机构、办事机构、工作机构、地方机构、专家组五部分组成，并形成“国务院应急办＋各部门应急相关工作机构”和“应急管理部统筹管理应急管理事务”并存的模式。

1. 国务院为应急管理的最高行政领导机构

国务院是公共危机管理的最高行政领导机构。在国务院总理的领导下，由国务院常务会议和国家相关突发公共事件应急指挥机构负责公共危机管理的工作；必要时，派出国务院工作组指导有关工作。

2. “国务院应急办组织协调应急管理事务”的模式

在国务院设立应急管理办公室，一般简称“国务院应急办”，负责组织协调重特大公共危机事件应急和全国范围内应急管理常态工作，与各相关部门、属地政府开展联络沟通、组织协调的工作。

具体而言，国务院应急管理办公室履行值守应急、信息汇总、综合协调职能，发挥运转枢纽作用，具体职责包括日常值班、督促落实国务院相关决定、协调和督促检查属地政府和相关部门应急工作、组织应急管理“一案三制”相关工作、协助国务院领导处置特别重大突发公共事件、协调应急管理方面的国际交流与合作等①。

3. “应急管理部统筹管理应急管理事务”的模式

2018年3月，根据第十三届全国人民代表大会第一次会议批准的国务院机构改革方案，设立应急管理部，它是国务院组成部门，为正部级单位，统筹领导全国范围的应急管理事务。建立应急管理部旨在加强、优化、统筹国家应急能力建设，构建统一领导、权责一致、权威高效的国家应急能力体系，推动形成统一指挥、专常兼备、反应灵敏、上下联动、平战结合的中国特色应急管理体制。

应急管理部贯彻落实党中央关于应急工作的方针政策和决策部署，在履行职责过程中坚持和加强党对应急工作的集中统一领导，主要职责包括：（1）负责应急管理工作；（2）拟订应急管理、安全生产等方针政策；（3）指导应急预案体系建设；（4）牵头建立统一的应急管理信息系统；（5）组织指导协调安全生产类、自然灾害类等突发事件应急指挥和救援处置；（6）统一协调指挥各类应急专业队伍；（7）统筹应急救援力量建设；（8）负责消防工作；（9）指导协调森林和草原火灾、水旱灾害、地震和地质灾害等防治工作；（10）组织协调灾害救助工作；（11）依法行使国家安全生产综合监督管理职权；（12）负责安全生产监督管理工作；（13）负责公共危机事件调查追责工作；（14）负责国际交流合作和联合救援工作；（15）制订应急物资储备和应急救援装备规划；（16）负责宣传教育和培训工作；（17）管理中国地震局、国家煤矿安全监察局；（18）完成党中央、国务院交办的其他任务。

4. 地方应急管理由政府负责、政府应急办统筹

地方各级人民政府是本行政区域突发公共事件应急管理工作的行政领导机构，负责本行政区域各类突发公共事件的应对工作。以深圳市为例，深圳市人民政府应急管理办公室主要承担12项主要职责，具体包括：（1）相关法律法规和政策的贯彻执行与编制实施；（2）应急规划、预案编制，应急资源准备，应急平台建设；（3）事中应急处置和事后评估处理；（4）应急信息管理，负责各类突发事件和伤亡事故信息的综合、分析、上报及相关信息的发布；（5）组织风险评估和隐患排查；（6）民防管理；（7）按规定对人民防空国有资产实施专业管理，会同有关部门做好民防工程立项管理，配合有关部门

① 国务院办公厅关于设置国务院应急管理办公室（国务院总值班室）的通知［EB/OL］. 中国政府网，2006-04-10.

对民防专项经费的管理和使用情况进行监督检查；(8) 依法对民防公共工程、设施和专用设备等进行监督、检查，并指导管理与维护工作；(9) 依法监管工程建设项目抗震设防和重要工程场地地震安全性评价工作，组织指导地震监测预测工作；(10) 应急教育；(11) 市政府值班工作；(12) 承办市政府、市国防动员委员会和上级部门交办的其他工作。

5. 设置应急管理的专家组

国务院和各应急管理机构建立各类专业人才库，可以根据实际需要聘请有关专家组成专家组，为应急管理提供决策建议，必要时参加突发公共事件的应急处置工作。

2.2.3.2　美国公共危机管理的机构设置和职能设定

美国在国土安全部成立之前，公共危机管理由独立的联邦应急管理局负责。2002 年 11 月，联邦应急管理局和其他的 22 个联邦机构合并组成国土安全部。联邦应急管理局下辖于国土安全部的应急准备与回应部门，主要负责自然灾害的应对。国土安全部成为美国公共危机管理的专门机构，直接向总统负责，应急管理由总统全面领导。

国土安全部主要组成部门包括边境与交通安全、应急准备与回应、科学与技术、情报分析与基础设施保护和行政管理等相关部门，其他机构还包括海岸警卫队、美国特工处、公民与移民服务局、州与地方政府协调办公室、私人部门联络办公室、总监察长办公室。此外，国土安全会议为国土安全部部长提供有关国土安全的建议。除了国土安全部作为公共危机管理的专门机构之外，美国联邦层次的其他多个部门也参与公共危机管理，包括司法部、国防部、国务院等（见图 2-2)。

全国范围内，美国公共危机管理的实地操作主要在州和地方政府层次，一般情况下由州和地方的行政长官（州长，市、县的管理者）负责，当超出管辖能力时请求联邦支持，由联邦政府的公共危机管理机构参与或负责。

2.2.3.3　俄罗斯公共危机管理的机构设置和职能设定

在俄罗斯的公共危机管理机构设置中，总统发挥着核心和决定性的作用。俄罗斯联邦安全理事会（The Security Council of the Russian Federation）是宪法咨询机构，执行俄罗斯联邦总统的决定，负责审查国家、经济、社会、国防、信息、环境、公共卫生和其他类型的安全、稳定和治安，预测、预防紧急情况和克服它们的战略问题后果。

联邦安全会议于 1992 年 6 月 3 日成立，根据《俄罗斯联邦安全会议条例》提供的标准定义，安全会议是“宪法规定的咨询机关”，为俄罗斯总统起草有关安全问题的决议，包括国家安全、公共安全、生态安全、个人安全，在保障个人、社会和国家重要利益免遭内外威胁方面奉行全国统一政策。安全会议负责起草的文件范围还包括国防组织、军事建设、军工生产、对外军事和军工合作、安全领域国际合作等。

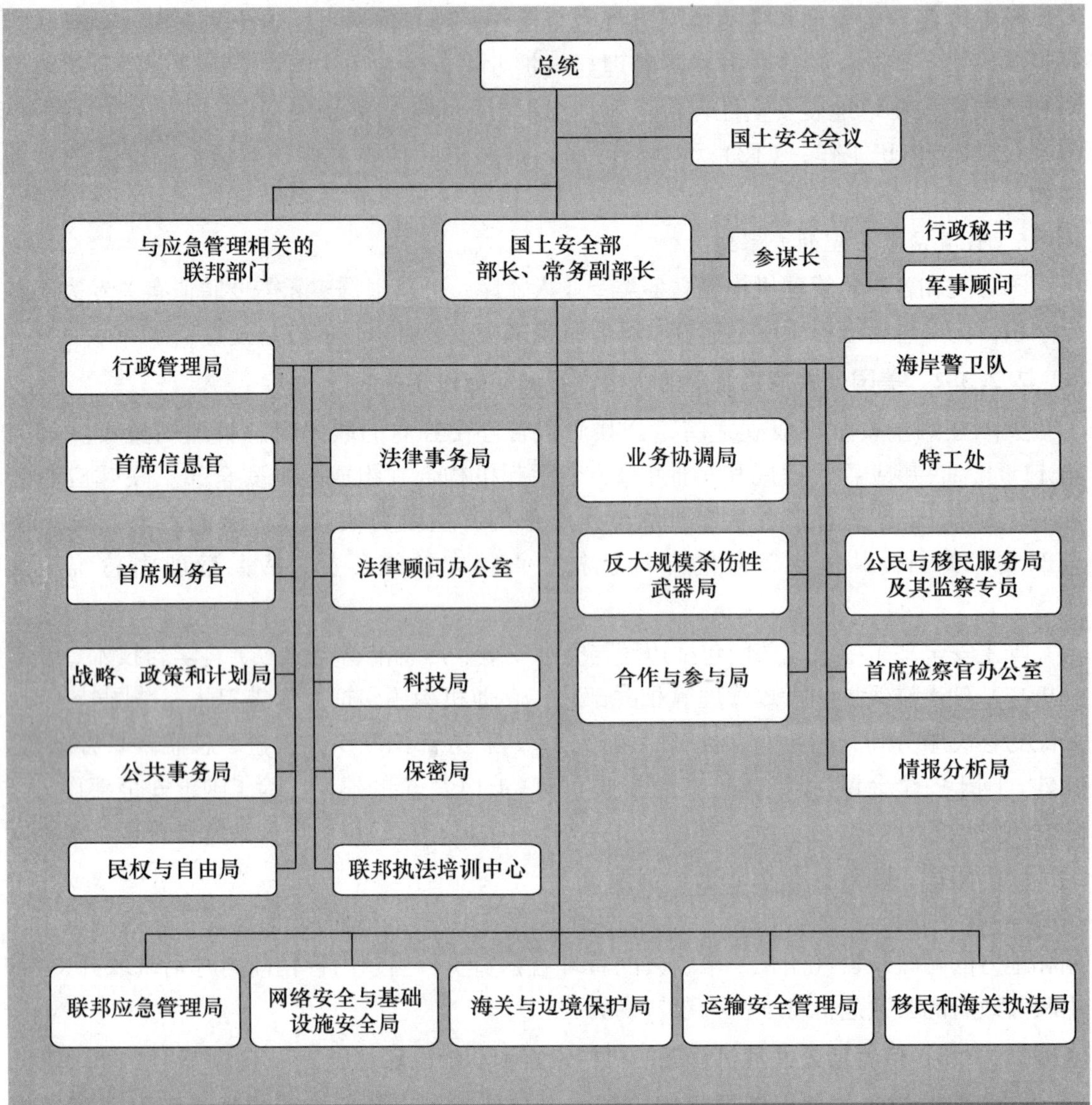

图 2-2 美国联邦政府的公共危机管理机构示意图

资料来源：根据《中央和大城市政府应急机制建设》中“第二章 发达国家中央政府应急管理的机构和经验”总结改编（郭济，等．中央和大城市政府应急机制建设［M］．北京：中国人民大学出版社，2005）。

联邦安全会议由主席（由总统担任）、秘书（由总统进行任命和解雇，直接向总统报告）、成员（应急管理相关的联邦部门负责人）组成。联邦安全会议对总统负责，紧急事件发生时启动“紧急决策机制”：秘书向总统汇报形势分析预测和行动方案，由总统最终决策后贯彻执行。在决策的信息沟通和具体执行中，根据需要调动或联动联邦安全局、外交部、国防部、联邦政府与情报署、紧急情况部、对外情报局、联邦保卫局、联邦边防局等部门力量（见图 2-3）。

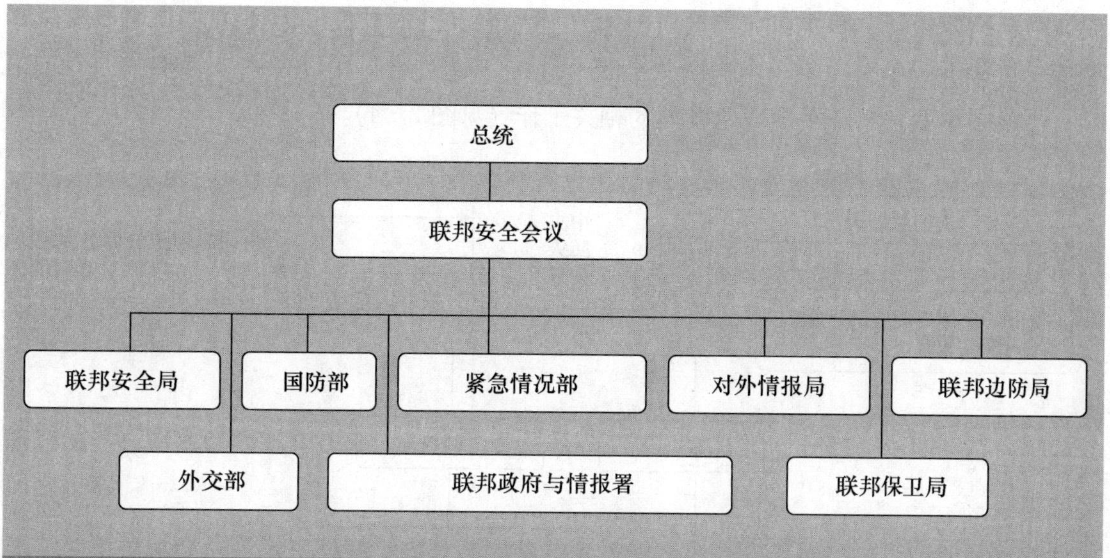

图2-3　俄罗斯联邦政府的公共危机管理机构示意图

资料来源：根据《中央和大城市政府应急机制建设》中“第二章　发达国家中央政府应急管理的机构和经验”总结改编（郭济，等．中央和大城市政府应急机制建设［M］．北京：中国人民大学出版社，2005）。

联邦安全会议的职能主要包括：（1）审议国家安全保障、武装力量发展、军事机构建设等问题；（2）从战略上评估实施安保领域国家政策基本方针的进程等，协调联邦和地方执行总统安保决策的工作；（3）制订和修订保障国家安全的标准和指标；（4）组织安全会议职权范围内的科研工作等。

2.2.3.4　日本公共危机管理的机构设置和职能设定

1961年日本出台《日本灾害对策基本法》，确定了中央防灾会议领导下的综合性灾害对策体制。1995年阪神大地震之后，日本努力建成一个由政府、社会团体、个人组成的全社会防灾体系，其中：（1）中央防灾会议是日本防灾的最高行政权力机构，由内阁总理大臣担任中央防灾会议会长，委员由内阁总理大臣在内阁官房长官及有学识经验的学者中任命；（2）地方灾害管理机构为地方防灾会议，具体包括都道府县防灾会议和次一级的市町村防灾会议；（3）为应对涉及两个以上行政区的灾害而共同制定防灾规划和灾害紧急措施需要，可设立地方防灾会议的协议会。

依据《日本灾害对策基本法》，中央政府在内阁府（相当于国务院）设置中央防灾会议，将其作为中央层面应急管理的专门机构。中央防灾会议负责中央层面和全国范围的应急管理，具体职责主要包括：（1）制定国家防灾政策和规划并推行实施；（2）协调应急和防灾中中央各部门之间、中央与地方以及地方公共机关之间的关系；（3）协助制定并实施地区防灾规划；（4）根据需要收集汇总防灾减灾相关信息；（5）对地方灾害预防委员会或地方间联合委员会的工作提供建议和指令等。

中央防灾会议由内阁总理大臣担任会长，成员由全体内阁成员、4名指定公共机构长官（包括日本银行、日本红十字会、日本广播协会、日本电报电话公司）、4 名专家学者组成，每年召开 4 次会议。中央防灾会议下设专门调查会，用以调查灾害相关的专门事项；下设干事会，具体承担应急管理的相关工作（见图 2－4）。

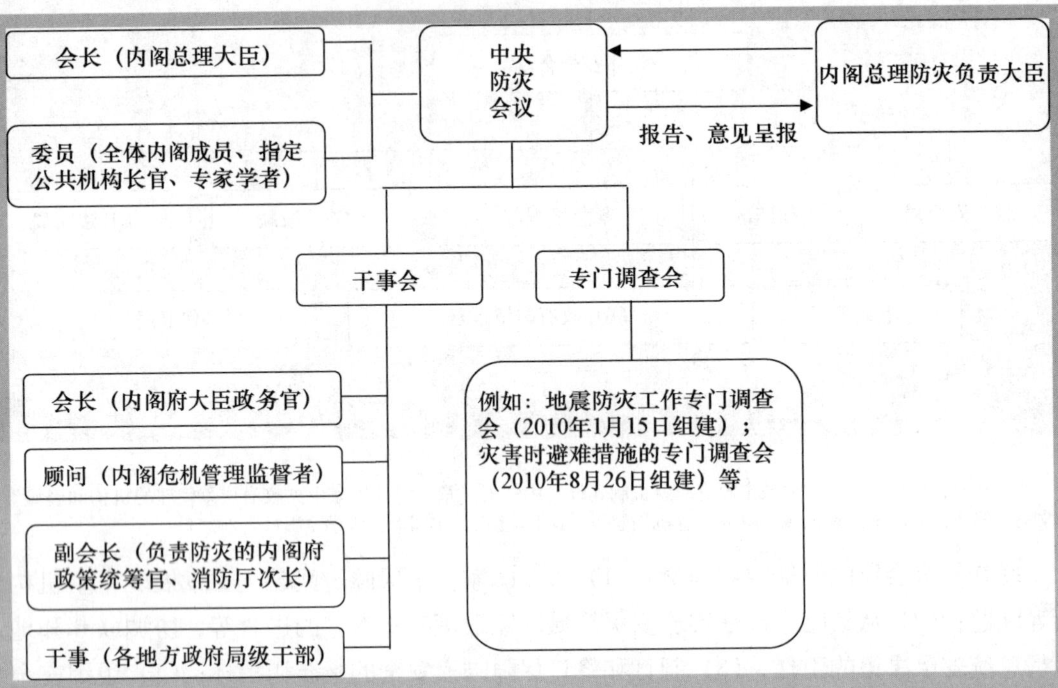

图 2－4　日本中央防灾会议的机构设置示意图

资料来源：日本内閣府ホーム，防災情報のページ．中央防災会議組織図［EB/OL］．［2018－09－10］．http://www.bousai.go.jp/taisaku/soshiki1/soshiki1.html.

除了中央防灾会议，日本中央省厅和内阁府其他相关部门，根据其部门属性和职责，总务省（消防厅）、法务省、外务省、财务省、文部科学省、厚生劳动省、经济产业省（中小企业厅、资源能源厅、核能安全、保安院）、农林水产省、国土交通省（国土地理院、气象局、海上保安厅）、环境省、防卫省等①，也有相对应的应急管理和防灾减灾职责。

2.3　公共危机的应急预案管理

应急预案是指，政府及其部门、基层组织、企事业单位、社会团体等多主体，为依

① 日本内閣府ホーム．日本的灾害对策［EB/OL］．［2018－09－10］．http://www.bousai.go.jp/1info/pdf/saigaipanf_c.pdf.

法、迅速、科学、有序应对公共危机并最大程度减轻损害而预先制定的工作方案。

预案来源于人们对过去发生的危机的认识和成功应对，事先制定应急预案有助于危机状态下辅助决策和开展执行，当危机来临时结合决策目标在预案库中匹配相应的预案，从而提高应急效率。

2.3.1　应急预案的体系建构

对于国家而言，公共危机管理应逐渐形成体系化的应急预案。

2.3.1.1　应急预案体系的顶层设计

应急预案体系的顶层设计，一般是指中央层面以国家法律形式所形成的应急预案，以此形成全国性、长期性、战略性的总体原则和规范要求。现以我国和美国的应急预案体系顶层设计为例。

1. 我国应急预案体系的顶层设计

以我国为例，针对应急预案体系，国家出台相应的法律法规和政策文件予以规范，逐步建立起国家应急预案体系的顶层设计。具体包括：（1）2005 年制定、2006 年实施的《国家突发公共事件总体应急预案》，是全国应急预案体系的总纲，是指导预防和处置各类突发公共事件的规范性文件，明确了各类突发公共事件分级分类和预案框架体系；（2）2007 年通过并施行的《中华人民共和国突发事件应对法》对规范突发公共事件的预防准备、监测与预警、应急处理与救援、事后恢复与重建等公共危机管理总流程予以规范；（3）2013 年发布并施行的《突发公共事件应急预案管理办法》，对应急预案的编制、审批、备案、公布和修订程序进行了规范，对保障应急预案质量，提高应急预案的针对性、实用性和可操作性有重要意义。

2. 美国应急预案体系的顶层设计

在美国，从《罗伯特・T. 斯塔夫灾难恢复与紧急救助法案》到《第 8 号总统政策令》，逐步建立起国家应急预案体系的顶层设计。1988 年，美国国会通过《罗伯特・T. 斯塔夫灾难恢复与紧急救助法案》，该法案为其后所有涉及应急预案的法律奠定了基础。1992 年，美国联邦政府发布了《联邦响应预案》①，作为联邦政府应对突发事件的应急预案；同步联邦政府相关部门制定专项预案，地方政府也开始制定地方性的应急响应预案。2004 年，根据《第 5 号国土安全总统令》，国土安全部发布《全国突发事件管理系统》②，其中规定了全国统一的突发事件指挥系统、多机构协调系统和公共信息管理系统；在此基础上，美国联邦政府于 2004 年发布《国家响应预案》③，形成覆盖“全危险、全专业、各

---

① FEMA. Federal Response Plan（Public Law 93-288）[EB/OL]. [2018－09－10]. http://biotech. law. lsu. edu/blaw/FEMA/frpfull. pdf.

② FEMA. National Incident Management System [EB/OL]. [2018－09－10]. https://www. fema. gov/media-library-data/1508151197225-ced8c60378c3936adb92c1a3ee6f6564/FINAL_NIMS_2017. pdf.

③ FEMA. National Response Plan [EB/OL]. [2018－09－10]. http://www. fema. gov/pdf/emergency/nrf/nrf-core. pdf.

层级”的突发事件应急响应预案。2008年，美国联邦政府发布了《国家响应框架》[①]，用“框架”取代了“预案”，明确应急相关方、响应流程、组织设置及职责、预案功能类别等内容。在职能上，该“框架”的定位高于预案，重在描述国家对响应活动的框架性安排。2011年，美国白宫颁布《第8号总统政策令》[②]，这一政策令是全国应急响应和预案体系建设的政策指导性文件。美国以此为基础制定颁布和实施了一系列政策文件，逐步健全了国家应急预案的顶层设计。

2.3.1.2 应急预案体系的整体布局

应急预案体系的整体布局，是指应急预案遵循“分类管理、分级负责、条块结合、属地管理”的原则，既要覆盖多领域和多部门，也要贯穿中央和地方层面，还要涵盖社会主体和基层群众，进而形成“横到边、纵到底”的格局。

1. 我国应急预案体系的整体布局

自2006年1月国务院颁布《国家突发公共事件总体应急预案》以来，我国应急预案工作不断修正完善，现已“制修订各类应急预案550余万件”；内容上已涵盖了四类突发事件中常见灾种和高发危机的应急预案，层级上已搭建了从中央到地方、从政府部门到基层组织的预案体系，基本形成“横到边、纵到底”的应急预案体系。

第一，按照应急预案制定和实施的主体性质，分为政府及其部门应急预案、单位和基层组织应急预案两大类：政府及其部门应急预案主要包括总体应急预案、专项应急预案、部门应急预案、联合应急预案，单位和基层应急预案主要包括一般性单位和基层组织应急预案、企业集团应急预案等。

第二，针对自然灾害、事故灾难、公共卫生事件、社会安全事件的四类突发公共事件，设置相应的专项和部门的应急预案，并由相应的部门予以制定、发布和管理。

第三，设置国家层面、省级、市县级、乡镇街道的四级突发事件应急预案，并有其相应侧重点：(1)国家层面的应急预案体现原则性、政策性、指导性，重点规范国家层面应对行动；(2)省级的应急预案重点规范省级层面应对行动，同步体现指导性；(3)市县级层面的应急预案重点规范市（地）级和县级层面应对行动，体现应急处置的主体职能；(4)乡镇街道层面的应急预案重点规范乡镇层面应对行动，体现先期处置特点。

第四，应急预案的具体落实由基层“兜底”，在遵循统一规划、分类指导、分级负责、动态管理的原则下，基层的政府部门、企事业单位、社会组织根据实际情况，灵活制定具体工作方案、延伸辅助方案，以保障预案的针对性、实用性、可操作性。

第五，针对公共危机管理的特定领域及其专项功能，设置相应的专项和部门应急预

---

① FEMA. National Response Framework [EB/OL]. [2018-09-10]. https://www.fema.gov/media-library-data/1466014682982-9bcf8245-ba4c60c120aa915abe74e15d/National_Response_Framework3rd.pdf.

② FEMA. Presidential Policy Directive / PPD-8: National Preparedness [EB/OL]. [2018-09-10]. https://www.fema.gov/learn-about-presidential-policy-directive-8.

案，一般包括重要目标物保护预案、重大活动保障预案、资源保障应急预案三类。

2. 美国应急预案体系的整体布局

根据美国《国家应急预案机制》(National Planning System) 的相关规定，美国的应急预案体系可概括为“2类别、3层级、5环节、1主3附”。

第一，2种类别的预案：一类是“商议预案”(deliberate planning)，是指整体和宏观层面的应急预案准则、原则、基本要求等内容；二是“事件行动预案”(incident action planning)，以“目标-任务能力-执行”为指导思想，在微观和操作层面，利用有限的时间和资源快速响应和科学应急的具体流程和方案。

第二，3个层级的预案：美国的《国家应急预案框架》(National Planning Frameworks) 包括战略、操作、战术三个层次的预案，具体包括：(1) 战略层面设定应急预案的愿景和目标，如国家战略、国土安全战略、地方风险减灾战略等；(2) 操作层面提供为执行预案所需的任务和资源，如州应急操作预案、联邦跨部门协作预案、部门和机构协作预案等；(3) 战术层面展示任务实施和资源应用的具体方式方法，如行动预案、资源部署预案等。

第三，5个环节的预案：美国的国家应急预案，围绕涉及预防、保护、缓解、响应、恢复5个环节的应急能力建设，形成相应的预案体系；既包括5个环节的基本应急方案和制度设计，如《全国预防框架》(National Prevention Framework)，也包括5个环节的跨部门、跨区域协作的应急响应所设置的具体方案，如《联邦部门预防协作计划》(Prevention Federal Interagency Operational Plan)。

第四，应急预案的“1主3附”框架设计，根据《国家应急预案框架》的相关要求，具体包括：(1)“基本预案”，重点规定了有关行为主体的角色与职能、应对依据、应对程序等；(2)“应急支持功能附件”，规定了交通、消防、医疗、网络通信等需要整合联邦资源和调配支援部门的领域的应急要求；(3)“支持附件”，规定了财务管理、志愿者管理、社会组织协同等常见社会参与和保障支持的要求；(4)“突发事件附件”，针对特定突发事件类型的应对预案，实质是小型专项预案。

2.3.1.3 应急预案的主要内容

根据应急预案的定义，应急预案的内容基本覆盖了全方位的应急准备和全流程的应急管理，同时根据形势发展和现实需要而不断修正和完善。我国《国家突发公共事件总体应急预案》对应急预案的内容进行了宏观构建和基本规范（见表2-1）。

表2-1　应急预案的主要内容及其与应急准备、应急管理的关系

应急预案的板块	应急预案各板块的主要内容	应急预案对应急准备、应急管理的构建
(1) 总则	总体应急预案的编制目的、编制依据，突发公共事件的定义、分类分级，总体应急预案的适用范围和工作原则，全国的应急预案体系构成	明确了应急准备和应急管理的相关概念、工作目标、法律依据、基本原则、总体规范

续前表

应急预案的板块	应急预案各板块的主要内容	应急预案对应急准备、应急管理的构建
(2) 组织体系	应急管理工作的领导机构、办事机构、工作机构、地方机构、专家组	明确了应急管理的机构设置和职能配备，及其在应急准备工作中的具体落实
(3) 应急流程	预测与预警、应急处置、恢复与重建	明确了应急管理的关键步骤及其所需的应急准备工作
(4) 应急保障	人力保障、财力保障、物资保障、基本生活保障、医疗卫生保障、交通运输保障、治安维护、人员防护、通信保障、公共设施、科技支撑	明确了应急管理的全面保障，对应急准备工作中提供应急保障做了具体要求
(5) 监督管理	预案演练、培训和宣传、责任与奖惩	明确了应急预案本身的管理工作，对应急管理和应急准备的责任与绩效管理做出规定

资料来源：根据《国家突发公共事件总体应急预案》整理而成。

2.3.1.4 应急预案的科学编制

应急预案存在预案数量有限、预案质量参差不齐、预案难完全适应当前的危机状况、决策者过于依赖预案而导致思维僵化等缺点。因此，在不断修订、更新、改进应急预案的基础上，也应有所选择和权衡，将预案作为辅助性和参考性的工作方案予以应用。

应急预案的编制是预案管理的基础与核心。科学的预案编制的四个关键因素包括（见图2-5)：(1) 分析现状，风险评估与资源调查；(2) 岗位责任，岗位分析与明确责任；(3) 设定流程，信息传递与快速响应；(4) 应知应会，宣传普及与培训演练。

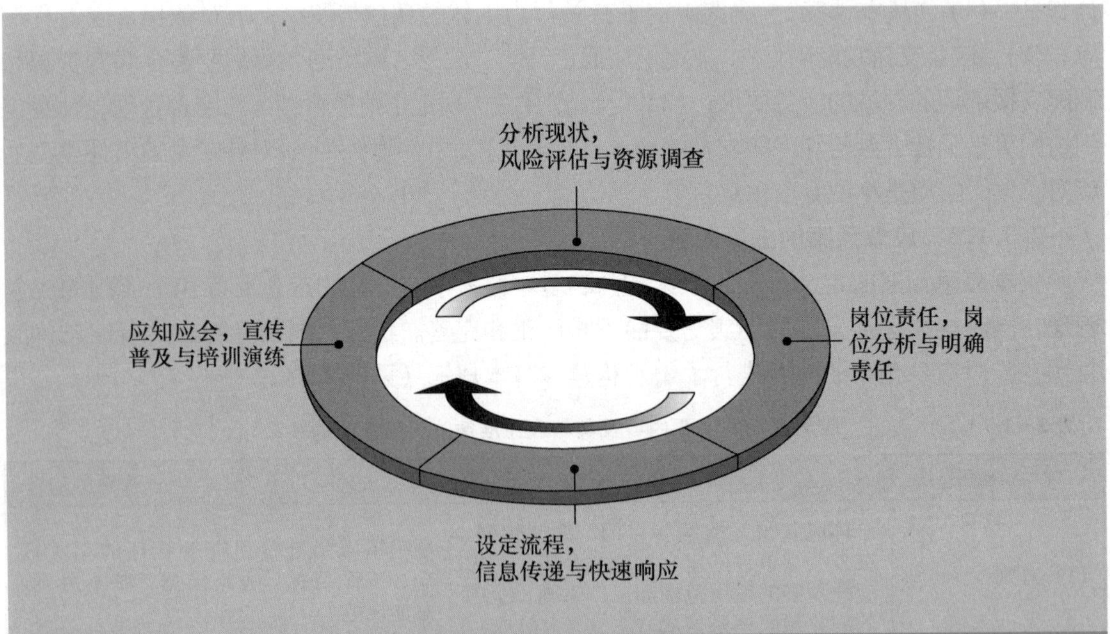

图2-5 应急预案科学编制的四个关键因素

2.3.2　应急预案的规范管理

随着法律法规和政策文件的出台，应急预案管理的规范性不断增强，其编制、审批、备案、公布、演练、评估、修订、更新、宣传、教育、培训等一系列管理工作均需要规范性要求，以下主要介绍我国的情况，借鉴参考部分国际经验。

2.3.2.1　应急预案的编制

应急预案的编制是预案管理的基础与核心。应急预案的编制过程如下：

第一，明确预案编制主体。预案编制的主体一般包括政府类和社会类：第一类是政府类，为各级人民政府及其相关部门，针对本行政区域常见频发的公共危机事件，制定本级政府总体预案或部门专项应急预案，并根据实际情况变化适时修订完善；第二类是社会类，为基层单位和企事业组织，可根据需要，制定本单位、本组织的应急预案。

第二，制定预案编制组织。应急预案编制部门和单位应组成预案编制工作小组，吸收公共危机事件的业务主管部门和相关人员、领域有关专家、有现场处置经验的人员等参加；设置编制工作小组组长，由应急预案编制部门或单位有关负责人担任。

第三，明确预案编制流程。预案编制的过程包括四个环节：步骤一是风险评估，识别危害因素，分析事件后果，评估后果危害程度，提出控制风险措施；步骤二是应急资源调查，全面调查第一时间可调用的应急队伍、装备、物资、场所等应急资源状况和合作区域内可请求援助的应急资源状况；步骤三是征求意见，广泛听取有关部门、单位、专家的意见，必要时向社会公开征求意见；步骤四是编制预案的具体内容。

2.3.2.2　应急预案的审批、备案、公布

应急预案的审批、备案、公布，是将应急预案合法合理化的过程，需要明确相关的流程和要求。

第一，明确预案审批的流程和要求。应急预案审核内容主要包括：（1）合法合规性，符合有关法律、行政法规；（2）衔接性，与其他相关预案能够有效衔接；（3）各方面意见的一致性；（4）主体内容的完备性；（5）责任分工的合理明确性；（6）应急响应级别设计的合理性；（7）应对措施的具体简明、管用可行；等等。在具体操作中，可组织利益相关方、领域专家等联合评审。审批后，以同一行政等级相关部门的名义印发，一般而言：中央和地方各级人民政府的总体和专项应急预案分别以政府和政府办公厅（室）名义印发，部门应急预案以部门名义印发，必要时可由本级人民政府办公厅（室）转发；单位和基层组织应急预案须经本单位或基层组织主要负责人或分管负责人签发。

第二，明确预案备案的流程和要求。一般而言，应急预案审批单位应当在应急预案印发后的 20 个工作日内，报送上一级人民政府、上一级有关部门、本级人民政府、联合应

急处置中央单位等备案。

第三，明确预案公布的流程和要求。自然灾害、事故灾难、公共卫生类政府及其部门应急预案，应向社会公布；对确需保密的应急预案，按有关规定执行保密要求。

2.3.2.3 应急预案的演练

应急演练是增强应急预案实用性，提升应急准备实效性的重要方法。科学的应急演练可达到多重效果：一是检验预案的实用性、可用性、可靠性；二是检验全体人员是否明确各自职责和应急行动程序；三是检验反应队伍的协同反应水平和实战能力；四是提高人们避免事故、防止事故、抵抗事故的能力，提高对事故的警惕性；五是取得经验以改进所制定的行动方案；等等。

应急预案的演练过程，主要包括以下三个：

第一，明确预案演练基本要求。应急预案编制单位应建立应急演练制度，根据实际情况和需求，采取桌面推演、“双盲演练”、联合式演练、计算机模拟演练、虚拟仿真演练、比武竞赛式演练等方式，组织开展人员广泛参与、处置联动性强、形式多样、节约高效的应急演练。

第二，确定预案演练相关部门。地震、台风、洪涝、滑坡、山洪泥石流等自然灾害易发区域所在地政府，重要基础设施和城市供水、供电、供气、供热等生命线工程经营管理单位，矿山、建筑施工单位和易燃易爆物品、危险化学品、放射性物品等危险物品生产、经营、储运、使用单位，公共交通工具、公共场所和医院、学校等人员密集场所的经营单位或者管理单位等，应经常有针对性地组织开展应急演练。

第三，开展预案演练评估。应急演练组织单位应当组织演练评估。评估的主要内容包括：演练的执行情况，预案的合理性与可操作性，指挥协调和应急联动情况，应急人员的处置情况，演练所用设备装备的适用性，对完善预案、应急准备、应急机制、应急措施等方面的意见和建议，等等。鼓励委托第三方进行演练评估。

2.3.2.4 应急预案的评估、修订、更新

应急预案应当建立定期评估、修订、更新制度，分析评价预案内容的针对性、实用性和可操作性，并做好相应的修订和更新，实现应急预案的动态优化。

一般而言，在以下七种情形下应急预案需修订：(1) 有关法律、行政法规、规章、标准、上位预案中的有关规定发生变化的；(2) 应急指挥机构及其职责发生重大调整的；(3) 面临的风险发生重大变化的；(4) 重要应急资源发生重大变化的；(5) 预案中的其他重要信息发生变化的；(6) 在突发公共事件实际应对和应急演练中发现问题需要做出重大调整的；(7) 应急预案制定单位认为应当修订的其他情况。

《突发事件应急预案管理办法》规定，应急预案修订涉及组织指挥体系与职责、应急处置程序、主要处置措施、突发公共事件分级标准等重要内容的，修订工作应参照本办法规定的预案编制、审批、备案、公布程序组织进行。仅涉及其他内容的，修订程序可根据情况适当简化。

2.3.2.5　应急预案的宣传、教育、培训

应急预案发挥实效的关键在于人的切实掌握和有效执行，对此应做好应急预案的宣传、教育、培训工作。应急预案编制和管理单位应当通过编发培训材料、举办培训班、开展工作研讨等方式，对与应急预案实施密切相关的管理人员和专业救援人员等进行应急预案培训。

应急预案的宣传、教育、培训大致可分为两类：第一类是内部人员的宣传、教育、培训，各级政府及其有关部门应将应急预案培训纳入领导干部培训、公务员培训、应急管理干部日常培训内容；第二类是面向社会的宣传、教育、培训，对需要公众广泛参与的非涉密的应急预案，编制单位应当充分利用互联网、广播、电视、报刊等多种媒体广泛宣传，制作通俗易懂、好记管用的宣传普及材料，向公众免费发放。

2.3.3　应急预案管理的情景构建

情景构建是应急预案管理的常用方法，主要用于应急预案的编制、演练、修订、更新等工作。情景构建有利于发展灵活、统一、高效的突发公共危机应对能力，凝聚整体力量对各类重大突发事件进行有效的预防、准备、响应和恢复，现已成为应急培训、演练规划的重要方法和策略。

2.3.3.1　情景构建的基本原理和主要环节

1. *情景构建的基本原理*

情景构建是指通过模拟重现公共危机事件情境，以此推演应急管理过程的方法。其中，“情景”是特定危机的演化过程和灾害后果的系统性表述，是对公共危机事件的系统化、形象化呈现，是公共危机在特定环境下的一种基于普遍规律的展示与表达。

情景构建指导公共危机管理的相关方开展基于任务分解和资源评估的预案编制，指导相关方的预案实现有效衔接，为相关方应急预案桌面演练或实战演练提供科学可信的演练情景、背景素材和任务清单，从而保障应急预案演练科学开展，并促进预案更新。

在应急预案编制和演练的基础上，通过定期评审和改进情景，使其与组织的真实风险相匹配，还能够有效提升应急准备的针对性和有效性，提升和改进应急准备能力。

2. *情景构建的主要环节*

情景构建借鉴采用 PDCA 模型，在实际操作中形成“策划（plan）—实施（do）—检查（check）—改进（act）”的闭环，具有情景筛选、情景开发、情景应用、情景优化四个主要环节（见图 2－6、表 2－2）。

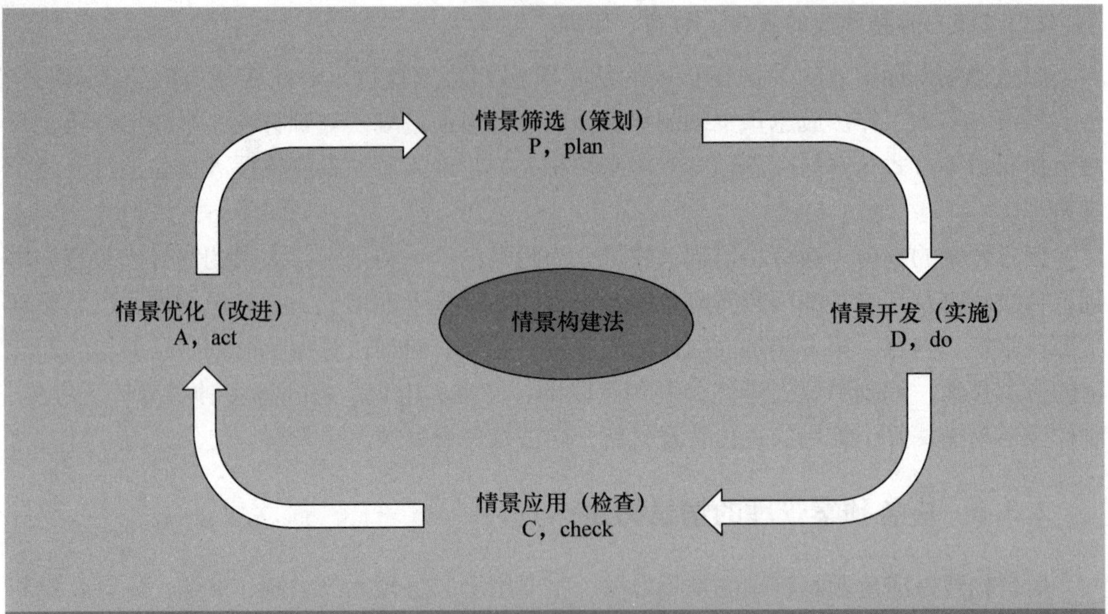

图 2-6　应急预案管理的情景构建机理

资料来源：国家安全生产监督管理总局．重特大生产安全事故情景构建技术导则（征求意见稿）[EB/OL]．国家安全生产应急救援中心官网，2018-01-12.

表 2-2　　情景构建实施的主要环节、重点工作和主要作用

主要环节	重点工作和主要作用
情景筛选（策划）	基于历史案例和趋势预测，从符合组织风险特点的历史案例和现实威胁中，选取具有代表性的突发事件情景清单，用来编制和演练相对应的应急预案；通过对本区域的风险进行评估，综合历史事件、灾害趋势、专家推论等因素，筛选能够产生巨灾的典型情景，具体应满足以下条件：（1）代表性和典型性；（2）后果严重性；（3）影响范围和处置难度；（4）任务覆盖面广；（5）发生可能性
情景开发（实施）	基于情景清单，应用专家研讨、相关方风险沟通、案例分析、模拟仿真等方法，对重特大生产安全事故的重要因素进行开发，系统性地推导在设定环境下某类重特大突发事件的演化过程和灾害后果；需要开发各项情景的具体要素主要包括：（1）情景概要；（2）背景信息；（3）演化过程；（4）事故后果；（5）应急任务
情景应用（检查）	应用情景对组织的预案体系进行优化，以开发的若干情景为应对目标，有针对性地完善应急预案、开展培训演练、编制应急体系建设规划等，从而提升应急能力的过程
情景优化（改进）	监测组织的风险、环境和应急能力的变化，分析现有情景的适用性，在一定条件下对组织的情景进行优化，使其与组织风险相适应。

资料来源：根据国家安全生产监督管理总局《重特大生产安全事故情景构建技术导则（征求意见稿）》等资料总结整理。

2.3.3.2　基于情景构建的预案更新

依据开发的情景，对组织现有预案体系进行评估，查找存在的问题和不足，补充、完

善应急预案体系，进一步提升应急预案的针对性和实用性。

1. 基于情景构建的应急预案体系评估

根据开发的生产安全事故情景，基于应急任务清单与任务支撑要素分析，对照评估应急预案体系是否完备，各项预案是否具备针对性和实用性，从六方面评估预案体系。(1) 全面性：预案体系是否涵盖任务清单中的全部任务。(2) 衔接性：相关预案所针对的各项任务是否可以衔接。(3) 任务主体完整性：关于各项任务的主责部门、协同部门及部门间协同机制的表述是否完整、可行。(4) 任务程序可行性：关于各项任务执行程序的描述是否完整，任务程序是否可以满足该类事故的时间约束。(5) 任务可持续性：在情景中可能会出现的通信中断、交通堵塞等业务背景下是否考虑了完成该项任务的备选方案。(6) 支撑资源完备性：是否针对各项任务的装备、队伍等支撑资源开展差距分析，并对资源补充调用机制进行考虑。

2. 基于情景构建的应急预案编制与修订

依据上述的应急预案体系评估结果，从六方面开展预案编制或修订。(1) 补充缺失任务：针对预案体系中没有覆盖的应急任务，基于该项任务的支撑要素分析，在相关预案（例如，该类事件的专项预案或者该项任务主责部门的部门预案）中进行补充。对于重要的任务，可以单独编制预案进行保障。(2) 补充实战措施：基于情景支撑，召集相关方开展风险沟通与能力评估，从实战角度出发编制或修订预案，建立任务执行程序流程图，且充分考虑该类事故的时间约束、资源约束、业务约束等不确定性条件。(3) 补充协同机制：在预案编制或修订过程中，推进相关部门之间的会商，补充各任务主责部门、协同部门之间的协同机制。(4) 补充部门统筹机制：针对单个部门需要参与的主责和协同任务，从部门角度出发，研究情景演化规律背景下的资源和人力统筹机制，并补充进部门预案。(5) 补充资源调度机制：针对同一类资源、装备、队伍需要支撑多项任务，基于资源评估和情景演化规律研究，建立单项资源调度机制，补充进资源主管部门的部门预案，或者单独编制资源保障预案。(6) 完善业务连续性管理：基于情景支撑，分析通信、交通等核心任务的可靠性，并设置必要的备选方案，补充进相关预案。

3. 基于情景构建的应急预案衔接

基于情景分析，分别以任务、信息、资源、态势为主线，提升事发企业预案与周边企业预案、主责部门预案与协同部门预案、企业预案与地方政府预案、企业预案与上级单位预案等相关预案之间的衔接性。具体包括：一是任务执行连贯性，以任务为主线，提升相关预案之间的衔接，包括不同预案对任务（主责部门、协同部门、部门协同机制、执行程序等）的表述需要一致；二是信息沟通连贯性，以信息为主线，提升相关预案之间的衔接，包括不同预案中对信息传递路径表述需要一致，信息共享机制、信息研判机制、态势分析机制的表述需要一致；三是资源调度连贯性，以资源管理为主线，提升相关预案之间的衔接，包括不同预案对同类资源调度机制的表述需要一致；四是响应升级连贯性，以事故的态势演化为主线，提升相关预案之间的衔接，包括不同预案之间对事件升级过程中的指挥权移交、组织体系变更、任务调整、工作交接等行为的表述需要一致。

2.3.3.3 基于情景构建的预案演练

依据开发的情景，为组织规划并组织实施应急演练。

1. 基于情景构建的应急演练规划

依据情景构建中的任务清单，对一段时间内的演练工作进行统筹指导。依据相关法律、法规、政策要求，制定年度（或一个较长的时期）应急演练规划，重点参照以下三个原则：（1）重点关注情景中的关键节点任务（可能导致事件升级或范围扩大的任务）；（2）重点关注需多个主体协同配合才能完成的任务（科目）；（3）先单项后综合、先桌面后实战，循序渐进，时空有序。

2. 基于情景构建的应急演练组织与实施

情景构建为应急演练的组织与实施提供基础性支撑，具体包括以下五方面：（1）情景构建团队可参与应急演练的组织与协调；（2）在情景构建过程中，相关方就特定任务的分析研讨可转变为桌面演练，推演成果（相关方达成的共识）为情景的完善提供支撑；（3）情景构建结束后，情景为应急演练提供科学可信的场景，从情景中截取一个阶段，或者抽取特定的情景片段可以作为演练场景；（4）情景任务清单中的单项任务或多项任务的组合，可以转换为桌面演练或实战演练的主题；（5）检验预案、锻炼队伍、磨合机制、加强风险沟通等是应急演练的目的。

本章小结

应急综合准备是指，为应对常见灾种和频发危机，公共危机管理主体在制定应急预案、设置应急机构、落实应急保障等方面所做的事前准备工作。它能够起到规避本能反应的“失误率”等作用。

机构设置和职能设定是应急综合准备的基础，遵循“三定方案”原则，即通过设定公共危机管理的职能、确定公共危机管理的机构、选定设定公共危机管理的人员等一系列的应急准备工作，构建公共危机管理的工作机制和组织体系，并通过机构编制实现机构的更新升级和动态平衡。

应急预案是应急综合准备的抓手，以提前设置应急方案、规划应急机构设置的形式，将公共危机管理涉及的体制设置、机制运行、法制保障等多方面内容予以整合，从而形成指导、预防与处置公共危机事件的规范性文件。

关键术语

应急综合准备　本能反应失误　机构设置和职能设定　应急预案　情景构建

案例研讨

美国"9·11"恐袭事件中的企业防恐准备和预案管理

瑞克·瑞思考勒（Rick Rescorla）被称为美国"伟大的保安"。参军退役后，他在美国纽约证券公司（Dean Witter）找到保安工作。1997 年美国纽约证券公司和豪门摩根士丹利①合并，他成为安全副总裁。在他任职期间，他预见恐怖袭击的到来，并通过制定安全预案和强化预案演练，不断优化员工在面临恐怖袭击时的本能反应，为应对恐怖袭击做好充足的准备，进而在"9·11"美国恐怖袭击事件中发挥重要作用，带领人员及时逃生，将人员死伤降到最少。

1. 预见恐怖袭击，建议制定安全预案但未被采纳

1988 年 12 月，利比亚两名恐怖分子劫持泛美航空公司一架从德国法兰克福飞往美国底特律的飞机，在英国小镇洛克比上空将飞机炸毁，造成 270 人丧生。对此，瑞克·瑞思考勒意识到，世贸中心是美国地标性建筑，更有可能遭遇恐怖袭击。他立即向纽约港口管理局以及世贸中心业主建议，在停车场加强安保措施，但未被采纳和重视。

1993 年 2 月，恐怖分子拉齐姆·优素福（Ramzi Yousef）将一辆装满炸药的箱型车开进世贸中心地下车库并引爆，造成 6 人死亡、1 000 多人受伤。瑞克·瑞思考勒预测，恐怖分子不会就此罢休，下一次行动很有可能用飞机装上生化武器从空中袭击世贸中心。他向公司高层建议搬离世贸中心，但公司在世贸中心的租约要 2006 年才到期，未采纳搬离的建议。

2. 强化预案演练，组织每年两次逃生演习

虽然未能强化安保措施和搬离世贸中心，瑞克·瑞思考勒开始实施预案演练的计划，把"窝在办公椅"中的"金领"们变成逃生能手。他组织摩根全体员工参加逃生演习，2 人 1 组下楼梯，直到安全楼层；他用秒表计时，惩罚行动迟缓的员工，确保紧急状态下员工都能迅速行动。此外，他严格纠正摩根安全管理中的错误做法，他认为：在世贸中心这种超高层，等待救援是错误的，必须主动应对；楼顶救援少，而且危险，大家应该往下跑。

尽管每次演习都会打乱公司的工作节奏，造成损失，遭到阻挠和反对，但瑞克·瑞思考勒顶住压力落实下去。他坚信，在极端状态下，冷静思考几乎不可能，只有反复练习，人们才能在恐惧中做出近乎本能的反应。

3. "9·11"恐袭现场逃生，践行预案的作用得到发挥

2001 年 9 月 11 日 8 点 46 分 40 秒，一架波音 767 突然撞击世贸中心北塔上部，紧急

---

① 摩根占据世贸中心双子塔的南塔楼第 47－74 楼，有近 2 700 名员工办公。世贸中心由两座 110 层高 411.5 米的塔式摩天楼、四幢办公楼、一座酒店组成。

广播安抚人们不要慌张，待在办公室里别动，但瑞克·瑞思考勒要求人们马上撤离大厦，没有他的通知不能回办公室。他利用扩音器要求大家按照演习安排，快速向楼下逃生。9点3分11秒，另一架波音767撞击上摩根所在世贸中心南塔的第77层至85层。瑞克·瑞思考勒再次利用扩音器指挥大家保持镇静，并通过唱歌的方式安抚大家的情绪，带领近3 000人继续向下撤离至安全楼层。到达安全楼层后，瑞克·瑞思考勒给妻子打电话告别，之后再次进入危险楼层继续救人，不幸遇难。

据媒体报道，在“9·11”恐怖袭击的两次撞击间隔的15分钟里，虽处于南塔危险的位置，但摩根的2 687名员工和在摩根谈业务的250多名股票经纪人中，仅有包括瑞克·瑞思考勒在内的6名员工遇难。

第 3 章

危机决策的机制

知识结构图

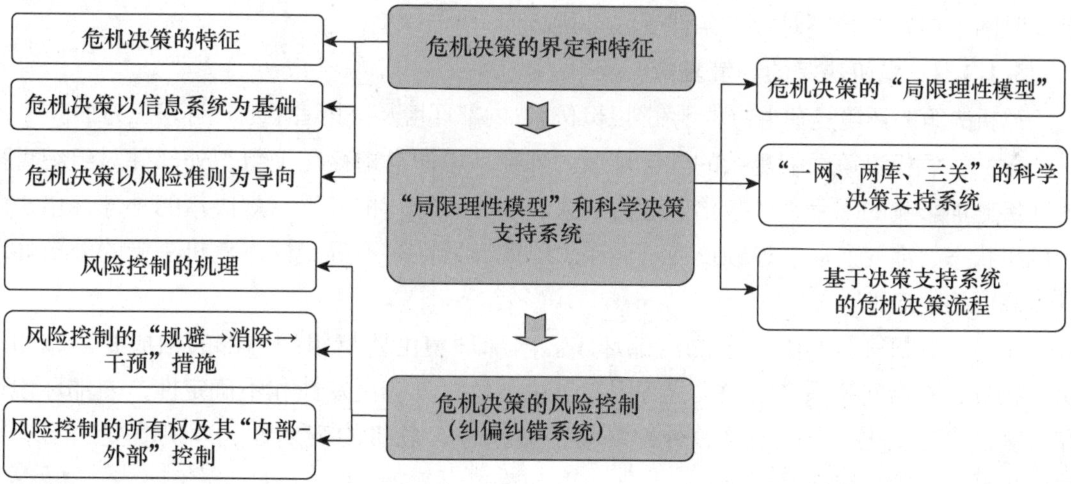

重点问题

- 危机决策的特征概述
- 危机决策的“局限理性模型”
- 危机决策的科学决策支持系统
- 基于决策支持系统的危机决策流程
- 风险控制的机理
- 风险控制的“规避→消除→干预”措施
- 风险控制的所有权及其“内部-外部”控制

3.1 危机决策的界定和特征

危机决策贯穿公共危机管理的始终。公共危机管理部门都将面临危机决策，并在决策的基础上开展和实施公共危机管理的具体工作。

危机决策是指，决策者在有限的信息、时间、资源、人力等约束条件下，在监测风险、获取信息、了解情况的基础上，分析、研判危机，并确定应对危机的具体行动方案的过程。与常态状况下的决策相比，紧急状态下的危机决策是一次性的非常规性决策活动，面临更大的难度和挑战。

危机决策不仅要对现有危机状况提出有效控制的科学方案，还要对潜在危机进行评估预测，提出阻止危机升级或出现新生危机的方案，从而达到尽可能减轻人财损失和负面影响、保护人民群众生命财产安全的危机管理目标。

3.1.1 危机决策的特征

由于公共危机具有突发性、紧迫性和不确定性等特点，公共危机决策面临着环境复杂、时间紧迫、信息不对称、条件受限等挑战。

3.1.1.1 危机决策的环境复杂

危机决策的环境复杂主要表现在外部环境、内部环境及决策者的心理环境三方面。

第一，危机决策面临复杂的外部环境。外部环境通常指存在于组织外部并对组织直接或间接施加影响的因素，如政治、经济、人口、生态等。相对于常规决策的外部环境，由于危机状态、演变发展、连锁反应、后果影响的突发性和不确定性，危机决策的外部环境具有高度的复杂性。

第二，危机决策面临复杂的内部环境。内部环境主要指组织内部的构成要素，如人员、物资、成员间关系、组织文化等因素。由于危机具有突发性和不确定性，内部环境也在时刻发生着变化。与此同时，外部环境的复杂性、危机的突发性、危机演变的不确定性，也会对内部环境造成影响。

第三，危机决策者面临复杂的心理环境。由于内外部环境的复杂，以及危机突发、时间紧迫、条件受限等多方面因素的影响，决策者承受巨大的心理压力，面临复杂的心理环境。

3.1.1.2 危机决策的时间紧迫

在常规决策中，决策方案正式出台之前，决策者往往有充足的时间对其进行反复修改；而危机事件的突然爆发，迫使决策者需要在不损害决策合理性的前提下，适度简化决策程序，在有限的时间内迅速确定决策方案并安排实施。

危机决策的时间紧迫性，导致决策失误的可能性增大。美伊人质危机事件（1979—1981 年）、美国核潜艇撞沉日本“爱媛号”渔船事故（2001 年）、日本“3·11”福岛核事故（2011年）、韩国“岁月号”沉船事故（2014年）等，由于时间紧迫，其危机决策出现不及时、不科学等失误，在不同程度上遭到社会舆论的批评。也有特例，例如，美国三里岛核电站发生泄漏事故（1979年）的两日后，时任宾夕法尼亚州州长迅速做出三里岛居民撤离现场的决定，下令核电站方圆5英里内的孕妇和儿童撤离、10英里内的学校全部关闭，有效避免了直接的人员死伤。

3.1.1.3　危机决策的信息不对称

公共危机事件的突发特性导致其相关信息易以模糊、散乱、混沌等形式存在，使决策主体所掌握的信息与真实信息之间存在着数量、质量、时效等方面的“不对称性”。信息不对称主要表现为不及时、不完全、不准确。

第一，信息不及时。危机事件的发展变化迅速，且信息传递给危机决策者须经历一定的流程和环节，导致危机决策者掌握信息时存在难以完全避免的滞后性。

第二，信息不完全。危机事件本身存在随机性和不确定性，且紧急状态具有一定的混乱性，导致危机决策者难以在有限时间内掌握和控制所有的事件发展信息。

第三，信息不准确。危机决策的信息在传递、反馈、处理的过程中受到主客观因素的影响，尤其是小道消息和造谣传谣等“信息干扰”和“信息噪声”，易出现“信息失真”，进而损害信息的准确性和有效性。

3.1.1.4　危机决策的条件受限

在现实操作中，危机决策过程面临信息、时间、人力、技术等多方面条件受限的局面，具体表现为合格决策者不足、专业人员缺乏、技术支持稀缺等。

第一，合格决策者不足。在紧急状态下，合格的危机决策者需满足极高要求、具备高超水准，包括：(1) 具有立足全局和长远、国家安全和公众利益之上的站位；(2) 具有果断决策、勇于担当、敢于担责的魄力；(3) 具有善于抓住关键、看清本质、权衡利弊、区分轻重缓急的智慧；(4) 具有乐于接纳先进技术、科学手段、他人建议的胸怀，具有灵活应变、团结内部、周旋外部的能力等。总体而言，目前尚缺乏合格的危机决策者。

第二，专业人员缺乏。在自然灾害、事故灾难、公共卫生事件、社会安全事件的四类公共危机细分领域中，其危机决策需参考该领域的资深专家或专业技术人员的意见；但专家或专业技术人员在决策中易出现缺位问题，导致决策主体面临危机时缺乏专业意见辅助决策。

第三，技术支持稀缺。当前危机决策的技术设备、智能系统、支持平台等仍处于稀缺状态，且平常多处于闲置状态，在危机状况中使用时可能出现失灵情况，对危机决策的帮助较小，甚至某些关键设施和重要系统的专业技术设备可能出现被黑客攻击或遭电子干扰等问题，反而带来阻碍。

3.1.2　危机决策以信息系统为基础

3.1.2.1　危机决策的信息要求

“快、真、准、全”的信息是危机状态下科学决策的重要前提，要求做到：

第一，“快”，危机决策的信息应满足实时监测收集、及时传递报送的要求，以满足危机决策所需。

第二，“真”，危机决策的信息应满足真实展现现状、符合实际情况的要求，淘汰和筛除无关、虚假的信息，并规避“信息噪声”给危机决策带来的干扰。

第三，“准”，危机决策的信息应精准有效，应是可用于定性和定级，从而直接决定危机决策的信息，间接相关的信息应放在次级优先的位置。

第四，“全”，在满足快、真、准的前提下，危机决策的信息尽可能全面，以期提供危机定性定级、基本情况、就绪状况、应急能力等方面的信息。

3.1.2.2 危机决策的信息管理

对危机决策信息系统应进行有效管理，信息管理具有以下六方面的作用：一是有效集成各个方面的应急资源信息，在应急时可以迅速找到相关的各种应急资源，并进行定位；二是实现对各种重大危险源的管理，在应急时可以根据这些数据采取有效的措施；三是提高快速反应和应急指挥能力；四是科学研判公共危机所造成的事故后果，在事故应急时提高应急响应的准确性；五是在事故后果模拟的基础上，系统可以提供相应的应急指挥调度辅助决策供应急指挥者参考，提供及时的决策支持；六是为应急恢复提供规划和管理工具等。

3.1.2.3 危机决策的信息来源

危机决策信息来源于内部和外部两方面。

危机决策的内部信息包括两类。第一类是公共危机管理部门的内部环境相关信息，主要包括：(1) 本部门、本事务的管理目标及管理现状；(2) 相关活动及工作描述；(3) 与本事务相关的组织结构、管理职责、管理流程、资源配置、成本约束等情况；(4) 与本事务相关的标准、规范、指南等及其执行情况；(5) 公共事务活动所需的技术、途径、人力等；(6) 本部门、本事务的重大合同、协议及其管理情况；(7) 本部门、本事务的风险事件历史记录；(8) 管理者的承诺及风险文化；(9) 与风险控制相关的奖惩机制；(10) 与本事务风险管理相关的其他信息等。第二类是通过内部人员和专业手段获取的信息。在具体操作中，公共危机管理相关部门根据公共危机的种类和特点，建立健全突发事件监测和内部情报系统，完善监测网络，划分监测区域，确定监测点，明确监测项目，提供必要的设备、设施，配备专职或者兼职人员，对可能发生的公共危机事件进行监测，获取信息。

专　栏

内部信息系统的信息收集经验

美国反恐信息的收集通常由多个部门牵头，组成情报部门，通过信息收集与共享形成内部情报信息网。国土安全部负责牵头收集与评估恐怖威胁情报，其信息源涵盖联邦调查局（Federal Bureau of Investigation）、中央情报局（Central Intelligence Agency）、国家安全局（National Security Agency）、毒品强制管理局（Drug Enforcement Administration）、国防部等所有主要涉及恐怖活动的情报机构。

德国的情报收集主要由内政部机构管理实施，通过应急管理信息系统具体落实。

管理机构层面，内政部机构主要通过对电视、广播、报刊、通讯社等公开情报来源进行对比分析和综合判断，完成应急情报的收集工作，分为地方和中央两个层级；州内政部主要负责本州范围内的应急安全情报收集；联邦内政部主要负责跨州或全国范围内的应急情报收集工作。此外，联邦民事保护与灾难救助局（Bundesamt für Bevölkerungsschutz und Katastrophenhilfe，BBK）可以收集和使用关于个人数据、经济救援能力、目标物体、基础设施等方面的信息①。

技术操作层面，德国的应急管理信息系统主要由德国紧急预防信息系统（deutsches Notfallvorsorge-Informationssystem，deNIS）、升级版的德国紧急预防信息系统（deNIS Ⅱ）构成。紧急预防信息系统集中了互联网上所有能找到的紧急预防措施信息，所提供的信息包括可能发生的各种威胁和相关部门所提供的防范对策；升级版的德国紧急预防信息系统主要是建立在民事保护和灾难防护领域的内部信息网络②。此外，为了加强联邦和州之间在情报收集上的协作，2002 年 10 月，联邦民事保护与灾难救助局下属的危机管理中心建立了联邦与各州之间的情况通报联合中心（German Joint Information and Situation Centre，GMLZ），实现突发事件信息的及时报告和通报③。

危机决策的外部信息包括两类。第一类是公共危机管理部门外部环境的相关信息，主要包括：(1) 与本部门、本事务相关的法律法规约束；(2) 与本部门、本事务相关的监管体制、机构、政策以及执行等情况；(3) 可能涉及的利益相关者及其利益诉求、价值观、博弈能力和相互关系等；(4) 舆论关注情况及媒体监督机制；(5) 潜在的事态发展或升级情形；(6) 以往国际的、国内的、地区的和本地的相关事例；(7) 国内外政治、经济、社会、文化、科技等相关环境；(8) 影响本部门、本事务目标实现的外部关键因素及其历史和变化趋势等。第二类是通过外部人员和社会途径获取的信息。在具体操作中，公共危机管理部门加强信息收集的社会动员，建立健全突发事件信息外部收集的“信息报告制度”，在基层建立专职或者兼职信息报告员制度；获悉公共危机事件信息的公民、法人或者其他组织，应当立即向所在地人民政府、有关主管部门或者指定的专业机构报告，通过积极发动社会监督和民众举报，扩大信息收集的覆盖面。

---

① 张磊. 德国应急管理体系研究［M］. 北京：国家行政学院出版社，2013：70.

② 钟开斌. 中外政府应急管理比较［M］. 北京：国家行政学院出版社，2012：248.

③ 同②247.

专 栏

外部社会力量的信息收集经验

我国通过群防群治模式和志愿者队伍，充分发展壮大平安志愿者、社区工作者、群防群治工作的机制和模式，来加强情报信息收集的社会动员，形成外部的信息网络。具体而言，落实举报奖励制度，对于提供重大线索、帮助破获重大案件或者有效制止违法犯罪活动、协助抓获犯罪分子的，给予重奖。北京治安防控工作中建立起以社区治安志愿者队伍为主要载体的“人防网”，“朝阳群众”“西城大妈”“海淀网友”“丰台劝导队”等志愿者队伍，配合公安机关随时发现违法犯罪的新线索。以“朝阳群众”为例，“朝阳群众”主要由治安志愿者、党员巡逻队、专职巡逻队、义务巡逻员、治保积极分子五部分人组成，每月向警方提供线索，集中反映涉及盗销电动自行车、街头诈骗、反恐、公共安全、涉毒类等线索；朝阳区财政每月对治安志愿积极分子给予补贴。尤其在安保执勤工作期间发生意外的志愿者，不仅可获得保险理赔，还可得到区治安志愿基金补助①。

美国反恐情报信息收集也会依托和借助社会力量，美国国土安全部认为，“在保卫国家方面，最好的安全策略是发动并依靠美国公众的力量，并将其视为关键合作者”。2009年，美国国土安全部在全国范围内发起了“若看到，要举报”(If You See Something, Say Something)② 运动，鼓励民众及时将恐怖分子的可疑恐怖苗头行为报告给情报部门，以最大范围收集恐怖情报信息。2015 年 6 月，洛杉矶警察局推出了“我看护”(I Watch)③ 的全民反恐活动，帮助公众识别和举报疑似恐怖分子的可疑现象。

3.1.3 危机决策以风险准则为导向

危机决策的风险准则是决定决策方向的“指挥棒”。风险准则，也即风险方针，需要综合考虑危机决策的目标、价值观、偏好，并结合对危机的容忍度、承受力，在有限时间和条件内做出最符合当下应急需要的选择与判断。风险准则的本质是选择和取舍，决定了决策时应最先考虑的问题和保护的利益。

危机决策的风险准则因人而异、因时而异、因事而异，不同国家、不同部门、不同危机事件，决策准则可能不一。一般而言，危机决策准则包括四对关系的选择：(1) 生命第

---

① 政法工作者揭秘“朝阳群众”是怎样炼成的？[EB/OL]. 央广网，2015-07-09.

② 美国国土安全部对“若看到，要举报”运动设立了公共宣传网络平台 If You See Something, Say Something™。DHS. If You See Something, Say Something [EB/OL]. [2018-09-10]. https://www.dhs.gov/see-something-say-something.

③ 洛杉矶警察局对“我看护”(I Watch) 运动设立了公共宣传网络平台，开发了手机 App。The LOS ANGELES POLICE DEPARTMENT. iWatchLA [EB/OL]. [2018-09-10]. http://www.lapdonline.org/iwatchla.

一还是财产第一；(2) 公共利益（普通公众利益）为主还是个体利益（局部精英）为主；(3) 短期止损（损失最小化）还是长期受益（效益最大化）；(4) 经济利益为先还是社会效益为先。

《中华人民共和国突发事件应对法》提出我国开展危机决策的基本准则，具体而言："保护人民生命财产安全，维护国家安全、公共安全、环境安全和社会秩序"。"有关人民政府及其部门采取的应对突发事件的措施，应当与突发事件可能造成的社会危害的性质、程度和范围相适应；有多种措施可供选择的，应当选择有利于最大程度地保护公民、法人和其他组织权益的措施"。

3.2 "局限理性模型"和科学决策支持系统

3.2.1 危机决策的"局限理性模型"

危机决策，不适用经济决策领域的"完全理性模型"和行为决策领域的"部分理性模型"，而适用"局限理性模型"。

"完全理性模型"是在"经济人"假设基础上形成的，认为"决策者具备完全的理性知识，追求效用最大，通过冷静客观的思考进行决策"。具备完全理性的领导者会根据问题确定明确且具体的目标，并且严格按照决策流程选择使决策效益最大化的方案。在"完全理性模型"下，不仅能穷尽所有的备选方案，而且备选方案可通过精细量化比较其优劣性，从而确保决策者能够从中找到"最优方案"，做出"最优选择"。其由于对决策情境的理性设计和苛刻要求，不适用于危机决策的现实环境。

"部分理性模型"是在"社会人"假设①的基础上，认为决策者知识有限，不能完全掌握全部信息，也无法认识决策的所有规律，只能追求"满意方案"而非"最优方案"。"部分理性模型"符合常态决策的实际情况，但在危机状态下，"部分理性模型"仍然不适用于信息随时变化的危机环境。

在此情况下，"局限理性模型"更贴合危机决策的实际环境。由于突发事件信息较少、时间紧急、决策难度大等综合客观因素，不能盲目追求"最优方案或满意方案"，也难以做到统筹兼顾、考虑周全、集思广益、注重程序等。"局限理性模型"遵循"多害相比取其轻"的原则，甚至采取"排除法"的方案，抓住重点、当机立断、制定"可用方案"，并在执行时调整优化。危机决策的"局限理性模型"示意图如图 3-1 所示：

---

① SIMON H. Administratiue Behauior：A Study of Decision-making Processes in Administratiue Organization [M]. New York：Macmillan，1945.

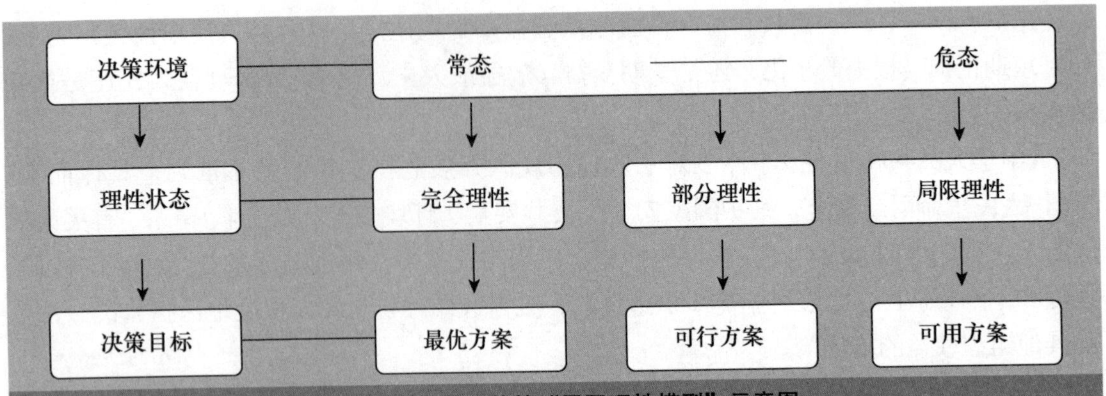

图 3-1　危机决策的“局限理性模型”示意图

3.2.2　危机决策的科学决策支持系统

总而言之，危机决策的科学决策支持系统，需要实时的情报信息、详细的基础资料、专业的参考依据、精准的研判预警、科学的决策流程、切实的督导考核等要素。现对社会维稳风险治理与科学管理“一网、两库、三关”体系①予以剖析和说明（见图 3-2）。

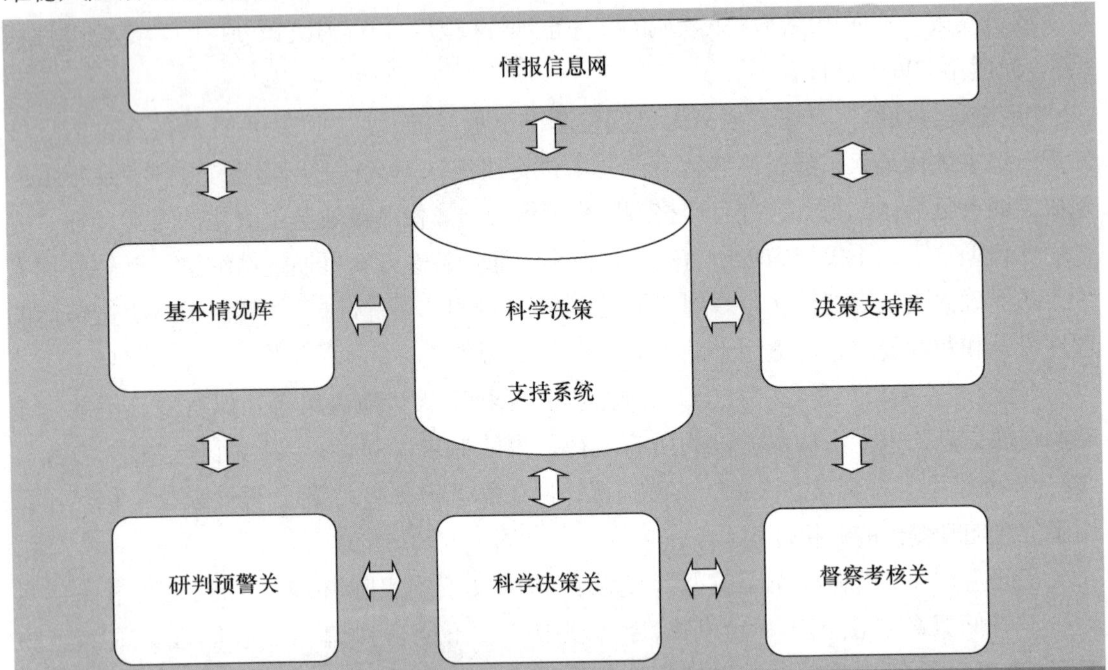

图 3-2　危机决策的科学决策支持系统机理（以“一网、两库、三关”为例）

资料来源：唐钧．政府风险管理：风险社会中的应急管理升级与社会治理转型［M］．北京：中国人民大学出版社，2015.

---

① 从 2008 年起，为了顺应区域发展需要，巩固提升维稳成果，北京市朝阳区与中国人民大学危机管理研究中心合作，以高校专家提供理论指导、参与重点难点问题研究，地方政府提供实证支持与具体操作的方式，着手建设以专群结合为基础，以科技手段为保证，以“一网、两库、三关”为核心内容的社会维稳风险治理与科学管理体系，在优化基层维稳运行机制、深化社会服务管理创新方面进行了积极探索。

3.2.2.1　科学决策支持系统的"情报信息网"

科学决策支持系统需要"情报信息网"，以保障科学决策为目标，以全面整合、共享情报信息资源为基础，以实现对危机情况信息实时侦控为核心功能。

信息工作贯穿于各类影响风险防范和危机处置工作的始终。基于此，以信息主导工作为基本理念，通过建设全方位、多层级、立体化、动态性的信息收集、报送网络，达到对公共危机惯例形势的总体把控，具体要求包括以下几方面：

第一，建立一体化的信息网络，全面整合信息资源，实现信息网多层级无缝衔接。以公共危机管理的基层单位——区县政府为例，一般应建设三个层面的信息网络：第一个层面为区县级层面，由区县应急管理主责部门牵头，负责整体统筹全区县的信息管理工作，实现信息在区县级层面的综合利用和实时共享，实现全区县信息资源的纵向统筹；第二个层面为区县属职能部门和街乡层面，在公安政法、国家安全、信访排查等多部门网络的基础上，建立部门与部门之间、部门与街乡之间、街乡与街乡之间的沟通机制，实现全区县信息资源的横向沟通；第三个层面为基础层面，建立覆盖全区县各社区、村、企事业单位、社会团体的危机信息员队伍，实现对各类信息的全面掌握。综上，通过建立"纵向到底、横向到边"的三级信息网络，能有效避免信息收集主体因条块分割造成各自为政的局面，实现信息的全区县统筹调度、部门归口报送、资源共享利用的一体化、无缝隙体系。

第二，建立全方位、立体化的实时监控，即全面整合信息收集途径、手段，实现立体化实时监控。仍以区县政府为例，在通过三级信息体系实现全区内部信息有效收集的同时，信息网全面纳入互联网、移动终端、手机通信等新型媒介，电视、广播、报刊等传统媒体和12345热线、110、119、120、999等政府服务保障系统，全面整合信息收集的技术手段，实现人力情报与技术情报的有效结合、公开措施与秘密工作的有效结合、传统方法与现代科技手段的有效结合、网络监控与落地查实的有效结合，全面拓宽信息收集的广度和深度，实现对风险信息的立体化实时监控。

第三，建立高效率的动态运行机制，即全面加强机制建设，实现信息传递的动态运行。信息在各级层面的及时传递是实现信息价值的必要要求。按照这一要求，信息网络应做到：一是形成信息的筛选过滤机制，找出真实的、相关的、对危机决策可能有用的信息，淘汰和去除无关、虚假的信息，规避"信息噪声"给危机决策带来的干扰和问题；二是建立培训机制，全面提升情报人员素质；三是通过设置考核奖惩、责任追究等机制，全面落实各项工作责任制；四是通过完善报送机制，明确信息的收集类别、保密级别、传递时限、报送方式等内容。通过完善工作机制实现信息传递工作的规范化、制度化，为信息高效、动态运行提供坚实保障。

专　栏

危机信息源的动态更新

危机状态的动态变化对危机决策信息系统提出动态更新的要求，具体而言：应全面整合信息来源和收集途径，利用技术手段和管理手段，实现对危机决策相关数据和信息的实时监控、动态更新、集成展现。

技术手段的应用主要通过立体化实时监控来实现，在具体操作中，一般表现为摄像头的视频监控；在此基础上，互联网、手机通信、物联网、无人机、人工智能等高新技术的应用，能够有效提升实时监控的精准度和高效化。

管理手段的应用主要通过信息员实时汇报制度来实现，在具体操作中，灾害信息员、气象信息员、群测群防员、食品药品安全联络员、网格员等应急信息员，负责收集应急事件相关信息，并及时向值班领导和有关领导报告应急事件发生的时间、地点、信息来源、伤亡情况、影响范围、发展趋势、已采取的措施和其他需要上报的有关事项等。

3.2.2.2　科学决策支持系统的“基本情况库”

科学决策支持系统需要建立“基本情况库”，以全面系统掌握危机决策所需的危机本身、危机应对、应急准备等资料及相关知识为内容，以建设风险隐患资料库、重点矛盾纠纷资料库、基本情况资料库等三个子库为内在基础，在决策时提供全面准确的资料支持，具体要求有三：

第一，全面。应涵盖基本情况和应急就绪状况的全方位资料，包括重点的“人地物事环”情况，与公共危机相关的水电气热、广电通信、交通运输、食品供应、卫生医疗等，与就绪状况相关的机构设置、应急预案、人才准备、应急保障等。

第二，准确。对此应做到对基本情况和就绪状况的全面收集、翔实记录、合理分类、动态更新。

第三，实用。将各类资料通过技术手段转化形成“风险地图”①，并予以系统整合，形成动态更新，实现对总体情况的直观反映，为全面掌控形势、开展危机决策提供便捷化的支持。“风险地图”具有资料留存、查询、比对等功能。

3.2.2.3　科学决策支持系统的“决策支持库”

科学决策支持系统需要建立“决策支持库”，以规范化的案例收集和标准化的应急处置为主要内容，以建设专业处置决策支持系统、现场应急和群众工作决策支持系统、媒体舆情

---

① 一般而言，风险地图由“风险源地图”“风险分布地图”“趋势研判和风险预测地图”“应急准备的就绪状况地图”组成，进而整合形成总的“风险地图”。唐钧．政府风险管理：风险社会中的应急管理升级与社会治理转型［M］．北京：中国人民大学出版社，2015.

应对决策支持系统等三个子系统为基础，在决策时提供可借鉴的辅助依据，具体要求有三：

第一，分类收集掌握世界范围内已有的各种涉稳事件的典型案例，总结其发生原因、处置过程、成功经验和失败教训。

第二，根据各类典型案例提炼总结，形成针对各类涉稳事件能够采取的若干种标准化、规范化的处置方法，以及各种处置方法可能产生的效果和可能造成的负面影响。

第三，通过数据、内容的不断更新和技术支持，实现同类搜索、经验提示等功能，起到为政府科学决策提供支持的作用。

3.2.2.4 科学决策支持系统的“研判预警关”

科学决策支持系统需要建立“研判预警关”，以对风险信息的有效鉴别为基础，分级评定风险程度，科学研判信息，准确分析趋势走向，具体包括两方面的工作。

第一，设定科学的风险评估标准，以目前世界上通用的风险等级评定标准为基础，全面结合实际情况，对以往公共危机事件的危机预警进行规律性研究，建立一套符合实际情况和本土特点的信息风险指标评定标准。该标准通过设定发生可能性程度、境内外舆论关注程度、人员规模程度、发生地点敏感程度、引发关联性程度、动因影响程度、防控难度等一系列量化指标，将风险程度定为三个级别，即第一级为“不能容忍应立即处置的风险”，第二级为“可容忍需重视的风险”，第三级为“应关注需跟踪的风险”。

第二，信息风险指标评定标准在操作层面启动两级审核制度，即街乡和职能部门进行初级审核，区县级层面由应急管理主责部门进行二级审核，通过两级审核制度实现对海量信息的有效过滤和大量风险的逐级分流。

3.2.2.5 科学决策支持系统的“科学决策关”

科学决策支持系统需要建立“科学决策关”，以实现公共危机事件的标准化处置为核心功能，处置流程标准化、决策机制规范化、体系运行制度化，具体包括两方面的工作。

第一，根据“研判预警关”所确定的风险等级，设计一套完善的标准化处置流程，该流程明确不同级别事件的处置责任主体、处置时限、工作标准；在发生不同风险等级的公共危机事件时，各级责任主体按照流程要求自动启动处置工作，形成各司其职、各负其责、责任明确、流程规范、机制完善、整体联动、高效运转的处置模式。

第二，针对标准化处置流程无法解决的个别重大突发紧急事件，建立专家评审分析、情况会商等一系列研判机制，确保对特殊类涉稳事件的科学决策。

3.2.2.6 科学决策支持系统的“督察考核关”

科学决策支持系统需要建立“督察考核关”，以落实公共危机管理责任为保障，实绩与政绩挂钩，责任与后果明确，奖励与处罚分明，具体包括三方面的工作。

第一，建立一整套贯穿体系始终，涉及信息网络建设、风险信息预警研判以及危机事件决策处置等各个方面的督察考核机制。

第二，建立责任追究机制，通过确定后果等级和责任等级，对因决策失误、政策制定失误、指挥失当、措施不到位、人员不到位等原因造成严重后果的，分门别类明确处罚标准，在进一步明确危机管理工作责任的同时，明确因工作失职、渎职所要承担的后果，起到事前警示作用。

第三，建立绩效考核机制，以全面应用绩效管理理论为基础，通过建立科学完善的绩效考评办法，定期对各部门、各街乡的工作成效进行考核，用科学的制度提升工作的积极性和主动性。

3.2.3 基于决策支持系统的危机决策流程

在科学决策支持系统的作用下，危机决策的基本流程是：在危机决策的特定时空环境中，以“快、真、准、全”的信息为基础，以决策准则为指引，在有效的风险控制下，做出决策方案并执行，同时根据环境变化进行调整，开展持续决策。危机决策的基本流程如图 3－3 所示：

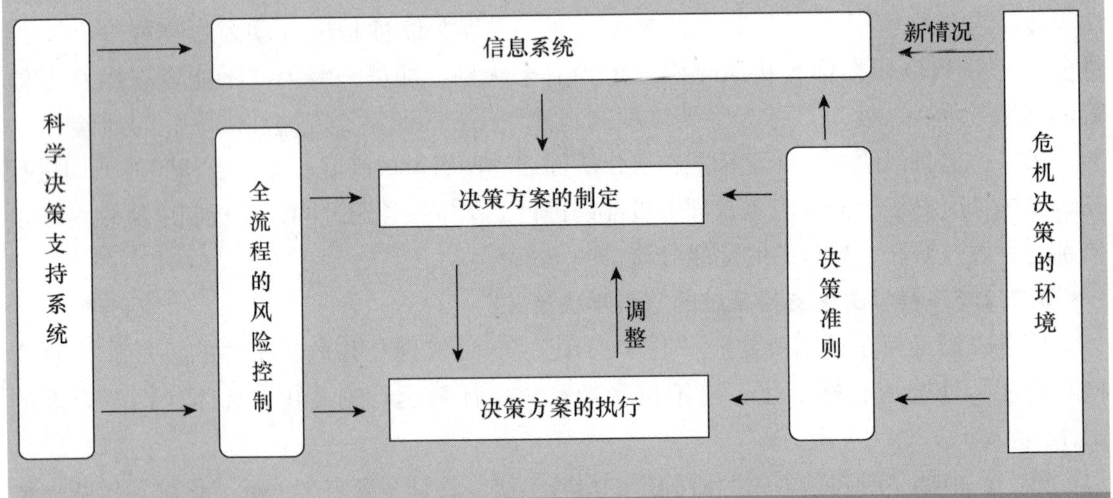

图 3－3　危机决策的基本流程拓扑图

专　栏

莫斯科人质危机事件的危机决策

2002 年 10 月 23 日晚 21 时左右，40 多名车臣绑匪闯入位于莫斯科东南区的莫斯科轴承厂文化宫大楼剧院，将文化宫内的 850 多名观众、演职员、工作人员胁持作为人质，要求俄罗斯军队撤出车臣。到 26 日凌晨 7 时左右，俄罗斯军警及“阿尔法”小组以秘密化学气体麻醉文化宫表演厅内所有人，进而强攻，将车臣绑匪歼灭。其中击毙 39 名恐怖分子，其余逃离或被擒获，多数人质获救、129 名人质因麻醉气体而死亡。

此次危机事件中，在面临一系列压力的情况下，俄罗斯政府艰难开展危机决策，同步推进与绑匪的沟通谈判和对人质的积极营救，最终以武力制伏绑匪。这一过程中，危机决策的要点如下：

1. 第一时间确定决策准则

事件一发生，俄联邦安全局“阿尔法”小组、内务部特警部队、国防部特种反恐分队和大批警察迅速包围现场。俄总统普京闻讯后立即取消出访活动，火速召集内务部、俄联邦安全局、南部联邦区以及军方的高级官员开会研究解决危机的对策，确定了“最大限度保护人质安全”和“誓不妥协、谈判和动武两手准备、立足武力营救”的原则和方针。

基于该原则和方针，俄解救人质工作小组重点开展两方面工作：一方面，与绑匪进行心理战，争取和平解决，避免造成重大人质伤亡；另一方面，派特工混入剧院，掌握动态，里应外合，调配炸药、速效麻醉剂等物品，准备在万不得已的情况下实施突袭。

2. 决策机制运转高效

该事件发生前的10年间，车臣匪徒在莫斯科和其他一些城市制造了一系列爆炸民宅、劫持人质的重大事件，促使俄当局建立“总统领导国家安全会议—担负主要任务的强力部门负责人领导联合应急指挥中心—副职担任现场指挥”的三级危机处理机制。此次事件发生后，该机制马上开始运作，组织协调外交、地方政府、内务部、俄联邦安全局、军队及现场各部门参战队伍的工作，形成整体合力。事件发生1小时内相关机构均赶赴现场并完成部署，反应快速。

3. 科学部署决策执行的指挥、分工、协调

在克里姆林宫，俄总统普京坐镇指挥，以联邦安全局局长帕特鲁舍夫为首的联合应急指挥中心开始运作，将解救人质行动代号定为“雷雨”。按照联合应急指挥中心命令，“阿尔法”小组、内务部特警部队、国防部特种反恐分队在1小时内完成部署工作，进入战备状态；另外300多名军警迅速集结并在现场、周边地区及首都各重点目标担负警戒任务；莫斯科市政府则负责疏散附近居民，安抚人质家属，筹备救援物资；在距文化宫剧院不足50米的地方，设立前线紧急情况指挥中心，由联邦安全局一名副局长负责指挥工作。

4. 获取可靠信息、掌握现有情况

前线紧急情况指挥中心采取三方面措施，以获取可靠信息、掌握现有情况。第一，通过多种途径派遣特工秘密进入文化宫，了解掌握绑匪人数、分工、武器弹药以及人质数量情况，摸清建筑构造特别是出入口、地下通道情况，为突击行动做准备；第二，由俄联邦安全局派人借助夜色抵近剧院大楼，在绑匪难以察觉的地方安装电子监控装置，对剧院内尤其是人质所处演出大厅的情况进行监视；第三，对文化宫内所有的固定电话和移动电话实行24小时监听，以了解绑匪在外围的同伙情况和绑匪与外界通话内容，掌握绑匪的动态。

10月24日，应绑匪要求，俄解救人质工作小组与其进行谈判。俄前总理普里马科夫等一批高级官员、记者、演员以及国际红十字会的官员也先后进入文化宫与绑匪交谈，均无功而返，谈判陷入僵局。但通过谈判、侦听、送食物等渠道，俄当局已掌握了文化宫内的基本情况。

5. 根据情况变化适时调整决策方案

10月25日16时左右，俄联邦安全局局长透过媒体公开表示，只要释放人质，当局将保证绑匪人身安全。普京总统也于25日20时发表电视讲话，称“谈判的大门仍然敞开”。其间，陆续有人质被绑匪释放或趁机逃出剧院，也有装扮成醉汉或其他人员的俄特工在试图进入剧院时被枪杀。

双方互不让步的情况，俄当局研判：和平解决人质危机无望，绑匪有随时引爆炸药包与人质同归于尽的可能。面对这种情况，经过紧张策划和部署，俄当局决定用“特殊手段”消灭劫持人质的恐怖分子，解救人质。

26日凌晨，俄当局故意透露风声：当日凌晨3时将发动进攻。对此绑匪严阵以待，精神高度紧张。但到时间后俄当局却按兵不动，致使绑匪的警惕性逐渐松懈。5时多，特种部队开始通过排污、供暖管道及空调系统向剧院输入名为“芬酞尼”的速效麻醉剂气体。除剧院二楼个别绑匪外，其他绑匪和人质即时昏厥。

5时30分，爆破分队用高爆炸药将剧院外墙炸开大洞，担负协同掩护任务的佯攻分队两人一组在多处位置朝天鸣枪，引诱绑匪开枪，使其暴露方位。已注射过防毒药物、身着防弹衣的突击分队分别从多处被炸开的缺口、剧院后面一楼窗户、正面一楼各主要出入口及下水道迅速冲入剧院。突击队员向大厅及设在二楼的绑匪指挥部投掷了催泪瓦斯弹，先后将在二楼的巴拉耶夫等男匪及其他分布在演出大厅各个位置、腰上绑着炸药的女匪逐一击毙。控制局面后，俄排爆专家和救援人员立即跟进排除爆炸物，疏散和救助人质。

40分钟后，应急指挥中心宣布，这起历时50个小时的人质危机事件结束，基本情况为：50余名男女绑匪被击毙，120多名人质因中毒当场及送医院抢救无效死亡，700余名人质被解救，特种部队无人牺牲。

3.3 危机决策的风险控制（纠偏纠错系统）

风险控制贯穿危机决策的全过程，是以捍卫风险准则为中心的纠偏纠错系统，旨在规避或减少危机决策的责任失误或负面危害，从而起到降低人财损失、次生灾害和负面影响等作用。

3.3.1 风险控制的机理

风险控制的实质是捍卫风险准则，确保危机决策的全过程围绕风险准则来展开，具体包括以下三方面的内涵：

第一，确保风险准则本身的科学性，也即确保危机决策的风险准则本身具备科学性。一般而言，科学的风险准则应满足以下要求：一是具备合法性、合规性，符合现行法律法规、党纪条例、政策制度的相关要求；二是符合“责任模型”的要求，精确区分主要责任和次要责任、直接责任和间接责任、确有责任和虚假责任等；三是满足三重利益的排序，也即“国家利益→群体利益→个体利益”的优先次序。

第二，通过“负面清单”制度，科学应对“违背风险准则”的情境。风险准则的违背情境是指违背风险准则的要求可能造成严重责任事故的情况。对此，可应用“负面清单”制度，提前列出可能违背风险准则的情境并采取措施予以规避。例如，按照国务院《关于实行市场准入负面清单制度的意见》（国发〔2015〕55 号）等系列文件要求，国家发改委、商务部印发《市场准入负面清单（2018 年版）》，全面实施市场准入负面清单制度，对于负面清单以内的行业、领域、业务等，市场主体均应“令行禁止”、不予参与，负面清单之外的皆可依法平等进入，确实规避市场运营中的高危风险。

第三，通过“动态校验”制度，科学应对“偏离风险准则”的情况。风险准则的偏离情况是指参照现行风险准则，“合法”但“不合理”的情况。对此，可应用“动态校验”制度，根据环境变化，动态调整风险准则，使之符合客观现状及其需求。“动态校验”制度的具体工作包括但不限于：一是对照风险控制计划检查工作进度与计划偏差；二是监测、分析风险的环境变化和发展趋势；三是持续关注内外部环境的变化，如法律法规、相关政策的出台和变化，利益相关者情况变动，自身目标、职责的调整改变，舆情变化，等等；四是定期评审风险控制计划和应急预案，确保其适宜性、充分性和有效性；五是实施风险控制的绩效评估；六是及时检测并识别新生风险，在需要时根据情况做相应处理。

3.3.2 风险控制的措施

在风险控制的具体操作中，应根据不同阶段、不同环境、不同条件下的状况，有针对性地选择合适的风险控制策略。

3.3.2.1 风险规避

风险规避是指，对于严重违背风险准则的情况，采取规避的风控措施，避免重大损失和严重后果。

对于难承受、可规避的风险，可采取风险规避策略，在做好充分风险评估的基础上，通过取消、延缓、搬迁、远离等方式，停止或退出可能引发风险的活动或项目，稳妥规避风险及其损失。风险规避策略的适用条件是对该风险的承受力不足，在应用前需慎重考虑，对承受力做好全面评估。

全球的实践表明，风险规避能够有效规避人员死伤，例如，美国洛杉矶市为防“炸弹”关闭千所学校。2015 年 12 月 14 日晚，美国加利福尼亚州洛杉矶市多所学校收到炸弹袭击威胁的邮件，写信人自称“极端分子”，扬言将于 12 月 15 日与其他 32 名同伴使用炸弹、毒气和步枪袭击洛杉矶的公立学校。基于难承受人员死伤的风险准则，在未确认邮件来源和写信人之前，学区管理层决定采取于 15 日紧急关闭市内近 1 000 所公立学校、疏散近 65 万名学生的风险规避策略，协同警方注意在学校展开安全搜查。后来调查结果显示，这只是一场意在扰乱学区正常秩序、制造恐慌气氛的恶作剧。

在我国的实际操作中，风险规避的代表性做法是制定社会稳定风险评估机制。例如，重大固定资产投资项目实施前需开展社会稳定风险评估，评估主体做出的社会稳定风险评估报告认为项目存在高风险（大部分群众对项目有意见、反应特别强烈，可能引发大规模群体性事件）或者中风险（部分群众对项目有意见、反应强烈，可能引发矛盾冲突）的，国家发展改革委不予审批、核准和核报①。发改委对于存在高风险或中风险的项目做出“不予审批、核准和核报”的决策，实质是在充分风险评估的基础上稳妥规避风险的策略。

3.3.2.2 风险消除

风险消除是指，在不违背风险准则的前提下，对风险源采取可行且可控的消除方法，形成更有利于决策执行的局面。

对于难承受、可消除的风险，可采取风险消除策略，即对于特定情境中可消除的风险，消除风险源，实现根源治理。风险源的消除，以不超出承受力范围为底线，具体应用中应统筹考虑，规避因消除风险源而可能产生的其他风险。

在实际操作中，风险消除的典型做法为制度整改，针对某些高危频发的风险，形成深入制度层面的整改，通过修正原制度或出台新政策，争取在源头上处置问题。例如，山东疫苗案，在对一批责任人实施问责后，立足标本兼治、强化制度监管，通过了《国务院关于修改〈疫苗流通和预防接种管理条例〉的决定》，明确了以下三方面旨在消除风险的制度整改措施：一要严格疫苗流通管理，将自愿接种的第二类疫苗比照国家免疫规划用的第一类疫苗，全部纳入省级公共资源交易平台集中采购，不再允许药品批发企业经营疫苗，坚决制止通过借用资质和票据进行非法经营的“挂靠走票”等行为；二要建立疫苗从生产到使用的全程追溯制度，强化储存、运输冷链要求，增设疾控机构、接种单位在接收环节索要温度监测记录的义务；三要加大处罚及问责力度，对非法购销、未按规定储运疫苗等违法行为提高罚款金额，增设对责任人员的禁业处罚，并严格属地监管职责，增加地方政府及监管部门主要负责人引咎辞职的规定。

3.3.2.3 风险干预

风险干预是指，在不违背风险准则的前提下，对风险源采取降级、对冲等方法，来阻止危机爆发、减轻损害后果、提高应灾承受力，形成更有利于决策执行的环境。

---

① 国家发展改革委重大固定资产投资项目社会稳定风险评估暂行办法（发改投资〔2012〕2492 号）。

对于难容忍、须干预的风险，可采取风险干预策略，即提前设置干预方案，在事前干预以阻止风险升级和危机爆发，或在事后干预来阻止连锁反应或降低损害。在干预策略的应用中，应科学研判风险或危机的等级，及时识别出风险升级、危机爆发或危机升级、连锁反应的“临界点”，在临界点采取相应的措施，提前干预危机。

在公共危机事件发生之前，通过提前预警，做好相应的防范措施，及时干预风险来阻止升级或降低危害。例如，国土安全警报系统（Homeland Security Advisory System, HSAS）①，将美国领土内的恐怖袭击预警分为三个等级，每一个级别都会触发政府部门相对应的反恐响应，同时会提醒民众做好相应的防恐自保措施。

专　栏

民航领域的风险容忍度分析与“临界点”干预

风险干预的重要方法是风险容忍度分析与“临界点”干预。以航班延误后乘客闹事的风险干预为例。根据群众对航班延误的容忍时间，选择恰当的时机做出风险干预的决策。

一般而言，乘客对于航班延误、停滞等待的风险容忍度由等待时间的长短来决定，等待时间越长，容忍度越低，一旦到达甚至超过容忍的“临界点”，将可能引发闹事。民航乘客风险容忍度的一般指标如表 3-1 所示：

表 3-1　民航乘客风险容忍度的一般指标

容忍度状况	风险识别	容忍度的具体表现
高	平静期： 2 小时以内	一般而言，乘客在航班延误 2 小时以内，如果航空单位做好细致的解释工作，大部分乘客能平静地予以接受和谅解
中	焦躁期： 2～4 小时	航班延误超过 2 小时接近 4 小时，乘客在情绪上会越来越焦躁
低	愤怒期： 4～8 小时	航班延误超过 4 小时接近 8 小时，部分乘客已经处于严重不满和生气的状态，同时会向航空单位提出很多责备和要求；此阶段若航空单位处置不当，乘客的“怒火”会激化，易出现“群体骚动”迹象
极低	对抗期： 8 小时以上	航班延误超过 8 小时，乘客会表现出极大的不满，并要求航空单位进行赔付；若航空单位未能及时平息，事件可能进一步升级，直到冲突失控

资料来源：根据案例总结，为不完全统计，具有相应的误差。

① DHS. National Terrorism Advisory System | Homeland Security [EB/OL]. [2018-09-10]. https://www.dhs.gov/national-terrorism-advisory-system.

基于此，从乘客风险容忍度分析入手，在“临界点”进行风险干预，能够有效规避或阻止乘客闹事的公共危机产生。2016年5月20日，交通运输部出台的《航班正常管理规定》是精细化治理航班延误的典型做法，通过航班延误原因的具体分析、航班延误处置的规范性要求、航班延误后的全面服务等一系列精细化治理措施，综合防范和化解乘客闹事风险。具体操作如下：（1）航班延误信息30分钟周期性告知，满足乘客知情权，缓解乘客焦躁情绪。（2）对航班延误原因做精细化分析，将航班出港延误旅客服务分为“食宿服务由旅客自理的情况”和“旅客享受免费食宿服务的情况”，以此为基础，分类应对、厘清责任。（3）基于航班延误等候时间的人性化服务，在乘客容忍度的“临界点”进行干预，有利于缓和乘客情绪，对冲风险。具体而言，“机上延误超过2小时（含）的，应当为机上旅客提供饮用水和食品；机上延误超过3个小时（含）且无明确起飞时间的，应当在不违反航空安全保卫规定的情况下安排旅客下飞机等候”。（4）利用免费wifi、免费供电、免费饮用水等风险对冲项，提高乘客的容忍度，延长“临界点”对应的时间，是减少直接干预次数、节约干预成本的有效方案。

3.3.2.4 风险控制措施的综合应用

在风险控制的具体操作中，应根据不同的社会环境和风险特质，综合应用“风险规避→风险消除→风险干预”的“三重过滤式”集成路径。一是若能规避，则努力规避风险，免于受灾；二是若能消除，则尽量排查和清除隐患，实现风险消除；三是若难规避也难根除，则尽力干预风险，阻止其转化为危机。应用三重机制的循环，形成风险控制的良好格局。

以新加坡PX项目的风险控制为例。受国土面积的制约，新加坡的PX项目集中于境内裕廊岛地区。第一，该选址距市区仅10公里，但已在最大程度上远离人口密集区的主岛，以规避主城区的安全风险①；第二，对裕廊岛上的高危场所采取严格的封闭式和区域隔离式运营管理，尽可能消除技术或管理层面的风险；第三，该岛作为新加坡重大化工项目聚集地，对安全生产风险形成实时监测和提前干预机制，并形成立体化应急预案，开展多层次、高频率演练，确保突发情况下能够及时干预②。

3.3.3 风险控制的所有权及其应用

3.3.3.1 风险控制应明确风险所有权

风险所有权是指风险控制中各相关部门、单位、人员应尽的职责。风险控制的组织应强化责任管理，保证风险控制的责任认定和所有权明晰，从而确保风险控制的有效执行。

明确风险所有权是风险控制的前提。全球的实践表明，需克服两大误区：一是“所有权越位”，往往表现为政府部门过多、过度承担了责任，不仅易出现安全失误，还易导致

①② 新加坡：将危险化学品工厂“请出”人口聚集区［EB/OL］. 新华网，2015-08-15.

群众问责；二是“所有权缺位”，针对新生风险与风险新变化，由于决策、部署等的失误，政府部门未能尽责尽职，易受到群众指责与舆论批评。

对此，风险所有权明晰和责任到位是风险控制的重要基石。例如，欧美“邻里守望”（Neighborhood Watch）将社区的居民联合起来、互相帮助，共同预防犯罪，改进当地治安状况，形成居民主动参与、与执法者积极合作的安全社区模式①。通过“邻里守望”，社区安全风险所有人各自负责、全员参与，落实社区安全风险防控责任。

基于风险所有权的内外之分，风险控制可分为内部和外部两方面：一是内部风险控制，以相关部门自身履行其风险所有权为基础，旨在实现减少内部操作失误、责任事故最小化；二是外部风险控制，以相关部门和社会公众共同履行风险所有权为基础，旨在减少外部配合失误、实现负面影响最小化。

3.3.3.2　风险的内部控制

危机决策的风险内部控制是指，在公共危机管理的全流程，针对可能出现的机制、组织、管理、人员素质与能力等影响危机决策的内部风险，通过制定和实施相应的制度规范，规避或减少内部问题，从而控制危机决策的操作失误和责任事故。内部风险控制应做好五方面的工作。

第一，确立公共部门内部控制原则。借鉴企业等其他主体的内部控制规范，确定“全面性、重要性、制衡性、适应性、成本效益”等原则。

第二，落实全流程的公共危机责任管理制度，尤其是建立“上中下游”全流程责任管理制度，具体包括：(1)“上游”做好目标设定和定岗定责的工作，明确风险控制方案的制定、实施、监督和维护等人员的职责；(2)“中游”落实内部和外部监督，通过上级督导、专业审计、群众监督、媒体监督，促进执行过程中的责任落实和失误最小化；(3)“下游”做好绩效考核和追责问责的工作。

第三，设置相应的公共危机风险内部控制制度，并确保有效落实，具体方式包括但不限于：(1) 明确内外部风险管理资源的配置、分工和合作方式；(2) 建立批准、授权制度以及监督和检查制度；(3) 建立绩效测量，及相应适度的奖励、惩罚制度；(4) 建立内外部利益相关者之间的沟通协调机制；(5) 建立对内对外的沟通和报告机制等。

第四，构建规范性的风险控制环境。主要包括加强危机决策部门的组织架构设置，培育公共部门的部门文化，建立完善的人力资源管理机制。例如，在岗位管理方面，可以重点关注关键岗位的控制，建立起明确的岗位分工和责任制。

第五，建立评价与监督机制。强化公共部门自我监督、约束与改进。内部审计部门应定期或不定期地对单位内部管理机制的建立和执行情况予以监督，对内部控制的有效性进行监督，对业务经营的合法合规性和经营效率予以监督，通过监督，及时发现低效、无效、失效工作环节，并采取切实措施予以纠正完善。

---

① National Neighborhood Watch—A Division of the National Sheriffs' Association [EB/OL]. [2018-09-10]. https://www.nnw.org.

3.3.3.3 风险的外部控制

风险外部控制是指，在公共危机管理的全流程，针对已爆发的危机或未爆发的风险可能造成人财损失、社会恐慌、负面影响等后果，通过与外部利益相关群体开展相应的风险控制工作，规避或减少外部问题，尽可能避免或减少公共危机给社会和民众带来的多方面损害。外部风险控制主要应做好两方面的工作。

第一，在公共危机事件发生前，应尽可能选择较经济、合理、有效的方法来减少或避免公共危机事件的发生，将公共危机发生的可能性和后果降至可能的最低程度。

第二，在公共危机事件发生后，应共同努力、通力协作，立即采取针对性的风险应急预案和措施，尽可能减少人员伤亡、经济损失和周边环境影响等，并防止次生灾害、排除风险隐患。

危机决策的全面风险控制，重在外部风险控制，尽可能减轻公共危机所带来的人财损失和负面影响。基于此，《中华人民共和国突发事件应对法》提出，“突发事件应对工作实行预防为主、预防与应急相结合的原则。国家建立重大突发事件风险评估体系，对可能发生的突发事件进行综合性评估，减少重大突发事件的发生，最大限度地减轻重大突发事件的影响”。

本章小结

危机决策是指，决策者在有限的信息、时间、资源、人力等约束条件下，在监测风险、获取信息、了解情况的基础上，分析和研判危机，并确定应对危机的具体行动方案的过程。

危机决策适用“局限理性模型”，遵循“多害相比取其轻”的原则，甚至采取“排除法”的方案，抓住重点、当机立断、制定“可用方案”，并在执行时调整优化。对此，科学的危机决策需要决策支持系统，具体包括“情报信息网”“基本情况库”“决策支持库”“研判预警关”“科学决策关”“督察考核关”。

危机决策应充分考虑其特定“时空”环境，以信息系统为基础，以风险准则为导向，在风险控制的作用下，在科学决策支持系统的作用下，做出决策方案并予以执行，同时根据新情况的出现进行动态调整和更新。

风险控制贯穿危机决策的全过程，在一定的原则要求和有效的工具辅助下，通过采取风险控制的“规避→消除→干预”措施，将风险控制在可承受的范围内，起到降低人财损失、次生灾害和负面影响等作用。

关键术语

危机决策　信息系统　局部理性模型　风险控制　风险规避　风险消除　风险干预

案例研讨

“8·8”九寨沟地震灾害的风险控制

“8·8”九寨沟地震①的震级大，给当地造成一定经济损失，但人员伤亡程度却相对比较轻，究其原因，在于应对地震风险控制三种策略的综合应用②。

1. “8·8”九寨沟地震的风险规避策略

距离九寨沟地震震中几公里的漳扎镇甘海子村，原本处于一公里外的老村子里。“5·12”汶川地震之后，九寨沟县附近地区均按8度进行抗震设防。地震部门和专家在巡查时发现村里的隐患：该地区与周边山地距离过近，存在地质滑坡的危险；该地区所处地带的地基差，存在向河中心滑坡的风险；该地区处于8度抗震设防区，但房子仅用砾石堆砌，没有主体结构，远达不到8度抗震设防的要求。因此，当地政府要求全村搬迁，并通过向村民提供贷款、规划发展民宿旅游等方式，解决村民搬家建新房的成本和搬家后的收入问题，让所有村民在2009年搬迁到新地址，在九寨沟地震中规避了高强度地震和滑坡泥石流等风险。

2. “8·8”九寨沟地震的风险消除策略

地震风险致人员死伤和财产损失的风险源主要在于房屋抗震设防水平不合格，不仅未起到保护的效果，反而使居住在房屋内的居民出现人员伤亡和财产损失。对此，在暂无须搬迁的情况下，提升房屋建筑的抗震设防水平，确保房屋能够起到抵御地震和保护人员财产的作用，达到消除风险源、应对地震风险的效果。九寨沟地震发生时，漳扎镇甘海子村里的民宿客栈全部客满，但在符合抗震设防要求的房屋保护下，没有造成一人伤亡；村里房屋多为轻度或中度受损，结构未遭毁坏，修复后可继续居住。该结果源于村中建筑达到“8度设防”标准，从而“面临8度破坏时坏而不倒”。

3. “8·8”九寨沟地震的风险干预策略

地质隐患地带搬迁，房屋工程的抗震设防，是规避和消除风险的两条重要防线；在地震到来之后，通过科学救灾，尽可能减轻人员伤亡和财产损失。例如，九寨沟地震之后，四川省地震局第一时间公布了地震烈度图，直观展示了地震灾害的范围和最大破坏程度。这张图有助于掌握重灾区和救援重点，为救援及重建工作提供了科学依据。九寨

---

① 2017年8月8日，四川九寨沟县发生地震，震级为里氏7级、震源深度20千米、最大烈度9度，造成25人死亡、5人失踪、543人伤病，城乡住房不同程度受损，交通、通信、市政、学校、医院等基础设施和公共服务设施受到不同程度的破坏。四川省人民政府办公厅．四川省人民政府关于印发“8·8”九寨沟地震灾后恢复重建总体规划的通知：川府发〔2017〕56号［EB/OL］．四川省人民政府官网，2017-11-06.

② 根据中央电视台《焦点访谈》节目“‘震情重’为何‘伤害轻’”改编。焦点访谈．“震情重”为何“伤害轻”［EB/OL］．央视网，2017-09-24.

沟全县对突发事件应对法和防震减灾法的贯彻到位，在旅游行业系统设置了专项应急预案，在地震后的24小时内疏散并转移61 000多名游客，最大程度上减少了游客死伤和损失。应急救援的同时进行交通管制，避免社会无序救援造成爱心拥堵现象，保障九寨沟救灾的有序和高效。

综上，防震减灾工作需要坚持“以防为主、防抗救相结合”① 的理念，本质是将风险应对的规避策略、消除策略、干预策略进行集成应用，实现全流程和全方位的应对体系，在最大程度上降低地震灾害带来的负面影响，有效减少人员死伤和财产损失。

① 中共中央国务院关于推进防灾减灾救灾体制机制改革的意见. 中国政府网，2017-01-10.

第 2 篇

响应处突

公共危机管理的要务是做好响应处突。响应处突的内容包括三个方面：快速和有效的应急响应、调查追责、新闻发布。本篇由三章组成：第 4 章应急响应，主要介绍科学的危机预警，应急响应的快速、专业、匹配原则，现场处置和现场指挥系统，响应的联动管理等内容。第 5 章公共危机的调查追责，强调应及时介入调查突发事件的应用和责任归属，依法依规启动责任追究工作。第 6 章突发事件的新闻发布，强调应根据中央要求，发布信息，回应关切。

第 4 章

应急响应

知识结构图

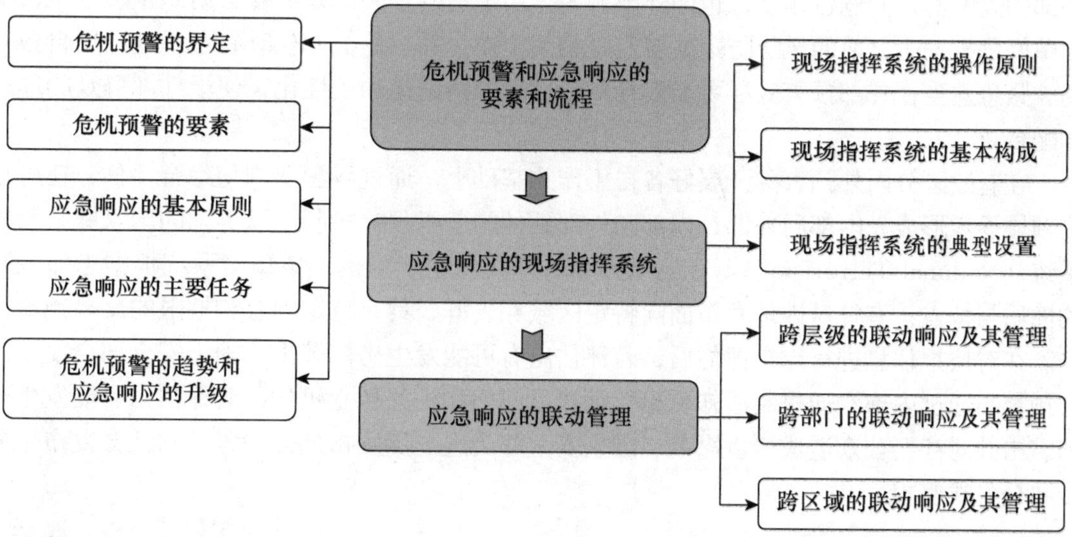

重点问题

- 危机预警的界定
- 危机预警的要素
- 应急响应的原则
- 应急响应的任务
- 现场指挥系统的原则和构成
- 跨层级的联动响应及其管理
- 跨部门的联动响应及其管理
- 跨区域的联动响应及其管理

4.1 危机预警和应急响应的要素和流程

危机预警是连接危机决策和应急响应的纽带，是落实危机决策、触发应急响应的重要步骤，在公共危机管理的事发前阶段和事发后阶段起到过渡作用。

4.1.1 危机预警的界定

危机预警是指，公共危机管理主体和决策部门，根据风险评估结果或危机监测信息，发布有关危机爆发的警报，以提醒相关主体开展提前或实时的应急响应、危机处置、安全防护、救援逃生等应对措施，来规避风险、减少损失。

危机预警的作用在于通过向相关主体发布预警、触发响应，促使其开展前置性的危机应对或实时的应急处置。对于内外的不同主体，危机预警发挥不同的作用。对内部的部门及其人员的危机预警，也即内部预警，用于提醒相关部门和人员提前或及时启动应急预案和响应措施，保障人民群众的生命与财产安全；内部预警应保持情报机构、行动部门等相互之间充分的信息共享与沟通联络，实现情报价值最大化和预警响应行动的无缝衔接。对外部的人民群众的危机预警，也即外部预警，用于提醒相关群众或社会组织重视危机，配合做好危机发生之前的风险防范或规避等相关工作，并在危机发生时有意识地开展自救互助、紧急逃生；外部预警应尽可能提升风险预警的精细化和人性化，便于外部群众的理解和配合。

在有效区分内外预警并开展好各自工作的基础上，通过科学研判与综合评估，在可行的领域逐步形成先内部后外部、内部向外部延伸的危机预警机制。以美国的国家威胁警报系统（National Terrorism Advisory System，NTAS）① 为例，该预警系统根据恐怖威胁的性质与特点，有针对性地发布面向特定区域和人群、具有特定内容和期限的反恐预警信息。在对情报信息进行综合评估后，若评估出有可能发生恐怖袭击，国土安全部会发布内部预警，通过内部沟通机制通知反恐行动执行部门和相关私立机构；若评估出可能发生恐怖袭击并对社会公众造成严重影响，国土安全部会进一步发布外部预警，向社会发布恐怖威胁公告或警报。

① 2009 年 7 月，美国国土安全部专门成立一个由 19 位专家组成的工作小组，对国土安全警报系统进行了为期 60 天的检查评估，以检验其在警告与沟通公众采取防护措施方面的效果。两个月后，专家组提交了《国土安全警报系统工作组报告与建议》调查报告，建议反恐预警系统应当尽可能地提供最全面的信息和最透明的预警决策过程，同时也强调保持国家处于“警戒”状态是美国的“新底线”。经过多方讨论与认真评估，2011 年 1 月 27 日，时任国土安全部部长珍妮特·纳波利塔诺（Janet Napolitano）宣布取消国土安全警报系统，转而代之为新成立的国家恐怖威胁预警系统，即国家威胁警报系统，放弃使用以颜色为预警标识，采用两级制警报的方式“为美国公众提供可信威胁的信息”。同年 4 月 20 日，美国国家威胁警报系统正式投入运行。DHS. National Terrorism Advisory System [EB/OL]. [2018-09-10]. https://www.dhs.gov/topic/ntas.

专 栏

美国的国土安全警报系统[①]

美国在“9·11”事件后逐步建立反恐预警系统。2002年3月建立国土安全警报系统，2011年4月将其进一步升级为国家威胁警报系统。该系统历经三次修改与优化，预警的专业性、科学性、可靠性得以提升。

阶段1：五级国土安全警报系统（2002—2011年）

美国于2002年3月建立的国土安全警报系统是以美国本土恐怖威胁为对象的五级制反恐预警机制，每一级别的预警都会触发联邦政府部门和安全人员的特定预警响应措施。美国国土安全部的五级国土安全警报系统如表4-1所示：

表4-1　美国国土安全部的五级国土安全警报系统

警报颜色	警报级别	风险程度	预警响应建议
红色	严重（severe）	严重的恐怖袭击风险	（1）为应急需要增加人员；（2）指派应急人员，设立机动小组；（3）对交通实行管制；（4）关闭公共场所等
橙色	高（high）	高恐怖袭击风险	（1）联邦政府、各州及地方执法机构应加强协作；（2）对大型公共事件采取更多保护措施，或更改举办地点，必要时取消；（3）在某些区域场所对特定人员实行严格的限制准入措施等
黄色	较高（elevated）	显著的恐怖袭击风险	（1）加强对重要地点的监控；（2）联邦政府、各州政府、各社会组织应使各自应对突发事件的计划与其他机构的计划相协调；（3）加强对威胁的评估，进一步完善防范措施；（4）执行突发事件应急计划等
蓝色	警戒（guarded）	一般的恐怖袭击风险	（1）检查应急机制沟通是否顺畅；（2）对应急处置程序进行论证和更新；（3）向公众发布信息，提高民众应急能力等
绿色	低（low）	低恐怖袭击风险	（1）完善已有的预防性措施；（2）保证工作人员安全意识及防范技能的培训；（3）为确保对所有基础设施脆弱性的持续评估和相应改进措施的采取，设立常态性的工作机制等

在应对恐怖威胁方面，国土安全警报系统初期曾发挥积极作用，通过及时发布预警信息，提醒并指导联邦机构和公众采取防护措施，提高了全社会防范恐怖袭击的应急能力；

① 2001年，“9·11”恐怖袭击事件促使美国反恐预警系统建立。2002年3月12日，小布什签署美国总统第三号令，正式授权建立反恐预警系统，目的是通过“综合的和有效的手段向联邦、州、地方政府以及美国人民警告可能遭到恐怖袭击的风险”。同日，时任美国总统安全事务助理兼白宫国土安全办公室主任汤姆·里奇宣布成立国家恐怖袭击预警系统，即国土安全警报系统。2003年1月美国国土安全部成立并投入运转，随后国土安全警报系统被移交给国土安全部管理。根据美国总统第五号令，预警级别由国土安全部部长和总统安全事务助理共同决定，当两者意见出现重大分歧时再由总统直接决定。

但在实际使用过程中，该预警系统也逐渐显露出多种弊端：一是预警等级划分不合理，大部分预警级别基本用不上，存在结构性缺陷①；二是预警过度依赖通过颜色来区分威胁严重程度，缺乏具体的信息和行动建议，容易使民众陷入恐慌②；三是预警期限没有时间限制，长期处于警戒状态使得各方疲惫不堪③。

阶段2：二级国家威胁警报系统（2011—2015年）

基于五级指标的国土安全警报系统的诸多弊端，经过多方讨论与综合评估，美国于2011年1月宣布取消国土安全警报系统，新建立国家威胁警报系统，其中预警等级分为"迫切威胁警报"（Imminent Threat Alert）和"升级威胁警报"（Elevated Threat Alert）两个级别。"迫切威胁"用于发布针对美国的"可信的、具体的、即将发生的"恐怖威胁预警，"升级威胁"用于发布针对美国的"可信的"恐怖威胁预警。精简为两级指标的国家威胁警报系统在初期使用中确实有效规避了五级指标的诸多弊端，但也逐渐出现过于简略的弊端，导致警报系统的作用未能得到有效发挥。

阶段3：三级国家威胁警报系统（2015年至今）

鉴于二级国家威胁预警系统过于简略的弊端，美国于2015年新增中间级的预警级别"公告"（Bulletin）④，形成两种类型、三个级别的预警方式。美国国土安全部的三级国家威胁警报系统如表4-2所示：

表4-2　　美国国土安全部的三级国家威胁警报系统

预警类型	威胁等级	预警含义
警报	迫切威胁警报	警告可信的、具体的、即将发生的恐怖威胁
	升级威胁警报	警告可信的恐怖威胁
公告	公告	描述恐怖威胁的当前状况或者总体趋势

资料来源：美国国土安全部官网、国土安全警报系统、国家安全警报系统介绍。DHS. Homeland Security Advisory System [EB/OL]. [2018-09-10]. https://www.dhs.gov/homeland-security-advisory-system. DHS. National Terrorism Advisory System [EB/OL]. [2018-09-10]. https://www.dhs.gov/national-terrorism-advisory-system.

① 在该系统运行期间，美国共17次发布或调整全国性的反恐预警，基本上是中高级别的黄色和橙色预警，最高级别的红色预警仅发布过1次，而低级别的绿色或蓝色预警从未发布过。

② 联邦机构发布的预警信息模棱两可，既无法解释清楚发布的依据是什么，也没有提供具体的行动建议。在预警等级发生变化时，公众难以理解预警信息代表的真正含义，即便是州政府和地方政府也不太了解如何调整预警响应措施。2005年5月，美国众议院通过一项法案，明确要求政府"在发布任何恐怖预警或者建议时不能只使用颜色系统来表明国土安全威胁状态"。美国审计署（Government Accountability Office，GAO）调查公布的《国土安全警报系统：关于威胁级别从黄色上升为橙色的初步观察报告》（2004年2月）和《国土安全：沟通协定和风险沟通原则能够协助改善警报系统》（2004年6月）明确指出：国土安全警报系统存在没有达成警报通知书面协定、各级政府机构获得的预警信息不够具体且采取的防护措施比较混乱、没有提供新增安保措施的经费和有些类型的预警系统重复建设等问题。

③ 由于预警没有说明截止时间，大多数的联邦州长期处于黄色预警状态，让负责安全事务的政府机构和美国民众始终绷紧神经，出现不同程度的疲惫状态等。

④ 2015年12月16日，时任国土安全部部长杰伊·约翰逊（Jeh Johnson）再次宣布，在两级制警报的基础上，国家威胁警报系统新增"中间级"预警级别，即国家安全威胁公告，将预警级别增加到三个等级。

4.1.2 危机预警的要素

危机预警的核心要素包括预警的主体和对象、内容和形式、平台和渠道、调整和反馈。将核心要素串联起来即形成危机预警的基本流程：在信息收集与报送、信息分析与研判等危机决策的基础上，预警主体针对马上要发生、必然会发生或已经在发生的公共危机事件，形成预警信息，通过一定的平台和渠道，针对影响区域和人群，通过发出警报、通报、提醒等方式发布预警，提醒应急响应和自救互助，并在后续根据情况变化和预警反馈对预警做适时调整或解除。

4.1.2.1 预警的主体和对象

危机预警的主体为公共危机管理的相关部门及其人员；接收对象为可能受到危机影响、需通过预警来提醒其做好准备或做出响应的所有相关主体，既包括政府也包括群众，既包括组织也包括个体。

预警发布主体是各级政府及其相关部门；同时根据“分类管理”的原则，负责某类或某项公共危机事件的管理部门一般负责此类或此项公共危机的专项预警工作。

预警接收对象，一般是可能受到预警危机影响的人群、组织、地区，既包括需要处置和应对该预警危机的政府部门和人员，也包括受其影响的人民群众和社会组织。

根据《中华人民共和国突发事件应对法》，在我国，由“县级以上地方各级人民政府”发布危机预警，可以预警的突发公共危机事件即将发生或者发生的可能性增大时，县级以上地方各级人民政府应当根据有关法律、行政法规和国务院规定的权限和程序，发布相应级别的警报，决定并宣布有关地区进入预警期。

4.1.2.2 预警的内容和形式

预警信息的设置遵循“准确、简练、易懂、易操作”等原则，预警内容一般包括突发事件的类别、预警级别、发布时间、起始时间、影响或可能影响的范围、警示事项、应对措施、发布机关、咨询方式等；预警表现形式一般包括信号、文字、声音、图像、视频等。对于某些预警研究相对成熟的领域，预警的内容以标准规范或约定俗成的预警信号图标的形式呈现。例如，突发气象灾害预警信号图标由代表气象灾害种类的图形符号、中英文文字、代表预警信号颜色的图案等组成①，公共危机预警信息的内容和形式（以暴雨预警信息为例）如表 4-3 所示：

表 4-3 公共危机预警信息的内容和形式（以暴雨预警信息为例）

等级	含义	应急响应措施
蓝色预警信号	12 小时内降雨量将达 50 毫米以上或已达 50 毫米以上且降雨可能持续	（1）政府及相关部门按照职责做好防暴雨准备工作； （2）学校、幼儿园采取适当措施，保证学生和幼儿安全； （3）驾驶人员应当注意道路积水和交通阻塞，确保安全； （4）检查城市、农田、鱼塘排水系统，做好排涝准备等

① 突发气象灾害预警信号图标一般呈长方形，长与宽之比为 6∶5。左上部是气象灾害种类的图形符号，颜色为信号颜色，底色为浅灰色；右上部是气象灾害种类的中文文字，底色为信号颜色；左下部是预警信号颜色的中文名称，右下部是气象灾害种类的英文文字，底色均为信号颜色。

续前表

等级	含义	应急响应措施
黄色预警信号	6小时内降雨量将达50毫米以上或已达50毫米以上且降雨可能持续	(1) 政府及相关部门按照职责做好防暴雨工作； (2) 交通管理部门应当根据路况在强降雨路段采取交通管制措施，在积水路段实行交通引导； (3) 切断低洼地带有危险的室外电源，暂停在空旷地方的户外作业，转移危险地带人员和危房居民到安全场所避雨； (4) 检查城市、农田、鱼塘排水系统，采取必要的排涝措施等
橙色预警信号	3小时内降雨量将达50毫米以上或已达50毫米以上且降雨可能持续	(1) 政府及相关部门按照职责做好防暴雨应急工作； (2) 切断有危险的室外电源，暂停户外作业； (3) 处于危险地带的单位应当停课、停业，采取专门措施保护已到校学生、幼儿和其他上班人员的安全； (4) 做好城市、农田的排涝，注意防范可能引发的山洪、滑坡、泥石流等灾害等
红色暴雨预警	3小时内降雨量将达100毫米以上或已达100毫米以上且降雨可能持续	(1) 政府部门按照职责做好防暴雨应急和抢险工作； (2) 停止集会、停课、停业（除特殊行业外）； (3) 做好山洪、滑坡、泥石流等灾害的防御和抢险工作等

资料来源：根据国家气象局公共气象服务中心“中国天气网”暴雨预警信号的相关介绍［EB/OL］.［2018-09-10］. http://www.weather.com.cn/static/html/about/alarm_rain.html. 整理总结。

4.1.2.3 预警的平台和渠道

预警发布的平台和渠道是指预警信息对内对外发布的技术平台和通信渠道，决定了预警信息发布的覆盖面、精准度、时效性。当前我国基本建立起“分类管理、分级预警、平台共享、规范发布”的公共危机预警信息发布平台，并初步形成“横到边、纵到底”的突发事件预警信息发布系统。一方面，以电子政务网为纽带，实现国家预警发布系统与相关部门间的横向连通，实现“横到边”；另一方面，平台以地面宽带网和卫星通信为纽带，实现了国家、省、市三级预警发布管理平台和县级发布终端的纵向贯通，实现“纵到底”。

公共危机预警的具体技术平台分前端、中端、后端三个部分：前端是连接应急指挥部门的预警发布系统，中端是连接各种发布渠道的预警信息传播系统，后端是面向不同受众群体的终端设备（见图4-1）。

预警发布渠道是危机预警的“终端”和“下游”。技术角度的预警发布渠道是面向预警受众群体的终端设备；管理角度的预警发布渠道是让发布主体能够发布、接收对象能够接收的方式方法；操作角度的预警发布渠道是人民群众能够接收到信息的各类通信工具和手段，主要包括信息员口头相传、手机短信、手机App、网站、广播、电视、报纸、楼宇电视、高音喇叭、传真、邮件、微博、微信等。

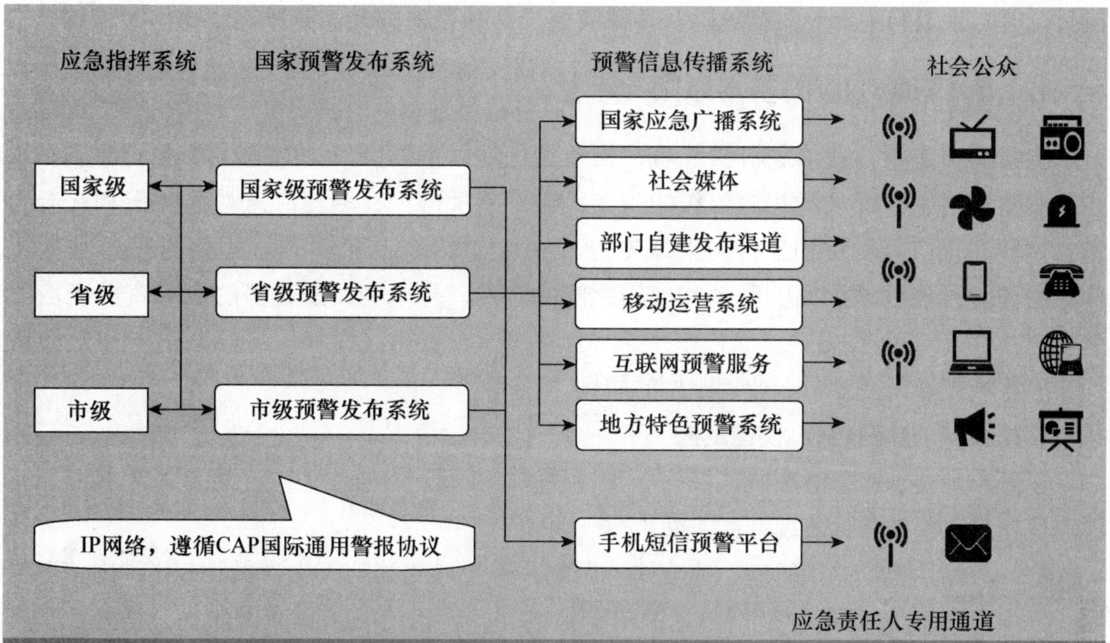

图4-1 公共危机预警发布平台的技术结构图

当前，我国多个地方已建立起较为规范和全面的预警渠道系统，力求及时有效发布预警信息，提高预警时效，提升相关部门应急响应和人民群众防御准备的能力和速度。

4.1.2.4 预警的调整和反馈

危机预警应根据危机状况和事态发展、按照有关法律规定，适时调整、取消或重发。有事实证明不可能发生公共危机事件或者危险已经解除的，发布警报的人民政府应当立即宣布解除警报，终止预警期，并解除已经采取的有关措施。

危机预警的调整离不开预警的信息反馈。信息反馈是对预警信息的跟踪监测，能够实时了解和掌握危机发生发展的情况，及时调整预警，减少预警失误、预警不当、预警过度等带来的人财损失和负面影响。

我国的国家突发事件预警信息发布系统现已开发反馈评估等子系统，具有实时接收各类预警发布情况反馈的功能，可实现预警信息发布的覆盖面、成功率、及时性、社会效益、媒体舆论等指标的收集统计和分析评估，从而为各预警发布单位实时反馈预警发布情况和效果。

以安全生产预警的信息反馈①为例，信息反馈的内容主要包括：(1) 发布预警信息内容在本辖区波及范围、程度、强度等基本情况；(2) 因恶劣天气或自然灾害造成企业停产停业、道路中断、厂房倒塌、设备设施破坏受损，或造成重大安全生产隐患等安全生产遭受影响情况；(3) 因恶劣天气或自然灾害引发生产安全事故、次生事故和造成人员伤亡等

① 江西省安监局关于建立安全生产预警信息反馈工作机制的通知（赣安监管应急字〔2013〕114号）。

情况；(4) 采取的主要应对措施以及其他需要说明的有关情况；等等。

4.1.3 应急响应的基本原则

应急响应是指，获得危机预警后，相关责任主体根据突发公共危机事件的性质、特点和危害程度，立即启动相应等级的预案，组织有关部门，召集应急救援队伍和社会力量，调动属地应急物资和设备，采取专业应急处置措施，开展应急处突与紧急救援工作，必要时开展区域之间的联动和部门之间的合作，寻求利用最优势的应急资源来应对危机。

应急响应遵循速度、专业、比例的原则。

4.1.3.1 速度原则：快速反应

速度原则要求应急响应快速及时、效率为先，以最快的速度到达现场并开展应急工作。快速反应原则具体表现在四方面。

第一，到达现场的用时短、速度快。例如，最严格的消防灭火遵循“1 分钟出警”准则。其中，“1 分钟出警”是指一旦消防警报响起，无论消防员正在做什么，换装、上车直到消防车开出大门都必须在 1 分钟内完成；或者从接到火灾信息算起，1 分钟内必须有消防员带上灭火装置到起火地点①。

第二，现场处置及时高效，在最短的时间内将灾害损害控制到最小范围。例如，我国大力推行微型消防站的建设，旨在提高消防灭火现场处置的速度和效率。根据公安部《消防安全重点单位微型消防站建设标准（试行)》相关要求，微型消防站具备机动灵活等特点，以救早、灭小为目标，依托单位志愿消防队伍，配备必要的消防器材，用于开展防火巡查和初起火灾扑救等火灾防控工作。

第三，适应恶劣环境，以提升救援速度。例如，航空救援具有快速高效、受地理空间限制较少的优势，能够适应大风大雨大雪等恶劣气候、人员密集的城市中心区或交通不便的荒郊山区等恶劣环境，采用“悬停”的方式救人或机降救援人员和物质，有效提升响应速度，成为世界许多国家普遍采用的有效救援手段。

第四，短时间内并行处理多种救援任务，从整体上提升应急响应和紧急救援速度。例如，航空救援装备具有丰富的机载任务设备，可同步执行侦察灾情、运送救援人员和物资、撤退受灾民众或伤员、援救受困人员、吊运大型救援设备、恢复通信、消防灭火及卫生防疫等任务，小到抢救个别受困人员或伤员，大到侦察地震、风灾、水灾、核泄漏等重大灾害，均能快速响应并有效应对。

---

① 在“1 分钟出警、3 分钟到场”的基础上，消防救援发展形成“一三五十”准则，即“一”是指在 1 分钟内着火部位就近执勤人员、安保人员和核心区消防执勤警力利用细水雾水枪、灭火器、室内消火栓等灭火；“三”是在 3 分钟内现场执勤消防车到位，实施灭火救援行动；“五”是在 5 分钟之内，辖区增援消防车辆、人员到场处置；“十”是在 10 分钟内，支队指挥部调集特勤中队、新湖中队增援作战力量到场，完成灭火救援任务。应对突发火灾 太博会将执行“一三五十”灭火救援机制. 人民网，2011-09-08.

4.1.3.2 专业原则：专业处置

专业原则要求应急响应开展专业处置，不断提升专业性。

第一，应急响应的专业操作规范。应急响应有关的法律法规、规章制度、应急预案、国家标准等，规定了应急响应的专业措施和处置方案。以地震应急响应为例，国际标准化组织和中国、美国、英国、德国等多个国家，十分重视地震应急响应的专业操作标准规范建设，制定了相应的法律法规、应急预案、行业规范、操作指南等，目前全球范围内已形成地震应急响应的一系列专业操作规范。

第二，应急响应的专业机构负责。应急响应的专业处置对应急人员的智能、技能、体能、意志等方面均有专业要求，因此对应急专业人员须进行专业的教育训练。科学实施专业教育训练，是提高专业处置能力的基本途径。以香港消防及救护学院（Fire and Ambulance Services Academy）① 为例，该学院隶属于香港消防处，为全港消防员提供建筑事故、交通运输事故、水上事故、燃气设施事故、飞机事故、危害物质事故及坍塌事故等可能发生而情况较复杂的大型紧急事故的专业消防救援训练。

第三，应急响应的专业技术保障。应急专业处置需要与应急特点相适应的专业技术、设施、设备。随着国内外形势的发展，我国政府应急部门面对的突发事件日益增多，除了配备和培养专业的人员之外，必须根据专业处置的不同性质和特点，提高应急的专业技术，配备精良的应急救援设施，增加专业器材的数量和种类，从而提升应对突发事件的能力。例如，我国在应急建设和防灾减灾等的“十三五”规划中，对水上应急和抢险打捞、海上溢油应急、核应急、传染病应急、紧急医学救援、食品安全应急、核生化应急等领域配备应急响应专业处置的人员和技术设备提出具体要求。

4.1.3.3 比例原则：分级响应

比例原则是应急响应的重要原则，是指应急人员的配备等级、操作方案的设置等级、资源保障的配置等级应与突发公共危机的事件等级相一致。这样既能有效处置危机，又不造成浪费。对此，应急响应按照“分级响应”的要求，根据公共危机事件的等级及其触发的危机预警等级，由相对应等级的主体采取相对应等级的应急响应措施，配置相应等级的应急资源，开展应急响应。

专　栏

我国地震应急的分级响应经验

以我国地震应急响应为例，地震应急响应分为四个等级，响应等级与地震灾害事件

---

① 香港消防处消防及救护学院简介［EB/OL］.［2018-09-10］. http://www.hkfsd.gov.hk/chi/source/Introduction_of_FASA.pdf.

受灾程度相对应。地震灾害事件按照死亡人数、震级、震区人口是否稠密、是否造成一定程度的经济损失等指标，分为特别重大、重大、较大、一般四个级别。地震应急的分级响应使国务院有关部门和单位能够按照预案既定职责分工，做到密切配合、信息互通、资源共享、协同行动，在地震应急救援工作中临危不乱、有章可循，切实达到协调、高效的响应要求。地震发生后，需立即评估判断灾害等级，进而确定应急响应等级和相对应的应急响应机构。我国地震分级应急响应的具体流程如图 4－2 所示：

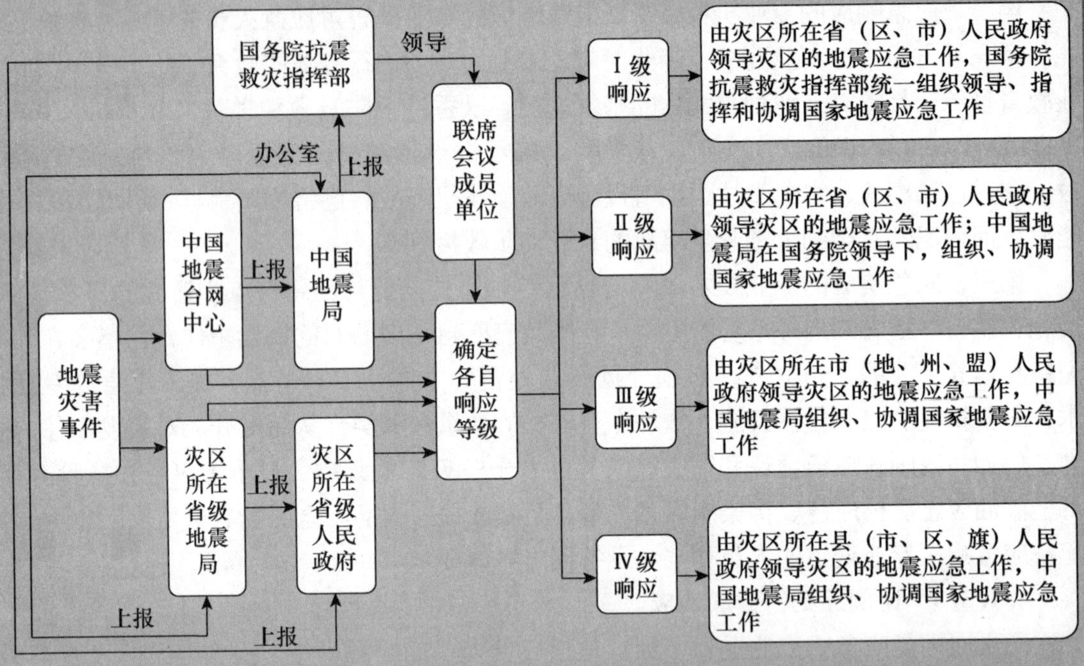

图 4－2　我国地震分级应急响应的具体流程

4.1.4　应急响应的主要任务

应急响应的具体工作内容繁杂，以尽可能降低突发事件危害、减少群众人财损失为目标；应急响应工作可概括为现场响应与管理、生命救援、专业处突、信息传递与危机沟通、防止次生灾害五项主要任务。

4.1.4.1　现场响应与管理

现场响应与管理是指，“第一响应人”抵达灾害事故现场后开展的一系列应急响应和现场管理工作，具体工作有以下六方面：

第一，现场评估，“第一响应人”到达现场后，应根据自身专业素质，及时开展初步判断和危险源评估工作。其中初步判断包括：应准确判断事件发生的时间、位置、造成事件的原因，根据事件的特征判断事件类型，并初步判断人员伤亡与财产损失情况；危险源评估包括对引起人财损失的危险源进行测评，确定危险源的准确位置和影响范围，评估人财损失的现状程度和发展演变程度。

第二，报警和求助，了解情况之后应有针对性地进行报警与求助。我国常用的报警求助电话号码有“110”（治安类报警求助号码）、“119”（火警类报警求助号码）、“120”（医疗救护类报警求助号码）以及“122”（交通事故类报警求助号码），每一类有其特定的受理范围；遇险时的求助需根据自身的情况和周围的环境条件，通过常用声响、反光镜、抛物烟火、地面标志等方式发出求救信号。

第三，现场区域划分，寻找适宜涉灾群众临时安置的安全地带并对有限的安全地带进行功能划分。现场区域划分旨在保障人财安全、提高应急效率，其前提是有利于施救、有利于疏散，应遵循规避潜在危险源、因地制宜、资源优化使用的原则。根据实际需要，可将现场区域划分为人员聚集、设备存放、临时医疗救护、心理辅导、物资储备、隔离警戒、遗体临时存放、现场指挥等功能区。

第四，院前急救，开展初级医疗救护。在条件允许的情况下，应迅速对伤员进行检查，并遵循科学的原则和程序，在专业医疗救助人员未到达前实施院前急救，过程中应注意把握以下要点：一是在条件允许的情况下，尽快转移伤员，使其脱离险区；二是先复苏后固定，先止血后包扎，先重伤后轻伤，先救治后运送；三是急救与呼救并重，搬运与医护一致。

第五，辅助逃生和隔离危害，尽量减少人员伤亡。一方面，将处于危险环境中的群众疏散开来，遵循先近后远、先易后难的原则，将群众紧急转移到安全地带并开展好临时安置工作；另一方面，注意隔离危害，以不引发再次损失为目标，通过鉴别危害物品和熟练使用工具，确保安全疏散地点远离危害、安全可靠，并在条件允许的情况下进行现场保护。

第六，控制事态和调适心理，维护现场秩序并积极调试现场各方面人员的心态，营造安全和稳定的环境，具体应做好以下工作：一是保持人群秩序，避免因拥挤而发生踩踏等额外损伤；二是维护现场治安，防止盗窃等行为；三是为重点特殊人群提供专门环境；四是把握现场宣传纪律，避免信息报道不实；五是做好安全知识宣传；六是做好对群众的倾听沟通、互动交流、心理辅导等工作。

4.1.4.2 生命救援

生命救援是指，灾害发生后开展搜救伤员和医护救助等工作，以尽可能减少人员伤亡、保障群众的生命安全。

第一，搜救伤员，由专业队伍确定涉灾人员的位置，紧急搜救被困人员和受灾群众。搜救人员应综合经验、设备、技术，快速有序地组织和实施搜寻工作。就现代搜寻技术而言，一般可分为物理搜寻、生物搜寻和高科技搜寻三类。一是物理搜寻，营救那些可以看见或通过呼叫能够找寻并救助的涉灾人员；二是生物搜寻，主要是通过搜救犬搜寻废墟中的幸存者；三是高科技搜寻，比如运用红外线、微波、声呐等技术，但需要配备专业技术人员和特殊设备。例如，在地震生命救援的过程中，需根据地震级别派遣公安消防部队、地震灾害紧急救援队、矿山和危险化学品救护队、医疗卫生救援队伍等各类专业抢险救援队伍，协调解放军和武警部队派遣专业队伍，调配大型吊车、起重机、千斤顶、生命探测仪等救援装备，抢救被压埋的幸存者和被困群众。

第二，医疗救治，在院前急救的基础上，医疗队伍赶往灾区进行现场救护，或将伤员运往医院或医疗点救助。其中，现场救护的一般原则是先救命后治伤，先重伤后轻伤，先抢后救，抢中有救，尽快脱离事故现场，先分类再运送，医护人员以救为主，其他人员以抢为主，各负其责，相互配合，以免延误抢救时机。现场救护人员应注意自身防护。例如，地震应急的生命救援工作主要包括：迅速组织协调应急医疗队伍赶赴现场，抢救受伤群众，必要时建立战地医院或医疗点，实施现场救治；加强救护车、医疗器械、药品和血浆的组织调度，特别是加大对重灾区及偏远地区医疗器械、药品供应，确保被救人员得到及时医治，最大程度减少伤员致死或致残；统筹周边地区的医疗资源，根据需要分流重伤员，实施异地救治；等等。

4.1.4.3 专业处突

专业处突是指，通过一系列专业措施，控制危机源，处置突发事件，减少危害所造成的人员死伤、财产损失和负面影响。根据我国相关法律法规，自然灾害、事故灾难、公共卫生事件、社会安全事件，应急响应的专业处突工作总体要求略有不同①。

以社会安全事件为例，其专业处置的措施主要包括：(1) 强制隔离使用器械相互对抗或者以暴力行为参与冲突的当事人，妥善解决现场纠纷和争端，控制事态发展；(2) 对特定区域内的建筑物、交通工具、设备、设施，以及燃料、燃气、电力、水的供应进行控制；(3) 封锁有关场所、道路，查验现场人员的身份证件，限制有关公共场所内的活动；(4) 加强对易受冲击的核心机关和单位的警卫，在国家机关、军事机关、国家通讯社、广播电台、电视台、外国驻华使领馆等单位附近设置临时警戒线；(5) 严重危害社会治安秩序的事件发生时，公安机关应当立即依法出动警力，根据现场情况依法采取相应的强制性措施，尽快使社会秩序恢复正常；等等。

以公共卫生事件为例，其专业处置的部门及其工作包括：(1) 各级人民政府应组织协调应急处置，调集人员物资和设施设备，划定和封锁传染病疫区，采取措施控制疫情蔓延，预防和管理流动人口，实施交通卫生检疫等；(2) 卫生行政部门应组织开展事件调查与处理，组织专家开展评估并提出响应级别，开展应急控制措施、开展督导检查、普及卫生知识等；(3) 医疗机构应开展病人接诊收治和转运工作，协助标本采集和流行病学调查，控制医院内现场，进行消毒隔离，进行个人防护，处理医疗垃圾和污水等；(4) 疾控机构应收集并分析突发事件信息，开展流行病学调查，提出并实施有针对性的防控措施，开展实验室检测并查找致病原因等；(5) 卫生监督机构应督导检查应急处置工作，进行卫

① 根据《中华人民共和国突发事件应对法》《国家突发公共事件总体应急预案》的相关规定总结整理。

生监督和执法稽查工作，协助调查处理应急处置工作中的违法行为等；(6) 出入境检疫机构应配合做好口岸应急处理工作，及时上报口岸突发事件信息和情况变化等；(7) 非事件发生地区应与事件发生地区密切联系并获取信息，组织做好本行政区域应急准备，加强监测和报告，重点监测和预防控制，进行知识宣传和健康教育，进行交通卫生检疫等。

4.1.4.4 信息传递与危机沟通

信息传递与危机沟通是指，应急响应过程中政府部门、组织、媒体、公众等多方之间进行的信息传递与沟通交流的过程，是确保信息上传下达和响应联动协调的重要环节，也是危机处置内部与外部建立信任和合作的桥梁。根据对象的不同，可分为应急部门系统内部的信息传递和外部的危机沟通。

内部的信息传递应遵守及时、客观、真实、准确，减少信息损耗、规避信息失真，不得迟报、谎报、瞒报、漏报等基本要求。对此，报送范围、时限、内容、程序等均有规范要求，以确保信息报送工作抓实、抓细、抓好，实现多部门、多层次、多主体之间的信息传递：(1) 给出报送范围和标准的明确要求①；(2) 给出报送时限的精准要求②；(3) 给出报送内容的细化要求③；(4) 报送程序应严格遵循相关程序要求④；(5) 信息传递应满足"四个合适"原则⑤；(6) 信息报送应满足"三同步"原则⑥；(7) 联动共享畅通；(8) 动态分析研判，以确保最新最真的信息传递到决策者。

外部的危机沟通应遵守及时、公开、透明的准则，做好三方面的工作：(1) 确定沟通群体的范围，一般包括处于突发事件范围内、直接受到影响的人群，或处于事件范围相邻区域、直接受到影响的人群等直接利益相关群体；事件波及人员和参与处理人员的家属，处于事件范围内或相邻区域且暂未直接受到影响的人群等间接利益相关群体；关心事件发生发展的一般公众等旁观群体。(2) 确定沟通对象及其需求，包括公众的信息需求、认知需求、情感需求、信任需求等。(3) 确定沟通的方式，包括媒体沟通和公众沟通。媒体沟通方式有：举办现场新闻发布会、新闻通气会，向媒体发放新闻稿，挑选媒体进行联合采访，通过政府网站发布，等等。公众沟通方式有：通过官方微信微博、手机短信进行沟

---

① 报送范围和标准：一般而言，针对四类突发公共危机事件的影响范围和损失程度予以报送；对于未达到标准但发生地点敏感、人员身份特殊、持续时间较长、社会影响较大，或有其他特殊情况的也应当及时报告。

② 报送时限要求：一旦发生重大紧急突发事件，按照"先报事、再报果"原则和"1个小时首报"的要求，第一时间报告值班领导及政府主要领导。

③ 报送内容要求：一般而言，需包括时间地点、信息来源、事件起因和性质、基本过程、已造成的后果、影响范围、事件发展趋势、处置情况、拟采取措施、下一步工作建议等，并对事件处置新进展、可能衍生的新情况及时续报，对事件处置结束进行终报。

④ 报送程序要求：一般而言，值班员须在规定时间内首先向值班领导报告，由值班领导分析研判并同步向属地党和政府的领导及办公室报告信息，并就事件的性质、规模、严重程度、人财损失、负面影响等核心要素进行核实统一，统一口径对外发声，不得单边越级上报。

⑤ "四个合适"是指，要把适合的信息，通过适合的渠道，在适合的时机，传递到适合的对象。参考：唐钧. 新媒体时代的应急管理与危机公关 [M]. 北京：中国人民大学出版社，2018.

⑥ "三同步"是指，信息收集和报送的同步原则、信息报送和研判的同步原则、信息报送和应急处置的同步原则。参考：唐钧. 新媒体时代的应急管理与危机公关 [M]. 北京：中国人民大学出版社，2018.

通，开通电话咨询热线，发放宣传页，等等。

4.1.4.5 防止次生灾害

防止次生灾害是指，采取防止发生次生、衍生事件的必要措施，防止次生灾害的发生和危机影响范围的扩大。

针对四类突发公共危机事件，防止次生灾害的措施主要包括：(1) 设立警戒，控制危险源，标明危险区域，封锁危险场所，划定警戒区，实行交通管制以及其他控制措施；(2) 维护社会治安，依法从严惩处哄抢财物、干扰破坏应急处置工作等扰乱社会秩序的行为；(3) 维护市场秩序，依法从严惩处囤积居奇、哄抬物价、制假售假等扰乱市场秩序的行为，稳定市场价格；(4) 如有必要，开展卫生防疫，做好饮用水、食品、药品卫生监测，强化传染病的监测防控；(5) 如有必要，加强涉外事务管理，包括涉外的信息通报、应急救援、物资管理、媒体采访；(6) 采取防止发生次生、衍生事件的其他必要措施。

专　栏

日本东京地震灾害应急响应的时间表

应急响应阶段的重点在于政府迅速启动应急预案，快速实现科学有效的救援行动。突发事件发生后立即启动应急预案，以“减少人身伤亡”为首要原则，采取科学有效的防灾减灾措施；同时，满足受灾民众最基本的生活需要，维持受灾地区的社会秩序。

以日本东京为例，东京对地震灾害发生后的第一时间启动（先期处置）到应急、恢复的活动时间系列安排做出规定：

(1) 灾害发生之前主要工作是：发布和传递灾害预报，收集和传递海啸信息；

(2) 灾害发生 3 小时之内：召集职员，设立灾害对策指挥部，收集受害损失信息，向市民通报和披露信息，请求媒体播放和报道，请求自卫队派遣救援，进行消防活动，对危险物设施等采取应急措施，防水，引导居民避难，实施保安警备，实施交通限制和管制，进行救助和急救，收集和传达医疗信息；

(3) 灾后 3～6 小时：设立避难场所，派遣医疗救护班，确保药品和医疗器材；

(4) 灾后 6～12 小时：请求相邻地方政府和有关机构进行救援，清除紧急运输道路上的障碍物，确保运送车辆，运送受伤者，开展保健活动；

(5) 灾后 12～24 小时：判断和实施《灾害救助法》，对市政生命线设施采取应急和恢复措施，对公共设施采取应急和恢复对策；

(6) 灾后 24～48 小时：供应储备物品，调配运送回家困难者替代交通工具；

(7) 灾后 48～72 小时：供应生活必需品，开设受灾者生活咨询窗口；

(8) 灾后 72 小时之后：准备伙食，处理遗体，处理垃圾、粪尿、废墟，采取应急住宅措施，发放灾害慰问金和灾害救援资金贷款，分配捐款和捐物，确定灾害类型为严重灾害。

专栏

海上搜救的应急响应标准化流程

1. 接收警报信息

接受警报信息是指，通过相关部门人员或技术设备的监测，及时获取警情，或通过外部群众中的“第一响应人”报警，及时收到警报。在海上搜救的操作中，通过海上通信无线电话、海岸电台、卫星地面站、应急无线电示位标或公众通信网（海上救助专用电话号“12395”）等方式，获取海上突发事件的报警信息。

2. 核实遇险信息

核实遇险信息是指，确保遇险信息真实并能用于评估研判危机等级。在海上搜救中，需核实海上险情的基本信息，包括：(1) 船舶或航空器的主要尺度、相关人员、联系方式；(2) 遇险人员的数量及伤亡情况；(3) 遇险船舶或航空器的损伤或损失情况及当时状况；(4) 载货情况；(5) 事发直接原因、已采取的措施、救助请求；(6) 事发现场的气象、海况信息等。

3. 研判危机等级

研判危机等级是指，根据应急预案等有关规定，结合险情信息，对突发事件进行评估研判，确定响应等级。海上搜救的危机等级研判所需信息主要包括：(1) 险情的紧迫程度；(2) 险情的危害程度和可能造成的社会影响；(3) 险情的影响范围和发展趋势；(4) 救援力量的选派，搜寻、救助方式的确定；(5) 遇险、获救人员的医疗移送和疏散方式；(6) 危险源的控制、危害的消除方式。

4. 启动应急响应

明确危机定级和响应主体后，启动相应的应急预案。在海上搜救的具体操作中，发生海上突发事件，事发地在本责任区的，按规定启动本级预案，承担应急指挥的机构立即进入应急救援行动状态；事发地不在本责任区的，在联络通报、协助应急的基础上，由具体负责部门启动应急预案。海上突发事件应急反应按照海上搜救分支机构、省级海上搜救机构、中国海上搜救中心从低到高依次响应；任何海上突发事件，搜救责任区内最低一级海上搜救机构应首先进行响应；责任区海上搜救机构应急力量不足或无法控制事件扩展时，请求上一级海上搜救机构开展应急响应。

5. 上报险情信息

按照海上搜救中心及同级人民政府的信息报告规定和程序逐级上报。信息上报的主要部门包括：(1) 接到海上突发事件报告后，事发地不在本责任区的，接警的海上搜救机构应立即向责任区所属搜救机构通报，并同时向上级搜救机构报告；(2) 省级海上搜救中心直接接到海上险情报警，应立即通知所属责任区的下一级海上搜救机构；(3) 海上突发事件涉及相邻省级搜救中心责任区的，应立即通知相邻省级海上搜救中心；(4) 海上突发事件发生地不在我国海上搜救责任区的，地方海上搜救中心应立即向中国海上搜救中心报告；(5) 涉及海上保安事件的，按海上保安事件处置程序处理和通报；(6) 涉及船舶造成污染的，按有关船舶油污应急反应程序处理和通报等。

6. 响应结束和准备善后

响应结束和准备善后是指，事件危害、次生灾害、衍生灾害等被基本消除后，同步开始清理现场、恢复秩序、调查事故，并对应急处置工作进行总结评估和记录存档。在水上搜救的具体操作中，搜救机构在确定人员搜救基本结束，事件危害、次生灾害、衍生灾害等被基本消除后，同步做好善后恢复的准备工作，包括准备遇险船舶和遇难人员的善后处置工作、准备获救人员的安置和善后处理工作、准备海事主管机关及时组织对沉船沉物设标和打捞清除工作，尽早恢复海域使用功能等。同时，对突发事故和应急处置进行调查和总结，包括对海上突发事件调查和搜救效果的评估，对应急和搜救的经验总结、问题分析、改进建议等。海上搜救应急响应的操作如图 4-3 所示：

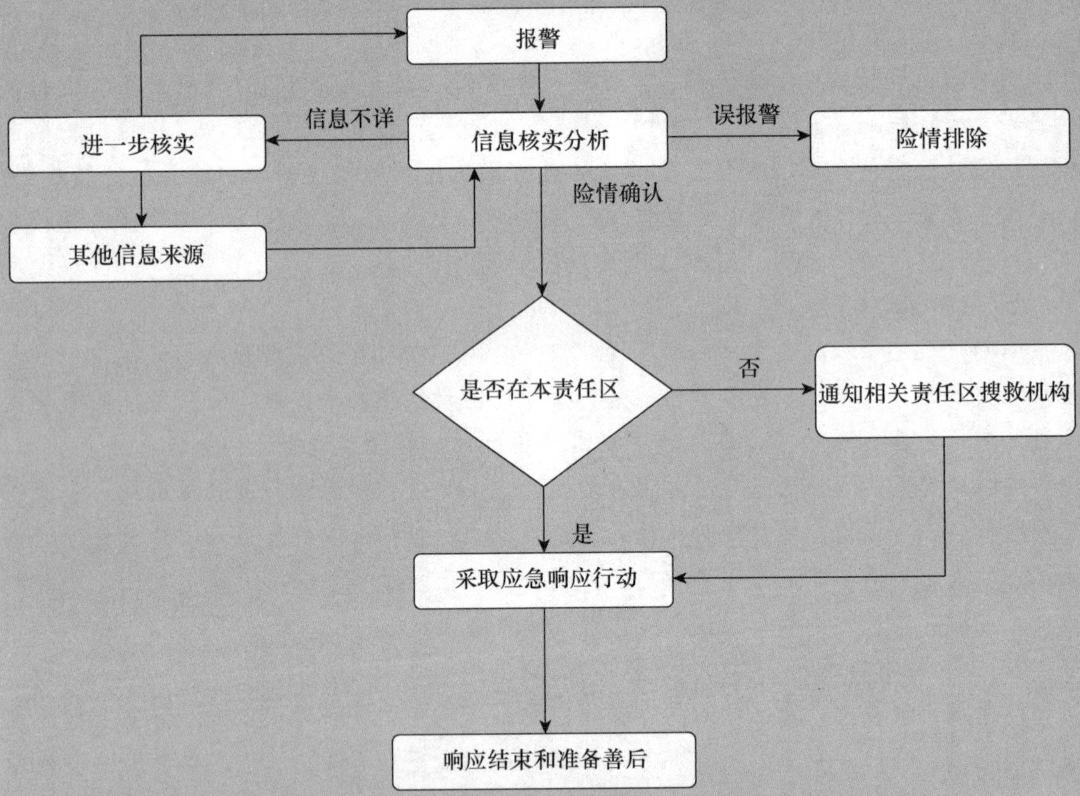

图 4-3 海上搜救应急响应的操作示意图

资料来源：根据《海南省海上搜救应急预案》(琼府办〔2011〕65 号) 等相关公开资料整理总结。

4.1.5　危机预警的趋势和应急响应的升级

随着风险环境的逐渐变化和科技水平的不断提升，危机预警和应急响应呈现出新的趋势和特征。

4.1.5.1　预警技术的精准化和智能化趋势

随着危机规律的深入掌握和高新技术的全面应用，危机预警在静态监测和动态预警方面的精确度有所提升，这有利于提高预警的效能，更好地发挥预警的作用。

第一，掌握危机规律，预警静态监测的精确度提升。随着公共危机研究的逐步深入和拓展，危机规律的掌握也在逐步深化和全面，这有利于提升预警在静态监测方面的精确度。对危机规律的掌握越全面精准，对危机的监测越精确细致，发现即将爆发的危机的时间越提前，危机预警的提前度越高，准确度越高，有用性越强。例如，地震预警是在地震发生时，利用电波比地震波快的原理，在地震来临之前发布预警，提醒逃生；随着对地震规律掌握越全面，地震的监测精确度越高，预警时间就越长，预警效果就越好。相关研究表明：预警时间为 3 秒时，可减少人员伤亡 14%；10 秒时，可减少人员伤亡 39%；20 秒时，可减少人员伤亡 63%。

第二，应用大数据、物联网、人工智能等高新技术，在提升预警精确度的同时促进预警的智能化。国务院印发的《新一代人工智能发展规划》提出“推动构建公共安全智能化监测预警与控制体系”，包括加强人工智能对自然灾害的有效监测，围绕地震灾害、地质灾害、气象灾害、水旱灾害和海洋灾害等重大自然灾害构建智能化监测预警平台等。人工智能技术在气象灾害预警领域逐步得到应用。例如，中国气象局目前正在推进建设智能天气预报系统①。该系统能记忆不同预报员的工作习惯，主动学习预报经验；针对用户访问习惯，实现预报服务双向互动，进而根据需求不断创新；促使气象算法与计算机算法的深度融合，提高预报产品的自动生成能力。

4.1.5.2　基于信息系统的预警体系集成化趋势

基于信息系统的预警体系集成化趋势，也称“集成预警”趋势，是指基于信息相关的管理机制整合和科学技术提升，危机预警系统的集成化水平不断提高，逐步实现预警信息来源、预警信息分析、预警信息发布等环节的系统集成式过程操作和结果展示。

第一，预警信息的集成收集，为危机预警提供全面来源和充足依据。通过整合设计信息系统，建立公共危机事件的综合信息平台，覆盖信息收集、传递、共享、报送等功能，实现预警信息来源的系统收集，可以为重特大或跨区域的危机预警提供全方位的信息来源和充足的决策依据。

第二，预警信息的集成展现，可以促进系统的信息分析和危机研判。在综合信息平台建设的基础上，对与公共危机预警相关的各项数据和信息进行挖掘、分析、展示、查询，

---

① 我国新一代人工智能发展规划提出　构建灾害智能化监测预警及应用平台［EB/OL］. 搜狐网，2017-07-26.

从而宏观掌握危机全貌、专项分析危机特征，有利于开展系统的信息分析和危机研判，为危机预警做好准备。

第三，预警信息的集成发布，有助于实现危机预警信息的一键式触发、多渠道综合发布。通过预警系统的集成设计，将预警接收的所有对象纳入系统中，并将预警发布平台与各发布渠道对接，能够有效减少人工操作、提高预警效率。

4.1.5.3 应急响应的形式升级为“并联响应”

“并联响应”是指，突发公共危机事件的关联部门、关联区域、关联领域等，同步接收到危机预警信息并开展应急处置工作。随着预警信息的集成化发布，应急相关部门之间的联动协作性增强，应急响应的形式得到优化，逐渐从危机爆发后信息单线传播、逐一启动应急的“串联响应”，升级为多部门、多区域、多领域、多工作同步进行的“并联响应”。

尤其是在现场突发事件爆发和舆论场事件关联舆情爆炸的信息化和新媒体时代，现场和舆论场的“并联响应”尤为重要。基于此，政法机关树立了“三同步”的新时代政法工作理念和方式，指出处理社会公共事件时应坚持“依法办理、舆论引导、社会面管控”三方面工作同步开展，确保应急处置取得良好的法律效果、政治效果、社会效果。

“并联响应”主要有以下三方面的作用：一是提升应急效率，尤其是提高生命救援和专业处突的速度；二是防止次生灾害的跨领域、跨区域扩散；三是兼顾现场和舆论场的应急响应，防止现场出现人员死伤的同时舆论场出现社会恐慌和负面影响。

4.1.5.4 应急响应的时机升级为“提前响应”

“提前响应”是指，在突发公共危机事件发生之前即预知危机发生并采取响应措施，从而避免危机爆发或阻止危害扩散。基于事前风险评估、危机预测、危机预警工作经验的积累和技术水平的提升，突发公共危机事件从发生了的“滞后响应”逐步升级为事发之前的“提前响应”。

提前预知危机是“提前响应”的前提，对此可能是应急人员经验积累和专业精神的结果，也可能是先进技术装备的产物。

第一，基于一线应急处置工作经验的积累，能够及时发现事故征兆，提前采取应急响应措施。例如，2016 年 4 月 21 日早晨，杭州一名交警预知马路地面塌陷，提前 4 分钟设置路障、疏导车辆，规避车祸损失；再如，2018 年 8 月 11 日上午，北京市政路桥管理养护集团抢险队员在例行对村内地质灾害台账上的隐患点进行巡查时，发现公路某处有石块掉落，根据观察和参加培训时掌握的地质灾害防治知识，该抢险队员认为此处山体已经失稳，有马上发生山体大面积崩塌的可能，便立即断路、拦截过往车辆行人，同时及时上报、通知开展专业应急处置，10 分钟后山体发生塌方，预估塌方量在 30 000 立方米以上，但未出现人员死伤和财产损失。

第二，特征识别、智能监控、智慧巡更、异常预警等风险识别和危机预警的智能化技术装备的运用，能够切实提高提前发现并处置危机的概率和速度。例如，某市消防支队研发应用了化工单位事故风险预警系统，初步实现了对化工单位的预知、预警和预防：一是预知，通过对 DCS① 数据“低报、高报、低低报、高高报”等数据界值的触发，提前预知化工单位生产工艺和储存过程中的危险性并自动发布指令要求单位技术人员进行核实；二是预警，通过对 DCS 数据低报事故线和高爆事故线数据界值的触发，提前预警化工单位即将发生的爆炸火灾事故，一键推送至辖区消防中队，指令快速出警；三是预防，通过对红橙黄三级预警次数、积分统计等数据分析，以及对不同单位同类型 DCS 点位的横向比对，进而对单位安全状况和工艺流程安全性能进行分析研判和督导“会诊”，提前预防事故发生。

4.1.5.5　应急响应的技术升级为“智能响应”

“智能响应”是指，依靠机器和科技的自动化、智能化开展应急响应，尤其是人员搜救、专业处突、信息传递和防止次生灾害等工作。随着智能技术的不断发展和自动装备的不断普及，从依靠人员操作和人工应急的“人力响应”逐步升级为“智能响应”。

当前，在传统“人防物防技防”的基础上，多领域多部门在应急响应中引入人工智能、大数据、物联网等技术支撑下的智能响应平台，积极形成科学、智能、高效的常态安全管理和危态高效应急。例如，我国某小学的智能应急平台具备智慧车辆出入控制、智慧访客核查管理、智慧巡更、重点部位和校园周界智能监控、智能防撞、校园欺凌智能识别、踩踏风险分析预警、智慧移动终端管控、消防和空气的智能物联预警、智能人脸识别、可疑人员与异常入侵预警、联网一键报警系统、远程应急指挥系统等多项“智慧安防功能”，为快速科学的现场处置和应急响应提供全方位的支撑保障。

“智能响应”主要有以下三方面作用：一是发挥机器和技术的自动化、智能化优势，提升应急效率；二是降低人员操作和人工应急的本能反应“失误率”，减少应急失误，最大程度地降低人财损失；三是对于应急处置和现场救援人员本身起到有效保护作用。

4.2　应急响应的现场指挥系统

突发公共危机事件发生后，为保证现场处置和救援工作的有效实施，须对事件现场的所有应急工作实施统一的指挥和管理，形成统一的现场指挥系统，国际上一般称为 ICS (Incident Command System，ICS)。

应急响应的现场指挥系统相当于大脑和神经系统的集合体，应急有效与否，集中表现在指挥系统的有效性方面。基于此，现场指挥系统的基本要求是反应机敏、运转灵活、权威高效。

---

① DCS 是“分布式控制系统”（Distributed Control System）的英文缩写，也被称为集散控制系统，是相对于集中式控制系统而言的一种新型计算机控制系统，多用于消防、化工等专业领域的监测和预警。

在现场指挥系统的作用下，必须快速高效地完成突发事件现场的搜救伤员、医疗救治、安置灾民、物资保障、卫生防疫、抢修基础设施、设置和维护警戒、维护社会治安、监测和控制险情、调整应急方案、防御次生灾害、部门联动协调、区域协同、信息通报、信息发布、开展社会动员、管理涉外事务等一系列工作。

4.2.1 现场指挥系统的操作原则

在具体操作中，现场指挥系统遵循统一性、标准化、灵活拓展的原则。

4.2.1.1 现场指挥系统的统一性原则

由于现场应急的目标多样、主体复杂，且面临随机性和多样化的应急问题，因而现场指挥系统需遵循统一性原则（见表 4－4）。

表 4－4　　现场指挥系统的统一性原则

统一性的要求	统一性要求的具体阐释
1. 通过目标实现统一管理	建立支撑性的任务目标，作为统一管理的工具，具体包括：制定和发布任务、方案、规程和协议；加强绩效考核，以成效衡量表现
2. 设定现场最高指挥员	现场最高指挥员会被赋予重要职权，是突发事件现场负责统一组织、指挥应急处置工作的最高指挥者
3. 指挥的一元化	每一个现场应急人员仅向一位指定的人员负责和汇报，每一个人都有一个指定的主管人，必须在事件现场向他报告，避免因多重指示尤其是多重相互矛盾的指示而引起混乱
4. 联合指挥中的统一性	（1）将现场应急的组织机构、指挥场所、基本流程、资源管理纳入一个统一管理模式；（2）当事故涉及多区域或多部门时，在统一指挥下行动，并确保单个机构的权责义务；（3）所有参与部门需委派一名指挥员，组成突发事件管理小组，共同分担管理责任且行动一致
5. 适当管控幅度	现场指挥系统中的分部门主管一般可有效掌控 3～7 人，以 5 人为最佳，若数目有增减，救灾指挥官应重新考虑整个组织结构
6. 整合通信	整合相关的行动部门和支持部门，必要时可建立多条通信网络，建立和使用共同的通信方案，共享通信程序和系统结构，并在通信整合的基础上建立指挥功能

资料来源：根据美国联邦应急管理局《现场指挥系统培训：现场指挥系统评审资料》（*Incident Command System Training—ICS Review Material*）、《广东省人民政府办公厅关于印发〈广东省突发事件现场指挥官工作规范（试行）〉的通知》（粤办函〔2015〕644 号）相关资料总结整理。FEMA. Incident Command System Training—ICS Review Material［EB/OL］.［2018-09-10］. https://training.fema.gov/emiweb/is/icsresource/assets/reviewmaterials.pdf.

4.2.1.2 现场指挥系统的标准化原则

由于现场应急部门的职能和执行手段复杂，因而现场指挥系统需通过标准化来实现规范管理和处置，以确保应急响应的专业和高效（见表 4－5）。

表 4-5　　现场指挥系统的标准化原则

标准化的要求	标准化要求的具体阐释
1. 通用的术语	确定现场指挥中组织职责、资源分类、事件设施的通用术语，对人员职能、设备设施、应急资源、职位安排的描述予以规范
2. 模块化的组织	基于突发事件的规模和复杂性来建构模块化组织，事故指挥官负责模块化组织的建立和扩展，建立若干独立的功能单位，并可进一步细分
3. 标准化的行动方案	突发事件行动预案提供统一的行动方案来有效组织人员和设施设备，协调具体行动和资源，保证应急响应行动的统一高效
4. 预置的场所与设施	在公共危机事件发生地的临近地区，要建立相应的标准化行动场所和支持设施，一般包括指挥所、基地、营地、人员和物资集结地区、群体伤员分类救治区等，使现场指挥系统能够及时调度、高效安排
5. 全面的资源及其管理	对可用于或潜在可用于支持突发事件管理、能够分派或分配的人员、小组、装备、供给品和设施等资源进行标准化配置和管理
6. 调度	人员和装备的调度有其严格的条件和程序要求
7. 信息和情报管理	形成收集、共享、管理情报信息的严格和规范程序

资料来源：根据美国联邦应急管理局《现场指挥系统培训：现场指挥系统评审资料》、《广东省人民政府办公厅关于印发〈广东省突发事件现场指挥官工作规范（试行）〉的通知》（粤办函〔2015〕644 号）相关资料总结整理。

4.2.1.3　现场指挥系统的灵活拓展原则

应急现场的不确定性和变动性对现场指挥提出灵活变化的要求，对此，现场指挥系统应根据应急响应的需要灵活拓展，及时扩编或调整所需的操作小组和人员。

在具体实施中，一般将现场指挥系统的模块和架构设计成“可扩展的树状结构”，从而使其具有灵活性。例如，美国现场指挥系统在计划、作业、财务、后勤的“组”（section）级设置下，细分为“部”（division）、“分部”（branch）、“小组”（group）、“小队”（unit），分别承担相应的职责与功能。根据突发事件的规模，组织结构可以自由增减，能够满足不同规模的应急需求。具体而言：(1) 作业组的灵活性拓展。作业组拓展后，一般分为空中作业和现场作业两部分，下细分战术小组、支持小组、任务小组、打击部队等。(2) 计划组的灵活性拓展。计划组拓展后，一般包括资源、状况、文书、疏散等小组，如有需要，可增设特别技术专家。(3) 后勤组的灵活性拓展。后勤组的拓展通常包含支持与服务两个分组，支持分组主要包含补给、设施、地面支持等，服务分组一般包含通信、医疗、粮食等。(4) 财务组的灵活性拓展。财务组的拓展，通常是针对计时、采购、补偿与花费的处理进行编组。

4.2.2 现场指挥系统的基本构成

现场指挥系统的模块化构成是指，提前设置现场响应所需职能小组，明确不同职能小组的职责分工、人员组成、资源配置等。在具体的应急响应中，根据突发公共危机事件的规模大小、复杂程度、环境情况，召集所需的职能小组模块并组建起现场指挥系统的整体。现场指挥系统的模块化构成一般包括如下五个要素：

要素一：现场指挥部，统领现场应急指挥部的整体行动，主要职责包括：掌控事态发展，评估现场状态，确定行动优先级，下达任务命令，制定应急队伍与资源的调配行动方案，监督行动执行，保持现场同上级、同外界的信息交流，确保现场指挥部有序运作等。

要素二：综合研判职能小组，简称“综合研判组”，承担研判和计划的职能，负责收集多方面信息，根据事件的性质组织涉事单位和相关专家进行研判会商，开展信息互通、技术协同、资源联动等工作。

要素三：应急作业职能小组，简称“应急作业组”，负责突发事件的处置、救援等具体的执行活动，同步匹配相应的组织资源。

要素四：资源保障职能小组，简称“资源保障组”，负责组织协调相关部门以确保交通、通信、医疗、技术、救灾、生活、环境以及区域性资源调配等多方面保障。

要素五：财务控制职能小组，简称“财务控制组”，负责制定总体预算、审批和执行物资征用采购、监督事故赔偿的商定和执行、对全过程经费执行进行实时审计等。

五要素共同组成现场指挥系统的基本框架（见图 4－4）。

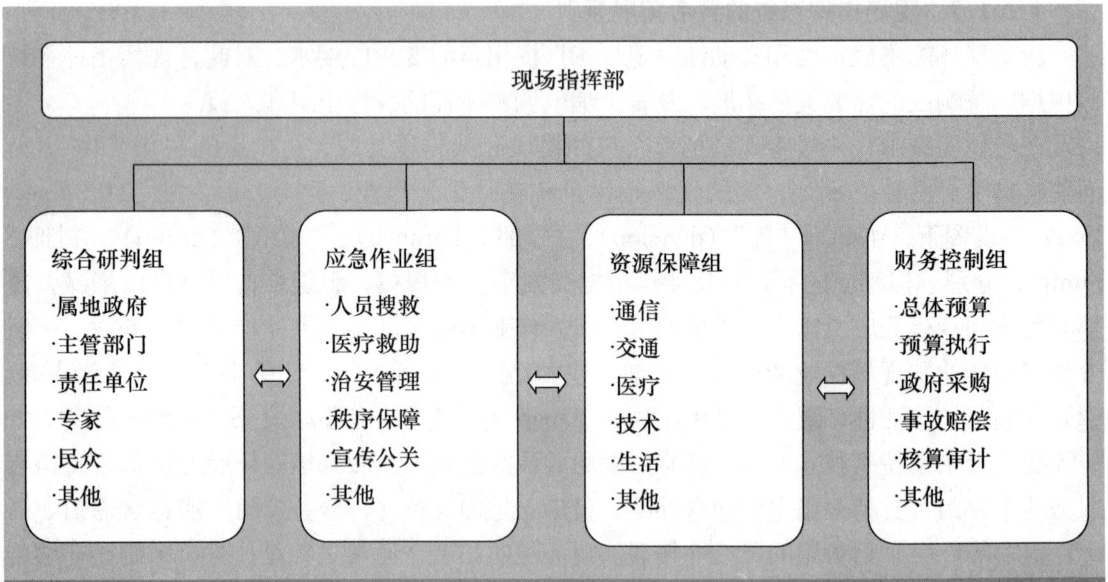

图 4－4　现场指挥系统的基本框架

4.2.3　现场指挥系统的典型设置

根据不同国家的国体政体和具体国情，上述现场指挥系统的基本构成演化为不同的组织形式。现以美国、德国、日本、我国为例。

4.2.3.1　美国："1＋3＋4"的现场指挥体系

美国基于现场应急指挥的需要，构建出"1＋3＋4"的现场指挥体系（见图 4－5、表 4－6）。

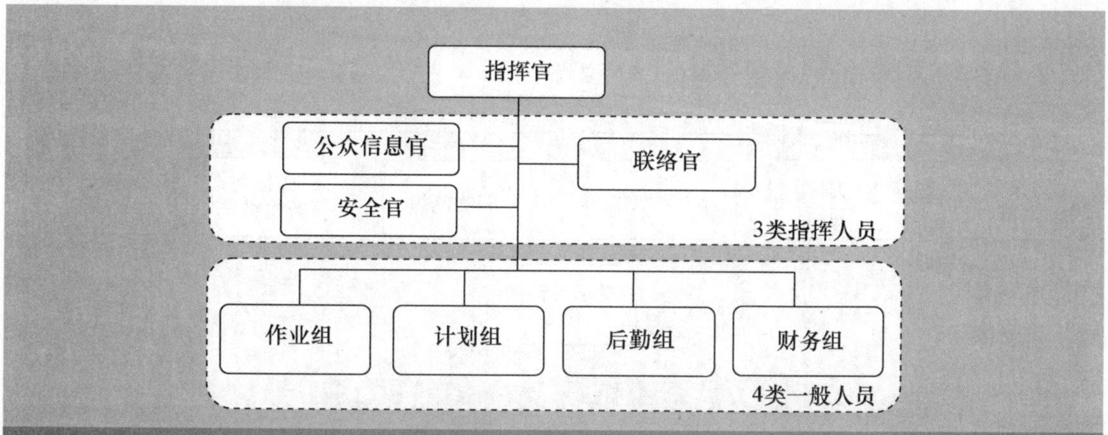

图 4－5　美国"1＋3＋4"的现场指挥体系示意图

资料来源：根据美国联邦应急管理局《现场指挥系统培训：现场指挥系统评审资料》相关资料整理总结。

表 4－6　美国"1＋3＋4"的现场指挥体系组成

模块	组成人员	职责简介
1 名指挥官	指挥官	应急响应的领导者和管理者，在小规模事件中可一人承担所有职责，在大规模事件中可通过多名指挥人员共同处理，判断有必要则设立各独立的职能部门
3 类指挥人员（每一类一般由 1 名官员担任）	公众信息官	信息收集和整理，对内与相关机构沟通联系，对外与公众沟通，通过媒体信息发布
	安全官	安全监控与评估，确保应急行动和应急人员安全，有权终止不安全的应急行动
	联络官	与涉及的外界各部门、机构、私人组织进行联络协调
4 类一般人员（每一类一般由 1 名组长、1 名副组长和若干名成员构成）	作业组/行动部	执行并协调应急行动
	计划组/规划部	态势监控、预测分析、资源跟踪、计划方案制定
	后勤组/后勤部	应急队伍的通信、食品、医疗、设施、交通运输保障
	财务组/行政部	监控应急过程产生的人力、物力费用，管理采购过程

资料来源：根据美国联邦应急管理局《现场指挥系统培训：现场指挥系统评审资料》相关资料整理总结。

4.2.3.2 德国：行政与专业分离的"1+7"体系

德国的现场指挥系统称为"战术指挥部"，通常由消防队担任事件总指挥，负责灾难救援现场的领导与指挥，并对危机处理的结果负责，下设4个工作小组，即S①1（人力资源/管理组）、S2（灾情/计划组）、S3（行动组）、S4（物流组），并设置专家与机构代表。根据需要，可加入S5（媒体与新闻组）、S6（通信与运输组）。内设组织注重专业，分工明确，互相支持，密切配合，有效确保了危机救援现场决策指挥的科学化、规范化、程序化（见图4-6、表4-7）。

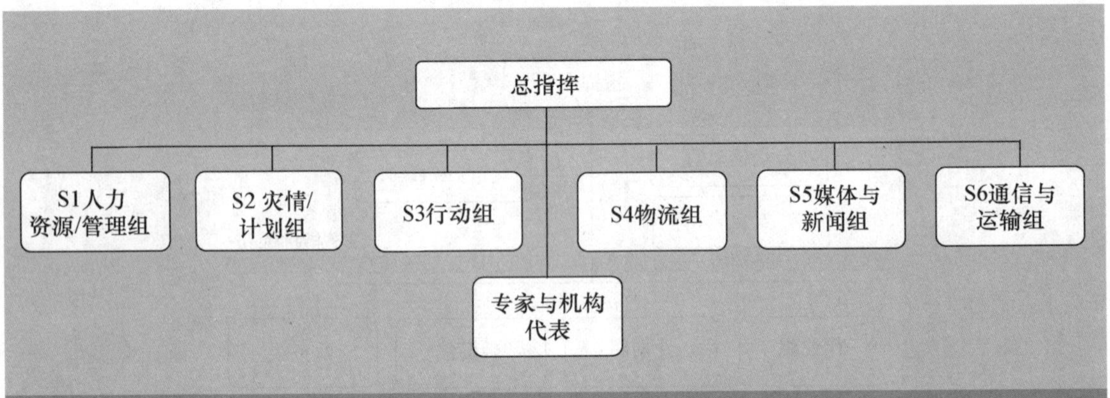

图4-6 德国"1+7"现场指挥体系示意图

资料来源：根据《德国应急操作指挥与控制系统的领导与指挥规则》（*Leadership and Command in Emergency Operations: Command and Control System*，DV100-German Regulation 100）相关资料总结整理。

表4-7 德国"1+7"现场指挥体系的组成

组成人员	具体要求
总指挥	负责灾难现场的组织、协调等任务，是现场救援的最终决策者，并能命令、调动其他现场志愿救灾组织及社会救援力量
S1 人力资源/管理组	直接受总指挥领导，对人力资源情况进行监控，实施救援统计，保证指挥中心运作
S2 灾情/计划组	负责收集灾情，提供灾情图片，为总指挥报告做准备工作，同时评估灾情，将决策建议提供给总指挥，并编写救援日志
S3 行动组	负责组织专业救援人员，实施救援行动
S4 物流组	负责为救援人员提供物质支持，并进行预决算
S5 媒体与新闻组	根据需要成立，负责危机救援现场的新闻发布及与媒体沟通

① "S"意为"staff section"。

续前表

组成人员	具体要求
S6 通信与运输组	根据需要成立，负责危机处置中的通信技术装备安装、维护及保持通信畅通
专家与机构代表	负责组织联络专家，对现场救援处置给出指导建议

资料来源：根据《德国应急操作指挥与控制系统的领导与指挥规则》相关资料总结整理。

德国采取行政与专业分离①的现场指挥模型。应对一般突发事件，成立专业指挥下的战术指挥部，并组建上述的现场指挥系统。而在大规模灾难或者持续时间长的灾难中，通常分为行政指挥部与战术指挥部，其中，行政指挥部（也称危机指挥部）是行政层面的指挥部，在后方负责应急救援的行政决策与沟通协调，由政府相关部门与机构组成；战术指挥部（也称领导指挥部或技术救援指挥部）是战术层面的指挥部，在前方负责现场救援的具体实施，由专业救援机构与志愿者组织组成。

4.2.3.3　日本：幕僚体系指导下的多层级现场指挥

日本的现场指挥系统呈现多梯次、多级别特点，在指挥幕僚体系的指导下，现场应急指挥体系可分为四级指挥体系，从第 1 级到第 4 级的指挥官层级逐渐上升，根据灾害规模或复杂严重程度，派出相应等级的现场应急指挥体系。

日本的现场指挥系统在指挥幕僚体系的指导下开展工作。指挥幕僚体系的设计，旨在负责基层常态防灾减灾备灾的工作，同时为现场应急指挥中出现跨区域、跨部门或重特大突发事件的应急处置，做好相应的联动协调和更高层级的指挥指导工作。依据日本东京消防厅警防本部等运作规程［昭和五十四年（1979 年）3 月 7 日东京消防厅训令第 6 号］，为确保顺利进行灾害防救活动，其指挥作业分为警防本部、方面队本部、署队本部三部分。

日本消防部门是现场指挥的主力，不仅参与火灾应急，也参与大规模灾害应急、应急救助救急等。依据东京消防厅警防规程［昭和五十四年（1979 年）3 月 12 日东京消防厅训令第 7 号］，可分为以下四级指挥体系（见表 4－8）。

表 4－8　　日本四级现场指挥体系的组成

层级	基本情况
第 1 级指挥体系	指挥官层级最低，为大队长或副署队长；当大队长为指挥官时，救灾主力为所属中、小队及机动救助队等救灾单位，并根据灾害状况另设指挥队及机动部队长，但指挥官得自行判断是否开设指挥本部
第 2 级指挥体系	指挥官层级稍高，为署队长，救灾主力除所属大、中、小队等单位外，另外机动部队长也应投入救灾，相关指挥专职岗位人员工作由指挥队及管辖责任区的队部专职岗位人员担任

① 在应急指挥中，通过将行政指挥与专业指挥分离，既可以避免行政长官到现场承担超出自己能力的工作，又能够使专业指挥官专心致力于救援，在确保专业处置的同时，提高应急响应的速度和效率。

续前表

层级	基本情况
第 3 级指挥体系	指挥官层级更高，为方面队长，原担任指挥官的署队长应投入救灾，救灾主力除所属大、中、小队等单位外，方面队副队长应负责指挥机动部队长及机动救助队长进行救灾，相关指挥专职岗位人员工作由指挥队及管辖责任区的队部专职岗位人员担任
第 4 级指挥体系	指挥官层级最高，为警防本部长或警防副本部长。当警防本部长为指挥官时，原担任指挥官的警防副本部长及原专职岗位人员亦配合变更，由派驻的各副本部长担任指挥官的专职岗位人员工作

资料来源：根据东京消防厅警防规程［昭和五十四（1979 年）年 3 月 12 日东京消防厅训令第 7 号］等资料整理。

4.2.3.4 我国："现场指挥部"

在我国，现场指挥系统也被称为"现场指挥部"，属于非常设的临时机构，在突发事件发生后，应根据事件的性质、级别和处置工作的需要迅速设立现场指挥部。

突发事件发生后，应急预案未启动前，最先到达现场的抢险应急救援队伍按照"谁先到，谁指挥"的原则实行先期处置，及时将情况报告属地政府（应急办）。属地政府根据现场情况和主管部门及专家的意见，对接报的信息进行综合分析判断，做出启动预案等级的建议；经批准启动预案后，相应的应急指挥机构①成立现场指挥部，一般设置在灾害事故现场周边适当的位置，也可设在具有视频、音频、数据信息传输功能的指挥通信车上，应满足情况掌握及时、信息通信畅通、指挥灵敏高效等要求。

现场指挥部一般设综合协调组、应急处置组、安全保卫组、医疗卫生组、后勤保障组、人员疏散组、新闻协调组、善后处理组、专家组等，由相关部门人员组成（见表 4-9）。

表 4-9　我国现场指挥系统的组成与职责

工作小组	组成人员	具体职责
综合协调组	属地党委、政府办或属地党政办负责组织，相关职能部门派员参与	应急信息汇总、传递、向上报告；应急资源收集、调度，协调各工作组的具体处置工作等
应急处置组	应急指挥机构负责组织，相关职能部门派员参与	根据处置工作方案，组织实施，排除险情，控制事态
安全保卫组	属地政府公安部门负责组织	组织警力对现场及周边地区进行警戒控制，管制交通，监控事件责任人，维护现场治安秩序
医疗卫生组	属地政府卫生健康委员会负责组织，相关职能部门派员参与	组织医疗机构和资源，及时救治伤员并对现场进行采样、消毒、防疫处理
后勤保障组	区、镇（街道）相关职能部门负责组织	落实现场应急物资、应急通信、交通运输、庇护场所、食品供应、水电气热等保障

① 应急指挥机构的建立，详见第 2 章的第 2 节"公共危机管理的机构设置和职能设定"。

续前表

工作小组	组成人员	具体职责
人员疏散组	镇（街道）及区有关部门负责组织	掌握地形结构、群众数量、人财损失等现场情况，有序组织疏导人群并保障群众生命安全
新闻协调组	属地党政宣传部门负责组织，事件牵头部门和属地基层组织派员参与	统一组织和协调新闻发布和事件报道；密切关注国内境外媒体动态和有关报道，及时应对负面信息和造谣传谣
善后处理组	事发地的镇（街道）及区有关部门负责组织，相关职能部门派员参与	负责伤亡灾民、受损财物、恢复重建等方面的善后处理
专家组	属地政府（应急办）负责协调组建应急专家库，各相关职能部门负责组建相关领域或行业的专家小组	根据需要为应急委和指挥部提供技术研判和评估决策及建议；紧急状态或必要时，参与指挥部或现场处置工作

资料来源：根据属地突发公共危机事件应急预案总结整理，为不完全统计。

4.3　应急响应的联动管理

应急响应过程中需要多个维度的联动管理：一方面，一旦突发公共危机事件超出基层的响应范围，则需要向上的层级联动；另一方面，跨区域、跨部门的应急响应往往超出某一属地政府、部门单位的能力范围，需要及时开展区域、部门的联动。

4.3.1　跨层级的联动响应及其管理

跨层级的应急响应联动坚持“属地管理为基础，按需联动上级和中央”的原则，具体而言：属地政府是应急响应的第一责任部门、领导机构、指挥机构，负责紧急救援、应急处置、防止次生灾害等工作；当突发事件的处置要求或难度超出某一层级的属地时，需通过信息上报、信息沟通等渠道，与上级单位和相关部门进行联动。在跨层级联动的过程中，既坚持属地管理为主，让基层单位和属地政府能迅速反应、及时处理，同时不排斥上级政府及有关部门对其响应工作的指导，也不免除其他部门或其他区域的协同义务①。政体的不同导致跨层级联动的操作有所差异，以下细分中央制和联邦制两种政体形式予以说明。

4.3.1.1　中央制：基层政府兜底、必要时向上移交指挥权

中央制下的应急响应遵循以属地管理为主的原则，由属地政府兜底承担应急响应的具体职责，但中央政府的职能更大，一旦出现超越属地政府职权和能力范围的突发公共危机事件，应急响应的领导和指挥将上交，必要时移交到中央。

1. *我国的跨层级应急联动*

在我国，由县级人民政府负责应急响应工作，采取措施控制事态发展，组织开展应急

① 唐钧. 社会管理概论［M］. 北京：中国人民大学出版社，2013.

救援和处置工作；基层自治性组织配合开展应急响应，相关单位和群众参与应急响应。与此同时，县级人民政府应立即开展信息上报，一旦出现超越属地政府职权和能力范围的情况，将应急响应的指挥领导权上交。

在跨层级联动的具体操作中，县级人民政府向上一级人民政府报告，必要时可以越级上报；如果涉及两个以上行政区域的，由有关行政区域共同的上一级人民政府负责，或者由各有关行政区域的上一级人民政府共同负责；县级人民政府不能消除或者不能有效控制突发事件引起的严重社会危害的，应当及时向上级人民政府报告，上级人民政府应当及时采取措施，统一领导应急处置工作。

2. 日本的跨层级应急联动

在日本，一般灾害属地方管理，地方性的灾害发生或预测到灾害有可能发生时，地方政府官员（都道府县知事或市町村长）批准设置灾害对策本部，开展危机应对和应急处置。

当地方灾害应对需要联动中央时，由相关省厅的局长级负责人组成的紧急集合组在总理官邸内的危机管理中心集合，掌握和分析受灾状况，向内阁总理大臣汇报，根据需要召开相关阁僚协商会议及相关省厅联络会议，决定基本对策方针。此外，根据受灾状况，设立异常灾害对策本部（由防灾担当大臣任本部长）以及紧急灾害对策本部（由内阁总理大臣任本部长），必要时向地方派遣由防灾担当大臣等任团长的政府调查团，或者设立中央政府在当地的对策本部。

4.3.1.2 联邦制：地方政府主导、必要时争取联邦支援

联邦制下的应急响应主要以地方政府为主，地方政府拥有相对较大的自主权，应急响应的指挥权属于事发当地政府。仅在地方政府应急力量和资源无法满足应急响应需要时，地方政府才会向上级政府或联邦政府提出援助请求，上级政府或联邦政府调用资源予以增援，但不接替当地政府的指挥权限。

1. 美国的跨层级应急联动

美国政府应急管理组织体系由三层组成：一是联邦政府，包括国土安全部及其区域代表处；二是州政府，设有应急管理办公室；三是地方政府（市政府或县政府），设有应急管理机构。

美国应急管理的实地操作主要在州和地方政府层次，一般情况下由州和地方的行政长官（州长，市、县的管理者）负责，当超出管辖能力时请求联邦支持。例如，“9·11”事件和“卡特里娜”飓风灾害的应急响应主要由纽约市政府和奥兰多市政府作为应急核心。

美国国土安全部及隶属部门联邦应急管理局是联邦政府应急响应的最高机构。该部是在“9·11”事件后由联邦政府 22 个机构合并组建而成的，在全美设 10 个区域代表处，主要负责与地方应急机构的联络，在紧急状态下，负责评估灾害造成的损失，制定援救计划，协同地方组织实施救助。

2. 德国的跨层级应急联动

德国实行属地管理的应急管理体制，也分为三个层级：一是联邦政府，负责联邦层

面的应急管理和跨州应急的联动协调。二是州政府，其职责为推动议会立法、建设消防与救援力量、集中应急培训、统一救援行动、指挥与协调灾难救援等；此外，州政府还为地方政府进行财政支持、资源协调等。三是州以下地方政府，包括行政区政府、行政专区、县、非县管辖市等，对公民保护承担完全责任，政府部门、消防队、警察局、刑事调查局、技术救援协会、事故医院及志愿者救援组织等主体一并参与具体的应急响应。

在联邦层面上，专职负责应急管理与联动救援的是联邦内政部直属的联邦公民保护与灾难救助局和联邦技术救援署。联邦公民保护与灾难救助局负责处理联邦政府有关民事保护的任务；联邦技术救援署负责提供现场救援的战术指挥组织，代表联邦政府实施国内灾害救助。此外，参与应急救援的机构还包括其他联邦部委、联邦军队、联邦警察和联邦刑事调查局等。

3. *澳大利亚的跨层级应急联动*

澳大利亚突发公共危机事件的应急响应，以联邦政府与州（地区）政府的伙伴关系为基础，危机管理的职责主要由州（地区）承担。具体而言：

第一，联邦政府在提升危机管理能力方面为州（地区）提供指导和支持。当州（地区）政府不能很好地处理突发事件并提出请求时，澳大利亚政府要向其提供物质援助。按照宪法规定，联邦政府有责任对外国的突发事件和海外难民救济提供人道主义援助。

第二，州（地区）政府制定规范危机管理和应急响应的法律和规章，提供警察、消防、救护车、危机服务、医疗服务，设立提供社会服务的政府和法定机构。

第三，突发事件发生后，地方政府与社会团体、志愿者组织等，一并参与应急响应和紧急救援。

4.3.2 跨部门的联动响应及其管理

当突发事件的处置要求或难度超出单一部门的职责和能力时，需开展跨部门的应急联动。跨部门的应急响应联动坚持"主责部门为主导，关联部门配合"的原则，根据公共危机事件的性质确定某个主要负责的部门，该部门为主导，其他关联部门各司其职、配合应急。

以美国生化恐怖袭击事件应急中的跨部门联动为例，其联动部门一般包括公共卫生、突发事件管理、执法、医疗服务等在内的多领域联动。当出现疾病群发的反常现象时，通常是由公共卫生部门①发现问题并领导最初调查和应急，早期的应对措施主要集中在诊断、治疗、流行病学调查等方面。若确定是自然因素引发的疾病群发，公共卫生部门作为主责部门，主导接下来的应急，并由其他相关应急部门配合；若确定是人为因素导致的疾

① 美国的公共卫生部门一般包括三类机构：疾病控制和预防中心（Centers for Disease Control and Prevention，CDC），卫生资源和服务部（Health Resources and Services Administration，HRSA），城市医疗应对系统（Metropolitan Medical Response System，MMRS）。

病群发（初期有犯罪者宣称对该事件负责或事件本身具有明显特征），执法部门和公共卫生部门共同作为主责部门，分别负责相应职责范围内的事务，其他相关应急部门配合（见图 4-7）。

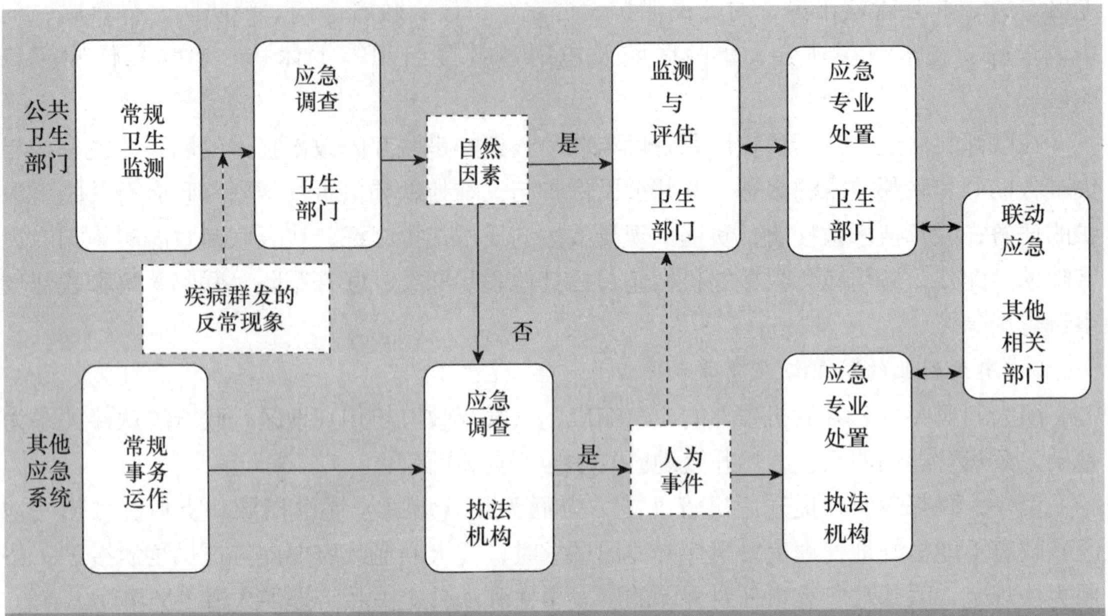

图 4-7　跨部门联动的操作模式（以公共卫生事件为例）

4.3.3　跨区域的联动响应及其管理

应急响应的跨区域联动，由各相关区域人民政府及有关单位建立长效合作、信息互通、资源共享、平台共建的组织形式和工作机制，形成互联互通、协同处置的格局。

4.3.3.1　签订长效合作协议

合法化是跨区域联动的前提。对此，属地政府之间通过签订应急联动协议，形成长效合作机制和管理制度，为共同应对区域性公共危机的制度设计和操作实施提供合法依据。

目前，我国应急响应的跨区域联动合作协议主要集中在省级政府层面。美国《州际应急管理互助协议》（Emergency Management Assistance Compact，EMAC）是美国自1950年由国会批准的第一个国家灾难救助协议，经由《南部地区应急管理互助协议》（Southern Regional Emergency Management Assistance Compact）发展而来的，在应对2001年“9·11”恐怖袭击、2003年哥伦比亚号航天飞机爆炸事件、2004年墨西哥湾飓风、2008年“卡特里娜”和“丽塔”飓风以及2008年中西部地区严重洪灾中展现了其强大的整合资源、促进合作的能力，在政府应对突发事件中发挥了重大作用。

4.3.3.2　信息互通与资源共享

信息互通与资源共享是跨区域联动的基础。一旦出现涉及跨区域的重特大突发公共危机事件，达成合作协议的各方应主动加强信息的互联互通，共享相关信息资料，并以此为基础开展协调处置，加强排查和控制危险源。

跨区域联动的各相关区域应急管理责任主体，应做好两方面的工作：一方面，建立健全信息互通机制，针对在本区域发生、可能会波及其他区域的突发事件，第一时间向相关方通报情况、传达信息。另一方面，共享应急资源，包括应急物资、救援队伍、救援装备、避难场所、专家资源等，如遇突发事件，根据事发区域的应急需求和现实需要，合作方给予应急物资的支援，必要时可就近紧急向受灾方调拨应急物资等相关资源。例如，京津冀冰雪灾害天气交通保障应急联动中，在滞留人员物资保障、救援车辆保障、人员滞留现场秩序维护、滞留人员安置、物资运输及救援车辆免费通行等方面资源共享。

4.3.3.3　网格化联动组织机构

在签署长效合作协议的基础上，还应建立跨区域联动的网格化组织机构，并形成工作机制和组织架构，该工作机制和组织架构可形成相对独立的治理结构。

根据《州际应急管理互助协议》的约定，美国形成网格化的应急联动组织体系，负责跨区域联动的管理和执行（见图 4-8）。

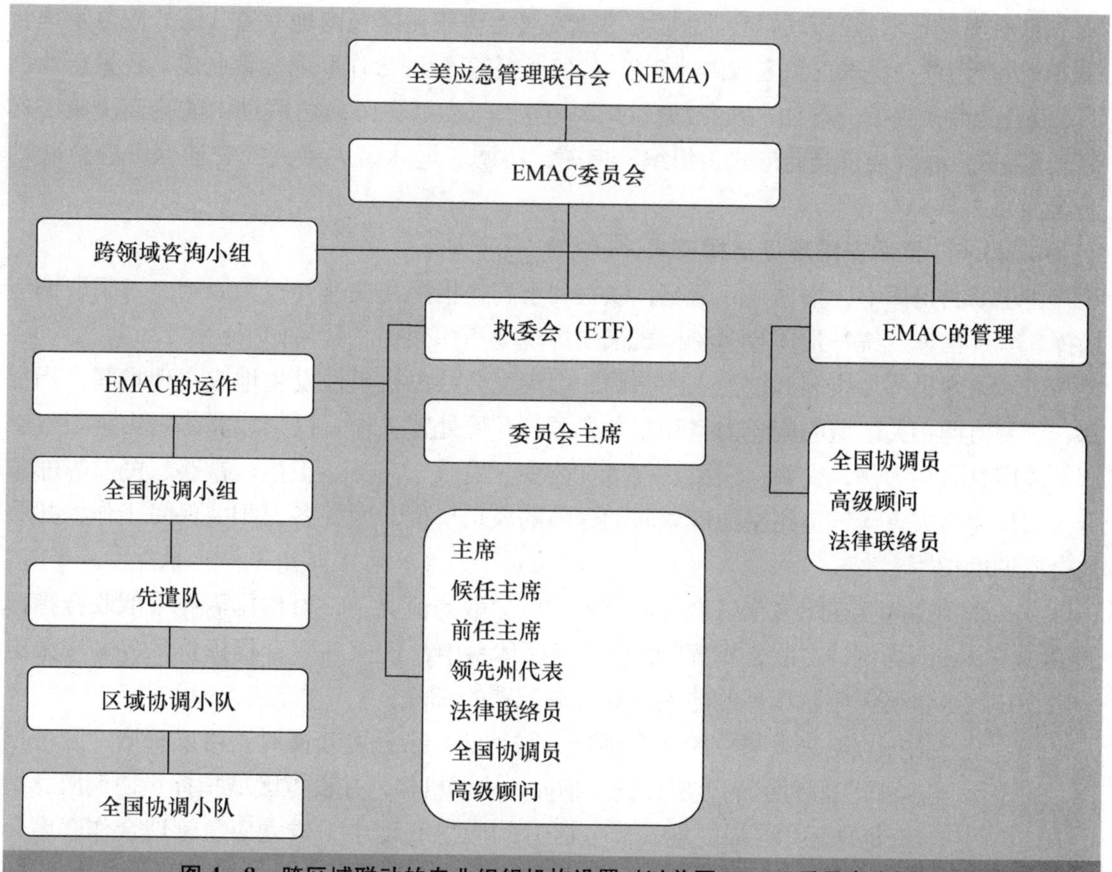

图 4-8　跨区域联动的专业组织机构设置（以美国 EMAC 委员会为例）

资料来源：EMAC. EMAC'S Governance Structure [EB/OL]. [2018-09-10]. https://www.emacweb.org/index.php/learn-about-emac/emac-governance.

4.3.3.4 全流程联动工作方案

跨区域的联动工作不仅限于事发后的应急响应阶段，还应贯彻公共危机管理的全流程，形成从事前防范和准备、事中应急响应和救援处突到事后的善后总结整改等全过程。

目前，我国跨领域联动的合作主要集中在事中环节，并逐步拓展至事前和事后的全流程。例如，根据《泛珠三角区域内地 9 省（区）突发事件应急联动机制管理办法》的规定，应急联动响应程序包括信息通报、反馈信息、应急准备、现场指挥以及联动结束。美国基于《州际应急管理互助协议》的跨区域联动运作流程由事前预防、启动、请求支持、响应、补偿组成，覆盖公共危机管理的全过程。

4.3.3.5 日常联席与临时会商相结合

既要构建常态的日常联席会议模式，也要构建危态的临时会商机制。在常态情况下，设置联席会议制度，定期沟通与交流；在紧急情况下，随时组织开展临时会商，分析研判形势，提出应对突发公共危机事件的策略与措施。

在常态情况下，设置联席会议制度。例如，《泛珠三角区域内地 9 省（区）应急管理合作协议》规定建立泛珠三角区域内地 9 省（区）① 应急管理合作联席会议制度。在紧急情况下，联合会商来决策。再如，在京津冀冰雪灾害天气交通保障应急联动中的会商决策工作中，一般采用视频会议会商形式，组织、指挥、协调三地冰雪灾害天气交通保障应急联动工作。

4.3.3.6 灵活安排现场指挥模式

在现场的指挥中，根据实际情况，以有利于高效指挥和快速处置为原则，可采取调度指挥、联合指挥、统一指挥等多种模式来安排现场指挥架构。具体如下：

（1）调度指挥。按照属地为主的原则，由突发公共危机事件发生地成立现场联合指挥部，统筹协调相关区域的应急力量和应急资源，开展处置工作。以京津冀冰雪灾害天气交通保障应急联动为例，交管、气象、宣传、公安、民政、商务、卫生、铁路、民航等部门作为三地冰雪灾害天气道路交通应急联动保障的成员单位，做好各自相关保障工作，并服从会商调度指挥。

（2）联合指挥。在跨多个区域且应急处置较分散的情况下，可根据需要采取联合指挥的模式。以美国为例，在联合指挥②的现场指挥体系中，设一名联合指挥员，各区域派出一名指挥代表，确保应急指挥的协调性和资源配置的统筹。

（3）统一指挥。若突发事件跨多个地域，联动的复杂程度较高时，可以采取“区域指挥”的概念，在多个关联地区的上层设统一指挥的协调机构，并设置区域指挥员协调应急指挥工作。例如，在泛珠三角区域内地 9 省（区）的应急联动中，成立应急管理合作联席会

① “泛珠三角区域内地 9 省（区）”包括福建、江西、湖南、广东、广西、海南、四川、贵州、云南。

② FEMA. National Incident Management System［EB/OL］.（1999-04-01）. https://www.fema.gov/media-library-data/1508151197225-ced8c60378c3936adb92c1a3ee6f6564/FINAL_NIMS_2017.pdf.

议，各省（区）相关部门的应急指挥机构加强沟通联系，建立健全区域联动机制，联席会议秘书处根据实际情况需要，协调相关省（区）应急指挥机构共同开展跨省（区）的应急处置。

本章小结

危机预警是指，公共危机管理主体和决策部门，根据风险评估结果或危机监测信息，发布有关危机爆发的警报，以提醒相关主体开展提前或实时的应急响应、危机处置、安全防护、救援逃生等应对措施，来规避危险、减少损失。

应急响应是指，获得预警后，相关责任主体根据突发公共危机事件的性质、特点和危害程度，立即启动相应等级的预案，组织有关部门，召集应急救援队伍和社会力量，调动属地应急物资和设备，采取专业应急处置措施，开展应急处突与紧急救援工作，必要时开展区域之间的联动和部门之间的合作，寻求与利用最优势的应急资源来应对危机。

突发公共危机事件发生后，为保证现场处置和救援工作的有效实施，须对事件现场的所有应急工作实施统一的指挥和管理，形成统一的现场指挥系统，国际上一般称为 ICS。

应急响应还面临多维度的联动管理。具体包括：一是跨层级的联动，以属地管理为基础，按需联动上级和中央；二是跨部门的联动，主责部门为主导，关联部门配合；三是跨区域的联动，互联互通，必要时联合决策或指挥。

关键术语

危机预警　应急响应　现场指挥系统　联动管理

案例研讨

泰国“睡美人洞”洞穴救援

2018 年 6 月 23 日下午，泰国清莱府美塞县某学校足球队的 12 名少年结束训练后在教练带领下进入睡美人洞地下洞穴探险，因突降大雨导致水位上升而受困于洞穴内，随后在 7 月 2 日被两名英国潜水员寻获并于 7 月 10 日全部获救。其间多方救援力量参与其中，官方和民间、专业和非专业联动配合，在评估多重状况、设计多种救援方案、实施多方面救援工作的情况下，救援最终成功。

1. 全面收集与危机相关的信息

应加强救援环境、救援对象、救援资源等信息收集，并为危机决策和救援开展做足前期工作。

第一，救援环境信息收集。环境在很大程度上影响着救援行动，因此在开展救援活动之前需要充分地收集事故发生区域的地形、气候、土壤、植被、水文等自然特征信息，并且分析这些特征可能给救援工作带来的问题和风险。泰国睡美人洞洞穴存在连续降雨导致洞内水位不断上升、水流湍急且充斥泥沙能见度低、洞穴结构和地形结构复杂等多方面限制因素，使救援难度增大。

第二，救援对象信息收集。救援对象是救援行动中需要关注的重要因素。本案例中，受困的是11～16岁的少年，在被寻获之前已经受困长达九天，由于一般的食物很难送达洞内，他们在被寻获之后也只有营养膏可以吃，无论是体力或是健康状况都不容乐观，在这样的状况下要挑战洞穴潜水，难度极高。

第三，救援资源信息收集。救援资源主要包括救援所需的人力、物力、财力、设施、技术等多方面保障性物资和资源。本案例中，救援资源主要包括救援专业人员或队伍、非专业的其他社会力量、通信信息系统、救援装备和设施等。

2. 做出科学的危机决策方案

第一，明确决策准则。危机决策准则的本质是一种选择和取舍，因人而异、因时而异、因事而异，对于不同国家、不同部门、不同危机事件，准则可能不一。本案例中，坚持生命第一的准则，不惜成本，尽最大可能挽救受困少年的生命。

第二，根据现有情况和资源，设置多个备选方案。备选方案的多样性有助于优选科学的决策方案，提高决策的科学性和可行性。根据以往洞穴救援案例的相关经验和专业救援专家的建议，救援队提出了以下五个备选的救援方案：(1) 等待雨季过去和洞穴里的水面完全下降；(2) 让潜水员牵引被困人员潜水出洞；(3) 在丛林中搜寻气穴和竖井等其他可以出洞的通道；(4) 从山腰处凿井，为受困人员开辟新的出洞道路；(5) 定制潜水艇，穿过洞穴内的隧道来实施营救。

第三，确定实施方案。从备选方案库中挑选出最适合的解决方案，主要遵循安全性、科学性、可行性的要求。权衡再三，救援任务指挥官根据最小风险和安全系数高原则进行决策，最终确定的救援方案为潜水出洞，认为这个方案是最为实际也是最可控、可行的。

第四，细化执行方案。将宏观的实施方案细化为操作工作方案并落实职责分工和具体细节，应当遵循操作性、可控性和稳定性的原则。在洞穴救援的具体操作中，由一名资深潜水兼职业医生首先潜到受困者身边，给每人进行身体检查，并凭借专业素养判断受困者被救的先后顺序；做出选择后，为受困者仔细穿戴好救生设备，做出关键性指导，然后由同伴一路护送，把孩子交给在下一处接应的潜水员。

3. 救援工作要准备就绪和保障到位

救援工作要准备就绪和保障到位，主要做通信保障、人员保障、装备保障、物资保障等四方面工作。

第一，通信保障。通信系统能够实现洞穴内外人员的有效联络，确定被困人员的所处环境状况和安全状况，给洞穴外的救援人员提供精准的受困人数、生命体征、所处位置等信息，从而有助于救援队员有针对性地展开救援行动。7月2日两名英国潜水员最先找到了被困的13人，精准地定位到了被困人员的所在位置，并第一时间确认了他们的人数及身体状况，潜水员拍摄了洞穴内的视频以便于地上救援人员掌握基本情况；在随后的物资输送阶段，潜水员们在每一次运送氧气罐和生活物资时，都会携带水下相机拍摄少年们的洞内生活情况，代替被困人员给他们的家属传递信息，以及让专家和医生对他们的精神、身体状况做出实时的判断。

第二，人员保障。多种专业人士加入、多种社会力量参与、多种形式组织参加是保障救援力量充足的有利条件。一是救援行动有相关研究领域的救援专家或者专业的救援队伍参加，有助于提高方案的科学性、可行性，相关的专家和队伍包括顶尖的洞穴潜水员、洞穴水文地质学家、泰国当局的海豹救援队、水务专家、身心健康专家等。二是民间组织、志愿者、民族宗教等社会力量能够为救援提供后勤支持，自发提供翻译服务，并参与到引导人员、运送物资、协助排水、为救援人员做饭洗衣等工作，可以壮大救援队伍，抚慰受害者家属，平复社会情绪。三是多种形式组织组成的救援队伍具备较高的灵活性和联动性，在此次救援行动中，泰国应急管理部门作为面向程序的常设型组织，海豹突击队作为面向任务的常设型组织，国际救援队伍和志愿者构成了由不同组织模式组成的临时性组织。

第三，装备保障。确保装备的安全性、适用性、充足性是救援行动的关键，先进的救援装备不一定是最好的装备，而安全性和适用性较高的装备才是最适合的选择。泰国政府派出了直升机共9架，飞机C-130 1架，潜水坦克600辆，救护车13辆，热力感应无人机等。国际救援力量也带来了先进救援设备，如水下呼吸全面罩，让被困人员能够避免咬嘴式呼吸装备带来的不适感，降低可能因呛水而溺亡的风险；还带来了侧挂式潜水装备，能方便潜水员携带氧气瓶通过狭小的洞穴通道，而不会被轻易卡住。

第四，物资保障。物资充足是救援行动得以有效、安全展开的重要基础。救援之前救援队将物资运输作业中心转移至洞穴内2 000英尺①的大本营处，在洞穴内铺设基本的物资输送系统，食物、毯子、灯等主要靠潜水员人力来回运送，让被困人员在等待救援时能维持自己的生命体征。同时，救援队还将通往洞穴出口的路线分割成很多区域，每个区域都会安排一位对该区域十分熟悉的潜水员，他们会在固定的区域内准备好充足的氧气罐、毛毯、多余的面罩以备不时之需。

4. 生理救援和心理救援同步开展

应将生理救助和心理救援同步进行，确保受害者在生理和心理方面能够得到双重救援。当前，生理救援方面已有精细科学的专业救助手段和方式。同时，还应重视心理救援和疏导，及时开展心理健康教育，有针对性地进行心理评估，切实做好心理疏导工作

① 英尺是英美制长度单位，1英尺约等于0.3米。

和心理干预工作。

生理救援主要包括：13 辆救护车原地待命，确保获救的孩子们能被及时送往距离 55 公里的大医院接受专业的检查和治疗；另有救援直升机随时等待起飞；泰国方面派出了专家团队教导孩子们潜水技巧，做足充分的救援行动准备；经医生判断他们的身体状况可以进行潜水活动；等等。

心理救援主要包括：与被困人员取得联系后，通过通信装置使其与洞外的亲属取得联系；国际足联主席因凡蒂诺致信泰国足协预祝救援行动顺利完成，并且表示如果小球员们身体状况允许想邀请他们赴莫斯科观看 7 月 15 日的世界杯决赛；梅西以联合国儿童基金会亲善大使的身份，向泰国驻阿根廷大使发送了一段鼓励视频；等等。

5. 救援人员的统一指挥和联动配合

为保证现场处置和救援工作的有效实施，必须对事件现场的所有应急工作实施统一的指挥和管理；与此同时，应急救援还面临多维度的联动。现场指挥系统的基本要求是反应机敏、运转灵活、权威高效。

泰国少年足球队 13 人受困睡美人洞长达 18 天，最后能救援成功，除了要归功于这 13 人的毅力与国际通力救援，这场救援行动的总指挥官、清莱府代理首长纳隆萨有效率的指挥也功不可没。全球多个国家和组织的救援队前来救援，现场分工合作、联动配合，有序进行；来自不同国家、不同性质的救援力量需在遵循统一规则基础上开展分工协作。尤其是在语言不同的情况下，在确定救援方案和明确分工后，每支队伍和每个工作点的人员需遵守规则，有序开展救援。

第5章

公共危机的调查追责

知识结构图

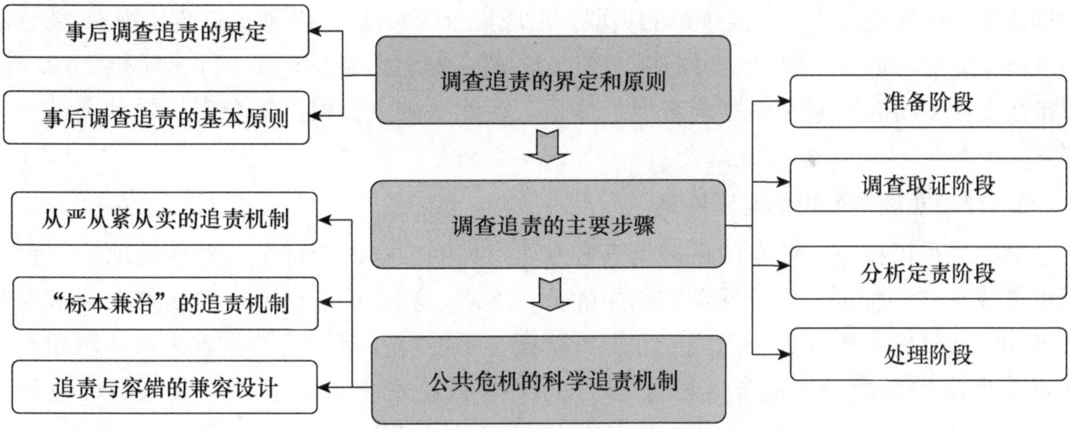

重点问题

- 事后调查追责的基本原则
- 事后调查追责的主要步骤
- 从严从紧从实的追责机制要点
- “标本兼治”的追责机制要点
- 追责与容错相兼容的内涵与意义

5.1 调查追责的界定和原则

5.1.1 事后调查追责的界定

事后公共危机管理的首要工作是情况调查和责任追究，简称“调查追责”。

事后调查追责是指，现场应急结束后查明事件的原因、性质、经过、损失、影响等一系列情况的工作。调查追责不仅对事件本身做定性定责，还应研究规律，总结教训，提出有针对性的防范和整改措施，促进相关法律法规、规章规程、标准规范的修改完善，以防范事故重复发生。

5.1.2 事后调查追责的基本原则

调查追责应遵循法治、客观、准确、公正的基本原则。

5.1.2.1 调查追责的法治原则

法治原则是指，按照法律法规、政策文件、制度规范、国家标准等相关要求，依法依规严肃开展调查。根据官方公开资料显示，我国事故调查的法律法规逐步形成完整庞大的数据体系。根据法律法规标准规范的类型，形成集合国家法律 43 部、行政法规 68 部、部门规章 182 部、地方法规 38 部、国家标准 941 部、安全标准 249 部、行业标准 2 370 部、政策性文件 105 部的庞大事故调查规范体系；在此基础上，根据安全事故的种类进一步细分①。

5.1.2.2 调查追责的客观原则

事故调查可根据需要专门设置第三方专业机构的独立调查环节，对相关部门的官方调查形成补充和辅助，以确保调查结果的公正客观。独立调查环节一般由具有丰富专业知识和工作经验的外部人士组成专业调查队伍，不能有任何部门的行政人员。例如，美国安全生产类事故调查机构，除了官方的美国职业安全与健康管理局（Occupational Safety and Health Administration）、美国环境保护总署（Environmental Protection Agency）等，美国化学安全与危害调查委员会（Chemical Safety and Hazard Investigation Board）等事故调查组织，是经法律唯一授权、独立于政府部门的事故调查机构。

① 事故调查法律法规标准规范数据库显示，煤矿类安全事故调查的法律法规标准规范共 1 220 部，非煤矿类事故调查的共 883 部，化工类事故调查的共 896 部，危险化学品类事故调查的共 904 部，烟花爆竹类事故调查的共 680 部，机械类事故调查的共 920 部，建筑业类事故调查的共 1 095 部，建材类事故调查的共 577 部，冶金有色类事故调查的共 707 部，农林牧渔及其服务业类事故调查的共 619 部，电力、燃气及水的生产和供应类事故调查的共 698 部，交通运输、仓储和邮政业类事故调查的共 935 部，卫生和社会工类事故调查的共 599 部，信息传输、软件和信息服务业类事故调查的共 598 部，纺织类事故调查的共 573 部，轻工类事故调查的共 595 部，其他类事故调查的共 653 部。

5.1.2.3　调查追责的准确原则

基于事故调查的重要性及其对后期一系列工作的影响，调查的准确性至关重要，并需要通过专业、全面、深入的三维度予以考量：一是专业，准确性的前提是专业人员、技术、设备、流程等多方面的保障，以确保调查结论的客观公正和调查建议的科学有效；二是全面，指调查不仅应查明和研究与本次事故发生有关的原因和因素，还应查明和研究与本次事故或事故征候无关，但在事故或事故征候中暴露出来的或者在调查中发现的可能影响安全的问题；三是深入，指调查应查明事故或事故征候发生的各种原因，并深入分析产生这些原因的因素，包括设计、制造、运行、维修和人员训练，以及政府行政规章和企业管理制度及其实施方面的缺陷等。

5.1.2.4　调查追责的公正原则

公正原则是指，事故调查要实事求是，以事实为依据，以法律为准绳；也要公开透明，将调查过程和结果予以公开，从而保障官方公信力，并在一定程度内减轻和缓解负面影响。

公正原则的实事求是要求：不可包庇事故责任人，不可借机对事故责任人打击报复，不可冤枉无辜。例如，《生产安全事故报告和调查处理条例》规定，事故调查人员如有“对事故调查工作不负责任，致使事故调查工作有重大疏漏的”，“包庇、袒护负有事故责任的人员或者借机打击报复的”，依法给予处分；构成犯罪的，依法追究刑事责任。

公正原则的公开透明要求：保障民众知情权和官方公信力。这在相应的法律法规中已有明确规定。例如，《中华人民共和国安全生产法》规定，“事故调查报告应当依法及时向社会公布”。《生产安全事故报告和调查处理条例》规定，“事故处理的情况由负责事故调查的人民政府或者其授权的有关部门、机构向社会公布，依法应当保密的除外”。

5.2　调查追责的主要步骤

一般而言，事后调查追责可分为准备阶段、调查取证阶段、分析定责阶段、处理阶段。现以安全生产事件的事后调查追责为例予以说明。

5.2.1　调查追责的准备阶段

准备阶段应完成事故初核和立案调查、成立调查组两方面工作。

第一，事故初核和立案调查。负有安全生产监督管理职责的相关部门接到事故报告后，其相关负责人应当立即赶赴事故现场，详细了解事故时间、事故单位基本情况、事故经过和人员伤亡情况、抢险救援情况等，并对情况进行综合分析，初步认定属于生产安全事故的建议人民政府立案调查。

第二，成立调查组。由有关人民政府、安全生产监督管理部门、负有安全生产监督管理职责的有关部门、监察机关、公安机关以及工会派人组成事故调查组，并适当邀请人民检察院相关人员参加。事故调查实行组长负责制，来自不同部门的成员在组长统一组织下分工协作，有所侧重。根据需要，事故调查组下设综合组、技术组、管理组、责任追究组、应急评估组等工作组。

5.2.2 调查追责的调查取证阶段

调查取证阶段应完成现场勘查、收集资料、评估损失、应急处置评估、证据审查和补充调查等工作。

第一，现场勘查。事故调查组前往现场进行相关调查。勘查前应向当事人或目击者了解事故发生的经过；进而巡视现场，确定现场勘查的范围和勘察顺序，提取事故现场存留的有关痕迹和物证，绘制有关事故图；现场勘查完毕后，应完成并提交《现场勘查报告》。

第二，收集资料。收集事故涉及“人地物事环”等要素的相关资料，主要包括事故相关单位资料、有关人民政府（部门）资料、证人证言、检测检验和技术鉴定、专家技术分析报告等。

第三，评估损失。查明事故人员伤亡情况，核实计算直接经济损失，其中人员伤亡是指因事故造成作业人员或其他人员伤残、死亡、下落不明等情况，直接经济损失由人身伤亡后支出的费用、事故善后处理费用、财产损失价值三部分组成。

第四，应急处置评估。事发属地政府和相关部门应总结事故处置工作，向事故调查组提交总结报告；事故调查组应急处置评估组根据调查需要，可以采取听取汇报、现场勘查、调阅资料、询问人员、专家论证等方式对事故应急处置工作进行评估，并提出评估意见。

第五，证据审查和补充调查。遵循“实事求是，尊重科学”的原则，对调查取证所取得的证据进行审查，确保其客观性、关联性、合法性，并根据需要进行补充调查。

5.2.3 调查追责的分析定责阶段

定责阶段应完成事故原因分析、事故定性、责任分析、责任追究、防范和整改建议等工作。

第一，事故原因分析。对事故发生的直接原因和间接原因进行分析。直接原因是指直接导致事故发生或与事故发生具有直接因果关系的原因，主要包括物（机械、物质或环境）的不安全状态和人的不安全行为；间接原因是导致事故直接原因产生或赖以存在的原因，主要包括技术、教育、管理和身体及精神状态等方面的原因。

第二，事故定性。在调查确定事故经过、事故原因的基础上科学分析，分清责任事故和非责任事故。除人力不可抗拒因素导致的事故外，具有可预见性、能预防的事故均为责任事故。

第三，责任分析。根据事故调查所确认的事实和原因，结合有关单位、有关人员（岗位）的职责和行为，对事故责任加以分析判断，确定事故责任者。分析责任时，应结合事故责任者的动机和情节（主观故意、轻信或侥幸可以避免而放任、应当预见而未预见、不可预见性、无能力等）与事故发生的因果关系综合判断。

第四，责任追究。对事故责任应从刑事责任、行政处罚、党纪政纪责任、应给予的其他处理等四方面予以追究。根据《中华人民共和国刑法》《中华人民共和国行政处罚法》等有关法律和《生产安全事故报告与调查处理条例》《行政机关公务员处分条例》《事业单位工作人员处分暂行规定》等法规和（党内）规章，提出事故责任追究建议。

第五，防范和整改建议。在认定事故性质和事故责任的基础上，针对事故责任单位（包括监督管理机关、技术服务机构等）和人员提出有针对性、切实可行的事故预防措施和整改建议，尤其针对法律法规和标准规范有漏洞、缺陷或空白的，提出补充、完善和修改建议。

5.2.4 调查追责的处理阶段

处理阶段应完成形成事故调查报告、调查报告提交与批复、调查报告公布、档案管理和评估核查等工作。

第一，形成事故调查报告。现场调查工作基本结束后，调查组应当在查明原因、界定责任的基础上，形成事故调查报告，内容主要包括：事故基本情况，直接和间接原因，事故应急处置和救援情况，事故责任主体和运营情况，有关责任单位存在的主要问题，违反法律法规、规章规程、标准规范等情况，对有关责任人员和单位的处理意见，事故主要教训，事故防范和整改措施建议等。

第二，调查报告提交与批复。事故调查组审议通过事故调查报告后，应当以事故调查组名义（或由牵头组织调查的部门）向派出事故调查组的人民政府提交事故调查报告。

第三，调查报告公布。人民政府对事故调查报告做出批复后，应当利用政府网站和主流媒体，及时向社会全文公布事故调查报告（依法应当保密的除外），接受社会监督。同时，要注意加强解读，引导社会舆论，起到事故警示教育的作用。

第四，档案管理和评估核查。事故查处工作全部结束后，处理落实材料，相关执法文书等整理归档。事故调查报告批复结案后一年开展评估核查工作。

5.3 公共危机的科学追责机制

责任追究旨在通过严惩事故责任人和部门，促进接下来工作中的尽职尽责，进而确保“不出事”或“少出事”。对此，应建立公共危机的科学追责机制。以下经验可借鉴，趋势应重视。

5.3.1 从严从紧从实的追责机制

我国的事故调查追责坚持“四不放过”原则，即“事故原因没有查清楚不放过，事故责任者没有受到处理不放过，群众没有受到教育不放过，防范措施没有落实不放过”。在此基础上，通过设计一系列科学追责机制，公共危机的调查追责趋向于从严从紧从实。

5.3.1.1 事故责任人的终身追责机制

根据我国法律法规制度规范的相关规定，某些安全责任事故的责任人将面临终身责任追究（简称“终身追责”）。终身追责机制的相关要求如表 5-1 所示：

表 5-1　　终身追责机制的相关要求

文件条目	终身责任追究制度的具体要求
国资委《中央企业违规经营投资责任追究实施办法（试行）》（2018 年 7 月 13 日发布）	对违反规定、未履行或未正确履行职责造成国有资产损失或其他严重不良后果的企业经营管理有关人员，严肃追究责任，实行重大决策终身问责
《国务院办公厅关于促进建筑业持续健康发展的意见》（国办发〔2017〕19 号）	严格执行工程质量终身责任制，在建筑物明显部位设置永久性标牌，公示质量责任主体和主要责任人
《污染地块土壤环境管理办法（试行）》（环保部令第 42 号，2016 年 12 月 27 日通过）	土壤污染治理与修复实行终身责任制
《国务院办公厅关于建立国有企业违规经营投资责任追究制度的意见》（国办发〔2016〕63 号）	对违反规定、未履行或未正确履行职责造成国有资产损失以及其他严重不良后果的国有企业经营管理有关人员，实行重大决策终身责任追究制度；已调任其他岗位或退休的，应当纳入责任追究范围，实行重大决策终身责任追究制度
《最高人民法院关于完善人民法院司法责任制的若干意见》（法发〔2015〕13 号）	法官应当对其履行审判职责的行为承担责任，在职责范围内对办案质量终身负责
《关于全面深化公安改革若干重大问题的框架意见》（2015 年 2 月）	更加注重责任落实，探索建立主办侦查员制度，落实办案质量终身负责制；健全执法过错纠正和责任追究制度，建立冤假错案责任终身追究制
《中共中央关于全面推进依法治国若干重大问题的决定》（2014 年 10 月）	建立重大决策终身责任追究制度及责任倒查机制

资料来源：根据公开资料整理，为不完全统计。

5.3.1.2 法律和党纪的双重追责机制

事后问责中的“责任”既有法律法规相关的行政责任，也有党纪条例中约束的党员责任，也即“党政同责”“一岗双责”。

1. 法律法规对追责的要求

公共危机管理的法律法规都对负有责任的政府部门、相关单位或个人提出追责的具体要求。例如，《国家突发公共事件总体应急预案》要求：（1）要对特别重大突发公共事件的起因、性质、影响、责任、经验教训和恢复重建等问题进行调查评估。（2）突发公共事件应急处置工作实行责任追究制。（3）对迟报、谎报、瞒报和漏报突发公共事件重要情况或者应急管理工作中有其他失职、渎职行为的，依法对有关责任人给予行政处分；构成犯罪的，依法追究刑事责任等。

2. 党纪条例对追责的要求

中国共产党的系列条例与章程，也对公共危机事件的追责提出要求。例如，《中国共产党纪律处分条例》（2018 年）要求“工作中不负责任或者疏于管理，贯彻执行、检查督促落实上级决策部署不力，给党、国家和人民利益以及公共财产造成较大损失的，对直接责任者和领导责任者，给予警告或者严重警告处分；造成重大损失的，给予撤销党内职务、留党察看或者开除党籍处分”。《中国共产党问责条例》（2016 年）要求“在处置本地区本部门本单位发生的重大问题中领导不力，出现重大失误，给党的事业和人民利益造成严重损失，产生恶劣影响的”，应当予以问责。《中国共产党党内监督条例》（2016 年）要求“严格执行干部考察考核制度”，“履行管党治党责任”。

5.3.1.3　追责与负面影响防范相结合的机制

事后追责应与负面影响防范相结合，既要对产生负面影响的情况予以严厉追责，也要防范追责过程中的负面影响。

一方面，对于负面影响恶劣的问题，应予以严厉追责。我国党纪条例和法律法规已做出详细规定，对造成“社会影响恶劣”的事件（或事故）要依法追究主要负责人的法律责任、依法从严惩处。例如：《中华人民共和国刑法》规定“国家机关工作人员滥用职权或者玩忽职守，致使公共财产、国家和人民利益遭受重大损失的”处以有期徒刑或者拘役；《中国共产党问责条例》规定“领导不力，出现重大失误，给党的事业和人民利益造成严重损失，产生恶劣影响的”“问题突出，党内和群众反映强烈，损害党的形象，削弱党执政的政治基础的”“团团伙伙、拉帮结派问题严重，造成恶劣影响的”均应予以问责；《国务院关于特大安全事故行政责任追究的规定》规定“发生特大安全事故，社会影响特别恶劣或者性质特别严重的，由国务院对负有领导责任的省长、自治区主席、直辖市市长和国务院有关部门正职负责人给予行政处分”等。

另一方面，追责过程中也可能产生社会负面影响，对此应做好相应的风险防范工作。追责过程中可能出现的社会负面影响主要包括：一是负有轻微或部分责任，导致责任主体（官员个体或部门整体）的形象受损，产生社会负面影响；二是不负有责任，但舆论场造谣传谣和恶意中伤，导致责任主体的形象“蒙冤”，产生社会负面影响；三是负有全部责任且产生严重责任事故，引发社会不满，产生社会负面影响；四是负有责任却未能及时定责追责并对外公布，导致公信受损，产生社会负面影响。对此，应做好以下风险防范工作：一是依法依规，及时开展与定责追责相关的新闻发布；二是应用责任模型和媒体方案，做好相应的危机公关；三是追责期间，仍要重视和强化舆情评估与舆情管理工作。

专　栏

“4·20”芦山地震救灾期间的领导干部从严管理“六条规定”

为强化“4·20”芦山地震的抗震救灾组织保障，四川省雅安市于 2013 年 4 月 25 日出台《抗震救灾期间领导干部从严管理“六条规定”》①，干部若出现擅离职守、作风不实、弄虚作假等行为，将一律免职。“六条规定”主要包括以下方面：(1) 擅离职守，不服从组织安排，在关键时刻和事关人民生命财产安危时畏缩不前、临阵脱逃的。(2) 不认真执行相关政策和上级的决策、指示，有令不行，有禁不止，致使政令不通的。(3) 作风不实，联系群众不紧密，开展群众工作不深入细致扎实，群众意见大的。(4) 组织指挥不力，出现严重失误，造成重大人员、财产损失或恶劣影响的；对重大事件、突发性事件处置不当，导致事态恶化，造成严重影响的。(5) 工作不实，推进不力，推诿塞责，不敢担当，工作效率低下，严重影响整体工作的。(6) 弄虚作假、虚报浮夸，对事关全局和社会稳定的重大问题隐瞒真相、歪曲事实的。

5.3.2 “标本兼治”的追责机制

事后查处突发事件中具体的责任人与单位的“处突”手段只是治“标”，还需要通过整治问题的策略来治“本”，确保危机不再发生，从而实现“标本兼治”。

5.3.2.1 事后追责助推事前风控的机制

应急管理部成立后，确定“以防为主、防抗救结合，常态减灾和非常态救灾相统一，从注重灾后救助向注重灾前预防转变，从减少灾害损失向减轻灾害风险转变”的宗旨。基于此，事后追责机制在设置中，应加强对事前风险防控责任的调查和追究，以带动事前风控。

我国相关法律法规已对事前风控的责任明确追责要求，以《中华人民共和国突发事件应对法》为例，具体包括：(1) 政府及其有关部门违反规定，不履行法定职责的，由其上级行政机关或者监察机关责令改正；(2) 政府及其有关部门未按规定采取预防措施，导致发生突发事件，或者未采取必要的防范措施，导致发生次生、衍生事件的，根据情节对直接负责的主管人员和其他直接责任人员依法给予处分；(3) 有关单位未按规定采取预防措施导致发生严重突发事件、未及时消除隐患导致发生严重突发事件、未做好应急设备设施日常维护及检测工作导致发生严重突发事件或者突发事件危害扩大的，由所在地履行统一领导职责的人民政府责令停产停业，暂扣或者吊销许可证或者营业执照，并处以罚款。

5.3.2.2 “上中下游”三段式追责机制

公共危机的科学追责机制，既要根据需要追究事后处置的责任，也即“下游”责任；也要根据调查情况追究事中执行监管的责任，也即“中游”责任；还应根据事故原因追究事前规划决策的责任，也即“上游”责任。

1. 对“上游”规划和决策的追责

“上游”是指规划和决策环节。其追责以定责为基础，需设定责任目标，设置岗位及

① 雅安从严管理领导干部 出台“六条规定” 违反者一律免职[EB/OL]. 共产党员网，2013-04-26.

其职责，设置责任考核标准，制定“责任清单”，签订责任书等实施方法和配套方案。例如，《国务院工作规则》(2018年6月25日发布) 要求“建立健全重大决策终身责任追究制度及责任倒查机制”。

2. 对“中游”执行和监管的追责

“中游”是指执行和监管环节。其追责与监督互相补充，需要内部督导、暗访检查、社会监督（新闻媒体、人民群众等）等实施方法和配套方案。例如，国务院《重大行政决策程序暂行条例》(2019年5月) 要求决策承办单位或者承担决策有关工作的单位未按照本条例规定履行决策程序或者履行决策程序时失职渎职、弄虚作假的，由决策机关责令改正，对负有责任的领导人员和直接责任人员依法追究责任，决策执行单位拒不执行、推诿执行、拖延执行重大行政决策，或者对执行中发现的重大问题瞒报、谎报或者漏报的，由决策机关责令改正，对负有责任的领导人员和直接责任人员依法追究责任。

3. 对“下游”应急和救援的追责

“下游”是指应急处置和救援环节。其追责与考核相结合，需要绩效考核、责任倒查、调查追责等实施方法和配套方案。例如，《中华人民共和国突发事件应对法》要求政府及其有关部门若存在未按规定及时发布突发事件警报、采取预警期的措施导致损害发生，未按规定及时采取措施处置突发事件或者处置不当造成后果等行为，根据情节对直接负责的主管人员和其他直接责任人员依法给予处分。

5.3.3　追责与容错的兼容设计

容错是指，对有关单位和个人在履职担当、改革创新过程中，未能实现预期目标或出现偏差失误但符合法律法规和政策规定，勤勉尽责、未谋取私利的，敦促纠错改正，但不做负面评价，免除相关责任或从轻减轻处理。

5.3.3.1　追责与容错相兼容的意义

从深化改革和创新发展的长远角度看，追责与容错相兼容的理念，具有以下两方面的重要意义。

第一，容错是打击庸政、懒政、怠政的有效工具。从严治党、建立责任政府是“四个全面”的要求之一；但个别党政官员把从严治党治政与“做事”相关联，认为“做事就可能出事，出事就可能被查处问责”，因此“只要不出事，宁愿不做事”，出现庸政懒政怠政。实际上，从严治党治政与官员做事并不冲突，做事不必然导致出事，出事也不必然导致被查处问责。基于此，容错纠错机制的重要价值是有效保护认真负责履职做事官员的积极性，使之不因认真负责履职做事而“动辄得咎”。

第二，容错是激励改革、鼓励作为的重要措施。我国改革已进入攻坚期和深水区，党的十九大报告指出，“全面依法治国任务依然繁重，国家治理体系和治理能力有待加强……一些改革部署和重大政策措施需要进一步落实；党的建设方面还存在不少薄弱环节”等。基于此，习近平总书记指出，“要注重调动各方面推动改革、参与改革的积极性，鼓励广大干部既当改革促进派又当改革实干家，盯住干、马上办”。争当改革的“促进派和实干家”，需要追责问责机制和容错纠错机制相互补充与完善，通过追责问责来促进科学决策，通过容错纠错来推动积极作为。追责与容错相兼容，既对不作为、乱作为严肃追究问责，又合理区分探索性失误与利己性错误的性质、界限、标准，对广大干部在工作中出于公心但因经验不足或不可控的客观因素而出现的失误和不足，酌情予以宽容并给予纠正的机会，有助于形成鼓励探索、宽容失败的改革与创新发展氛围，为敢担当、善作为的领导干部撑腰鼓劲，能够最大限度激发干部的改革热情，最大限度调动干部的积极性、主动性和创造性，为全面深化改革和创新发展提供更有力、更持久的动力支撑。

5.3.3.2 追责与容错相兼容的创新实践

对于追责与容错相兼容的设计，习近平总书记提出了“三个区分”原则①：(1) 把干部在推进改革中因缺乏经验、先行先试出现的失误和错误，同明知故犯的违纪违法行为区分开来；(2) 把上级尚无明确限制的探索性试验中的失误和错误，同上级明令禁止后依然我行我素的违纪违法行为区分开来；(3) 把为推动发展的无意过失，同为谋取私利的违纪违法行为区分开来。保护那些作风正派又敢作敢为、锐意进取的干部，最大限度调动广大干部的积极性、主动性、创造性。

在全国范围内，已有多地在开展容错机制的试点，并形成了一系列条例和实施办法，如《深圳经济特区改革创新促进条例》《湖北省全面深化改革促进条例》《陕西省党政干部容错纠错办法（试行）》《关于充分调动干部积极性激励改革创新干事创业的意见（试行）》《关于鼓励、规范改革试点和探索的实施意见（试行）》《广东省党的问责工作实施办法》等。

本章小结

事后调查追责是指，现场应急结束后，对公共危机事件的起因、性质、影响、责任、经验教训和恢复重建等问题进行调查评估，及时准确地查清事故原因，核实事故损失，查明事故性质，认定事故责任，总结事故教训，提出整改措施，并对事故责任者依法追究责任的执法行为。调查追责应遵循法治、客观、准确、公正的基本原则，可分为准备阶段、调查取证阶段、分析定责阶段、处理阶段。

调查追责旨在严惩事故责任主体，力促制度整改，进而确保“不出事”或“少出事”。对此，应建立公共危机的科学追责机制：一是从严从紧从实的追责机制，具体包括事故责任人的终身追责、法律和党纪的双重追责、追责与负面影响防范相结合等；二是“标本兼治”的追责机制，既要事后追责助推事前风控，更要形成“上中下游”三段式追责；三是

① 2016年1月18日，中央党校研讨班上，习近平总书记讲到了干部队伍积极性问题。他说，当前一个突出问题是部分干部思想困惑增多、积极性不高，存在一定程度的“为官不为”。为此，习近平提出了“三个区分”原则。中共中央办公厅《关于进一步激励广大干部新时代新担当新作为的意见》（2018年5月）对此以法律条文形式确定下来。

坚持“三个区分”原则，形成追责与容错相兼容的设计。

关键术语

事后调查追责　从严从紧从实　标本兼治　追责和容错相兼容

案例研讨

“8 · 12”火灾爆炸事故的追责

2015 年 8 月 12 日，位于天津市滨海新区天津港的瑞海国际物流有限公司（简称“瑞海公司”）危险品仓库发生特别重大火灾爆炸事故。2016 年 11 月 7—9 日，天津港“8 · 12”瑞海公司危险品仓库特别重大火灾爆炸事故系列案件陆续开庭审理并一审宣判，49 名被告人被判死缓到一年六个月不等的刑罚。其中，瑞海公司董事长于某某构成非法储存危险物质罪、非法经营罪、危险物品肇事罪、行贿罪，予以数罪并罚，依法判处死刑缓期二年执行，并处罚金人民币 70 万元①。此次追责中，突出体现了以下三个特征：

第一，“顶格”重判。此次“8 · 12”事故系列案件的判罚，都是在现有法律框架下做出的“顶格”处罚。比如，玩忽职守罪和滥用职权罪，我国刑法规定的最高刑期为 7 年。在此次法庭判决中，25 名官员中判处五年以上有期徒刑的有 15 人，占 60%，其中 4 人顶格判处 7 年有期徒刑，占全部职务犯罪人数的 16%；判处不满 5 年有期徒刑的有 10 人，其中判处 3 年有期徒刑的仅有 2 人。

第二，“一字千斤”。法院审理认定，中滨安评公司作为中介及技术服务机构弄虚作假，违法违规进行安全审查、评价和验收，使得瑞海公司取得危险品经营资质，并在继续经营过程中造成“8 · 12”事故的重大人员、财产损失。多名签字专家均被判处一年六个月以上的有期徒刑。此次审判也提醒这类中介机构人员，手中的签字笔有“千斤重量”，写下名字就意味着承担责任。

第三，失职失察与滥权同等追责。在“8 · 12”事故系列案件审判中，大量政府官员被判玩忽职守罪，并且是实刑、重判。从涉及政府部门来看，天津市交通运输委员会 7 人获刑，天津港集团方面 5 人获刑，天津市两级安监部门 4 人获刑，天津海关部门 5 人获刑，天津市滨海新区规划和国土局 2 人获型，天津海事局 1 人获刑，交通运输部水运局 1 人获刑；25 名职务犯罪被告人中，原职级为正局级的 2 名、副局级的 6 名、正处级的 10 名、副处级的 7 名。

---

① “8 · 12”特大火灾爆炸事故系列案件在天津一审宣判［EB/OL］. 中国政府网，2016-11-09.

第6章

突发事件的新闻发布

知识结构图

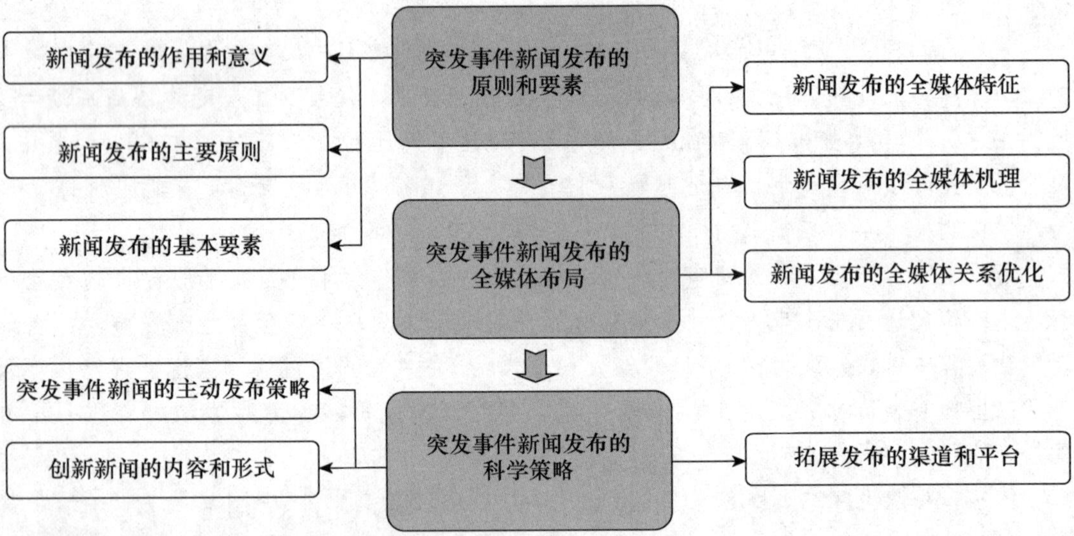

重点问题

- 突发事件新闻发布的主要原则
- 全媒体特征和机理的要点
- 全媒体的关系优化要点
- 议题设置的操作要求
- 层次设计的操作要求
- 创新突发事件新闻的内容与形式的要点
- 拓展突发事件新闻发布渠道和平台的要点

6.1　突发事件新闻发布的原则和要素

突发事件的新闻发布旨在保障信息公开，稳定群众情绪，正确引导舆论，减少社会质疑，维护政府公信，消除可能引发社会不稳定的因素，妥善处置事件。

6.1.1　新闻发布的作用和意义

公共危机事件发生的第一时间，公共危机管理的新闻发布部门应按照有关规定，向社会发布有关公共危机事态发展和应急处置工作的信息。

突发事件新闻发布是公共危机管理的必需环节，按照《中华人民共和国突发事件应对法》《国家突发公共事件总体应急预案》等相关法律法规规定，履行统一领导职责或者组织处置突发事件的人民政府应当按照统一、准确、及时、客观、全面的要求，在事件发生的第一时间向社会发布有关突发事件事态发展和应急处置工作的信息。与此同时，突发事件新闻发布是信息公开的重要策略，按照《关于全面推进政务公开工作的意见》(中办发〔2016〕8 号)、《国务院办公厅关于在政务公开工作中进一步做好政务舆情回应的通知》(国办发〔2016〕61 号）等相关要求，政府部门应加强突发事件、公共安全、重大疫情等信息发布，对涉及特别重大和重大突发事件的政务舆情快速反应、及时发声，最迟应在 24 小时内举行新闻发布会，其他政务舆情应在 48 小时内予以回应，并根据工作进展情况，持续发布权威信息。

新闻发布贯穿公共危机管理的全过程，并在以下六个方面发挥重要作用。

第一，充分保障公民的知情权。知情权是指公民依法获取政府可公开信息的自由和权利。在公共危机管理中，政府部门通常通过授权发布、散发新闻稿、组织报道、接受记者采访、举行新闻发布会等形式，依法依规开展新闻发布，让公民能够获取和掌握相关信息，从而保障公民的知情权。

第二，应对谣言，缓解恐慌。突发事件发生后，政府新闻发布未及时开展，可能导致官方信息缺位、谣言和小道消息滋生并传播，进而引发社会恐慌。因此，新闻发布有利于官方权威信息及时被公众获知了解，以达到制止谣言和小道消息传播、缓解社会恐慌的作用。

第三，正确引导舆论，规避社会负面影响。媒体在报道突发事件的过程中，需要政府通过发布新闻来传播官方权威信息，提供可靠、全面、准确的事实依据，防止出现“虚假报道”等问题，规避舆论偏离正确方向、引发社会负面影响等问题。

第四，争取多方支援，推动应急有效开展。某些重特大突发事件仅靠属地力量或本国力量或难有效应对，对此，官方通过信息发布来及时对外告知危机事件，有利于争取其他省市、地区、国家、社会组织的帮助和支援，及时获取更加专业高效的应急处置或紧急救援力量，保障应急工作有效开展。

第五，强化社会监督，促进科学决策与实施。突发事件发生后，若缺乏有效监督，政府在应急决策或处置中可能出现决策失误、权力滥用等问题，对此，政府可通过信息发布来主动接受社会监督，让民众和媒体在获取官方信息的基础上开展有效监督、提出科学建议，从而促进政府应急决策与实施的科学性。

第六，维护公信力，塑造政府良好形象。当突发事件发生时，政府发布新闻能够有效避免信息披露不充分或不及时引发的次生形象危机或公信受损风险；同时，政府在第一时间告知公众事态发展和相关应急工作，可以彰显政府部门积极负责的态度，有助于塑造政府的良好形象。

6.1.2 新闻发布的主要原则

突发事件新闻发布应遵循以下五个原则。

6.1.2.1 依法依规、有效发布

突发事件新闻发布的首要原则是依法依规，按照党和国家相关法律法规、政策制度、规范性文件等的要求予以开展。我国对突发事件新闻发布的法定要求主要包括：

第一，公共危机管理的国家总体法律或规范性文件对新闻发布做出要求。例如，《中华人民共和国突发事件应对法》要求“履行统一领导职责或者组织处置突发事件的人民政府，应当按照有关规定统一、准确、及时发布有关突发事件事态发展和应急处置工作的信息”。《国家突发公共事件总体应急预案》专设“信息发布”部分，要求“突发公共事件的信息发布应当及时、准确、客观、全面。事件发生的第一时间要向社会发布简要信息……信息发布形式主要包括授权发布、散发新闻稿、组织报道、接受记者采访、举行新闻发布会等”。

第二，国家层面出台专项法规、政策制度、规范性文件，对突发事件新闻发布做出要求。例如，《中共中央办公厅、国务院办公厅关于进一步改进和加强国内突发事件新闻报道工作的通知》(中办发〔2003〕22 号)、《国务院办公厅关于改进和加强国内突发事件新闻发布工作的实施意见》(国办 2004 年 2 月 11 日印发)、《国务院办公厅关于印发国家突发公共事件新闻发布应急预案的函》(国办函〔2005〕63 号)、《中华人民共和国政府信息公开条例》(国务院令第 492 号，2007 年 1 月 17 日国务院第 165 次常务会议通过；2019 年 4 月 3 日经国务院令第 711 号修订)、《中共中央办公厅、国务院办公厅关于进一步推行政务公开的意见》(中办发〔2005〕12 号)、《关于全面推进政务公开工作的意见》、《国务院办公厅关于在政务公开工作中进一步做好政务舆情回应的通知》、《国务院办公厅印发〈关于全面推进政务公开工作的意见〉实施细则的通知》(国办发〔2016〕80 号) 等，对公共危机管理中的新闻发布提出了相关要求。

第三，地方层面按照国家层面法律法规、政策制度、规范性文件等的要求，相应建立起新闻发布的法律法规和政策制度。

6.1.2.2 以人为本、人文关怀

以人为本是突发事件新闻发布应遵循的重要原则，强调将人民群众放在第一位，在新

闻发布的过程中充分考虑人民的情绪、态度、需求、想法，尊重生命和尊严，具有人文关怀。具体而言：

第一，尊重群众知情权，满足信息需求。新闻发布应满足群众了解突发事件现状、导致后果、发生原因、应急救援、追责处置、善后安置、事后整改等方面公共危机及其管理的多方面信息需求。

第二，尊重生命尊严，表达合理情感。新闻发布应在第一时间通报突发事件造成的人员伤亡情况，详细通报人员救助的实施方案、具体措施、目前进展，对于突发事件给人民造成的人财损失、精神损害、生产生活不便等表达出关心、同情、怜悯，提醒相关民众防范和应对次生危机，并鼓励公众勇敢而理性地面对灾难和悲剧。

第三，注意避免“侵扰悲痛”。“侵扰悲痛”① 是指新闻报道和记者采访对受害者及其家属造成的精神损害和二次伤害。为避免对悲痛人员的侵扰，突发事件新闻发布应做到：发布死亡信息应细心谨慎、小心核对；公布遇难或失踪人员肖像、职业、民族、家庭、工作单位、现场图像等个人信息要征得家属同意；对死者家属或伤者本人、家属不同意公布名单的，应采取技术措施予以处理；描述事件过程时应充分体现对生命的尊重，切忌冷漠、麻木、猎奇等态度；媒体记者在采访或拍摄受害者及其家属时应敏感体恤，避免采访或报道对其造成二次精神伤害。

6.1.2.3 快速发布、快捷获取

突发事件新闻发布应坚持快速发布并可被快捷获取的原则。一方面，快速发布、及时发声，切实回应社会关切，确保官方在应对突发公共事件和社会热点事件时“不失声”“不缺位”；另一方面，采取多种方式发布信息，方便不同地区、不同环境、不同条件的公众能在第一时间方便快捷地获取相关信息。

突发事件新闻发布的速度应达到：在准确的基础上“宜早不宜迟，宜多不宜少”。因为事发突然、信息不断更新，信息发布也应持续、动态开展。英国政府内阁办公室《传播风险指南》② 要求“如有必要，24 小时全天候不间断提供信息”。《〈关于全面推进政务公开工作的意见〉实施细则》规定，“对涉及特别重大、重大突发事件的政务舆情，要快速反应，最迟要在 5 小时内发布权威信息，在 24 小时内举行新闻发布会，并根据工作进展情况，持续发布权威信息”。具体而言，突发公共危机事件发生后，应第一时间启动新闻发布的应急预案，坚持事件处置与新闻发布工作同步安排、同步推进，准确发布权威信息，正确引导舆论，掌握新闻舆论的主动权，稳定公众情绪，最大程度地避免或减少公众猜测和新闻媒体的不准确报道。同时，情况较为复杂的突发公共事件，在事态尚

① “侵扰悲痛”具体可分为两方面：信息采集环节的侵扰和信息呈现环节的侵扰。典型的侵扰行为包括使用欺骗或强制手段进行采访、强行打开被访者的痛苦记忆、报道内容失实、报道风格冷漠或轻佻、图片使用和文字描述过度刺激等。

② UK Cabinet Office. Communicating Risk Guidance [EB/OL]. (2011－01－20). https://assets.publishing.service.gov.uk/government/uploads/system/uploads/attachment_data/file/60907/communicating－risk－guidance.pdf.

未清楚但可能引起公众猜测和恐慌时，应在第一时间发布已认定的简要信息，根据事态发展和处置工作进展情况，再进行后续详细发布。

突发事件新闻发布的渠道方式应做到：让民众在第一时间可获取，因此，除了新闻发布会、新闻吹风会、新闻通气会、提供新闻稿、应约接受记者采访、口头或者书面回答记者提问等传统方式之外，还应利用社交媒体、网站、24 小时热线等方式向公众传播信息，及时利用微博、微信、电视、电台等工具进行全天候信息传送。《国务院办公厅关于在政务公开工作中进一步做好政务舆情回应的通知》指出，“提高政务微博、微信和客户端的开通率，充分利用新兴媒体平等交流、互动传播的特点和政府网站的互动功能，提升回应信息的到达率。……加强与有关媒体和网站的沟通，扩大回应信息的传播范围”。在英国突发事件新闻发布中，英国广播公司（British Broadcasting Corporation，BBC）扮演重要角色。在“危机联通”计划中，英国广播公司建设了 6 个全国性电台、40 个地方电台、54 个地方网站、15 个全国性和地区性电视新闻节目，用于发布紧急新闻。如遇突发事件，公众通过收听收看电台或电视即可获知官方发布的新闻。

6.1.2.4 权威可靠、保障公信

突发事件新闻发布应遵循权威可靠的原则，以保障公信。

权威可靠的第一个要求是确保新闻发言人具备“双重权威”：新闻发言人的首要条件是具备“行政权威”，例如让“一把手”来做新闻发言人；在此基础上，在条件允许的情况下兼顾“专业权威”，提升新闻发言的专业性和可信度，例如，由专家学者列席参加新闻发布会。我国相关政策条例对突发新闻发言人的“行政权威”做出要求，《关于全面推进政务公开工作的意见》明确指出，遇有重大突发事件、重要社会关切等，各省（自治区、直辖市）政府和国务院各部门主要负责人要带头接受媒体采访，表明立场态度，发出权威声音，当好“第一新闻发言人”。《关于全面推进政务公开工作的实施意见》（2016 年 6 月）也明确表示，重大突发事件“24 小时内举行新闻发布会”，主要负责人当“第一新闻发言人”。从全球实践来看，如遇重特大突发危机事件时，国家或属地的行政最高领导人往往作为新闻发言人，例如，“9・11”事件（2001 年）、“卡特里娜”飓风灾害期间（2005 年）、桑迪・胡克小学“12・14”枪击事件（2012 年）、波士顿“4・15”马拉松爆炸事件（2013 年）、拉斯维加斯“10・1”赌场枪击事件（2017 年）等发生后，时任美国总统第一时间向全球民众发表讲话。

在保障发言人“双重权威”的同时，也要重视新闻发布信息的准确可靠，全面提升回应的准确度、针对性、有效性等。在危机情形下，务必要“主动告知，全部告知，快速告知”（tell your own tale，tell it all and tell it fast）[①]。《关于全面推进政务公开工作的意见》《〈关于全面推进政务公开工作的意见〉实施细则》等对此做出规定，具体包括：

① 即英国危机管理专家罗杰斯特（Michael Regester）的“3T 原则”。REGESTER M.，LARKIN J. Risk Issues and Crisis Management：A Casebook of Best Practice［M］. London：Kogan Page Ltd.，1997.

(1) 回应内容应围绕舆论关注的焦点、热点和关键问题，实事求是、言之有据、有的放矢，避免自说自话，力求表达准确、亲切、自然。(2) 通过召开新闻发布会或吹风会进行回应的，相关部门负责人或新闻发言人应当出席；对出面回应的政府工作人员，要给予一定的自主空间，宽容失误。(3) 各地区各部门要适应传播对象化、分众化趋势，进一步提高政务微博、微信和客户端的开通率，充分利用新兴媒体平等交流、互动传播的特点和政府网站的互动功能，提升回应信息的到达率。(4) 针对重大政务舆情，建立与宣传、网信等部门的快速反应和协调联动机制，加强与有关新闻媒体和网站的沟通联系，扩大回应信息的传播范围，着力提高回应的及时性、针对性、有效性。

6.1.2.5　归口管理、口径一致

突发事件新闻发布遵循分类分级的原则：根据危机事件类别和级别来确定新闻发布所需政府部门、机构以及有关单位及其涉及的行政层级，从而确保新闻发布的归口管理、口径一致。

“分类”原则是指，新闻发布应根据危机事件类别来确定新闻发布部门，一般为此类危机事件的主管部门、机构或单位。事件信息应由其事件所属领域的主管部门和事件处置的实际参与部门，根据各自职责分工和工作内容来发布信息，例如，事件综合情况由事件处置牵头部门负责统筹发布，抢险救援情况由指挥机构和救援队伍及时发布，伤员医疗救治情况由卫生部门和医疗机构负责发布，善后安抚赔偿等信息由善后部门或涉事单位负责发布，调查进展及处理结果由调查牵头部门负责发布。部门之间应加强沟通协商，确保回应的信息准确一致。

“分级”原则是指，新闻发布也划分一定级别，根据突发公共事件的级别由相应层级的政府部门及其领导干部负责，并采取相应级别的信息发布方案。对涉及国务院重大政策、重要决策部署的突发公共事件，国务院相关部门是新闻发布的第一责任主体。对涉及地方的突发事件新闻，按照属地管理、分级负责、谁主管谁负责的原则进行回应，涉事责任部门是第一责任主体，本级政府办公厅（室）会同宣传部门做好组织协调工作；涉事责任部门实行垂直管理的，上级部门办公厅（室）会同宣传部门做好组织协调工作。对涉及多个地方的政务舆情，上级政府主管部门是第一责任主体，相关地方按照属地管理原则进行回应。

6.1.3　新闻发布的基本要素

对突发事件新闻发布的全方位理解和掌握，应从其基本要素入手，其中内容和形式是关键，步骤和流程是基础，组织机构和常态运营是保障。

6.1.3.1　新闻发布的核心内容

突发事件新闻发布的内容是指发布信息和新闻报道中的具体内容，主要包括以下四部分：

第一，第一时间发布基本事实。基本事实主要包括时间、地点、类别、人员伤亡、财产损失、已采取的应急措施等信息。基本事实的发布应做到：对掌握的信息不隐瞒、不遗漏，真实准确、简洁清晰；与此同时，对事件中涉及国家秘密的信息，应严格遵守国家保密法律法规。

第二，动态发布处置进展。处置动态主要包括抢险救援情况、人员伤亡情况、善后安抚安置措施、调查进展、防范和整改措施等信息。处置进展的信息发布应做到实时动态，与现场处置同步进行，不可拖延。

第三，及时发布调查情况。调查情况主要包括原因、定性、责任认定、对责任者的处理建议等信息。对社会广泛关注的事件原因等信息，可在正式公布调查处理结果前，根据已核实的情况及时对外发布“情况通报”。

第四，提供预警、防范、避险、服务类信息。在发布基本事实、处置进展、调查情况的同时，还应及时向社会发布次生灾害和连锁反应的预警信息，普及相应科学知识，提示公众采取防范或避险措施；如若存在较大范围的安全隐患，应及时提示影响范围内的人群紧急疏散避难；对事件造成群众交通出行、生产生活等方面不利影响的，应及时做好服务性信息发布。

6.1.3.2 新闻发布的主要形式

新闻发布由新闻发言人通过新闻发布会、新闻吹风会、新闻通气会、提供新闻稿、应约接受记者采访、口头或者书面回答记者提问等多种形式进行。

第一，提供新闻通稿。在事件发生初期，新闻发布部门应及时全面地收集、整理和分析事件的相关信息，形成书面新闻通稿，并提出信息发布的范围、方式等初步意见，经审核后发布新闻通稿，统一事件信息相关口径，防止谣言传播。新闻通稿应包含基本事实、官方态度、决策部署、已有举措、应对计划等信息，内容简明扼要，避免无效信息。

第二，召开新闻发布会。新闻发布会是指政府或者有关部门举行的向新闻媒体介绍政府立场、观点、态度和有关方针、政策、措施等政府信息的问答式会议。对造成重大人员伤亡或社会关注度高、反响大的事件，应及时召开新闻发布会，并做到定时、定点、定期召开。新闻发布会原则上要设置问答环节，接受记者提问；新闻发布会通过电视、广播、电台、互联网（微博、微信、官方新闻频道、移动终端 App）等进行全媒体的直播和转播。

第三，接受新闻媒体采访。明确专人负责媒体采访工作，公布联系方式，及时接受和回复记者问询，回应社会关切。在事件应急处置现场，指挥人员或指定人员在不影响救援的情况下，应接受新闻媒体采访，同时避免新闻媒体无序采访影响伤员救治。

第四，用官方信息平台发布信息。应用官方网站、政务微博、政务微信、移动客户端、手机短信等官方信息平台，实时动态发布事件处置信息、预警服务信息，及时澄清谣言传言。官方信息平台要有专人值守，并严格官方信息平台发布审核程序。

第五，组织专家解读。事件处置和调查环节涉及较多专业信息时，相关部门可推荐专业领域权威专家参与信息发布，通过接受新闻媒体采访、参加新闻发布会、发布专家解读文章等，对事件原因、救援处置等方面的知识和原理做通俗易懂的专业解读，避免新闻媒体误读和公众误解，提高信息发布的权威性和公信力。

6.1.3.3　新闻发布的基本步骤

在实践中，突发事件新闻发布逐渐形成规范性、流程化的过程，其基本流程可分为三个基本环节：准备工作和内部报送，新闻正式对外发布和同步舆情管理，新闻发布结束后的总结、奖惩、追责。为配合每一环节的复杂工作，新闻发布需要多机制配合，包括组织领导和指挥协调机制、新闻发布方案审批机制、新闻发布机制、新闻媒体联系和官方媒体报道机制、中外记者采访管理机制、网络舆情和信息安全管理机制、内部向上报告机制等，确保多方面工作全面铺开、齐头并进。

步骤1：新闻发布的准备工作和内部报送。组建新闻发布领导小组，组织召开紧急会议，分析总体形势，明确工作任务，建立工作机制，落实工作责任；同步组建新闻发布工作组，迅速拟定并审核确定新闻发布方案和内容，尤其是事件基本情况、政府应对措施、对外表态口径、敏感问题回应等。

步骤2：新闻正式对外发布和同步舆情管理。按照确定的新闻发布方案，新闻发布工作小组通过新闻发布会、新闻吹风会、新闻通气会、散发新闻通稿、接受记者采访、口头或者书面回答记者提问等多种形式进行新闻发布；同步启动新闻媒体联系和官方媒体报道机制、中外记者采访管理机制、内部向上报告机制、网络舆情和信息安全管理机制等多个机制，开展网络舆情、信息安全、现场秩序等多方面的管理工作。

步骤3：新闻发布结束后的总结、奖惩、追责。在新闻发布结束后，应启动绩效管理机制，做好相应的总结评估和奖励处罚等工作。一方面，总结经验教训，完善新闻发布的工作机制；另一方面，根据工作情况和社会影响，做好相应的奖惩工作。

6.1.3.4　新闻发布的组织机构

由于突发事件新闻发布涉及的部门多、内容广，其组织机构、负责人员及其职责分工应提前做好相应的细化工作。具体包括：

第一，新闻发布领导小组。主要成员包括负责应急指挥的政府办、宣传部、新闻办及其主管部门。主要职责包括：一是接受市政府应急指挥部的授权，启动新闻发布工作；二是审定新闻发布方案，决定新闻发布内容；三是管理舆情、解疑释惑、澄清事实、批驳谣言、引导舆论、管理记者等。

第二，新闻发布领导小组的成员单位。主要成员及其职责包括：一是主管事件处置或具有应急管理职能的政府主管部门机构及有关单位，负责组织领导新闻宣传工作、及时提供信息、拟定新闻稿件、参与新闻发布、回答记者提问等；二是党委宣传部，负责组织指导对内新闻报道、协调解决新闻发布和报道中出现的问题、开展舆情评估和管理等；三是政府新闻办，负责组织指导对外新闻报道、收集跟踪境外舆情、组织开展解疑辟谣、受理记者采访及现场管理工作等。

第三，新闻发布工作小组。主要成员及其职责包括：一是新闻发布组，负责制定新闻发布方案，拟定新闻发布内容，组织新闻发布并回答记者提问等；二是舆情管理组，负责收集整理分析媒体报道、及时上报重要信息、评估研判网络舆论和信息安全风险、组织舆论引导和信息安全管理工作等；三是综合协调组，负责新闻发布领导小组运转、情报信息上报及通报、受理中外记者采访申请及记者管理等；四是新闻中心，为事件现场采访的中外记者提供采访和发稿等服务。

6.1.3.5 新闻发布的常态管理

突发事件新闻发布工作主要在事中应急环节开展，但在常态情况下，应做好相应的管理工作，具体包括新闻平台建设和媒体关系维护、责任管理和绩效评估、全方位保障等三方面工作。

第一，平台建设和媒体关系维护。突发事件新闻发布需借助多种社会平台和渠道，要求新闻发布工作不仅需打造政府自身的信息平台和发布渠道，还需要和媒体打交道，借助新闻媒体的力量发布信息。基于此，在常态情况下，既要做好政府网站、官方微信、官方微博等的建设、运营、管理，也要做好不同部门的政府信息平台之间协同联动，还要加强与外部新闻媒体平台的公共关系与合作交流等。

第二，责任管理和绩效评估。明确机构设置和职责分工，加强组织协调和归口管理，建立绩效评估和问责制度，对重大政务舆情处置不得力、回应不妥当、报告不及时的情况予以追责①，从而倒逼新闻发布和舆情回应工作依法依规有效开展和落实，促进各级政府及其有关部门，进一步增强舆情意识，主动回应社会关切，解疑释惑，正确引导社会舆论。

第三，全方位保障工作。突发事件新闻发布，需要通信信息、经费人员、宣传培训等多方面保障，对此应做好以下三方面工作：一要建立健全通信网络系统，确保应急期间各相关部门和单位的信息畅通；二要根据有关规定，为新闻发布工作提供必要的财力支持、经费保障、人员配备；三要做好常态的公众信息交流、政策宣传、常识教育和新闻发布从业人员培训。

6.2 突发事件新闻发布的全媒体布局

当前突发事件新闻发布面临着“全媒体”环境，习近平总书记曾指出，“全媒体不断发展，出现了全程媒体、全息媒体、全员媒体、全效媒体，信息无处不在、无所不

① 国务院办公厅关于印发2018年政务公开工作要点的通知（国办发〔2018〕23号）[EB/OL]. 中国政府网，2018-04-24.

及、无人不用，导致舆论生态、媒体格局、传播方式发生深刻变化”[①]。对此，突发事件新闻发布的科学实施，应了解全媒体的机理和特征，掌握并遵循媒体关系处理的基本原则。

6.2.1　新闻发布的全媒体特征

“全媒体”时代的来临，表现为新媒体基础上的人工智能技术、大数据应用、“互联网+”等多重交互特征，让突发事件新闻发布面临更加复杂而多元的环境。与此同时，中央全面深化改革领导小组第四次会议审议通过《关于推动传统媒体和新兴媒体融合发展的指导意见》(2014年8月)，标志着推动传统媒体和新兴媒体融合发展的“全媒体”上升为国家战略。

6.2.1.1　传统媒体和新兴媒体呈现“融合共生效应”

媒体的融合发展是全媒体时代的重要特征，突出表现为传统媒体和新兴媒体呈现出多方位、立体化的“深度融合共生效应”。

传统媒体与新兴媒体具有各自优势，亟待形成互补：一方面，传统媒体要借助新兴媒体的内容快速聚合、互动体验性强、精准个性化服务等优势，进一步提升媒体信息传播的时效性、互动性、服务性；另一方面，新兴媒体要学习借鉴传统媒体的导向意识、专业精神、深度挖掘等优势，与传统媒体共同做大做强正面宣传。

基于此，传统媒体和新兴媒体纷纷整合配对，逐渐迈向了融合共生的阶段，具体表现为：一是舆论阵地的不断拓展，既形成了报纸、网站、微博、微信群、客户端的五个终端协同格局，也形成了纸媒方阵、网媒方阵、掌媒方阵的三个系列共同发力，综合构成了“融合矩阵”；二是媒体全产业链的改革，由“单点”变“全面”，从“相加”迈向“相融”，从终端环节的“单打独斗”到全流程的“集群作战”，媒体理念、经营思路、商业模式、管理过程等实现全面突破；三是与社会元素的深度融合，对内打通集团、事业群、产品矩阵内部的形态和过程，对外与信息、劳动、资本等各类资源形成无缝链接，从而更好地分析观众需求、洞察读者反馈，促进信息传播的分众化、规模化、精准化；四是“融合传播”效果彰显，采用多媒体、多渠道、多形式的综合传播，形成立体型、复合型新闻，覆盖广、速度快、效果好，舆论引导力不断增强。

综上，传统媒体和新兴媒体“深度融合共生”，对突发事件新闻发布具有“双刃剑效应”，一方面提出速度更快、质量更高的要求，另一方面也提供了更广阔的平台和更便捷的渠道。

6.2.1.2　人工智能促进新闻发布的精细化和人性化

人工智能技术在新闻传播领域已逐步形成全方位应用，有效提升了突发事件新闻发布

① 习近平. 加快推动媒体融合发展 构建全媒体传播格局［EB/OL］. 中共中央党校官网，2019-03-15.

的精细化和人性化。“人工智能”是指根据人类智能活动的规律，使计算机能够通过学习规律来模拟人的思维过程，从而替代人类完成超出体力和脑力范围的工作。宏观上，人工智能技术塑造了媒体行业的业态面貌，通过自主研发、开源软件、购买服务等方式，媒体拥有从内容管理系统到平台级应用等丰富的智能工具选择①；微观上，人工智能技术重塑了媒体产业的业务链，人工智能技术已经渗透到媒体日常生产的全部环节，包括线索发现、内容采集、内容写作、内容分发、效果反馈、内部协同、自动处理等。

就全球事件而言，人工智能技术在突发事件新闻发布中的应用具体表现为：一是智能机器人提高了新闻编辑制作的效率，用于自动筛选和确定选题范围、自动采集和撰写新闻稿件、自动处理和分析数据、自动生成和润色稿件等；二是以虚拟现实（VR）技术手段为依托而形成的“沉浸式传播”，让新闻受众能以第一人称的“目击者”身份深入突发事件新闻事件中，身临其境地感受报道现场，获取对报道事件的立体认知；三是无人机航拍技术能打造全景新闻，具有远程、安全、视角全、广度大的特点，能深入受灾现场的一线，以最快的速度、最大限度地获取影像素材，同时还能有效保证现场记者的安全。

综上，人工智能能促进新闻发布的精细化和人性化，对突发事件新闻发布具有技术上的利好作用，能使紧急情况下的新闻发布更加高效和及时，也让新闻报道的方式方法更加丰富多元。

6.2.1.3 “互联网＋”导致公众对信息的需求升级

“互联网＋”的全媒体时代既改变了媒体的生产方式和产业结构，也带来了公众对于突发事件新闻信息的个性化、即时化、实时性、可视化、互动化、现场感等多种需求，提高了突发事件新闻发布满足公众信息需求的难度。

第一，基于互联网的智能时代到来，突出表现为“每个个体、时刻联网、各取所需、实时互动”的状态，公众对于突发事件信息需求的个性化提升，倾向于通过信息定制和个性推送的渠道来接收突发事件的相关信息，这使官方信息在传播过程中易受谣言或小道消息的“干扰”。

第二，移动终端和新闻客户端的快速发展，使公众对突发事件信息的即时化和实时性需求提高。一方面，手机等移动终端的用户数量迅速增长②；另一方面，新闻客户端不断发展，能够为公众提供持续、实时、全方位的新闻资讯。这使公众对突发事件信息发布和更新的速度提出更高要求。

第三，网络直播兴起，公众对突发事件信息需求的可视化和现场感增加。网络直播社会成本较低，现场感和交互性强，这提高了公众的可视化、互动化、现场感等信息需求。基于此，突发事件新闻发布也面临引入互联网移动直播形式的局面。

---

① 人工智能时代，媒体如何创新转型［EB/OL］. 新华网，2017-04-25.

② 截至2017年6月，我国手机网民规模达7.24亿，网民中使用手机上网的比例由2016年底的95.1%提升至96.3%。第40次《中国互联网络发展状况统计报告》［EB/OL］. 2017-08-04.

综上，“互联网+”带来公众对信息的个性化、即时化、实时性、可视化、互动化、现场感等多样化需求，客观上给突发事件新闻发布带来更大压力。

6.2.2 新闻发布的全媒体机理

突发事件新闻发布的科学实施，首要工作是全面了解新闻发布所面临的新媒体机理和特征。

6.2.2.1 媒体“把关人”角色的弱化

媒体“把关人”角色[①]是指，由于新闻媒体是制造并传播突发事件相关信息的重要主体，应发挥对信息的“过滤功能”，在确保自身权威性、规范性、专业性、公正性的基础上，充分考量与信息相关的政治、经济、文化、伦理道德、公平公正及多方利益等因素，对新闻信息进行把关、筛选、修改，从而决定最终面向受众的、符合传播规范和价值标准的新闻信息内容。

媒体要当好“把关人”，与过去传统的新闻传播流程相契合。传统信息传播的流程为：记者发现新闻事实→媒体“把关”→传播给受众。但在新媒体环境下，媒体“把关人”角色的发挥受到多方面影响，具体表现为以下三方面：

第一，媒体“把关人”的角色被削弱。传统传播过程中，由于电视、电台、广播等传播渠道被媒体所垄断，媒体作为单一的传播者，处于对信息的支配地位，对传播信息的“把关”较容易。但随着互联网的发展和自媒体的兴起，逐渐形成多种去中心化和交互式的信息传播媒介，信息传播的渠道和方式发生变化，具备使用互联网技术的每个个体均有可能制造并传播信息，甚至对信息产生审核、加工、修改等“把关”作用，致使媒体逐渐失去了信息传播中的特权，“把关人”角色被削弱。

第二，媒体“把关”的可行性降低。一方面，网络传播信息的迅捷性和无障碍性降低了媒体“把关”的可行性，网民可利用多种社交媒体或网络渠道发布信息，个体传播的便捷性和开放性让媒体“把关人”可能来不及做出反应；另一方面，互联网的海量信息导致“把关”难度加大，信息量大、真假信息难辨，致使“把关”成为“超负荷”工作，这也降低了媒体“把关”的可行性。

第三，“把关”权利分解到多群体。新媒体时代的“把关人”角色由多个主体担任：一是网民个人对信息的真实性与可靠性进行第一道“把关”；二是网络“意见领袖”利

---

① 美国社会心理学家库尔特·卢因（Kurt Lewin）在《群体生活的渠道》（1947年）中首次提出“把关人”概念。“把关人”是指，在群体传播的过程中，信息的流动是在一些含有“门区”的渠道里进行的，在这些渠道中，存在着一些“把关人”，只有符合群体规范或“把关人”价值标准的信息才能进入传播渠道。传播学者怀特（D. M. White）将“把关人”概念引入新闻传播，发现在大众传播的新闻报道中，传媒组织成为实际中的“把关人”（1950年），由他们对新闻信息进行取舍，决定哪些内容最后与受众见面。其他学者的相关研究系统阐明了媒体“把关人”角色的五方面影响因素：（1）媒体工作者个人的影响，如传播业者自身的特性，个人和职业的背景，个人态度和职业角色；（2）媒体日常工作惯例的影响，如截稿时间及其他时间限制、版面要求、新闻价值、客观原则及记者对官方信源的依赖；（3）媒体方式的影响，如媒体所在企业的营利目标；（4）媒体机构之外组织的影响，如利益集团、政府等；（5）意识形态的影响。

用其高影响力和传播力对信息进行“把关”；三是网络空间管理员有责任及时删除或提醒明显违法违规违纪的言论和信息；四是互联网媒体工作者（如网站编辑）对信息的真实性、伦理道德、社会公德等进行审查；五是媒体机构在法律法规及职业守则的要求下担当“把关人”角色；六是政府部门通过引导、惩治等手段最大限度杜绝违法违规违纪的媒体报道行为。不同主体的利益诉求和素质能力不一，导致“把关”效果参差不齐。

6.2.2.2 “新闻价值优先”原则的强化

新媒体环境中既包含传统媒体，也容纳商业媒体、自媒体等其他多种性质、多种身份、多重目标的媒体。对于自利性和商业性较强的媒体，由于新闻传播价值直接影响其传播量和传播范围，进而影响其商业价值和赢利能力，突发事件媒体新闻报道所遵循的“新闻价值优先”原则的重要性和影响效果也在不断增强。

“新闻价值优先”原则是指，媒体对某事件的报道以其新闻价值为标准，具体表现为：报道要点是否能够在社会的兴趣范围内，报道内容是否能够引发社会公众的高度关注和广泛传播，报道是否做到“受欢迎”和“有市场”。基于此，媒体来决定其对突发事件的报道视角、挖掘内容、事件定性、原因定责、篇章结构、配图视频等一系列内容。一般而言，媒体报道内容越精彩、越丰富、越全面、越符合公众兴趣点、越满足公众好奇心，公众关注度就越高，相关新闻报道的阅读量就越大，媒体在竞争中越能占据竞争优势，进而获取越多的商业盈利。

“新闻价值优先”原则对于突发事件新闻发布具有“双刃剑效应”。一方面，突发事件易抓眼球、博取公众关注点和注意力，是新闻报道和媒体追逐的热点，媒体会竞相报道，客观上有利于官方信息的传播；另一方面，在突发事件的新闻报道中，某些媒体可能以牺牲事实真相、侵害受害者隐私为代价，对突发事件进行夸张、出格、造假等报道，使之具有“眼球效应”和“吸睛效应”，从而增加曝光率和阅读量，这将导致社会舆论环境的无序和混乱，给新闻发布带来“噪声”，并损害相关责任主体的形象和公信。

6.2.2.3 “客观、人性、独立”报道准则的共识

新闻媒体在政府管理、社会监督、行业自律等多重作用下，逐步形成突发事件新闻报道的基本准则，既促进了传统媒体“把关人”角色作用的发挥，同时有效地规避了“新闻价值优先”原则可能带来的负面效应。总体而言，媒体报道应遵守客观、人性、独立的三个基本准则。

准则1：客观。突发事件发生后，新闻报道应以客观存在的事实真相为基础，不因盲目求快而牺牲真相，谨防为求时效而造谣传谣。以此为基础具体应做到：一是检验所有来源信息的准确性，避免无意错误，禁止故意扭曲；二是指明信息来源，为公众提供尽可能多的信息来源，以综合判断信息来源的可靠性；三是确保标题、导读和其他突出处理的材料、照片、音像、图表、声音等都不会出现误表达的问题；四是避免在转述和连续性的报道中出现误导；五是防止媒体工作者自身的文化价值观念影响新闻报

道，媒体采访尽可能不受民族、性别、年龄、宗教、种族、地理、性取向、残障、外貌、社会地位等因素的干扰；六是官方信息和非官方信息要以同样价值对待；七是事实报道原因和分析文章、个人评论相区分；八是新闻和广告应做区分；等等①。

准则2：人性。突发事件报道中往往会涉及当事人隐私。对此，应以人为本，重视人文关怀，使伤害最小化。具体包括：(1) 尽可能保护当事人隐私，尤其是受害者、受灾群众等弱势群体和自杀、性侵等敏感事件相关群体。(2) 谨慎报道敏感事件和敏感人群。不当报道敏感事件和敏感人群，不仅可能对当事人产生负面影响，还可能对其关联人群（家属、亲友等）产生负面影响。此类报道应谨慎。(3) 保护弱势群体，对于老弱病残等弱势群体，应给予生理和心理的多重保护，谨防因媒体报道给其带来二次伤害。

准则3：独立。突发事件报道中媒体应专业独立，保持新闻媒体的公信力，向公众传播有价值的新闻事件。一方面，“独立行动，除了公众的知情权之外，新闻记者不应该对任何其他利益负有责任”；另一方面，“可信，确保对于读者、听众、观众是可信的”。

6.2.3　新闻发布的全媒体关系优化

在掌握新媒体机理和全媒体特征的基础上，新闻发布应重视媒体关系的运营和管理，促进全媒体关系优化。

6.2.3.1　明确媒体定位的双重性

媒体的定位具有双重性。一方面，传统媒体仍发挥“把关人”的作用，并遵循突发新闻报道的三重准则；另一方面，媒体在“新闻价值优先”原则的指引下，可能出现为获取传播量和阅读量，以牺牲事件真相为代价、对危机进行虚假和夸张报道的行为。基于此，在突发事件新闻发布过程中，媒体对于新闻发布部门而言，可能是“合作方”，也可能是“对立面”，媒体报道也因此具有“双刃剑效应”。

1. 媒体作为“合作方”的表现

在传统媒体“把关人”角色定位和媒体报道的道德准则约束下，媒体可能作为政府的“合作方”，开展有利于突发事件新闻发布的工作，具体表现为：

(1) 传播防灾和应急经验。媒体可提醒公众警惕公共危机、做好自我保护，并传播预防风险、应对危机的知识技能和社会经验。

(2) 传递危机预警的信息。媒体可辅助政府发布预警信息，指导公众如何减轻或者应付危机带来的冲击，教育公众在危机来临之前做好准备。

(3) 配合新闻发布。媒体通过发布和传播官方新闻通稿，促进突发事件信息传播基调的统一，有效引导社会舆论。

(4) 辅助公众沟通。媒体能够为政府和特定公众提供突发情况下的对话平台，促进政

---

① 总结自职业新闻工作者协会（Society of Professional Journalists）编制的媒体报道《职业伦理规范》(Code of Ethics，1996年9月)。

府与公众之间的沟通协调。

(5) 争取社会支持。媒体报道覆盖面广，其关于突发事件的全国性乃至全球性新闻报道，将有助于政府获得国际国内社会的关注，吸引国际援助机构的捐款救助和志愿者的积极参与。

2. 媒体作为“对立面”的表现

突发事件发生后，媒体也有可能作为政府的“对立面”而存在，可概括为先入为主、以偏概全、夸张夸大、干扰行动四种类型，具体表现为：

(1) 先入为主。个别媒体在调查和报道之前一般会形成“初始假设”：一是根据历史事件进行假设，以以往发生的同类情况为参考，自发对目前的事件进行定性定责的猜测和估计，影响官方准确定性定责的信息传播；二是根据经验进行假设，新闻从业者可能会根据自身的实践和体会，先形成对事件初步研判的个人想法，并将个人想法代入新闻报道中。

(2) 以偏概全。个别媒体在新闻传播时效性等压力下，可能未全面了解突发事件情况，进而在报道中出现“以偏概全”问题：一是断章取义，调查部分情况后即发布所谓的“全面调查结论”；二是胡乱联系，为凑全报道逻辑，对本无关联的事件强加主观臆断的联系。

(3) 夸张夸大。个别媒体出于“吸引眼球”“增加流量”等需要，可能在事实基础上倾向于“夸张夸大”：一是“添油加醋”，夸大灾难影响，这可能导致社会“过度反应”；二是“无中生有”，进行无端猜测或不当评论，从而引发社会恐慌或质疑；三是“煽风点火”，带有煽动性的报道言辞易激化民众情绪，导致“火上浇油”，甚至引发新的危机。

(4) 干扰行动。个别媒体由于客观误差和主观失误，有可能对官方新闻发布工作产生干扰：一是转移注意力，个别媒体选择性集中报道突发事件的非重点问题，并引发社会普遍关注或上级部门重视，迫使政府相关部门转移工作重心和主要精力以用于处理非重点但引发强烈关注的问题；二是干扰新闻发布，在政府准备开展新闻发布之前，通过提出“应然措施”类建议来施加压力，对政府新闻发布的全局性和连贯性产生负面影响；三是无理取闹、求全责备，个别媒体不清楚实际操作的客观困难，凭主观臆断和经验主义，批评政府未完成“不可能完成”的任务，指责政府未承担“无法承担”的责任。

综上，媒体的“对立面”表现，导致媒体在危机公关时的负面问题呈现出增长的趋势。基于此，政府在采取媒体策略时应考虑：积极化解媒体与政府的冲突，积极探索和研究分析媒体行为，在充分理解媒体行为的出发点和原因的基础上，对媒体行为进行监督和引导。

6.2.3.2 树立“媒体无大小”的理念

在全媒体时代中，新媒体传播技术和自媒体发声平台的发展让人人都有话语权，每个个体都成为可发声的媒体。因此，对待媒体时要明确“媒体无大小”的原则。

第一，明确媒体和公众是权利主体。突发事件的新闻发布部门应尊重公众的知情权和媒体的采访权，保证其能获得权利范围内所需的信息。

第二，公平对待新闻媒体。突发事件的新闻发布部门应平等对待所有新闻媒体，在做好风险评估和控制的基础上，原则上对有意愿参与突发事件报道的所有媒体持开放态度，不因媒体的影响力大小或规模大小而区别对待。

第三，面对媒体无戏言。具体应做到：一是确保每句话都真实，不假设——“每句话都是事实”，不浮夸——“每句话都有案可查”，不反悔——“每句话都铁板钉钉”；二是确保每句话都可公布，但凡公布的信息须是可公布的，由于保密的原因可不公开所有信息；三是不让记者做主观判断，在记者发布新闻报道之前，政府应对发布内容做好准备和筛选工作，确保发布内容能够满足合法合规、真实准确、正面导向等原则。

6.2.3.3　形成“合作+管理”的模式

突发事件新闻发布中，在明确媒体“双重性”和树立“媒体无大小”的基础上，形成“合作+管理”的媒体关系模式。一方面，加强与媒体的合作，利用媒体做好新闻发布的工作；另一方面，强化对媒体的管理，确保媒体报道能够做到合法合理、有利于公共危机管理。

1. 加强与媒体的合作

政府在突发事件新闻发布工作中需善于应用传播媒介①来扩大信息传播范围，让官方和正规信息迅速和全面地传递给公众。

（1）根据发布需要选择合作媒体。既要根据危机情境选择合作媒体，即根据公共危机的发生地点、影响范围、事件大小等选择合作媒体，例如，在偏远山区发生的突发性灾难事件，采取电视、广播类媒体传播的效果更佳；也要根据目标受众选择传播方式，针对危机受害者、媒体、社会公众、政府公务人员等多元目标受众，考虑受众本身信息需要和情绪态度，受众职业、文化程度、社会地位等客观情况，有针对性地选择针对性媒体对不同受众发布相应的信息。

（2）整合多种媒体的“聚合效应”。利用多种媒体资源同时传播相同或类似的突发事件信息，在最短时间内、最大限度地扩大官方信息的受众群，形成共时传播效力的最大化，从而产生“聚合效应”。具体操作中，既要让同一信息在不同媒体上重复，产生共鸣效果和传播效力，但运用时须把握分寸，切不可过长时间统一行动，否则“适得其反”；也要根据反馈信息加以调整、修正，选取最有效的方式。

---

① 传播媒介是传播者用于传递信息的手段、方式或载体，从传播方式上看可分为大众媒介、人际媒介、组织媒介，其中，大众媒介是指能够向社会大众大规模传播信息的专业化媒介组织和信息载体，主要包括报纸、杂志、广播、电视等，具有速度快、范围广、影响大的特点；人际媒介是指人与人之间的信息交流载体，具有交流性和双向性等特点，主要包括书信、电话、网络、手机、面对面的直接对话、社交活动、会议交流、参观访问、信息发布会等；组织媒介是指组织信息的传播载体，可以分为纵向传播和横向交流两类，纵向传播是指自上而下和自下而上的文件、指令、会议等形式的传播，横向传播是组织中间层次的交流如各政府部门之间的交流。

(3) 形成连续传播的“累积效应”。同类信息传播的连续性和重复性能够提升广度并扩展深度，以增强传播效果和影响力，产生“累积效应”。通过报纸、电视、广播、网络等多种渠道平台的媒体宣传，既有利于保持对突发事件处理进程和最新消息的持续传播，也有助于加深受众的印象、强化已确认信息的真实性，更有益于消除可变信息的不确定性。

2. 强化对媒体的管理

在与媒体开展有效合作的同时，政府需要充分重视媒体的负面效应和潜在风险，依法依规做好相应的管理工作，规避媒体因操作失误、人为破坏、客观压力等因素而出现的问题。

(1) 形成新闻报道和媒体采访的制度纪律，按规办事。具体操作中：一是完善政务公开和信息公布制度，信息公开按制度和流程办理；二是健全新闻发言人制度，专人专职，统一口径；三是形成跨部门之间的新闻制度，部门之间的新闻处置得当。

(2) 主导设置媒体报道的边界。具体操作中：一是确定禁止或选择性禁止媒体涉及的范围，如涉及国家安全和军事机密的领域；二是确定现场记者活动人数，通过确定媒体参与和不能参与的领域来控制边界；三是控制媒体与相关人员的接触范围，如有需要，将信息保密人员与媒体隔离。

(3) 对媒体行为和新闻报道强化执法，确保其依法依规、真实可信。具体操作中，通过加强对新闻记者的规范管理和教育培训，明确媒体报道的行为准则，使其知晓其错误、虚假、不公等报道导致的违法违规后果，以法律制裁为“高压线”，促进形成媒体自律和报道负责的状况。

(4) 对危机报道进行监控。实时监测媒体的报道，及时发现和控制可能引发危机的消息或报道，对负面影响类舆情风险保持“新闻敏感性”，对不实报道和虚假言论进行有效管控。

6.3 突发事件新闻发布的科学策略

突发事件新闻发布现已面临着全新的新媒体机理、动态的全媒体环境和复杂的媒体关系，对此，应采取主动发布的科学策略，做好议题设置和层次设计，并将传统媒体和新兴媒体相融合，有效开展突发事件的新闻发布工作。

6.3.1 突发事件新闻的主动发布策略

在危机公关的新闻传播中，第一时间发布新闻的主体在一定程度上掌握舆论的主动权和主导权。对此，突发事件新闻发布应坚持主动发布的导向，公共部门应积极抢占第一时间发布的先机，并采取“滚动发布”原则。在合法合理的原则下，第一时间发布官方信息来引导媒体报道和舆论走向，既让公众能在第一时间获得公共部门的信息，规避造谣传谣和小道消息的干扰，同时给公众带来安全感，树立公共部门负责可靠的形象。

6.3.1.1　议题设置

主动发布的首要工作是做好议题设置，具体包括：提前设置“备用议题”，初期主动发布“焦点议题”，中后期善于提炼“有效议题”。

1. 提前设置“备用议题”

形成议题设置的工作预案，提前设置突发事件的新闻议题，为第一时间的新闻发布做好基础工作。

媒体报道和公众关注的常见问题，也是官方为新闻发布而提前设置“备用议题”的内容。以安全生产类事故为例，主要包括：(1) 起因类问题，如事故发生原因、是否涉及易燃易爆物品、是否涉及管理漏洞和违规操作、目前调查进展和结果等；(2) 危机控制类问题，如目前事故影响控制程度、防范措施、其他隐患及其防范等；(3) 安全健康类问题，如目前事故造成的伤亡情况、具体数字和损失程度、事故发生地群众的安全健康保障、相关的医疗和善后措施、事故波及人群撤离情况、事故将对居民工作生活带来的深远影响等；(4) 经济损失类问题，如涉及经济损失的官方评估报告、相关的补偿措施和政策、将事故发生地企业和居民经济损失降到最低的措施等；(5) 环境影响类问题，如事故对周边环境的负面影响、对土壤水质空气的影响、应对和解决措施、阻止蔓延和恶化措施等。

2. 初期主动发布“焦点议题”

在尚未形成突发事件社会热点的自发传播和广泛关注时，公共部门要善于发布“焦点议题”①，主动吸引社会民众和媒体的关注，把社会自发形成的议题聚焦在公共部门希望发布的话题上。

主动发布的“焦点议题”一般为具有“三维叠加”的议题（见图6-1)，即“政府关切、民众关心、媒体关注”三者重叠的内容。基于此，官方信息发布应在明确应急工作需要、了解民众的话题预期、掌握媒体的报道需要和采访重点的基础上，科学设置突发事件新闻议题。

---

① 托马斯·伯克兰（Thomas Birkland）的“焦点事件理论”认为：由于媒体对焦点事件的采访能够引起广泛关注并促使采取改善行为，焦点事件在设置公众议题方面具有扮演主要角色的能力。焦点事件主要包括“常规性”和“非常规性”的主要类型。“常规性”基本上属于自然灾害，具有一定的可预测性，大多是孤立的，对人们议题日程的影响有一定程式可循，如飓风、龙卷风、暴风雨、地震等；“非常规性”是以前从未发生过或发生时间很长已被人们忘怀，一般由于技术和社会的变化而引起，往往出乎人们意料、违反常规，产生不确定性和不可预知性，此类事件对日常媒体传播而言是一种冲击，从而成为各方人士发表意见的焦点，如“9·11”事件等。BIRKLAND T A. After Disaster: Agenda Setting, Public Policy and Focusing Events [M]. Washington, D.C.: Georgetown University Press, 1997.

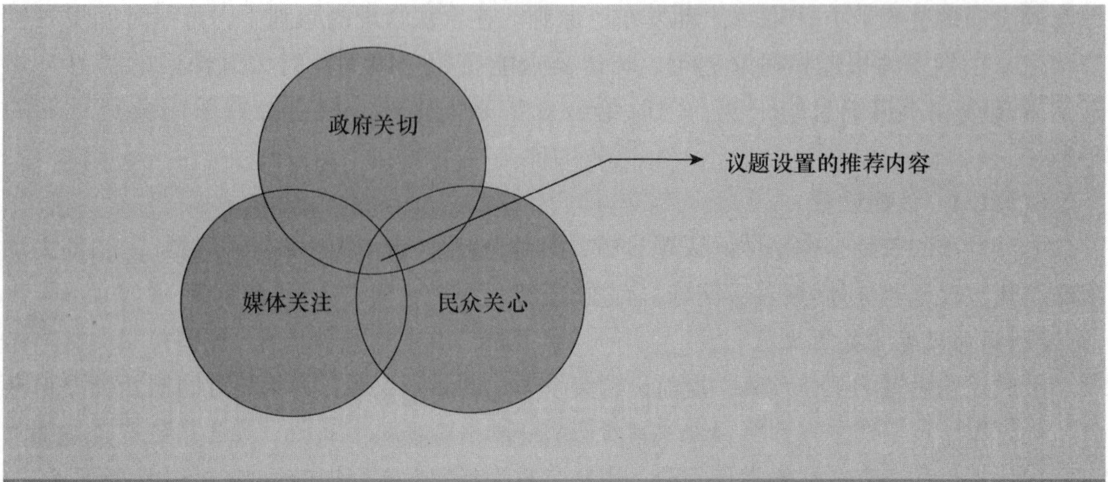

图6-1　突发事件新闻发布“焦点议题”设置的“三维叠加”示意图

3. 中后期善于提炼“有效议题”

当突发事件新闻报道已出现多议题报道和大面积传播，或新闻发布已进入中后期时，公共部门应在报道现状中提炼“有效议题”来牵引媒体和影响公众，从而产生多层次的应急作用和社会效益。

6.3.1.2　层次设计

公共部门要善于让媒体改善形象，转危为机。对此应做好“深挖掘”工作，对报道层次进行深度挖掘。实践表明，公共危机的新闻报道一般挖掘四个层次（见表6-1）。

表6-1　突发事件“深挖掘”的层次设计

层次顺序	层次内容
第一层次	事件本身情况
第二层次	事件原因
第三层次	事件应对与处理
第四层次	善后处理与受害者意见

突发事件新闻发布的过程中，若只到第一层次，易给谣言和小道消息留出大量空间。若到第二层次，可以驱逐不少谣言和小道消息。若到第三层次，基本上可以规避谣言和小道消息的广泛传播。在做好相应工作、报道客观事实的基础上，新闻发布若到第四层次，不仅能有效规避谣言和小道消息，还能在此次危机的新闻报道中进行可行且有效的正面宣传，达到“转危为机”的良好效果。

6.3.2　创新突发事件新闻的内容与形式

突发事件新闻发布应结合全媒体时代的传播特征，不断创新内容生产和新闻报道的模式，提高新闻发布的传播力、引导力、影响力。

6.3.2.1　全面应用可视化“数据新闻”

“数据新闻”是大数据应用下新闻的新型呈现方式，通过抓取、挖掘、统计、分析与突发事件相关的数据信息并将其加工为可视化的表现形式，能够有效提升新闻报道的表现力和传播力，拓展报道方式、扩充报道内容，并给予公众更大的阅读舒适度和自由选择度。

突发事件的可视化“数据新闻”应用，主要表现在以下三个方面：

第一，用可视化“数据新闻”观进程，呈现突发事件的最新进展。对突发事件进行可视化的整体梳理，模拟事件发生时的情况，跟踪报道事件的发展进程。例如，某媒体用图解的方式首发“东方之星”沉船事件，标明了事件发生位置，再现了客船舱位平面图、船上人员分布等情况。

第二，用可视化“数据新闻”讲故事，还原突发事件经过，用图像、动画、音乐等视听语言来给读者讲故事。例如，针对“东方之星”旅游客船倾覆事件，某媒体推出一系列分析翻沉原因、展现搜救进程的“动新闻”栏目，整合了3D动画、手绘、现场照片，并佐以配音解说，介绍了翻沉时“东方之星”的船体结构，以及此前该游轮的船体改造情况。

第三，用可视化“数据新闻”传知识，科普突发事件的发生原因、救援过程，以疏解社会质疑和恐慌。例如，在“东方之星”沉船事件的救援过程中，面对公众对救援进展缓慢的质疑，某媒体发布了科普图解“什么是船体切割救援”。

6.3.2.2　寻求与新闻受众的“关联性”

商业媒体和网络媒体进行新闻报道时，关注与受众或用户的“关联性”，即注重新闻内容及其形式与受众信息需求、新闻偏好、行为习惯的关联性，根据受众来调整突发事件新闻报道的内容和形式，从而获取受众的关注度与点击量，增强受众的参与度与“用户黏性”。突发事件新闻发布可借鉴“关联性”思维，为加强与社会公众的关联，对新闻发布的内容和形式做出调整和完善，以提升新闻的阅读数量和传播效力。

第一，洞悉受众信息需求以建立关联。突发事件新闻发布的平台可为受众提供信息筛选机制，让受众实现所需信息的个性化筛选。例如，在新闻标题下方增设内容标签，对用户的内容标签选择偏好进行大数据分析，以此为基础向受众推送定制式的新闻内容；与此同时，允许用户根据自己信息需求对内容标签进行修改，从而根据受众的标签组合进行个性化的信息推送。

第二，顺应受众阅读习惯以强化关联。突发事件新闻发布应将新闻产品的表现形式与受众的阅读习惯进行关联，顺应当前受众的“图像视频优于文字”和“碎片化阅读”等习惯，从而促进新闻传播。例如，通过“图形化界面设计”以及对图表、照片、视频的广泛运用，既通过较少的文字信息量避免了“视觉疲劳”，也通过合理使用色块或图片来创造友好的视觉体验，从而更好地吸引受众。

第三，理解用户媒介偏好以拓展关联。使用移动设备上的社交平台（如微博、微信、Facebook、Twitter等）来关注突发事件信息成为越来越多网民的媒介偏好。对此，突发事件新闻发布应考虑是否适用于移动传播、能否与用户的媒介偏好相关联，让一则突发事件新闻可同时在门户网站、微信微博、移动新闻客户端等多种PC端和移动端的平台上进行发布[①]。

第四，通过“用户创造内容”来激发关联。“用户创造内容”是指让读者或听众等新闻产品的用户参与到新闻制作的过程中来，透过用户的视野来发现新闻线索、提升新闻内容质量，甚至改善新闻网站的建设。突发事件新闻发布可纳入用户创造内容的形式，通过灾害现场群众的新闻素材供给、内容编辑、评论互动，强化与用户的互动，形成更强的关联效果。

6.3.2.3 优化平台间的“交互关系”

突发事件新闻发布的多个平台之间的“交互关系”需要优化，从而提升平台之间的密切关系，综合提升报道效果。

第一，以“分享”促交互。越来越多的社交媒体和新闻发布平台将“分享”作为必备功能配置，来促进不同平台之间的信息分享，既满足用户在阅读新闻时的分享需求，也为新闻产品带来现有用户的“回流”与新用户的增加。基于此，突发事件新闻发布可充分应用不同平台之间的信息分享功能，促进突发事件新闻传播。

第二，PC端与移动端形成交互。PC端的新闻门户网站和移动端的新闻类或社交类App均为公众阅读新闻的重要“入口”。基于此，突发事件新闻发布需用好PC端和移动端的多媒体新闻交互技术，让突发事件信息传播更加便捷而高效。

第三，谋求媒体之间的合作联动。跨媒体的合作旨在获得更加丰富、更有价值的报道资源，以拓展报道的广度和深度。基于此，突发事件新闻发布在利用传统媒体、主流媒体、官方媒体的同时，在合法合规的情况下，开展商业媒体、新闻自媒体等的合作联动，扩大突发事件官方信息的传播广度。

6.3.2.4 优化突发事件新闻的内容制作

全媒体时代的新闻内容制作不再是对新闻素材和事件信息的简单物理叠加，而是通过立体化和一站式的新闻生产，整合再造采编流程，将各种新闻生产资源整合在一起，统筹策划、发布和编辑平台，形成全时段、宽受众、立体化信息传播的“全媒体新闻中心”。

第一，基于数字技术的信息发布、互动、服务平台，建立“全媒体数字采编发布系统”，做到用户、内容、线索、选题、任务、数据库等多维度统一管理，实现了突发事件信息的集约、安全、海量和一站一式的存储与发布。

第二，构建全媒体的数据库网络，集合热线信息管理、原始稿件库、待发稿件库、待发图片库、文字、图片、视频资料等动态信息和资料数据，于同一数字平台供编辑选择、修改、发布，实现信息的一站式采集和发布，实现信息的高效利用。

第三，打造新型的业务流程，由全媒体新闻中心的记者将文字、图片、视频、音频、动漫、资料等采集回来，生产出“初级新闻产品”，上传至全媒体数字复合出版系统平台，

① 以“两会”报道为例，网易新闻客户端在两会期间发布的《嘿，人大代表你懂吗》《两会看官员，中国各省一把手》《两会好保障：你不知道的付出》，以及新浪新闻特别策划的《两会选题会你浪得爽吗?》这样的融合音视频、图像动画及更多功能的应用体验。

子部门或单位各取所需并进行“深加工”，实现 24 小时有效制作和滚动发布，全天候、全方位、立体化地互动传播内容。

专　栏

新闻媒体的“中央厨房”模式

新闻媒体行业的“中央厨房”模式借鉴了餐饮业的统一调度管理模式，主要是指传统媒体在与新媒体融合发展中，采用集约化的新一代内容生产、传播和运营公共平台，通过统一调度采编人员，聚合各种媒体的优势力量，汇集各种优质内容，从而实现资源的优化整合。“中央厨房”模式不仅能解放生产力，节约人力物力资源，也可极大地提高新闻生产传播的效率，改善用户体验。近年来，“中央厨房”模式已经成为中央和地方媒体进行转型改革的重要模式。

以《人民日报》的“中央厨房”为例。2016 年 2 月 19 日，习近平总书记在人民日报社调研当天，《人民日报》“中央厨房”全媒体平台正式上线运营，通过一次策划、一次采集，再进行多种生成、多元传播，最终实现新闻信息全天滚动、全球覆盖。2016 年以来，《人民日报》“中央厨房”推出“大数据＋新闻”的模式，制作“两会”《政府工作报告》数据报道、新经济解读系列融合报道、“世界无烟日”主题 H5、国家旅游日全媒体报道等一批有特点和有深度的作品。

6.3.3　拓展突发事件新闻发布的渠道和平台

全媒体环境中的突发事件新闻发布已从单一的报纸发布转向多样式、多手段、多平台发布，通过政府网站、微博微信、新闻客户端等平台，增加传播渠道，覆盖更多受众。

6.3.3.1　提升政府网站平台的使用效能

政府网站作为政府信息公开和新闻发布的基础平台，是突发事件新闻发布的重要渠道和平台。《国务院办公厅关于进一步加强政府信息公开回应社会关切提升政府公信力的意见》(国办发〔2013〕100 号) 对充分发挥政府网站在信息公开中的平台作用做出具体要求，具体而言：一是加强政府网站建设和管理，通过更加符合传播规律的信息发布方式，将政府网站打造成更加及时、准确、公开、透明的政府信息发布平台；二是加强政府信息上网发布工作，对各类政府信息，依照公众关注情况梳理、整合成相关专题，以数字化、图表、音频、视频等方式予以展现，使政府信息传播更加可视、可读、可感，进一步增强政府网站的吸引力、亲和力；三是积极回应热点舆情，对涉及政务活动的重要舆情和公众关注的社会热点问题，要及时通过政府网站发布权威信息，讲清事实真相、有关政策措施以及处理结果等，地方政府和部门负责同志应主动到政府网站接受在线访谈；四是拓展政府网站互动功能，围绕政府重点工作和公众关注热点，通过领导信箱、公众问答、网上调查等方式，接受公众建言献策和情况反映，征集公众意见建议等。

突发事件新闻发布，应按照相关政策文件的上述具体要求，全面提升政府网站平台的使用效能。

6.3.3.2　强化政务微博微信的平台发布

当前突发事件的信息发布权已不再“独揽”于传统媒体手中，微博微信等社交平台凭借其参与主体的广泛活跃性、信息传递的快速及时性，在突发事件新闻发布中有效弥补了门户网站和纸质媒体的不足。基于此，政府在通过网站发布突发事件相关信息的同时，应重视政府微博和微信的发布作用。

政务微博和微信平台在媒体技术支撑和国家政策引导的作用下，已成为突发事件新闻发布的“新常态”平台。《国务院办公厅关于进一步加强政府信息公开回应社会关切提升政府公信力的意见》(国办发〔2013〕100号）指出，“积极探索利用政务微博、微信等新媒体，及时发布各类权威政务信息”。《关于全面推进政务公开工作的意见》指出，要发挥“新闻网站、商业网站以及微博微信、移动客户端等新媒体的网络传播力和社会影响力，提高宣传引导的针对性和有效性”。从2011年起至今，政务微博已基本上实现全面覆盖。政务微信作为后起之秀，发展更为迅猛，数量众多，种类丰富，已成“井喷之势”。

在实际操作中，由于微博和微信自身产品设计和功能定位的不同，导致突发事件新闻发布在利用微博和微信平台传播时存在差异。对此，应根据微博和微信的特征，优化发布内容。具体而言：一方面，针对微博“泛传播、浅社交、松关系”的特点，多发布实时、明确、偏重于事实通报、易于转发转载的信息，发挥微博信息传播的速度广度、能被主动传播、快速更新、去伪存真、及时纠错等优势，规避其“信息超载”“集体失语”“盲目传播”等问题；另一方面，针对微信“窄传播、深社交、紧关系”的特点，多发布更有深度、解释性说理性强、偏重于宣传教育的信息，发挥微信信息传播的主动关注、主动获取、精准传播等优势，规避其封闭性、趋同性、不易纠错等问题。

6.3.3.3　优化新闻发布的移动客户端平台

移动客户端是指，与服务器相对应，安装在移动终端，为客户提供本地服务的程式。新闻发布移动客户端依靠移动互联网资源，以文字、图片、影像、声音等多种语言符号传播新闻信息为内容，以服务器为信息仓储，以智能手机为主要接收设备，是突发事件新闻发布的全媒体、数字化媒介。

官方新闻发布的移动客户端主要包括两种类型：第一种是官方部门自己的移动客户端，如国务院办公厅中国政府网发布政务信息、政策文件、重要活动的新媒体平台“国务院”；第二种是官方媒体的移动客户端，如新华社、人民网、央视新闻等客户端。

移动客户端相比微博、微信平台而言，在新闻来源、报道形式、功能设计、平台结构等方面具有更大的灵活性。基于此，突发事件新闻发布应重点优化新闻媒体的移动客户端平台，充分发挥其良好的新闻传播效果和舆论引导能力的优势。

本章小结

公共危机管理面临着“现场”和“舆论场”的融合阵地。“舆论场”危机管理的首要工作是新闻发布，在公共危机事件发生的第一时间，危机管理的新闻发布部门依据统一、准确、及时、客观、全面等要求，通过授权发布、散发新闻稿、组织报道、接受记者采访、举行新闻发布会等方式，向社会发布有关公共危机事态发展和应急处置工作的信息。

突发事件新闻发布的危态操作和常态运营，面临着全新的新媒体机理、动态的全媒体环境和复杂的媒体关系。基于此，突发事件新闻发布应采取主动发布的科学策略，做好议题设置和层次设计，并将传统媒体和新兴媒体相融合，创新内容与形式，优化采编和制作，拓展渠道和平台，实现新闻发布的全方位升级。

关键术语

新闻发布　新闻发言人　全媒体布局

案例研讨

“12·20”深圳特别重大滑坡事故的新闻发布

“12·20”特别重大滑坡事故（2015 年）的新闻发布，遵循媒体规律，应用主动发布的科学策略，为顺利处置事故提供了有效的新闻发布支持（见表 6-2）。

表 6-2　深圳“12·20”滑坡事故新闻发布的相关经验

新闻发布经验	示例	作用
1. 及时发布信息，“占领传播高地”	事发当日 11 时 40 分许事故发生；事发当日 13 时 3 分深圳微博发布厅发出首条消息，随后每天 24 小时滚动播报最新情况；事发当日下午至第六日晚，救援指挥部召开了 10 场新闻发布会（事发当天 2 场，前 3 日事故 72 小时黄金救援期内开了 7 场）；事发后第 7 日，举行综合情况通报会，发布失联遇难人数、救援救治情况、事故发生原因、受灾群众安置、失联人员家属安抚等社会关注的重要信息	采取了“滚动发布”原则，有力主导了媒体报道议程，让公众第一时间获得公共部门的信息，最大限度地挤压了谣传空间，牢牢掌握了新闻舆论主动权、主导权
2. 善于发布“焦点事件”，主动吸引关注	新华社播发通讯《灾害降临，记录一座城市的表情》，客观平实地反映党和政府全力以赴组织救援、做好受灾群众安置和失联人员家属安抚等情况，被 400 多家网站和新媒体平台以及近百家传统媒体转载，获得网民大量点赞和转发	应用议题设置牵引媒体和影响公众，营造“生命第一”的救援氛围，释放出“救灾很不易，深圳在尽力”的心理预期，树立良好的公共部门形象

续前表

新闻发布经验	示例	作用
3. 善于提炼议题，选择恰当发布渠道	重头评论《倾力救援是最深沉的悼念和担当》，选择先在新华网广东频道首发，再商请中央网信办推荐全网转载	将社会议题聚焦成为官方希望发布的焦点议题，并利用有效传播渠道去牵引媒体和影响公众
4. 科学全面客观地论述	首先指出事故不该发生，将查明原因、追究责任，继而肯定深圳信息发布及时透明，强调以人为本、尊重生命、冷静思考、理性看待，当务之急是全力救人，引导网民为救援队伍鼓劲、为失联者祈祷	科学客观全面地论述，不回避矛盾问题，实事求是、还原真相，以理服人、以情动人
5. 应用全媒体平台传播	组织南方网对新华社通讯《灾害降临，记录一座城市的表情》及多家媒体的有关报道进行二度创作，制作了以“这座城、这些人”为总题、适合手机端传播的 H5 系列动画纪实作品，在救援处置和舆情发展不同阶段适时推出	充分运用“两微一端”等新媒体平台，积极创新内容表达方式和传播手段，实现传播效应最大化，从而更有效地影响公众
6. 事故处置与新闻发布的有机配合	中央电视台《新闻联播》于事故发生后第 5 日公布国务院事故调查组的调查结果，将滑坡定性为“安全生产事故”；后半小时内，广东省委副书记、深圳市委书记即率领深圳市、光明新区党政负责人通过新闻发布会向社会鞠躬道歉，表示“坚决拥护上级对这次事故的定性”，“根据事故调查结论和处理意见，将依法依规依纪，该负什么责任就负什么责任，该接受什么处理就接受什么处理，该处理什么人就处理什么人”	宣传部门与处置部门密切配合、协同作战，在信息沟通、新闻发布、舆情应对等方面加强统筹协调，“说好”与“做好”同步进行，规避信任危机
7. 多部门对外“统一口径”	深圳滑坡事故重大舆情危机突发的紧急关头，广东省委常委、宣传部部长，深圳市委常委、宣传部部长二人，作为省委和事发地党委的“最高宣传主官”，奔赴前线、坐镇指挥，勇于担当、敢于负责，准确研判、果断决策	迅速掌控事故新闻舆论应对的主动权、主导权，为顺利处置事故提供了最佳舆论支持

资料来源：本案例改编自《勇于创新善于发声——深圳“12·20”滑坡事故新闻舆论应对的实践与启示》。

第 3 篇

善后和危机公关

公共危机管理的根基是危机善后和危机公关。善后和危机公关的内容包括四个方面：危机公共关系的机制，矛盾调解，舆情引导，灾区重建。本篇由四章组成：第 7 章危机公共关系的机制，主要介绍“两个场和三个维度”的危机公关机理、责任模型的应用等内容。第 8 章现场秩序管理和过渡安置，主要介绍公共危机中的风险沟通事关灾后的社会矛盾调解，也涉及公共安全的隐患排查调解。第 9 章负面影响防范和舆情管理，强调基于负面影响评估和舆情分析的舆情引导，认为其既是重要的危机公关方式，也是防范负面影响的手段。第 10 章灾区重建和安全风险防控，主要介绍灾区的三维重建模型和“输血＋造血”重建模式的应用等内容。

第 7 章

危机公共关系的机制

知识结构图

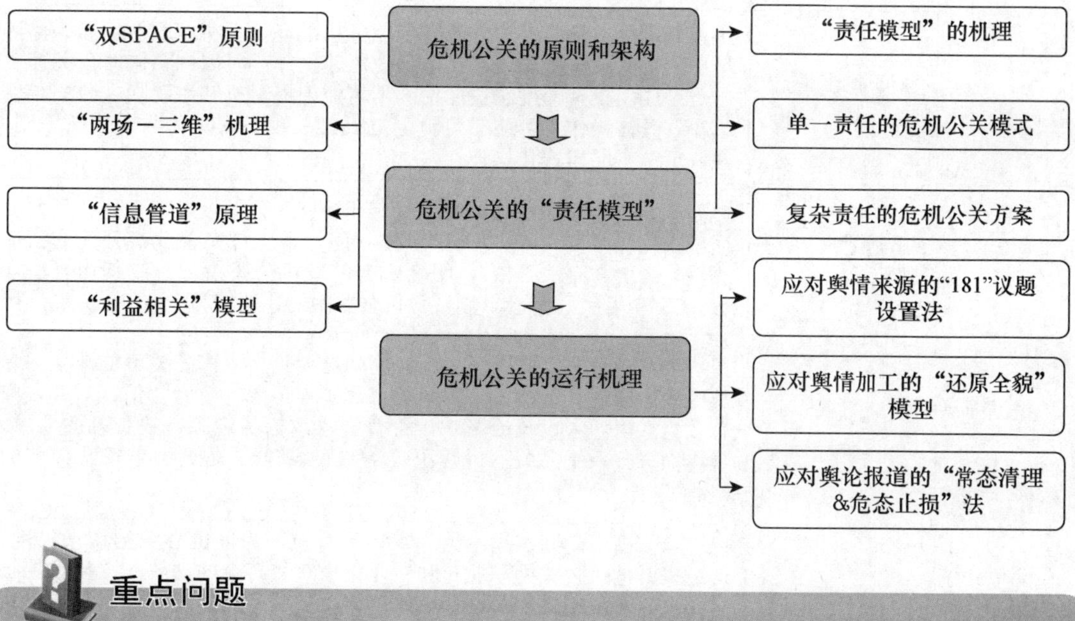

重点问题

- 危机公共关系的“双 SPACE”原则
- 危机公共关系的“两场-三维”机理简述
- 危机公共关系的“信息管道”原理
- 危机公共关系的“利益相关”模型
- 危机公共关系的“责任模型”准则概述
- 应对舆情来源的“181”议题设置法
- 应对舆情加工的“还原全貌”模型
- 应对舆论报道的“常态清理 & 危态止损”法

7.1 危机公共关系的原则和架构

公共危机管理的阵地是“现场”和“舆论场”的融合。除了新闻发布，“舆论场”的公共危机管理还包括危机公共关系，简称“危机公关”（crisis public relation，CPR）。

7.1.1 危机公共关系的“双SPACE”原则

借鉴企业比较成熟的危机公关原则，针对公共部门公关危机的特征，可以运用危机公关“双SPACE”原则应对体制上和操作上的困境（见表7-1）。

表7-1 危机公关的“双SPACE”原则

原则缩写	原则要素	原则的具体内容
双S原则	系统原则（system）	危机公关应具备全局眼光、符合系统思考，相关主体运转协调、配合得当、统筹兼顾。具体操作中，可设计制度化的配合方案、权衡系统化的谈判尺度、设定标准化的操作步骤和应对模式，统一危机公关的规则、步伐、口径
	速度原则（speed）	迅速开展公关活动，力求及时控制危机的蔓延。实践表明：新媒体环境中的公关危机从出现到扩散最短可达到1小时以内；同时公关速度与难度成反比，速度越快的情况下越能把握时机和主动权，公关难度越小。具体操作中，应提前制定危机公关预案，明确危机公关原则，并制定基本的模式化操作
双P原则	制度原则（policy）	遵循基本的法律法规和制度规范，开展有序公关，以实现公共利益受损最小化：一要“有法可依”，建立健全和修订完善危机公关的法律法规；二要“有法必依”，明确所有的危机公关措施，使其均合法守法；三要“违法必究”，制裁危机公关中的违法行为
	政治原则（politics）	捍卫公共利益，以实现公共利益获利最大化。危机公关可能涉及国际国内政治领域，可能关乎国际关系、国家形象、政府公信；对此，应有政治意识，考量政治影响，符合国家政治稳定和行政管理的要求。具体而言：一是公关不得触犯政治“底线”，二是公关需符合当前的“政治”任务
双A原则	态度原则（attitude）	以群众“高不高兴、满不满意、答不答应”为危机公关的衡量尺度，通过提升危机公关的职业化和专业化来获取群众的理解和支持：一是认知度，对危机的性质、特点、规律、危害及其处理方针、政策、对策、职责等有清晰认知且能熟练掌握，并通过危机公关展现出来；二是关注度，通过危机公关展现关注社会舆论和群众情绪发展的态度，持积极心态和负责态度来对待群众和媒体；三是力度，提出并实施及时有效的应急措施，并及时通报进展
	权威原则（authority）	政府权威是政府公关中增进公众信任的核心要素。政府要在危机公关中以权威主公关，以公关树权威。比如，政府发布权威信息，有利于扑灭谣言和反对言论；权威的危机公关人员，有利于顺利应对公关危机

续前表

原则缩写	原则要素	原则的具体内容
双 C 原则	群众中心原则（citizen-centred）	明确危机公关的最终裁判是人民群众，对此应以人民群众为中心引领危机公关的大方向：一方面，以人民群众的需求为出发点，做好信息公开工作，积极引导公众，避免公众误解；另一方面，危机公关作为对公众心理和精神层面的干预行为，必须与生理和物质层面的安置补偿相配套，共同减轻和缓解人民群众遭受的损失与伤害
	谨慎操作原则（care）	危机公关应做到操作规范、流程周全来有效应对舆情快速变动和演变的特征，力求不扩大公关危机的范围、不加剧公关危机的程度。具体操作中，应设置预设预演、实时审查、及时纠偏等环节，同时开展情境应对和弹性操作，根据具体情况做权变应对
双 E 原则	平等原则（equity）	将公共利益作为危机公关自由裁量权的判断标准，危机公关的过程中应尽可能实现主体平等、操作公平、结果公正。具体而言：一是要实现主客体间的地位平等，二是要实现操作过程公平，三是要实现实际效果公正
	效益原则（efficiency）	建设尊重和追求社会效益与群众实惠的危机公关平台，追求公关实效性。具体而言：一是担负社会责任，为群众提供迫切需要并使之受益的帮助，并严格监管不当公关和个体问题；二是关注社会效益，以社会效益为"指挥棒"，强化公关活动的社会影响力；三是重视"比例"原则，避免投入和产出明显比例失调的公关行为，以免产生不良的社会影响

资料来源：唐钧．应急管理与危机公关：突发事件处置、媒体舆情应对和信任危机管理［M］．北京：中国人民大学出版社，2012．

7.1.2　危机公共关系的"两场-三维"机理

危机公共关系是指，在突发事件新闻发布基础上，公关主体通过官方发布、媒体报道、记者采访、专家解读、公众互动、危机沟通等工作，以降低或规避负面影响、维护公信力为目标，以处理好媒体关系、公众关系为核心，策划并实施的公共关系。

危机公共关系遵循"两场-三维"的操作机理，其中，"两场"是指"现场"和"舆论场"，"三维"是指"事件进展""信息管道""群众态度"（见图 7－1）。

在危机公共关系的"两场-三维"机理中，"事件进展"与突发事件新闻发布中"深挖掘"的四个层次设计①相一致，将现场和舆论场关联起来；"信息管道"展现出舆论场的状况机理；社会态度与现场的"利益相关"模型相关联。

7.1.3　危机公共关系的"信息管道"原理

在新闻发布和舆情分析的基础上，危机公共关系应了解全媒体环境下的"信息管道"原理，掌握信息发展和舆情演变的特征和规律。

---

① 详见第 6 章第 3 节的"6.3.1.2 层次设计"。

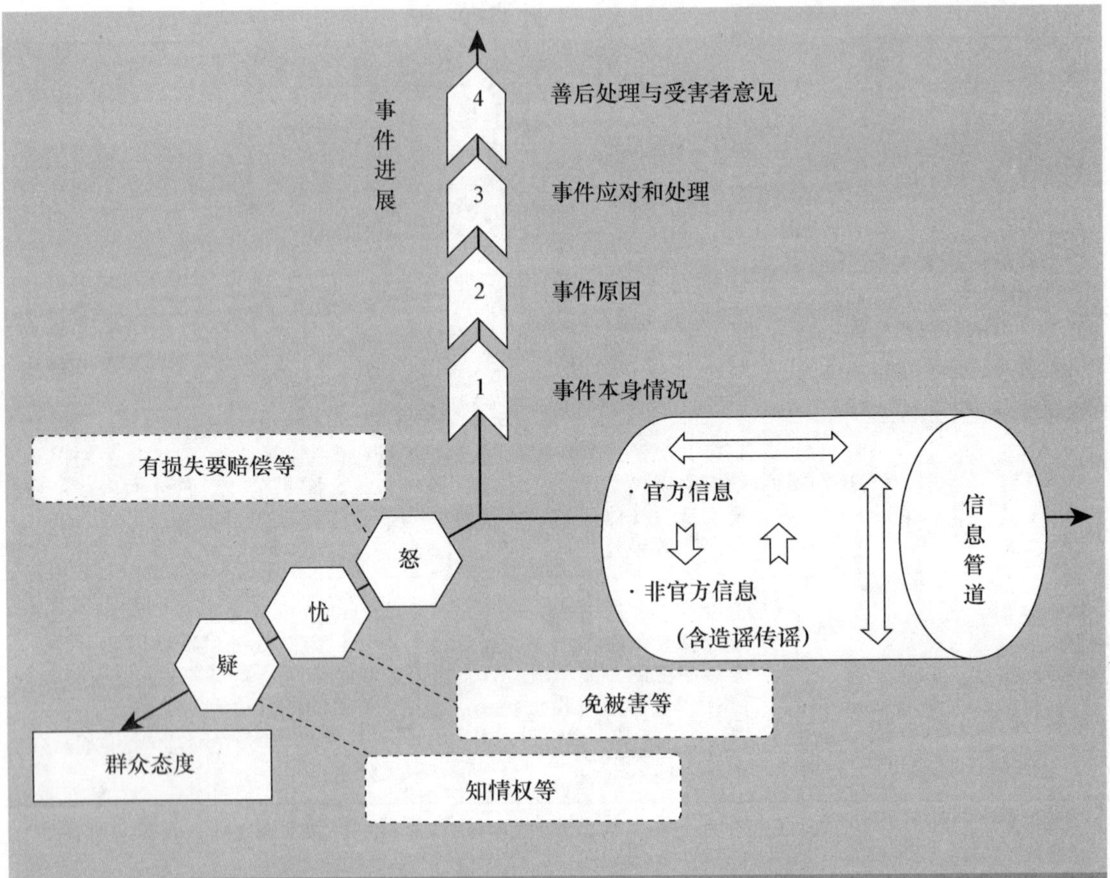

图 7-1　危机公共关系的“两场-三维”机理示意图

危机状态的舆情演变发展呈现出“信息管道”的特征：公共危机事件发生后的特定时间内，官方来源和非官方来源的多方面信息在一定时间内充满“信息管道”，其中官方信息和谣言及小道消息之间存在博弈关系，“信息管道”若未被官方信息填充满，空隙的地方会滋生谣言和小道消息（见图 7-2）。

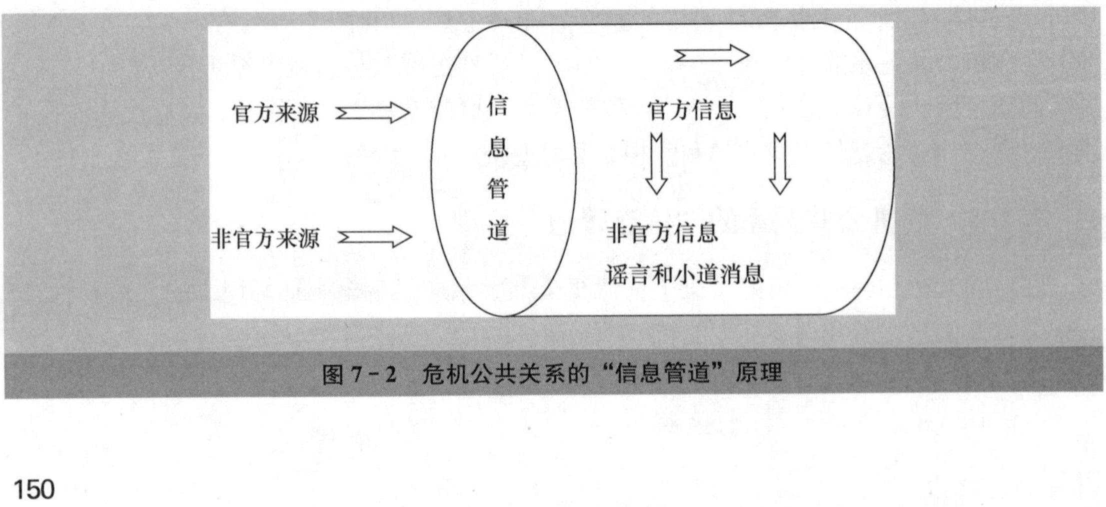

图 7-2　危机公共关系的“信息管道”原理

近年来，我国逐步进入全媒体[①]的新时代，让“信息管道”变得更加复杂（见图 7－3）。

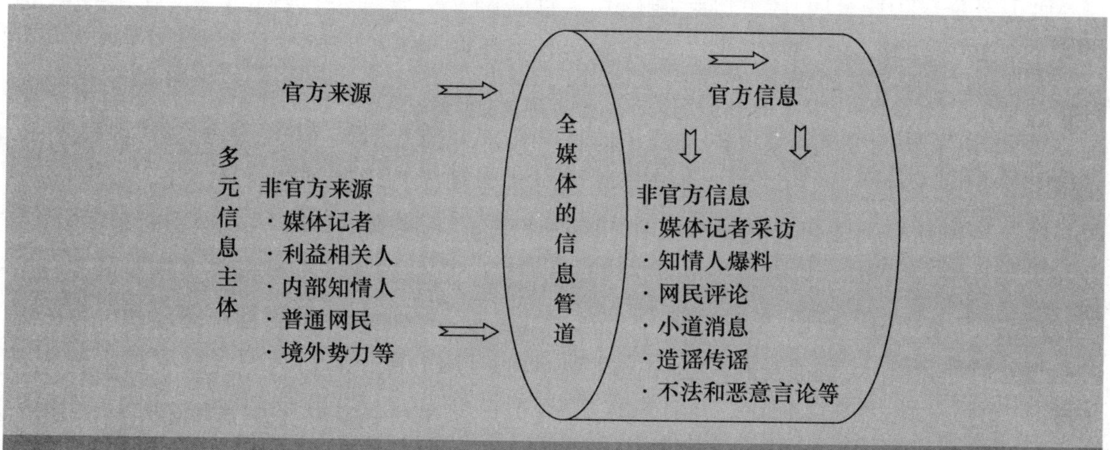

图 7－3　公共危机舆情的全媒体“信息管道”原理示意图

“信息管道”原理对危机公关提出“信息填充”和“管道净化”两方面的要求。

第一，及时有效开展“信息填充”工作。官方信息应发挥“挤出效应”。填充全媒体“信息管道”的过程中，首要工作是相关部门在公共危机管理的全流程中传播信息，让官方信息得以及时快速、全面有效地填充至“信息管道”中，防止给造谣传谣和小道消息留下“生存空间”。根据全流程的特征，官方信息的传播也要有阶段性地区分和有侧重地开展应对（见图 7－4）。

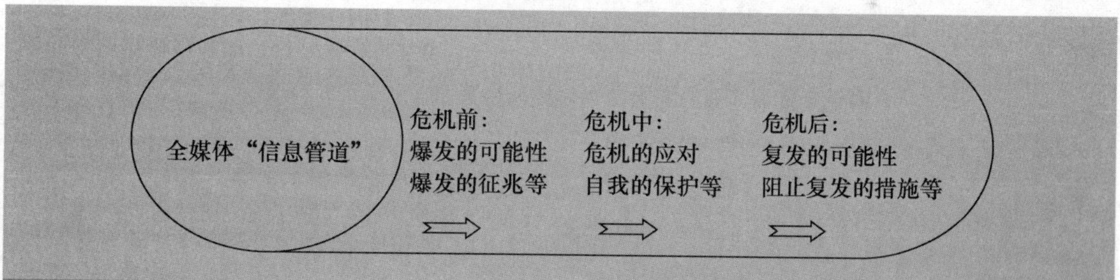

图 7－4　信息填充策略的全流程模型

第二，依法依规开展“管道净化”工作。全媒体“信息管道”中存在多种舆论炒作风险，亟待通过舆论净化策略来使“信息管道”恢复明朗和清净。舆论净化策略在具体实施中，应依据我国在互联网管理方面的相关法律法规和政策文件。对于互联网信息、新闻、出版、表演、文化、视听节目等可能引发舆情产生或加剧舆情传播的相关行业领域，应依法依规强化管理。

---

① 有关全媒体时代的机理和特征，详见本书第 6 章第 2 节“突发事件新闻发布的全媒体布局”的相关内容。

我国逐步建立健全舆论净化的相关法律法规，具体包括：《互联网信息服务管理办法》(国务院令第292号，2000年9月25日公布施行)，《互联网新闻信息服务管理规定》(国信办第1号令，2017年6月1日起施行)，《互联网文化管理暂行规定》(文化部令第51号，2011年2月17日发布，4月1日起施行)，《互联网等信息网络传播视听节目管理办法》(国家广电总局令第39号，2004年6月15日通过，10月11日起施行)，《互联网视听节目服务管理规定》(国家广电总局、信息产业部令第56号，2007年12月20日发布，2008年1月31日起施行)，《网络出版服务管理规定》(国家新闻出版广电总局、工信部令第5号，2016年2月4日公布，3月10日起施行)，《互联网用户账号名称管理规定》(国家网信办2015年2月4日发布，3月1日起施行)，《文化部关于加强网络表演管理工作的通知》(文市发〔2016〕12号，2016年7月1日发布)，《北京市移动互联网应用程序公众信息服务自律公约》(首都互联网协会，2014年11月27日起施行)，《互联网搜索引擎服务自律公约》(中国互联网协会，2012年11月1日发布)，《互联网跟帖评论服务管理规定》(国家网信办2017年8月25日公布，10月1日起施行)。

专　栏

危机公共关系的“信息管制”悖论

在针对“信息管道”开展危机公关工作的过程中，存在着“信息管制”悖论：若采取信息管制本身，很可能成为信息的新增长点；若采取舆情管制的舆情应对措施，不仅不能使信息量下降，还可能引发新一轮的舆情热量。现以某PX事件的舆情量统计为例①(见图7-5)。

根据图7-5的相关研究②，“信息管制”悖论的原理如下：图7-5的第一个“谷底”是信息管制比较严格的阶段，但是很快信息量得到反弹，形成了第一个“高峰”；同样，第二个“谷底”也是信息管制严格的阶段，但是很快信息量也得到反弹，形成了第二个“高峰”；其后，进入了信息的自由状态，而信息量反而稳步下降。

“信息管制”悖论表明：全媒体时代的危机公关工作“宜疏不宜堵”，信息管制的“堵”策略已不再是应对全媒体“信息管道”的有效策略；相反，采取舆情疏导的“疏”策略，对全媒体“信息管道”中的非官方信息进行有效和有序疏导，是应对全媒体“信息管道”的更有效策略。

---

① 在研究过程中，遵循了实证研究和试验方法的科学规则。采取在同一计算机和网络条件下，在同一时间段进行研究。但是在此过程中，也存在着网络信息的随意性和管制信息的迟滞效应等带来的误差。因此，此项研究的结论尚停留在科学研究的层次。

② 数据包括：Google检索项的前10项的网站，可以访问和无法访问的比例；此段时间内，针对几个活跃网站的跟踪访问情况，可以访问和无法访问的比例。

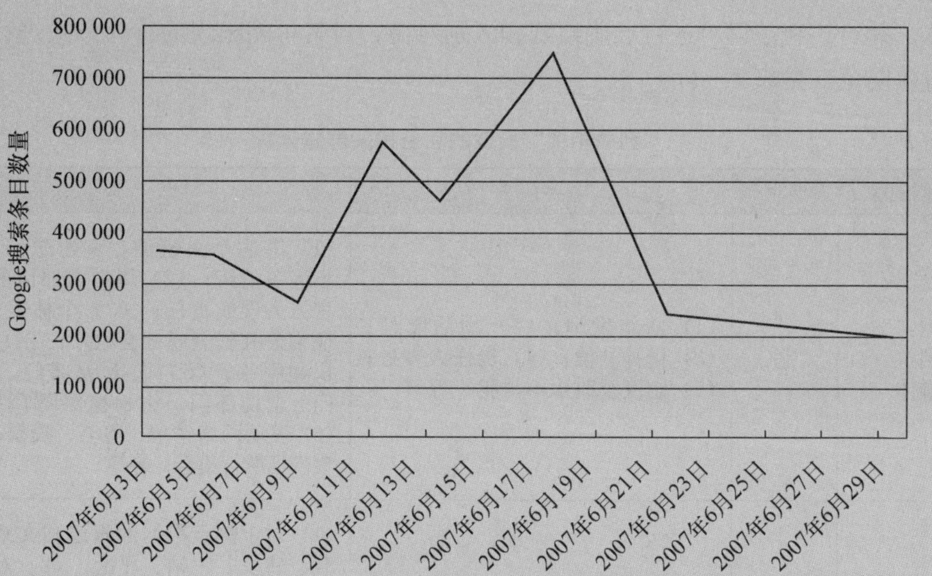

图 7－5　某搜索引擎中某 PX 事件的条目数量统计图

7.1.4　危机公共关系的“利益相关”模型

舆情心态呈现出“要赔偿、知情权、免被害”的特征。事实上，利益相关与否决定了制造、助推、炒作、围观舆情的全部受众，也决定了社会心态特征。具体包括三类群体：直接利益相关群体、间接利益相关群体、旁观群体（见图 7－6）。

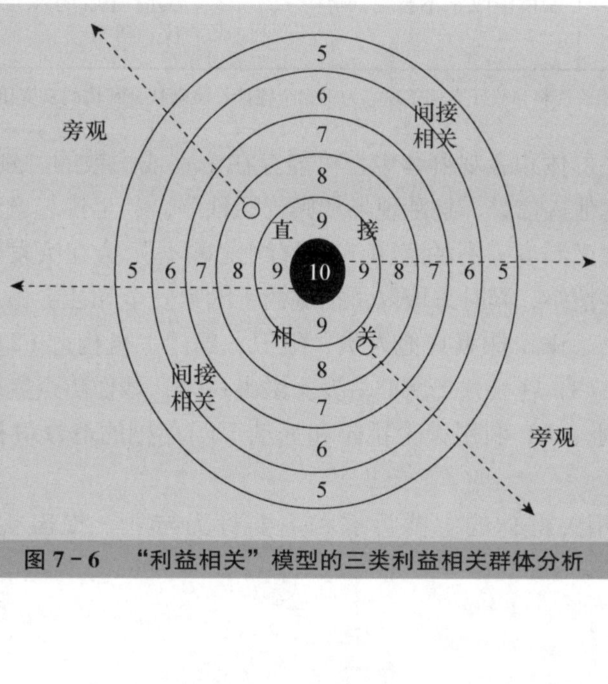

图 7－6　“利益相关”模型的三类利益相关群体分析

对此，应根据利益相关的程度，细分受众群体，从直接利益相关群体入手，逐步到旁观群体，并对其利益诉求进行准确甄别和区别对待，对其可能出现的行为方式进行风险评估和有效防范（见表7-2）。

表7-2　“利益相关”模型的利益相关群体分析

三类相关	主要情绪	主要诉求	主要行为方式
第1类：直接利益相关群体	怒	（1）情绪发泄；（2）物质赔偿；（3）精神补偿；（4）责任人查处；（5）制度整改永不再犯；等等	（1）讲述个人遭遇，表达悲伤、愤怒、不满等情绪；（2）爆料内部情况，指责官方失误或责任；（3）个体极端行为，危害公共安全或社会秩序；（4）现场抗议和闹事；（5）向上级部门、中央部门、信访部门、纪检监察部门等投诉；（6）发动网络请愿、签名、投票；（7）召集现场游行集会；等等
第2类：间接利益相关群体	忧	（1）免被害，免于被牵连或受影响，希望“下一个受害者不是我或我的下一代”；（2）知情权；（3）制度整改永不再犯；等等	（1）对于热点舆情的报道和文章进行转载、转发、跟帖、评论；（2）对于热点舆情事件中受害者的不幸遭遇表达愤慨、同情、担忧等；（3）对于热点舆情事件中责任方的违法违规、违背公序良俗或失职不作为的行为等表达质疑、愤怒、谴责等；（4）发动或参与网络的捐款、请愿、签名、投票、举报等
第3类：旁观群体（利益无相关或弱相关）	疑	（1）知情权；（2）满足围观和看客的好奇心态；（3）免被害，不被牵连或影响，希望“下一个受害者不是我或我的下一代”；（4）制度整改永不再犯；等等	（1）对热点舆情事件予以关注；（2）对热点舆情的报道和文章进行一定范围的转载转发；（3）“潜水”中，谨慎评论或跟帖，不表达个人情绪或明确态度；（4）利用社交平台或自媒体频道，针对舆情背后的深层次问题，给出整改建议；等等

资料来源：根据网络相关资料和公开案例整理，为不完全统计，将随社会环境的新变化而异。

在间接利益相关群体和旁观群体中，可能存在个别或少数的“别有用心群体”。基于谋取非法利益、损害他人信誉、扰乱现场和舆论场秩序，甚至挑起意识形态斗争、颠覆国家政权、推翻社会主义制度等不法意图，“别有用心群体”会在突发事件发生后刻意表露出“疑、忧、怒”等情绪，同时采取以下措施危害国家安全和社会稳定：（1）在互联网上恶意攻击、造谣中伤、诽谤抹黑其他人员、组织、部门、机构；（2）编造和传播虚假信息，扰乱社会秩序；（3）在公共场所非法聚集滋事；（4）炒作热点案事件；（5）攻击国家法律制度和司法体制；（6）利用舆论挑起和煽动不明真相的群众仇视政府、颠覆国家政权；等等。

基于不同利益相关群体的主要诉求和主要行为方式，提出相应的应对原则（见表7-3）。

表 7-3　“利益相关”模型的利益相关应对原则

应对原则	具体要求
(1) 突出“直接利益相关群体”	妥善解决“直接利益相关群体”的合法合理诉求，依据法律法规和政策规定，处置好其物质赔偿和精神补偿的工作，并尽可能“全程无责”、规避工作过程中的失误和风险
(2) 重视“间接利益相关群体”	高度重视“间接利益相关群体”的合法诉求，免于其“下一个受害者是我或我的下一代”的恐慌，积极整改不合理的制度
(3) 慎待无利益相关或弱利益相关的“旁观群体”	冷静分析无利益相关或弱利益相关的“旁观者”，保障其合法权益，接受其合理化建议
(4) 警惕“别有用心群体”	全面警惕“别有用心者”的不法言论，实时监控、识别、预警“别有用心者”的存在，及时在网络空间发布官方信息、辟谣，在现场调查取证、落地查处，掌握网络舆论场主动权、主导权，坚决反对和抵制各种错误思潮，维护网络社会秩序和意识形态安全等

资料来源：根据网络相关资料和公开案例整理，为不完全统计，将随社会环境的新变化而异。

专　栏

利益相关群体“冰山模型”

不同的利益相关群体存在各自的利益诉求，在诉求的驱使下，不同类别的利益相关群体之间会产生关联，在“线上”和“线下”开展交流和互动，建立关系和联系。其中，一部分利益相关群体由于其利益关联、言论行为等成为直接显性的利益相关群体，即露出“冰面”的“冰山一角”，其他更多数量、更大规模、更为复杂的利益相关群体反而隐藏在“冰面”之下，并可能转化为直接显性的利益相关群体，从而形成利益相关群体“冰山模型”（见图 7-7）。

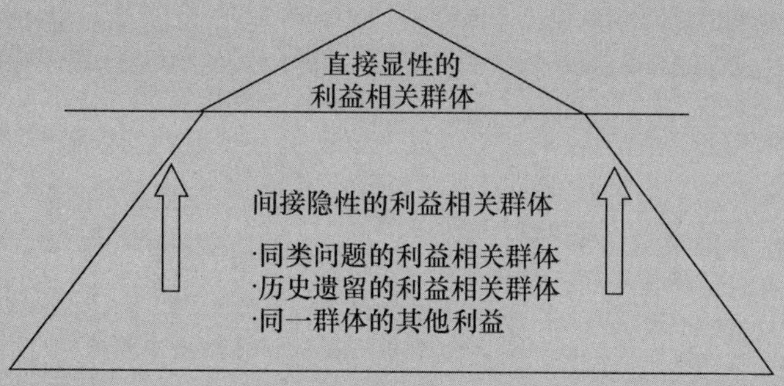

图 7-7　利益相关群体的“冰山模型”示意图

对于间接隐性的利益相关群体的识别和预测，可根据利益相关群体的基本要素，进行利益相关群体的社会关系、利益诉求、社会心态、情绪态度、矛盾冲突、维权意识等方面的分析，从而把握舆情风险的系统状况和重要变化，根据直接显性的利益相关群体来科学预测间接隐性的利益相关群体（见表7-4）。

表7-4　基于“冰山模型”的利益相关群体分析框架

分析项	主要方法
社会关系分析	根据舆情受众情况汇总，对不同利益相关群体之间的关联网络、社会网络、社会资本、道德规范、价值观念、信仰体系等要素进行分析
利益诉求分析	对各利益相关群体不同的利益诉求及其合法性、合理性、可满足性进行分析
社会心态分析	对各利益相关群体不同的心理期望、心理状态及其可能的行为反应进行分析
情绪态度分析	对各利益相关群体不同的情绪、态度及其变化和可能的行为反应进行分析
矛盾冲突分析	对各利益相关群体之间在利益诉求、价值观、心理感受、情绪态度等方面存在的矛盾冲突进行分析

资料来源：根据网络相关资料和公开案例整理，为不完全统计，将随社会环境的新变化而异。

7.2　危机公共关系的“责任模型”

危机公关应在“责任模型”的指导下，妥善应对“现场+舆论场”的复杂情形。

7.2.1　危机公共关系“责任模型”的机理

责任状况是危机公关策略制定的重要考量因素，是否存在责任及其大小决定了危机公关的方向和战略。基于此，本书提出危机公关的“责任模型”，以公关主体的责任研判为核心，同步考虑现场和舆论场情况，并结合环境分析和能力评估，形成科学的危机公关决策模式（见图7-8）。

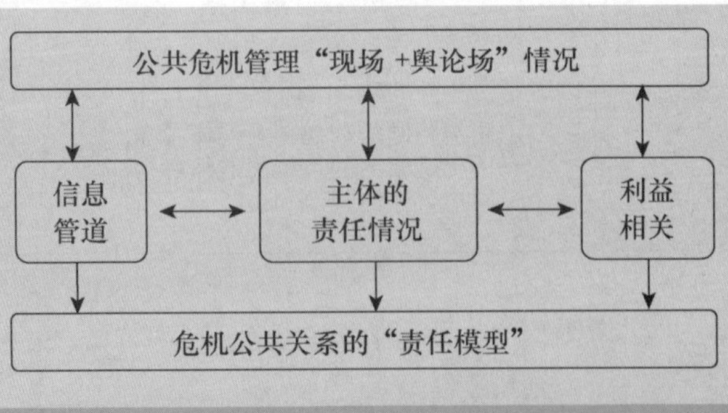

图7-8　危机公共关系“责任模型”的示意图

7.2.2　单一责任的危机公共关系模式

公共危机事件发生后，公关主体应将责任作为新闻发布和危机公关的决策标准，根据管理方的责任采取相应的危机公关模式。单一责任下的“责任模型”给出常见的三种责任情况及其对应的危机公关模式。

7.2.2.1　无责任的速战速决模式

无责任的速战速决模式是指，在主体处于无责任的情况下，采取速战速决的危机公关策略。基本要求包括：

第一，快速调查，迅速展开全面和深入的调查；

第二，快速定论，尽快定性和定责；

第三，快速澄清，及时辟谣，并广而告之。

危机公关的“无责任的速战速决模式”通常适用于造谣传谣的情况。在调查清楚的情况下，澄清和辟除谣言，既要速度快，又要力度到位。

以河南西华公安辟谣“女童遭两名老师多次性侵”为例。在“女童遭两名老师多次性侵”谣言出现并传播的 6 小时后，公安通过官方微博辟谣；6 日后“女童遭两名老师多次性侵”谣言的涉事女童及其姑姑（其姑姑是制造并传播谣言者）承认造谣并公开道歉。具体情况如下：

2017 年 7 月 4 日 14 时 17 分，微博名为“白衣天使茉莉花”的网友发起一条求助信息。自称是“受害者”姑姑的何争先（化名）声称，其侄女何佳佳（化名）就读于某小学五年级，被该校副校长和教导主任强奸十七八次，报警后有关公安机关不予立案并威胁恐吓“受害者”不让说出真相。该微博同步发布多张照片，发布后迅速得到关注和转发。对此，官方迅速辟谣，兼顾速度和力度。7 月 4 日 20 时 21 分，当地县公安局官方微博发布“关于对网民‘白衣天使茉莉花’在新浪微博发布严重失实信息的情况通报”，称“该信息制造炒作噱头，吸引网民眼球，扰乱网络公共安全秩序。经公安机关调查其所发信息严重失实，随后公安机关将澄清事实真相并将对信息发布者依法严惩”。某官方媒体记者采访了涉事女童何佳佳（化名）及其姑姑，并在 7 月 10 日凌晨通过新闻报道发布两个当事人编造和传播假消息的最新说辞，并公开了两人的采访道歉视频，有力地澄清了谣言、说明了真相。

7.2.2.2　完全责任的以退为进模式

完全责任的以退为进模式是指，在主体处于完全责任的情况下，采取以退为进的危机公关策略。基本要求包括：

第一，诚恳认错，主动表态，承认错误，做出必需的承诺，彰显诚恳的态度；

第二，控制事态，积极作为，遏制事态发展，努力降低伤亡和损失；

第三，主动修改制度缺陷，亡羊补牢，消弭恐慌，争取规避同类危机的爆发。

以某市地铁“问题电缆”事件的企业负责人下跪道歉和企业配合相关部门整改为例。2017 年 3 月，一网民曝光由某公司承建的某市地铁使用劣质材料并偷工减料，存在安全隐患；对此涉事公司法人代表公开下跪道歉，并依法接受调查、追责、惩罚。具体情况如下：

2017 年 3 月 13 日，一名自称在某电缆公司工作的网民爆料，某市地铁 3 号线整条线路的电缆都来自该公司，地铁线路使用“劣质材料和偷工减料的电缆”，很有可能引发火灾。爆料帖引发广泛关注和传播。市政府及时回应并证明涉事企业负有全部责任。基于此，涉事企业采取“以退为进”策略。3 月 21 日公司法人代表王某某在接受媒体的采访时下跪道歉，采访视频中王某某承认违法行为并悔罪道歉。6 月涉事公司根据国务院的问责决定，在以下方面进行配合或整改：(1) 依法对涉案违法生产企业 8 名犯罪嫌疑人执行逮捕；(2) 依法依规撤销涉案违法生产企业的全部认证证书和著名商标认定，吊销营业执照和工业产品生产许可证；(3) 全面深入排查涉及的工程项目，尽快完成“问题电缆”全部拆除更换等。

7.2.2.3 部分责任的社会协商模式

部分责任的社会协商模式是指，在主体处于部分责任的情况下，可采取社会协商的危机公关策略，基本要求包括：

第一，运用中立第三方的意见，获得权威解释、专业论证，或其他具有较高公信力方面的认可；

第二，运用“异见领袖”的态度，尤其是争取“异见领袖”转变成见、帮助获得大众的认同支持；

第三，运用“民间”的看法，获取利益相关群体的广泛理解和支持，争取最大基数的认可。

现以“东方之星”旅游客船倾覆事件后的新闻发布为例。2015 年 6 月 1 日晚发生“东方之星”沉船事件，媒体和网民对现场救援情况、客船倾覆原因、救援实施细节等问题给予重点关注和详细询问。对此，官方在多次新闻发布会上聘请相关部门、科研院所、社会组织的技术专家进行现场解说，对事故发生的不可抗力、救援实施的客观难度等进行详细说明，这客观上有利于取得社会理解（见表 7-5）。

表 7-5　“东方之星”旅游客船倾覆事件的社会协商式危机公关操作

专家身份	专业意见	所起作用
1. 武汉中心气象台台长	“6 月 1 日 21 时 06 分，监利县气象站检测到最大瞬时风力为 9.2 米/秒。22 时 03 分，监利县东南方向靠近长江边一个叫尺八的自动气象站，距离出事地点大约 35 公里，检测到最大瞬时风力为 16.4 米/秒。最近几十年，龙卷风在湖北省发生的频率是平均 5 年一次，属于一种小概率事件。”	专业解释事发时江面龙卷风达 12 级是小概率事件，沉船事故属偶发事件

续前表

专家身份	专业意见	所起作用
2. 重庆船舶设计院院长	“抗覆能力、抗浪能力要求最高的是远洋海船，然后依次是近海、沿海等。到了内河，船舶分 A、B、C 三级，这其中 A 级是最高的，B 级相对来讲要低一些。这个标准的制定，是经过很多努力从实践中得出的，船舶的设计和建造过程要严格遵守这个标准。‘东方之星’属 B 级船舶，比远洋和 A 级内河船要低一些，遇到龙卷风，一旦船侧面受风且压力很大，超出了标准，船体就有可能倾覆。”	专业解释船体侧面风压超抗覆能力，客观证实被龙卷风吹翻而发生事故是不可抗力
3. 大连海事大学救助与打捞专业教授	“沉船区域江底有大量泥沙和石块，并且沉船倒扣紧贴着河床，增加施工难度。同时沉船结构复杂，又灌进很多水，重量分布不均匀，要把握好施工的节奏。扶正是非常细致的工作，所遇到的困难也非常严峻，为了稳步、小心翼翼地推进各项工作，制定了非常细致的方案，整个过程总体来说稳步推进。”	专业解释扶正过程中船体需要受力均匀，救援节奏不能过快
4. 大连海事大学打捞工程专业教授	“救援最难的阶段，是第四根钢缆穿千斤的工作，因为沉船处于翻扣状态，而且右舷边和江底处 90 度的接触状态，同时江底是一个抛石区，有大量的碎石。另外，因为江底的流速非常快，潜水员下潜接近 15 米，人员固定都困难，还要带着重钢缆，在狭小空间内把钢缆穿过去，是非常困难的。”	专业解释钢缆穿千斤的技术困难，说明救援实施的困难，增加救援结果的可接受度
5. 水弹性力学与船舶力学专家、中国工程院院士	“轮船上一般装有自动求救系统和手动求救系统。航行过程中遇到突发情况时，驾驶员可以启动求救系统，但是如果轮船发生侧翻时速度较快，驾驶员很可能没有时间启动发出求救信号。如果‘东方之星’在两分钟内就发生了翻沉，在无法正常站立的情况下，驾驶员很难及时发出求救信号。”	专业解释沉船发生事故时发出求救信号的技术困难，增加救援实施时间的可接受度

资料来源：根据网络公开报道和资料整理，为不完全统计。

7.2.3　复杂责任的危机公共关系方案

危机公关面临的责任情况往往是上述三种责任情况的叠加或交融，对此应采取相应的策略和手段，逐一分解、科学应对。

7.2.3.1　复合情况下的切割责任方案

在复合责任情况下，公共危机事件牵涉的主体繁多且关系复杂，对于其中的某一主体而言难以用无责、全责、部分责任来准确定责，同时一旦承认责任将可能导致风险升级和危机扩大。对此建议采用适时切割责任的方案，切割掉“病入膏肓”的问题或“恶化升级”的倾向，基本要求包括：

第一，“切割”个体责任，依据相关规定，将个体存在的责任和问题从组织整体中切割出去；

第二，“切割”恶化路径，依据舆情演变和风险管理规则，切断危机恶化路径，防止愈演愈烈；

第三，“切割”新生风险，根据新生风险或风险新变化，动态开展干预，遏制不断涌现的风险源。

以某研究生被炸死于导师工厂事件的校方回应为例说明。2016 年 5 月 23 日，某化工公司发生爆炸，后经调查该公司的实际控制人张某某是某高校能源化工系副教授，其研究生李某当时在工厂工作，因爆炸而身亡。事发后，张某某所在高校做出多方面“切割责任”的危机公关回应，规避了校方不必要的责任（见表 7－6）。

表 7－6　研究生被炸死于导师工厂事件中涉事高校的危机公关做法

回应主体	回应内容	作用分析
涉事高校官方微博	高校官微发文表示：“学校深感痛心，并高度重视，迅速成立工作组，一直在努力做好学生家属的慰问、接待和服务等工作，积极配合相关部门开展事故调查。目前，涉事企业负责人已被公安部门刑事拘留，有关部门正在调查事故原因，进行责任认定，学校将积极善后、妥善处理。”	校方回应事件本身，表达痛心和重视，并明确根据相关部门调查结果来确定责任
涉事高校党委宣传部	涉事大学党委宣传部负责人接受媒体采访表示，2007 年该大学曾下发《教师校外兼职活动的暂行规定》的通知，不允许教师在校外企业进行实质性兼职，个人也不能作为法人代表开办公司。 在某官方媒体的专题采访节目中，党委宣传部部长表示：“张某某如果真的在外面开办公司或者参股企业，属于瞒着学校私下开，学校完全不知情；对于张某某责任的认定，要等政府调查组的最后调查结果，如果他确实有违法违纪的情况，学校绝对不会包庇他。”	校方回应当事导师的问题，表示：（1）校方不知情；（2）导师违规操作
涉事高校资产管理公司	在某官方媒体的专题采访节目中，涉事大学的资产管理公司总经理表示，若查实张某某利用了学校的知识产权或者无形资产，则属于侵权行为；若是侵权行为，学校将为维护国家权益，对张某某进行追诉，要求追回校方权益。	校方集中回应当事导师的问题，表示：（1）校方不知情；（2）导师违规不报；（3）导师涉嫌科技成果侵权；（4）学生安全由导师和学生各自负责
涉事高校人事处	在某官方媒体的专题采访节目中，人事处处长表示：“张某某在外开公司的行为未到学校进行兼职审批和报备，属于‘私自出去工作’，明确违反学校的兼职规定，学校将根据事件结果对其给予纪律处分或其他责任处分。”	
涉事高校研工部	在某官方媒体的专题采访节目中，研工部部长表示：“学校《关于落实硕士研究生工程实践能力培养的通知》明确规定，‘工程实践课程安排实行导师负责制，由硕士研究生导师结合拟安排研究课题，联系实习单位，并设法保障学生实习期间的安全’，导师和学生需明确各自责任。”	

资料来源：根据网络公开报道和资料整理，为不完全统计。

7.2.3.2　交融情境下的厘清责任方案

在责任交融情境下，公共危机事件相关的网民爆料、媒体报道、舆论声音等舆情交融复杂，涉事主体面临无责、全责、部分责任三种责任情况叠加且交融的局面。在这种情况下，建议采用厘清责任的方案，依法依规，固证调查，区分责任，切实回应舆论，基本要求包括：

第一，“厘清”问题根源，以法律为“刀”，不回避违法违规的问题；

第二，“厘清”无责情况，对于造谣传谣、诽谤中伤的问题，在相关部门的协助下，尽早查明真相、控制责任人，并告知公众；

第三，“厘清”全责情况，以法律法规、“三重危机”模型、民众“零容忍”等为尺度，将其设定为不可触碰的全责“高压线”，提前防范，若遇到则以“以退为进”的模式应对；

第四，“厘清”部分责任情况，对于法律可允许、民众能接受等的减责免责的情况，依法依规予以办理，并通过“社会协商”模式充分沟通、达成共识。

以某幼儿园涉嫌虐童事件的官方回应为例说明。前些年，某幼儿园被曝虐童事件，随即引发网络热议。在媒体报道、“知情人”爆料、舆论施压、网民质疑等多重压力下，涉事幼儿园面临多重责任交融叠加的局面；之后通过属地公安介入调查并发布通报，逐步厘清责任。

7.3　危机公共关系的运行机理

7.3.1　应对舆情来源的“181”议题设置法

全媒体时代中，危机公共关系面临复杂多样的环境特征，也需采取相应的应对策略。

7.3.1.1　舆情来源的多元化特征

全媒体时代的舆情呈现出“源头多、传播快、易获取”的特征，舆情的多元化来源主要表现为：(1) 记者暗访。媒体记者隐瞒身份和目的，通过假冒某种身份或作为旁观者等手段前往现场开展调查并予以报道。(2) 内部爆料。通过公务员、员工、家属等内部知情人向媒体记者告密和在个人社交媒体或网络公共场合发言等方式曝光。(3) 异地报道。发生在本地的公共危机事件或热点舆情事件，由外县、外市、外省的媒体报道出来。(4) 移动终端。通过智能手机等移动终端上的即时社交媒体、自媒体新闻平台、网络新闻客户端、博客空间 App、视频播客 App 等发布或曝光。(5) 自媒体平台。经由自媒体人策划、调查并通过文字、图片、视频等多种方式曝光。(6) 影视作品。某些影视作品基于对社会真实事件的改编或重现，此类影视作品播映后，引发社会对故事原型的广泛关注。(7) 网络直播。热点舆情事件通过网络直播的形式曝光或由网络直播平台流出。(8) 境外服务器。本国热点舆情事件由境外服务器上的媒体报道、自媒体爆料、网民透露或其他形式出现。

针对舆情的“源头多、传播快、易获取”特征，传媒控制仍可用，但效果式微。基于此，危机公共关系需通过“自有发布平台”，借助“融媒体特性”，达成预期的舆论引导成效。

7.3.1.2 基于“181”模型的议题设置

在舆情的多元化来源中，网民爆出的“信息源”增多，博弈官方的“信息权威”，新闻发布议题设置确实有用，但已难全面覆盖。对此，应结合社会心态“181”模型的分布规律，开展舆论引导。

新媒体时代的舆情受众态度呈现出1∶8∶1的比例分布，简称为“181”模型①，具体是指：正态常态下的社会心态呈正态分布，其中80%是总体倾向于中立的态度；另外两个10%分别为极端支持态度和极端反对态度（见图7－9）。

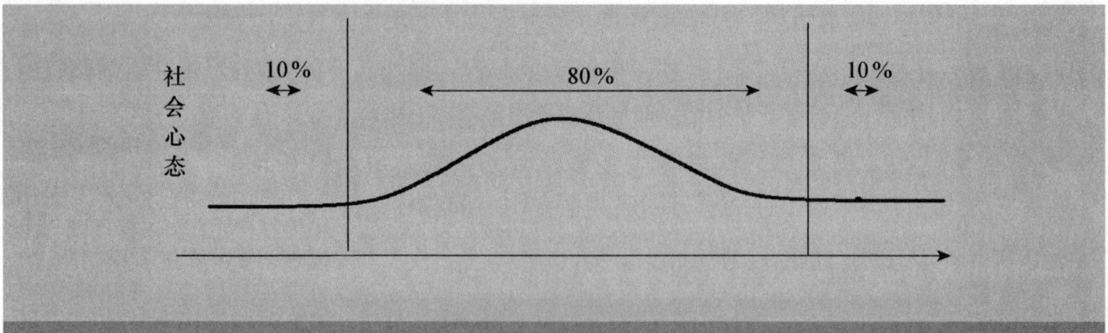

图7－9 “181”模型的社会心态分布规律示意图

对此，议题设置应遵循“181”模型的规律。具体应做到：第一，重点关注社会心态中占80%的主流意见，积极争取并维持“主流80%”的认同与配合，寻求社会舆论的“最大公约数”；第二，妥善处理“极端10%”，一要避免社会舆论被极端反对10%误导和带偏，二要防止为“讨好”极端反对的10%而得罪另外的90%，三要规避极端支持10%的“无脑公关”“极端公关”带来适得其反的效果。

专 栏

“181”模型中的社会心态规律

规律1：“沉默的大多数”和“聒噪的少数派”

网络时代，持客观或中立观点的群体往往处于“潜水”状态，从而形成“沉默的大多数”；而在“看客心态”作祟下，“聒噪的少数派”制造的极端观点和出格行为易产生“广场效应”，在类似于一个“广场”的网络空间中，获得广泛的关注、推崇、吹捧。

在“181”模型的社会心态分布中，“沉默的大多数”是“主流80%”的真实表现，“聒噪的少数派”是指极端反对或极端赞同的两个“极端10%”群体，往往更容易受到整个舆论环境的关注和推崇，这就形成了“沉默的大多数”和“聒噪的少数派”格局。

① 唐钧．政府风险管理［M］．北京：中国人民大学出版社，2015．

需要特别说明的是，这里的“少数派”不是贬义，而是非常态、非主流，是内容或者形式的与众不同。非主流程度越高，非常态的比例越多，才越能满足主流群体作为围观者和看客的猎奇心态。

规律2：少数“别有用心者”的“带节奏”行为

在极端反对或极端赞同的两个“极端10%”群体中，除了因自身心态特殊而导致观点和态度本身极端的情况外，还存在着“别有用心者”故意制造并传播极端声音，尤其是极端反对的声音。在“沉默的大多数”和“聒噪的少数派”格局下，“带节奏”的舆情传播，致使整个舆论环境中充斥着极端言论和观点。部分“别有用心者”，实质是意图开展意识形态斗争的不法分子，混淆在“极端10%”群体中，通过开展网络意识形态斗争，对我国网络主权安全、国家政治安全等造成负面影响。

7.3.2　应对舆情加工的“还原全貌”模型

7.3.2.1　舆情加工的“同类合并、对比差距”特征

当前，新媒体环境的信息存储便利，致使“同类合并、对比差距”的舆情加工已成常态。

1. 舆情易被“同类合并”

在舆情传播的新媒体时代，媒体倾向于大量报道同类事件，总结共同特征，并探究深层原因，这种舆情演变称为“同类合并”。

舆情的“同类合并”源于报道的“强化效应”和媒体的“监视功能”：一方面，同类案例在一段时间内频繁曝光所产生的“强化效应”，促使舆论关注不再只停留于个案层面，而是被引向背后的深层原因；另一方面，媒体具有“传播的社会监视功能”，及时了解、把握并适应内外环境的变化，人类社会才能保证自己的生存与发展。

客观上，媒体注重横向挖掘与之类似的事件，对同类事件在一段时间内的持续密集报道，在引起公众对现实社会问题关注的同时，有利于促进揭露和反思典型个案背后的深层社会问题，促使政府加大监管、打击力度。而在媒体反复报道同类事件的过程中，公众对相关议题的关注度也不断攀升，强大的舆论压力不仅倒逼政府部门采取相应举措，也教导全社会对相关问题提高警惕和风险意识。

2. 舆情易被“对比差距”

全球化时代，某一公共危机事件易被与不同国情、不同地域、不同时间的同类舆情事件形成对比式报道，并且此类对比呈现出碎片化、脱离时空的特征，这种舆情演变称为“对比差距”，由此产生的“形象落差危机”后果严重，亟待有效防范。

舆情的“对比差距”突出表现在三方面：一是跨国情的对比。全球范围内的舆情对比

呈现出碎片化、脱离时空的特征，易将“国外最佳经验”和“国内最差表现”形成对比，产生“形象落差危机”。二是跨地域的对比。不同地区之间公共危机事件易被媒体对比，进而给两地的调查处置和舆情应对带来压力，尤其是通过对比进而总结的相似问题易引发整体的“形象落差危机”。三是跨时间的对比。历史事件和当前事件的对比，易引发对“同类问题复发”和“整改不到位”的质疑。

专　栏

新媒体环境的舆情“留存效应”

舆情“留存效应”是指，信息化的技术让舆情相关的媒体报道或网民评论一旦在网上发表将会永久留存，通过检索可快速找到相关信息。“留存效应”导致公共危机舆情的“新闻链条”和“搜索效应”，加大舆情应对的压力。

“新闻链条”是指，公共危机事件一旦出现首次报道，新闻媒体或关注网民将纷纷转载转发，且同类的新闻报道、网民评论、讨论话题等倾向于调用以前的报道内容信息，从而保障网络中信息的长期流转与留存，并构成以时间和内容为线索的“新闻链条”。

“搜索效应”是指，互联网空间中，对于某一公共危机事件的舆情信息会在短时间内海量出现、沉淀下来并可即时搜索，即使是在该事件的舆论动态平息后，曾经对事件的报道和讨论等舆情信息并未消失，而是作为备用材料留存在网络数据库中，若需要则可搜索查找到。

基于“新闻链条”和“搜索效应”，舆情易出现“同类合并”和“对比差距”的加工方法。

7.3.2.2 “还原全貌”模型

舆情的“同类合并、对比差距”加工方法，容易出现舆论风险。对此，“还原全貌”是重要方法。“还原全貌”应采取“整体还原”和“逻辑还原”两种方法。“整体还原”法是指，还原事件全貌和整体情况，规避“选择性”报道、“碎片化”报道带来的“断章取义”问题；“逻辑还原”法是指，还原事件发生的因果关系和先后顺序，谨防“颠倒因果”而产生的舆论误读和群众误解。

例如，“广西一女子被交警抱摔”（2018 年 10 月）的图片和视频在网络传播后，引发舆论对警察暴力执法的质疑，之前该事件的全貌被媒体还原报道，实为“广西一女子因违停被劝离，不服气而当街持刀砍交警，被交警迎面抱摔制服”①。

① 广西百色：女子当街持刀砍交警　被正面抱摔制服［EB/OL］. 央视网，2018-10-23.

7.3.3 应对舆论报道的"常态清理 & 危态止损"法

7.3.3.1 舆论报道的"深度挖掘、追踪报道"特征

公共危机事件的舆论报道易出现"深度挖掘、追踪报道"，具体表现为：媒体报道、自媒体文章或网民评论中，出现对当事人情况、历史遗留事件、同类事件、其他相关事件等进行深度挖掘和追踪报道，进而形成反复报道、多路径传播、改装夸大的舆情状况。

舆论的"深度挖掘、追踪报道"中，有的是有责的真实情况，致危机公关面临被动局面，有的是"造谣传谣"，致"舆论场"混乱，综合导致危机公关的压力叠加（见表7-7、表7-8）。

表7-7 舆论"深度挖掘"的层次分析

层次顺序	层次内容
第一层次	当事人情况
第二层次	涉事主体的历史遗留问题
第三层次	同期的同类事件
第四层次	历史的同类事件
第五层次	关联组织或人物的问题（可能造谣传谣）

资料来源：根据现实情况总结，为不完全统计。

表7-8 舆情"追踪报道"的层次分析

层次顺序	层次内容
第一层次	事件本身情况
第二层次	事件原因与责任主体（组织和个人）
第三层次	事件应对与处理
第四层次	善后处理与受害者意见

资料来源：根据现实情况总结，为不完全统计。

7.3.3.2 基于"冰山效应"的"常态清理 & 危态止损"法

舆论报道的"深度挖掘、追踪报道"多集中于公关主体的负面信息。此类舆论报道得以多发频发，归根于公关主体的形象"冰山效应"：长期积压的形象问题累积成"冰山"，突发的负面舆情事件如同冰面以上的"冰山一角"，将在新媒体作用下带出冰面以下的"冰山整体"，增大危机公关的难度和压力。对此，危机公关工作应与常态公关工作相结合，既要做好形象危机的"危态止损"工作，也要做好形象风险的"常态清理"工作。

危态中，及时开展形象的危机止损和阻止升级工作。具体操作中应把握"新闻价值周期"，切实做好三方面工作：一是干预"传播源头"，二是降低"新闻价值"，三是减少"传播动力"（见图7-10）。

以银行倒闭谣言引发群众恐慌挤兑的应对为例。"江苏射阳农商行要倒闭"的谣言激起储户恐慌，引发射阳农商行挤兑。此后多方相关主体出面安抚储户，并启动大批量现金

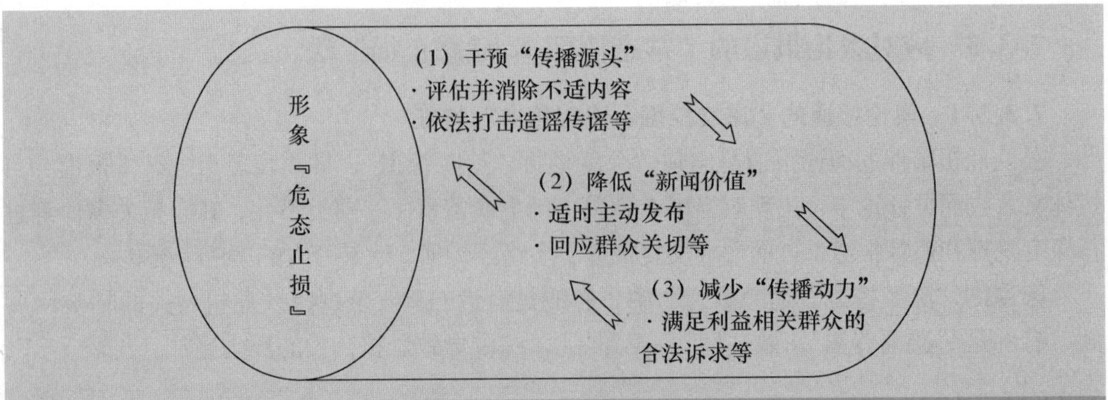

图 7-10 形象“危态止损”的操作要点

供应，保证储户兑付到位①。具体而言：(1) 干预“传播源头”。盐城警方查处有关射阳农商行谣言的违法人员蔡某，并通过官方微博发布公开通报。(2) 降低“新闻价值”。一是射阳县县长发布电视讲话，称将确保储户的利益任何时候不受影响，射阳农商行任何时候都确保有充足的资金兑付；二是中国银行业协会发布声明，称目前江苏省已成立由银监局、地方政府和人民银行共同组成的联合工作组，正在积极稳妥地处置有关事态，协会也正在密切跟踪事态进展，积极采取措施；三是中国银行业协会要求射阳农商行切实履行义务，增加现金储备，延长营业时间，保证及时足额兑付存款人的全部提款要求。(3) 减少“传播动力”。银行门口电子屏上滚动播放“储户存款受法律保护，不存在存款兑付不出的情况，请广大百姓切莫听信谣言，造成不必要的恐慌”的字幕。

常态中，定期开展形象的风险评估和问题清理工作，切实规避责任事故。以执法部门为例，应做好以下 5 类 53 项形象风险的“常态清理”工作（见表 7-9）。

表 7-9　形象风险“常态清理”清单（以执法部门为例）

形象风险类别（5 类）	形象风险点（53 项）
1. 执法方式违法失当	(1)“暴力执法”；(2) 选择性执法；(3)“钓鱼执法”；(4) 执法权滥用；(5) 无证执法；(6) 刑讯逼供；(7) 暴力取证；(8) 程序违法；(9) 执法不公；等等
2. 执法成效不佳	(1) 误伤误杀；(2)“抓错人”；(3) 在押人员逃脱；(4)“非正常死亡”；(5) 回应不及时；(6) 辟谣迟滞；(7)“辟谣无力”；(8) 执法迟滞；(9) 执法裁量权受质疑；(10) 处理结果引争议；(11) 规定引争议；(12) 执法“被干预”；(13) 执法被“舆论倒逼”；(14) 执法被“道德绑架”；等等
3. 服务不到位	(1) 服务态度差；(2) 服务效率低；(3) 违法违规收费；(4) 与群众发生冲突；(5) 回复不及时；(6) 宣传不到位；(7)“差别对待”；等等
4. 个人违法违规违纪	(1) 知法犯法；(2) 失职渎职；(3) 贪污受贿；(4) 挪用公款；(5) 权钱交易；(6) 权色交易；(7) 敲诈威胁；(8) 涉赌；(9) 涉毒；(10) 涉黄；(11) 涉黑；(12) 酒驾；(13) 闹事；(14) 侮辱他人；等等

① 谣言为何引发银行储户挤兑？[EB/OL]. [2014-03-28]. http://finance.qq.com/original/caijingguancha/f1102.html.

续前表

形象风险类别（5 类）	形象风险点（53 项）
5. “被影响”	(1)“被暴力”；(2)“被威胁”；(3)“被造谣”；(4)“被冤枉”；(5)“被牵连”；(6)“被冒充”；(7)“被误解”；(8)“被侮辱”；(9)“被挑衅”；等等

资料来源：中国人民大学危机管理研究中心绘制，在唐钧主编的蓝皮书《风险评估与危机预警报告（2015～2016）》《形象危机应对研究报告（2013～2014）》《形象危机应对研究报告（2012）》基础上的实证研究总结，为不完全统计。

专　栏

公共关系的“知名度-美誉度”模型

危机公关的核心是提升“美誉度”。政府在危机公关时已经有了“知名度”，需要分析形势、应用策略、做好工作，全面提升“美誉度”。

突发公共危机将直接导致责任主体（尤其是属地政府）的“知名度”提升。因此公关主体在开展危机公关时已有较高“知名度”，但“美誉度”较低（见图 7-11）。

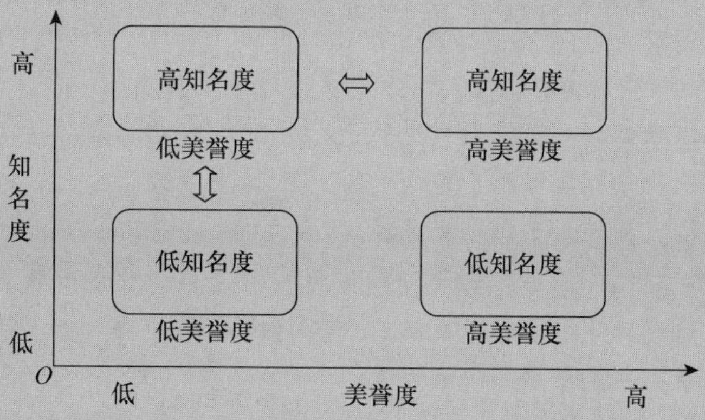

图 7-11　危机公关的“知名度-美誉度”模型机理

在此情况下，危机公关面临两方面形势：第一，若不及时和妥善处理负面影响，将出现恶性循环，并形成“高知名度＋低美誉度”模式，并在中长期发展为“低知名度＋低美誉度”模式；第二，危机状态已带来“眼球效应”，引起广泛关注，若采取恰当方式提升美誉度，有可能达到“高知名度＋高美誉度”的理想状态。

基于此，危机公关旨在提升“美誉度”，应做到：第一，确保负面影响不扩大是前提，危机公关的首要目标是严格防范负面影响的扩散和加剧，规避所有可能带来负面影响的风险；第二，正面宣传应适度开展并遵循规律，适度开展正面宣传以达到“转危为安”甚至“转危为机”的效果，这一过程要循序渐进，遵循社会时代规律、民众心理规律、信息传播规律等多方面规律。

专栏

危机公关的 SOQR 分析

危机公关之前，可应用 SOQR 分析法，对主体对象、性质责任等多个维度的状况进行评估（见图 7－12）。

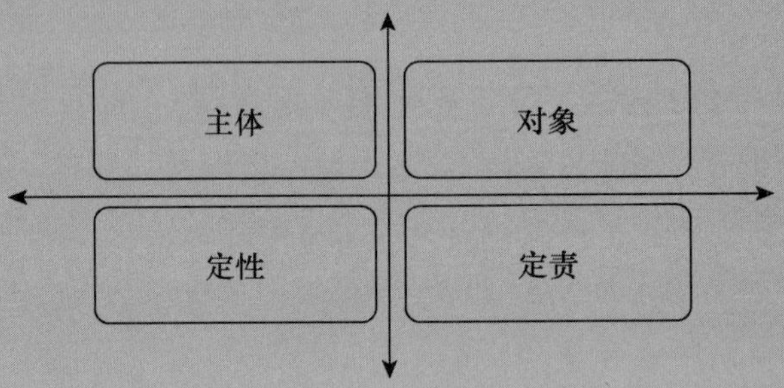

图 7－12 危机公关的 SOQR 分析法

1. 危机公关的主体（subject）

危机公关的主体分析。对主体性质进行分析评估，一是属地分析，即所在地域所属的管辖政府；二是行业分析，即属于哪个行业；三是主管部门分析，即危机的主管部门为谁。分析危机主体，也有利于明晰责任。

在此基础上，对危机公关主体的优势和劣势进行分析。优势分析主要包括：一是充足的财政来源，保障政府危机应对力度；二是良好的形象基础，方便政府在危机公关之时与受众的直接联系；三是雄厚的技术力量，为政府进行危机公关提供方法手段；等等。劣势分析主要包括：一是社会舆情的反对状况，二是公众的抵制和反感程度，三是危机公关的受限渠道等。

2. 危机公关的对象（object）

危机公关的对象分析。根据利益程度进行考量，可分为直接相关、间接相关、无相关三类。一是直接相关利益群体，主要包括当事人群体、利益受损者等；二是间接相关利益群体，主要包括受危机牵连受损或存在潜在威胁的相关群体；三是无相关利益群体，如旁观者。

在此基础上，对危机公关对象所处环境中的公关机会和威胁进行分析。机会分析主要包括：新情况的出现扭转局势，新技术的发明增加优势，新危机的出现转移视线对冲风险等。威胁分析主要包括：政策的恶性变化、客体要求的恶性改变、社会公众的态度和行为的恶化、连锁式危机事件的爆发、公关危机的冲突“雷区”等。

3. 危机公关的定性（qualitative）

危机公关的定性分析。研判危机性质，从而确定危机公关的边界标准，具体可通过定性和定量两种方法来定性。

定性方法主要包括：一是危机属于“人民内部矛盾”，还是属于“敌我矛盾”；二是危机属于社会管理的范围，还是属于公共服务的范围；三是危机是否涉及违法犯罪和违反党纪等。

定量指标主要包括：引发人员死伤后果的可能性程度、境内外舆论关注程度、涉及人员规模程度、发生地点和时间的敏感程度、引发关联性风险程度、动因影响程度、防控难度等一系列量化指标。

4. 危机公关的定责（responsible）

危机公关的定责分析。研判危机主体的责任情况，从而确定危机公关的具体策略，一般可分为全部责任、部分责任、无责任三种情况，具体详见“责任模型”。

在上述三种责任的基础上，可能出现“复合责任”或“责任交融”的情况。在复合责任情况下，公共危机事件牵涉的主体繁多且关系复杂，对于其中的某一主体而言难以用无责、全责、部分责任来准确定责；在责任交融情境下，公共危机事件相关的网民爆料、媒体报道、舆论声音等舆情交融复杂，涉事主体面临无责、全责、部分责任三种责任情况叠加且交融的局面。

本章小结

危机公共关系是指，在突发事件新闻发布基础上，公关主体通过官方发布、媒体报道、记者采访、专家解读、公众互动、危机沟通等工作，以降低或规避负面影响、维护公信力为目标，以处理好与媒体、公众的关系为核心，策划并实施的公共关系。危机公共关系遵循“双SPACE”原则和“两场-三维”的操作机理。其中，“两场”是指“现场”和“舆论场”。“三维”是指“事件进展”“信息管道”“群众态度”。

责任状况是危机公关需考量的最重要因素，对此危机公关应遵循“责任模型”准则。在单一责任情况下，应用危机公关“三模式”迅速开展公关：一是无责任的速战速决模式，二是完全责任的以退为进模式，三是部分责任的社会协商模式。在复杂责任情况下，综合应用切割责任、厘清责任等策略，妥善应对“现场+舆论场”的复杂情形。

危机公关的运行机理有三：一是应对舆情来源的“181”议题设置法，二是应对舆情加工的“还原全貌”模型，三是应对舆论报道的“常态清理 & 危态止损”法。

关键术语

危机公共关系　信息管道　利益相关　责任模型　正面引导　否定责任　降低责任　减轻批评　重塑形象

案例研讨

美国三里岛核事故的危机公关

三里岛核电站位于美国东北部的宾夕法尼亚州，在宾州首府哈里斯堡东南约15千米处，三里岛是萨斯奎哈纳河上的一个小岛。1971年，岛上第一座压水堆兴建，电功率约为790兆瓦，1974年投入运转。1973年，动工兴建第二座压水堆，电功率为880兆瓦，于1978年12月建成。

1979年3月28日凌晨4时，三里岛核电站第2组反应堆的二次回路冷凝水泵出现故障，由于两天前维修时的一个出水阀门没有打开，反应堆的冷却水不断流出，但一时间没人察觉，而系统自动添加高压注入冷却水不久，却被控制人员错误地关闭阀门给挡了回去。这一系列失误造成的结果是反应堆堆芯冷却水逐渐丧失，部分燃料棒锆包壳和铀燃料熔化，大量放射性物质，特别是氙、氪之类的气体与碘一道从反应堆释放出来，并有少量放射性物质随部分冷却水泄漏而释放。

1. 美国政府过度反应致20万周边居民撤离，引发全国性核恐慌

美国相关部门对此迅速反应：3月28日上午7时45分，美国核管理委员会（Nuclear Regulatory Commission，NRC）设在宾州普鲁士王市的办公机构接到消息；15分钟后，该机构位于华盛顿特区的总部发出警报，其行动中心动员起来，并派出一队人员前往出事地点。与此同时，美国能源部、环境保护署也动员各自部门的反应部队。上午9时15分，白宫接到了通知。上午11时，所有无关人员被要求撤离核电站。运营三里岛核电站的公司称局势可控，但该地所属市的市长办公室官员在向白宫报告时，却表达了对形势恶化的担忧，甚至担心发生氢气爆炸。这导致美国核管理委员在一开始低估了事件的危险性，但随后又走向另一个极端，发布了关于核泄漏危险性的报告。

在美国核管理委员的建议下，1979年3月30日，宾州州长下令，核电站方圆5英里内的孕妇和儿童撤离，10英里内的学校全部关闭。但很多居民举家出逃到12英里外。据估计，1979年3月31日至4月11日，撤离的人数高达8万。在三里岛核电站周围32千米的半径内，大约撤走了20万居民。全美国为之震惊，附近有核电站以及有在建核电站的城市，民众纷纷集会示威，要求停建或关闭核电站。首都华盛顿到处是反核标语。核恐慌情绪蔓延到整个美国。

2. 美国总统卡特携夫人视察事故现场，应对全国核恐慌

作为一名核工程师，美国总统卡特得到消息后并没有慌张，他派核管理委员会的一名官员代表他去了哈里斯堡。但随着美国媒体和国际媒体连日来将三里岛事件作为头条新闻报道，一些著名的美国媒体人开始用“恐怖”这样的字眼描述该事件，还称“情况会更加糟糕”。1979年4月1日，卡特携夫人亲赴现场，视察三里岛核电站。就在这次

视察后不久，堆芯温度才开始下降，美国的各路专家得出一致结论，氢气爆炸的危险已基本消除，核泄漏危机基本解除了。

3. 事故无人死亡却影响公共政策，美国停建核电项目33年

依据国际核事故分级标准（International Nuclear Event Scale，INES），核事故共7个级别，级别越高，危害越大。美国三里岛核泄漏事故最终被定级为第5级核事故。

美国三里岛核泄漏事故的经济损失惨重，堆芯约35%已经成了碎片，60%的铀棒损坏，仅事故后的清理费就高达10亿美元。但由于事故发生后主要的工程安全设施都自动投入，且反应堆设有多道安全屏障，三里岛泄漏核事故对周围环境、公众健康的辐射危害很小。据调查，经多次采集，核电站下游的两个不同地点的河水样品中都没有检测到任何放射性物质。在三里岛核电站附近的220万居民中，没有人发生急性辐射反应；三里岛周围居民的癌症发生率也没有显著增高，当地农作物产量未发生异常变化，三里岛附近未发现动植物异常现象。

尽管三里岛核泄漏事故没有造成人员伤亡，但美国民众对核电的信心却受到重大打击。美国的普通民众对核泄漏和核武器试验产生的核辐射强烈担忧，核电和核能成为一个备受批评和攻击的议题。美国核管理委员会匆忙宣布暂停颁发新的核电站营造和运行许可证。1979年底，美国总统卡特表明政府态度："核能应当作为最后一种可供选择的能源。"

直到33年后，美国核管理委员于2012年2月9日授予美国南方电力公司Vogtle核电站2台AP1000机组的建设运营联合许可证。这是自1974年来，美国核管理委员签发的第一个核电项目许可证。2015年3月30日，美国核管理委员会以多数赞成投票通过批准VC Summer核电项目2台AP1000机组建设项目。这是自1974年来，美国核管理委员签发的第二个核电项目许可证。

第 8 章

现场秩序管理和过渡安置

知识结构图

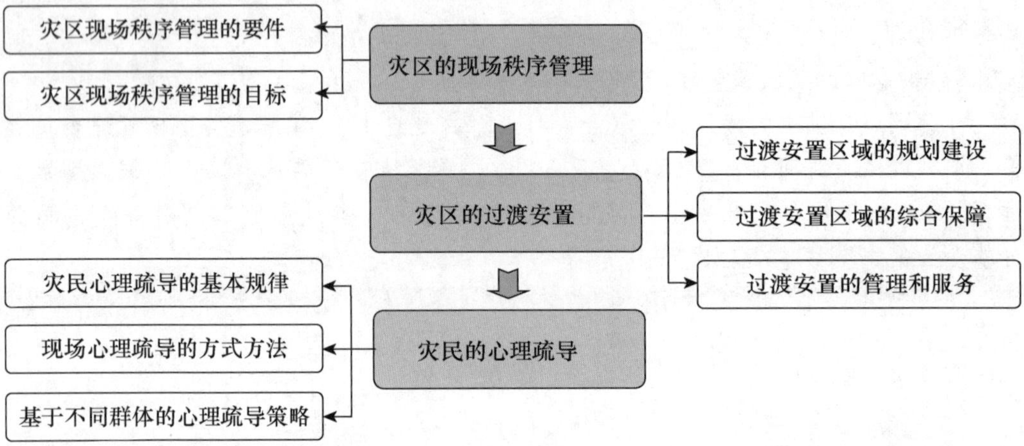

重点问题

- 灾区五维秩序的恢复和管理
- 秩序管理效果的检验标准
- 过渡安置区域的建设原则和综合保障
- 次生灾害和衍生事件的风险防控要求
- 灾区民众心理疏导的“三阶段”路径
- 灾区民众心理疏导的“三级圈”路径
- 灾区民众心理疏导的方式方法
- 基于不同群体的心理疏导策略

8.1　灾区的现场秩序管理

8.1.1　灾区现场秩序管理的要件

灾区的现场秩序管理旨在全面恢复并强化管理灾区的社会秩序状况，统筹考虑、科学开展灾区保平安、保畅通、保稳定各项工作。公共危机后需有效恢复和切实管理的社会秩序主要包括救援救灾、灾民安置、城市运转、社会治安、市场秩序、生产秩序等。

8.1.1.1　救援救灾的秩序管理

维护良好的救援救灾秩序是灾后的首要问题。在统一领导、分类管理、分级负责的原则下，公安、武警、消防、民政、卫生等多部门要协调配合，开展人员搜救、医疗救治、伤员看护、交通保障、物资供给、志愿者组织安排等一系列工作。

8.1.1.2　灾民安置的秩序管理

强化灾民安置中和生活相关的秩序管理，保障生活必需品的供应，切实安顿好灾民的日常起居，保证灾民短期内的正常生活。具体应做到：

第一，受灾群众临时生活救助政策实施过程的秩序管理。深入灾区核查灾情，审核确定救助对象，及时足额地将补助金、救济粮发放到救助对象手中，保证受灾群众有安全住所、有饭吃、有干净水喝。其中应注意，要及时将符合救助条件的本地户籍及滞留本地的外地户籍受灾困难群众全部纳入救助范围，确保其基本生活。

第二，强化救灾物资有序发放和使用的秩序管理。统筹灾区各类需求，研究确定救灾物资优先安排的对象，棉帐篷、棉衣被等物资要优先保障遇难者家庭、孕妇、婴幼儿、孤儿、孤老、残疾人员，大帐篷、活动板房等优先用于学校、医疗点、福利机构、商业网点等公共服务设施，抓紧将急需的帐篷、衣被、活动板房等物资调运到位并发到因灾无房可住、无生活来源、无自救能力的“三无”人员手中，做到物资发放公正、公开、公平，避免因分配问题引发矛盾。

第三，加强生活必需品的秩序管理。尽快恢复城乡商业网点，搞活商品流通，保障群众主要消费品市场供应，解决好日常生活所需炉具、灶具等生活用品紧缺问题，逐步做到受灾群众每家可以独立开伙。

8.1.1.3　城市运转的秩序管理

受突发事件影响地区的人民政府，应当及时组织和协调公安、交通、邮电、建设等有关部门尽快修复被损坏的交通、通信、供水、排水、供电、供气、供热等公共设施管理部门或公共服务类企业，涉及交通、通信、水利、能源等行业领域，确保城市得以恢复运转。

第一，交通工程建设恢复与秩序管理。主要任务包括高速公路、干线公路、农村公路、客运站场、水运设施、铁路等基础设施，优先恢复现有公路、铁路功能，尽可能利用原有设施，整治病害，修复受损路段，加固受损桥梁，完善排水防护和交通安全等设施。

第二，通信工程建设恢复与秩序管理。主要包括通信、邮政等基础设施，重点恢复重建公众通信、邮政网络、通信枢纽，提升服务水平和安全可靠性，逐步建成实用、完善、安全、可靠的通信设施，并完善应急通信综合支撑体系。

第三，水利工程建设恢复与秩序管理。结合灾区水情、水利设施震损情况和水利工程自身安全运行要求，按照“先应急，后重建；先除险，后完善；先生活，后生产”等原则，统筹考虑城乡建设、产业发展、生态家园建设等对水利基础设施的需求，使灾区防洪减灾基础设施、供水保障基础设施及水资源监测能力得到有效恢复。

第四，能源工程建设恢复与秩序管理。全面恢复灾区电网、电源、煤炭和油气等能源生产和供应秩序，加快转变能源发展方式，有效推进能源结构调整，不断提高能源保障能力，积极为灾后恢复重建和经济社会发展做好能源保障。

8.1.1.4 社会治安秩序管理

公安机关作为中坚力量，联动城管、工商、质检等相关部门，切实维护灾区及邻近地区的社会治安秩序，根据《中华人民共和国刑法》《中华人民共和国治安管理处罚法》《中华人民共和国人民警察法》等法律规定，有效防范现场和舆论场的各类刑事或治安案件，创造良好的社会安全、交通秩序、治安环境。

第一，开展街面和社区网格化巡逻，做好灾民安置点、物资发放点、金融网点等重点部位的安全保卫和治安防范。

第二，严厉打击违反治安管理甚至构成犯罪的行为，包括：(1) 不遵守公安机关交通管制、不服从人民警察指挥等扰乱交通秩序行为的；(2) 盗窃、哄抢、诈骗公私财物或者救灾物资等扰乱治安秩序行为的；(3) 编造、故意散布谣言和虚假、恐怖信息等扰乱治安秩序行为的；(4) 垄断货源、囤积居奇、哄抬物价等扰乱市场秩序行为的；(5) 阻碍军队、武警部队和人民警察、国家机关工作人员、医务人员、红十字会工作人员依法履行职责的；等等。

第三，开展必要的宣传教育，引导广大群众以救灾大局为重，服从党委政府和有关部门的救灾安排，并鼓励广大群众发现违法犯罪行为时及时拨打 110 报警电话举报。在保护自我安全的前提下，广大群众有权采取必要措施制止违法犯罪行为并将违法犯罪者扭送公安机关。

8.1.1.5 市场秩序管理

工商部门牵头，应做好灾区的市场秩序管理，以维护灾区市场秩序和社会稳定，切实保护消费者、经营者合法权益，促进灾区恢复重建工作顺利进行。具体工作包括：

第一，以食品、农产品、建材、成品油、农资等为重点，依法严厉打击欺行霸市、以假充真、以次充好、囤积居奇、哄抬物价等严重扰乱市场秩序的行为，认真查处借灾区重建之名进行强制交易、强制服务、滥收费用和商业贿赂等不正当竞争行为。

第二，加大对救灾物资捐赠点和灾民集中安置点的食品安全检查力度，开展创建抗震救灾食品安全示范店活动，推行食品安全承诺等自律制度，严厉打击制售假冒伪劣食品等违法行为。

第三，紧紧围绕灾民生活必需品，如口罩、手电筒等品种，特别是灾民基本生活需要的米、面、油、饮用水、方便食品等品种，有针对性地开展商品质量监测，及时公布检测信息，引导灾区群众消费。

第四，全面落实市场开办单位责任制，防止染疫、病死和检疫不合格畜禽产品及其制品流入市场，从严从重打击销售染疫、病死和检疫不合格畜禽产品及其制品的行为，切实防止疫病发生。

第五，强化流通环节农资质量监测，及时公布检测结果，发布农资消费提示警示；严厉查处销售假冒伪劣农资坑农害农行为；深入灾区向农民宣传农资识假辨假知识；在灾区设立流动投诉站，方便农民就近申诉举报。

第六，对违法收购救灾物资及油气田设施、电力电信设施、广播电视设施及各类公共设施等生产性废旧金属的，从严查处涉嫌犯罪的，及时移送公安机关处理。

第七，以灾区重建必需的水泥、钢筋等建材为重点，集中开展专项执法检查，严厉打击销售假冒伪劣建材等违法行为。加强对建材质量的监测，按照有关规定公布监测信息。督促灾区所有经销建材的企业，严格执行进货检查验收制度，保证进货来源合法，严防假冒伪劣建材流入灾区。

第八，“12315 消费者投诉举报专线电话”进灾区，特别是进灾民集中安置点和医院等场所，及时受理和处理受灾群众的申诉和举报，尽可能将消费纠纷解决在萌芽和初发状态。

第九，重点加强对灾后救助和灾后重建工作中涉及的药品、医疗器械、医疗服务、消毒用品、防疫用品、食品，以及建材、机械等商品、服务广告的监管，严禁利用各种媒介和形式借灾后重建的名义发布推销商品、服务的广告；支持、指导广告行业协会积极组织会员单位创作发布主题公益广告作品。

第十，进一步组织周边省市工商行政管理机关开展区域执法协作，并与公安机关开展联合行动，集中力量查办传销大要案件。加强宣传引导，防止传销向灾区蔓延，防止灾区群众被骗参与传销。

8.1.1.6　生产秩序管理

维护良好的社会生产秩序是灾后中长期的重要问题，要在安顿好灾民的日常起居基础上，逐渐恢复灾区的生产活动，逐步形成长期的安居乐业状态。一方面，灾区政府及农业行政主管部门应当及时组织修复毁损的农业生产设施，开展抢种抢收，提供农业生产技术指导，保障农业投入品和农业机械设备的供应；另一方面，政府有关部门应当优先组织供电、供水、供气等企业恢复生产，并对大型骨干企业恢复生产提供支持，为全面恢复工业、服务业生产经营提供条件。

专　栏

哈尔滨水污染事件的现场秩序管理

2005年11月13日，中石油吉林石化公司双苯厂发生爆炸。发生爆炸的车间距离松花江约数百米，大量的苯污水流入松花江，向下游的松花江哈尔滨区段涌来。从11月20日中午起，许多市民开始贮存水和粮食。为了防备地震，有人甚至不顾夜间的严寒，在街上搭起了帐篷。部分市民及外地民工纷纷离开哈尔滨，导致公路、民航、铁路客流大增，票价飞涨。11月21日中午，哈尔滨市政府得到消息，污染水团将于30小时内抵达哈尔滨区段，危机已迫在眉睫。哈尔滨市政府及时向社会发布以“要对市政供水管网进行检修”为由的全市停水4天的公告，积极部署专业处置和紧急救援的同时，开展一系列工作以保障现场秩序管理工作①。

1. 稳定市场，保证供水

因为水危机的出现，哈尔滨出现了群众抢购商品、商贩哄抬物价的现象。在道里区麦德龙超市，摆放瓶装矿泉水的货架已是空空荡荡。服务员说，有的顾客甚至一次买了5 000元的矿泉水。原本12元一箱的矿泉水，转眼间变成了20多元一箱。疯抢加剧了社会恐慌。

为稳定市场，黑龙江省决定拨出1 000万元用于处置此次突发事件。哈尔滨市政府也拨出500万元，用于在全市社区设置供水点。同时，哈尔滨市政府果断地采取了一系列措施，保证市场饮用水充足。

第一，实行用水管制，控制水资源。11月21日，哈尔滨市政府发布第一份公告，要求市内洗浴、洗车等高耗水行业从21日起停止用水，保证饮用水的供给。

第二，必须保障供给。11月21日晚，哈尔滨市政府紧急通知附近的“冰露”、“娃哈哈”、哈药总厂等大型矿泉水、纯净水生产企业把所有货物控制起来，连夜组织车辆运往哈尔滨，这些企业的饮用水产能共计每天2 500吨，全部满负荷运转。同时，哈尔滨市政府向沈阳市政府紧急求援，11月22日，沈阳的10车皮1 300吨矿泉水运抵哈尔滨，当天下午全市多数超市和商场结束了饮用水断货现象。

第三，规范市场。哈尔滨市政府给6个受停水影响较大的区各拨出100万元价调资金，用于购进矿泉水，再以平价卖给市民，以引导市场价格。每个区开设了3～5个平价饮用水供应点，并在当地报纸上公布其具体位置和服务电话。由物价、工商等部门组织多个联合检查组，对囤积居奇、哄抬物价、扰乱市场秩序的不法商贩进行集中打击，同时广泛印发通知，向市民公布举报电话。

这些措施很快取得了成效。到11月23日，哈尔滨市饮用水等商品价格已基本回落

① 唐钧. 中外紧急救援成功案例研究［M］. 北京：中国社会出版社，2008.

到停水公告发布前的水平。各大超市、批发市场和大街小巷的食杂店，最抢眼的地方都是各种品牌的瓶装饮用水，24 瓶装的“娃哈哈”价格已降到 23 元。

2. 开辟新水源，保证供热

11 月份的哈尔滨，夜间最低气温已达零下 10 摄氏度，供热在一定程度上就相当于“保命”。哈尔滨供热面积有 1.2 亿平方米。在停了水的情况下，如何保证供热不断档，不冻伤人，是一个十分严峻的考验。自来水一断，有人就会从暖气管里放水去冲洗厕所。21 日一个晚上，全市的锅炉就比平时多流失了 3 万吨水。必须设法补充水源。停水前，市政府要求各供热单位做好停水期间需要补水量的统计，将居民小区生活水箱、供热补水箱、软化水箱、消防水池等容器注满水，作为应急备水。停水后，各家国有大型供热企业利用自有水源解决供热补水，供热面积较小的社会供热单位在所在区政府帮助下解决水源。

为开辟新水源，哈尔滨全市 918 眼地下水井全部启动，并加速开凿新井。为防止部分锅炉房临时供水不足，由市政府指定水源，调剂车辆运水解决，打井 81 眼，用于补充锅炉用水，从外地和市内调剂了 140 多台补水车辆。同时，哈尔滨市政府还要求各大企业降低车间温度，先保居民，后保生产。在这些努力之下，4 天停水期间，尽管室内暖气温度略低于往常，但哈尔滨仍不失为一个温暖的城市。

3. 保证燃气供应

哈尔滨是一座有近 1 000 万人口的大城市。这么大的城市断了水，如果再断了燃气，居民生活将无法维持。位于哈尔滨依兰县的达连河气化厂担负着供应整个市区和周边县居民生活燃气的任务。省市政府给这个企业定下的原则与其他企业相反：先保生产，再保居民，关闭向当地居民供水的管道，企业工业用水不能停，使用活性炭过滤江水，确保正常的生产经营，为居民提供基本的燃气保障。

4. 重点解决人员集中地区的用水问题

学校和医院是人员集中的场所，用水量很大。哈尔滨市政府果断决定市属中小学全部放假，减轻供水压力。要求各大学多打自备水井，不够的用消防车、洒水车调水。

黑龙江大学、东北农业大学、哈尔滨医科大学等高校启用了地下水井，主要供给学生食堂，保证饮食供应。黑龙江大学教职工、学生生活区以及离退休老职工家庭储备的饮用水和生活用水均能维持 3 天以上。对家庭经济条件较差的学生，一些学校还按每人每天 2 元的标准给学生发放补贴。停水期间各大高校秩序稳定，没有出现任何恐慌现象。

为保证医院供水，消防部门从省消防支队调了 30 台消防车，由市里统一调度，专门保证全市 200 所医院用水不断档。

5. 做好卫生防疫工作

为保证饮水安全，黑龙江省卫生厅出台水质安全应急预案，规定在停水期间，对饮用水质量每天检查两次。哈尔滨市政府在得知吉林石化爆炸事件后，就对卫生防疫工作进行了充分准备，专门就苯、硝基苯中毒救治问题请教了中国疾病预防控制中心的专家。为应对突发的化学污染苯中毒，还成立省、市两级苯中毒医疗专家指导组，对临床病例的会诊和治疗方案进行指导；同时还组织15家医院建立起救助网络，并公布电话，随时接受群众咨询。全市的救护车也随时待命。

黑龙江省政府及时下发在污染水团到达地区禁止使用松花江水的通告，严防污染水体对沿江人畜造成危害。卫生防疫人员、基层干部深入沿江居民区和村屯，向群众宣讲防止污染知识。对污染团即将和已经到达的江段严格监管，派专人巡查，禁止人畜接触污染水体，停止水上捕捞作业。哈尔滨市政府还专门派人重点检查沿江区县的安全供水，制定出科学的安全用水方案，确保人畜饮水安全，并及时组织沿江河滩居民撤离。

由于准备充分，停水期间，哈尔滨全市没有发生一起饮水和食物中毒事件，肠道传染病发病率与松花江水污染发生前持平。

6. 积极救助弱势群体

在应对水危机的过程中，哈尔滨市政府还充分考虑了对弱势群体的保护。全市所有困难群体都得到了特殊照顾。市政府专门拨出近千万元资金，用于给低保户、残疾人、老退伍军人等免费供应饮用水。政府还为缺少储水设备的家庭提供了储水用具。

对于低保户，政府制定了免费供水标准：第一天每人3瓶，第二天4瓶，第三天5瓶，拿着低保证就可领到水。停水期间，哈尔滨市不花钱领水的困难群体多达31万人。

8.1.2 灾区现场秩序管理的目标

灾区现场秩序管理，应达到“个体守序”和“整体可逆”的目标。

1. “个体守序”

从个体层面而言，灾民个人能够做到遵纪守法、服从组织安排，是现场秩序管理的重要目标，简称为“个体守序”。

“个体守序”往往需要多方面的应急准备和社会建设工作，包括：一是政府加强社会监管，以稳定社会秩序，维护市场秩序；二是物资尽量充足，以保证群众基本生存需求；三是信息应公开透明，以确保社会信息渠道畅通；四是灾后媒体报道客观公正，政府危机公关工作到位，及时规避群众恐慌和公信危机；五是社会协同开展群众的心理健康辅导，以增强群众的心理承受和应变能力；六是民众的应急素质高，具备合格的自救互助技能、防灾减灾能力等。

2. “整体可逆”

从整体层面而言，整体社会秩序能否支撑有效应急并快速恢复到灾前状态，是现场秩序管理的重要目标，简称为“整体可逆”。“整体可逆”具体包括速度、程度、范围三维度的要求（见表8-1）。

表8-1　灾区秩序"整体可逆"标准的三维度要求

维度	"整体可逆"标准的具体要求
速度	(1) 提供灾民的救护救援，尽快恢复生活秩序； (2) 促进产业经济复兴，支援受灾企业恢复运营，加速生产重建； (3) 恢复重建公共交通的同时，构建抗灾性能更强的基础设施等
程度	(1) 社会应急保障足够支撑快速响应和及时应急； (2) 社会应急保障足以保障应急结束后恢复至灾前水平； (3) 灾后恢复重建的同时能够抵御下一次同类灾害等
范围	(1) 社会稳定、公共安全、社会治安、社会秩序快速恢复正常； (2) 交通、水利、通信、供水、供电、供气、供热、广播电视等城市生命线工程和基础设施快速恢复； (3) 民众正常工作和生活快速回归常态； (4) 农业生产、工业生产、第三产业、金融等经济发展领域快速复原等

资料来源：根据公开资料整理，为不完全统计。

8.2　灾区的过渡安置

过渡安置的首要工作是设置临时安置区域，将灾民转移到安全地带并妥善安置，做好相应的区域建设、综合保障、管理服务工作，同步开始全面恢复秩序，并准备灾区的规划重建。

过渡安置受灾群众，应当根据灾区的实际情况，采取就地安置与异地安置，集中安置与分散安置，政府安置与投亲靠友、自行安置相结合的方式，政府对投亲靠友和采取其他方式自行安置的受灾群众给予适当补助。

8.2.1　过渡安置区域的规划建设

灾民临时安置点用于过渡性安置，其选址和规划应综合专家建议和灾民意见。在地质、安置、规划、工程、健康方面需要专家建议，同时了解灾民对当地情况介绍及其诉求。

安置点选址应遵循五个基本原则：(1) 规避安全隐患。具体包括：避开地震断裂带、滑坡、崩塌、泥石流、河洪、山洪等自然灾害及次生灾害影响的地段，避开水源保护区、水库泄洪区、濒险水库下游地段，避开现状危房、高大建筑物、重大污染源、可燃材料堆场、易燃易爆化学物品、放射物品存放处、高压走廊、高压燃气管道及其影响范围。(2) 规避环境污染。避免对自然保护区、饮用水源保护区以及生态脆弱区域造成破坏。(3) 方便群众。应当设置在交通条件便利、方便受灾群众恢复生产和生活的区域，尤其是方便学生上学、方便民众就医。(4) 就地就近，方便开展恢复重建。(5) 节约用地、保护生态。实施过渡性安置应当占用废弃地、空旷地，尽量不占用或者少占用农田，并避免对自然保护区、饮用水水源保护区以及生态脆弱区域造成破坏。

根据安置场所和住宿条件，安置点大致分为三类：(1) 在室内能提供较好住宿条件的临时安置点，如学校、宾馆等；(2) 在较大空间室内集中安排受灾群众生活的临时安置点，如体育场馆、工厂场房等；(3) 在室外相对集中安排的临时安置点，如搭建的帐篷和棚屋等。

8.2.2 过渡安置区域的综合保障

确定了临时安置点的位置和区域后，应及时做好灾民临时住所、配套设施建设、生活物资保障等综合保障工作。

第一，保证临时住所。灾区政府根据实际条件，因地制宜，为灾区群众安排临时住所。临时住所可以采用帐篷、篷布房，有条件的也可以采用简易住房、活动板房；安排临时住所确实存在困难的，可以将学校操场和经安全鉴定的体育场馆等作为临时避难场所；鼓励灾区农村居民自行筹建符合安全要求的临时住所，并予以补助。临时住所应当具备防火、防风、防雨等功能；活动板房应当优先用于重灾区和需要异地安置的受灾群众，倒塌房屋在短期内难以恢复重建的重灾户，特别是遇难者家庭和有孕妇、婴幼儿、孤儿、孤老、残疾人员的家庭，以及学校、医疗点等公共服务设施。

第二，全面落实安置点的配套设施建设。要协调有关部门做好过渡性安置点水、电、加油站（点）、道路等基础设施的配套建设，按比例配备医疗点、集中供水点、公共卫生间、垃圾收集点、日常用品供应点、学校、少数民族特需品供应点等，以及必要的文化宣传设施等；同时，安装必要的防雷设施，预留必要的消防应急通道，配备相应的消防设施，防范火灾和雷击灾害发生。

第三，合理安排和充分保障安置点灾民的生活物资。要根据灾民的普遍状况、立即可用的资源、灾民的日常生活习惯等情况和标准来确定临时安置区域灾民生活物资的类型和数量，重点确保水、食物、防疫药品等。其中，重点是水和食品的供应及安全：一方面，应建立给水系统，保障水量，保证水质，确保合理分配和严格供给等；另一方面，食品的供应和安全在需求评估基础上，采用合理的食物供应计划来满足灾民的食物安全需求，并根据情况变化调整计划，与卫生及其他社区服务形成协调。

专　栏

汶川“5·12”地震的北川临时安置情况

在2008年汶川“5·12”大地震中，北川是“5·12”大地震的极重灾区，地震造成全县15 645人遇难、4 311人失踪、14.2万人无家可归。截至6月22日，北川羌族自治县已在县内外建立临时安置点364个，35 607户、14.2万名无家可归的受灾群众全部得到临时安置。相关负责人在发布会上表示，为保障受灾群众“有饭吃、有衣穿、有干净水喝、有临时住处”，北川县采取集中安置、转移安置、就地安置等多种途径，已在县内外建立临时安置点364个，安置35 607户、14.2万人。其中，在绵阳、江油、安县、梓潼等地转移安置5.8万人，在北川本地集中安置和分散安置8.4万人。另外，政府还为受灾群众发放救灾金3 191万元，遇难人员抚恤金324万元。

8.2.3 过渡安置的管理和服务

8.2.3.1 过渡安置管理和服务的原则

过渡安置的管理和服务工作实行“属地管理和自我管理相结合”的原则。要在当地党委政府的领导下，由组织和民政部门牵头，相关部门配合，组织号召群众参与，共同做好过渡安置区域的管理和服务工作。在具体操作中应做到：

第一，大规模的集中安置点应由当地政府选派优秀干部与灾民代表组成管委会共同管理，以村和社区建立的小规模安置点沿用原管理体制进行管理，同一乡镇、街道的受灾群众相对集中安置，以便于加强管理。

第二，组织州、县分区划片，在尊重个人意愿的前提下，尽量参照灾前村（居）委会的建制，建立灾后的基层群众性自治组织，同时选派干部蹲点做好指导工作，切实加强安置点管理，随时解决群众生活中出现的问题，维护正常社会秩序。

第三，过渡安置点要建立临时党团组织，充分发挥党员先锋模范作用和党组织的战斗堡垒作用，建立自我管理、自我教育、自我服务机制，积极引导机关干部、社会工作者、志愿者、义工参加受灾困难群众安置点服务。

第四，受灾群众应当在过渡性安置地点所在地的县、乡（镇）人民政府组织下，建立治安、消防联队，开展治安、消防巡查等自防自救工作。

第五，落实信息公开制度。安置点设置公示栏，公布救助对象、救助标准、住房分配等信息，做到“制度上墙”，方便群众办事。

8.2.3.2 次生衍生灾害的风险防控

公共危机事件后的次生衍生灾害具有滞后性、破坏性，对此要把防范应对次生衍生灾害放在与救灾重建同等重要的位置。一方面，加强风险评估和隐患排查，密切监控新生次生地质灾害风险；另一方面，加快险情紧迫、危险性大、危害严重的隐患点治理，有效规避或干预次生灾害和衍生事件，把灾后次生衍生灾害降到最低程度，确保人民群众生命财产安全。

第一类是卫生防疫和疾病防治。严抓食物和饮用水卫生保障、公共卫生保洁、废弃物处理、消毒防疫、医疗保障等问题，防止传染病等次生灾害。一方面，相关部门要迅速安排专门卫生防疫力量，及时对灾区水源进行监测消毒，加强食品和饮用水卫生监测，妥善处理遇难者遗体，做好死亡动物、医疗废弃物、生活垃圾等的消毒和无害化处理，安置点配置净化水设备、杀菌消毒工具等；另一方面，做好过渡安置区域的确保食品安全、选择可靠水源、注意防虫防鼠、科学处理粪便、注意个人卫生等工作，确保“灾后无大疫”。

第二类是火灾事故和危化品事故防范。在安置点选址和规划环节有效预防火灾，尤其是对易发生火灾的重点部位和敏感物品进行安全隐患排查，重点排查非煤矿山、危化、烟爆场所安全隐患，及时排查工贸行业企业、民爆行业等的安全隐患，同时做好火灾应急预案和准备。

第三类是地质灾害防范。对易发生山体滑坡、泥石流、山体崩塌的重点部位等进行安全隐患排查，尤其是做好水库、堰塘、沟渠、堤防等各类水利工程的安全隐患排查，做好损毁公路、危桥等交通设备设施的安全隐患排查，对旅游区、旅游线路、旅游设施的地质灾害安全隐患进行排查整治，必要时紧急转移附近群众。

第四类是建筑物倒塌等意外事故的防范。地震、暴雨等自然灾害可能使厂房工棚、临时构筑物、户外广告牌、树木倒塌，对此应加强对居民住房、职工宿舍、校舍和医院病房等集中居住房屋的隐患排查和建设工地等城乡危房的安全隐患排查，在强化排查化解的同时，提醒群众小心防范。

第五类是清洁卫生工作引发环境污染的防范。使用的消毒剂、清洗剂应当符合环境保护要求，避免对土壤、水资源、环境等造成污染。

国家法律对次生衍生灾害的风控工作做出明确责任规定。《中华人民共和国突发事件应对法》规定，“突发事件的威胁和危害得到控制或者消除后，……采取或者继续实施必要措施，防止发生自然灾害、事故灾难、公共卫生事件的次生、衍生事件或者重新引发社会安全事件”，“未采取必要的防范措施，导致发生次生、衍生事件的”，“根据情节对直接负责的主管人员和其他直接责任人员依法给予处分”。

8.2.3.3 灾区民众的安全健康教育

公共危机尤其是自然灾害发生后的健康教育旨在及时向公众传播普及卫生防病知识；正确引导公众的参与，防范公众心理恐慌，维护社会稳定；帮助受灾群众进行心理修复；同时指导公众采纳预防疾病和保护健康的生活方式与行为，提高个人和群体预防保健的能力。健康教育之前应做好需求评估，明确哪些问题是灾害期间最严重、最急需且能通过健康教育方法解决的问题，进而确定健康教育策略、内容和方法。

各级政府、卫生部门、宣传部门、教育部门等在各自范围负责救灾防病健康教育管理、传播等工作职责。具体而言：一是各级政府负责统一指导、监督、管理救灾防病健康教育工作，并开展政策制定、筹集资源、社会动员等工作；二是卫生部门在同级政府领导下，负责调查研究、制订计划、监督指导、提供有关信息及沟通协调等；三是宣传部门进行有利于救灾防病的舆论引导，传播救灾防病知识，促进风险沟通，促进全社会关心，支持救灾防病；四是灾民临时安置区域，由政府指令灾区各灾民点确定专人负责健康教育工作；五是恢复正常上课的学校，对学生进行救灾防病知识技能培训，并且开展学生包户教育。

8.3　灾区民众的心理疏导

8.3.1　灾区民众心理疏导的基本规律

对灾民的心理疏导原理是：从心理上解除危机状态，使危机的心理症状立刻得到缓解并消失，使心理功能恢复到危机前水平，同时增强心理“免疫力”，预防同类心理危机。

8.3.1.1　心理疏导的基本原则

灾区民众的心理疏导在具体实施中应遵循以下四个原则：

第一，遵循规律的原则。必须遵循灾后心理康复发生发展的客观规律，科学、有序地实施心理援助，注意避免产生次生伤害。

第二，多措并举的原则。应用司法援助、宗教安慰、心理咨询、健康教育、应急培训等多种方式，及时追责问责相关责任人，这也是心理疏导的重要内容。

第三，区分重点人群。在面向全体受灾群众开展多种形式的心理干预和促进的同时，重点关注丧亲者、孤残儿童等弱势群体，同时不可忽略受到情绪困扰的救援人员等。

第四，尊重当地的文化背景。存在于一定社会环境中的个体，性格和情感表达往往受到一定文化背景的影响，对此心理援助应结合当地民俗，尊重当地文化。

8.3.1.2　灾民心理疏导的“三阶段”路径

灾难带来的心理创伤往往是长期性的，处于不同阶段的个体心理反应各不相同，对此要根据不同灾难阶段灾区民众的心理不适、精神创伤或情感问题，开展相应的心理干预和精神补偿。一般而言，灾民的心理变化可分为“事发应激阶段”“灾后冲击阶段”“恢复重建阶段”，不同阶段对应不同时间维的心理疏导的重点工作（见图 8-1）。

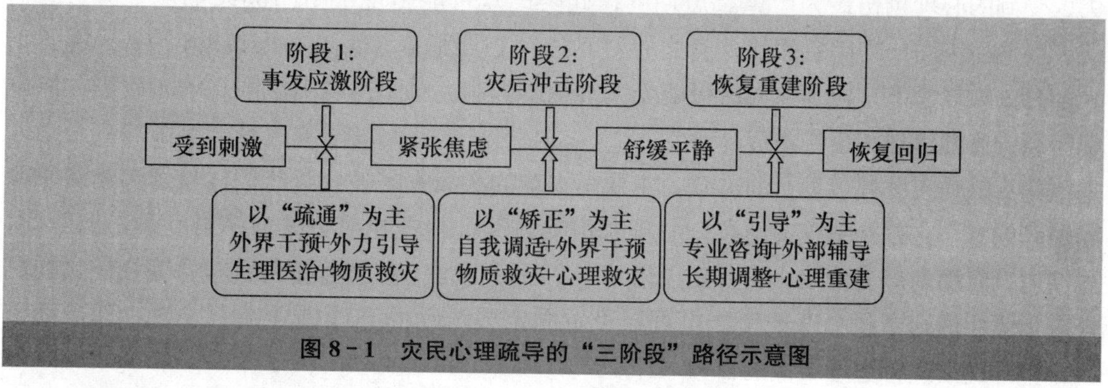

图 8-1　灾民心理疏导的“三阶段”路径示意图

资料来源：唐钧. 紧急救助［M］. 北京：中国人民大学出版社，2009.

第一阶段是“事发应激阶段”，是心理应激反应的开始时期，通常是灾难发生的一两周内。人们受到外界危险信号的刺激，身体的各种资源被迅速动员起来用以应对压力。这一阶段处于心理援助的应激阶段，灾民和救灾人员最重要的任务是生存和尽可能抢救财产，乐观地认为会很快回到灾害之前的情况，心理问题并不明显。人际关系体现为社会亲和力增强、社会责任感明显增强。这一阶段的心理疏导以“疏通”为主，以“外界干预+外力引导”的外部力量为主，强调生理医治和物质救灾，确保灾民身体尽快恢复健康并保障其基本生活。

第二阶段是“灾后冲击阶段”，心理应激进入抵抗期，通常是从灾后几天到几周之间。这一时期对应着心理援助的冲击阶段，大多数灾民能够恢复到灾前状态，但有一部分人的症状不能通过自身努力和社会支持系统的作用而得到缓解。在这一阶段，心理问题凸显出来，如果不能实施相应的心理救助，灾区民众很可能会因发现灾难中的损失、重建的诸多困难而产生强烈的失落感。这一阶段的心理疏导以“矫正”为主，“自我调适”的内部力量和“外界干预”的外部力量相结合，既要有物质救灾，也要从纯心理层面进行干预。

第三阶段是“恢复重建阶段”，这个阶段可能需要几个月甚至几年的时间。灾民会有持续性的重现创伤体验，反复痛苦回忆、噩梦、幻想以及相应的生理反应，有持续性的回避与整体感情反应麻木，有持续性的警觉性增高，如情绪烦躁、入睡困难等，个体具有明显的主观痛苦且社会功能受损。有些人的症状会在几个月甚至几年后出现，这种现象称作“延迟性创后应激症”。这一阶段的心理疏导以“引导”为主，需要借助外部专业力量来进行“专业咨询+外部辅导”，并开展中长期的调整和心理重建。

8.3.1.3 灾民心理疏导的“三级圈”路径

灾难发生后，不同地域空间给人带来的负面影响不同，呈现出“心理台风眼”现象，即在空间维度上，越接近灾害损毁中心区域，灾民的心理越趋于平静。根据“心理台风眼”效应，可以从空间上将心理援助分为“三级圈”（见图8-2）。

第一级是灾区中心的民众，主要是灾难的直接承受者。他们亲历生命的威胁和财产损失，受到的心理创伤最为严重。短期内，此类民众可能出现不断回溯灾难发生情景的情况，易产生灾后压力综合症状，有必要对其进行心理筛查，实施心理援助；中长期而言，大部分人恢复常态，但少数人仍可能受灾难阴影影响。对于持续出现问题的，应进行深度和持续的心理重建和创伤治疗。

第二级是灾区周边地带的民众，主要是灾难的次级灾区民众。他们体验到灾难对生命和财产的威胁，并目睹受灾情况，心理恐慌度较高，并可能担心灾难将再度袭击。对此，短期内，应稳定恐慌情绪，缓解焦虑情绪；中长期而言，对于出现灾后压力综合症状的民众应加强心理筛查和心理干预。也可以设置固定或流动的心理辅导站，发放心理自助资料，辅导民众进行心理层面的自救。

第三级是外围区，也即非灾区的群众，主要是社会大众。他们通过多种信息渠道了解灾难情况及其对灾区民众带来的伤害，通过视频、图片、文字等形式了解灾区惨状，并担心同类灾难发生在自己身上，此类民众对灾难也可能存在较高的感知、恐慌和担忧；与此同时，真实（惨烈）的画面可能造成长期的负面影响，甚至可能产生非理性的行为或者恐惧心理。对此，应通过多种途径及时传递信息、进行合理报道、规范媒体行为，有效引导民众从对灾难的恐惧和担忧中“超脱”，将恐惧和担忧转变为援助灾区民众、强化安全风险意识、增强自救互助能力的“正能量”。

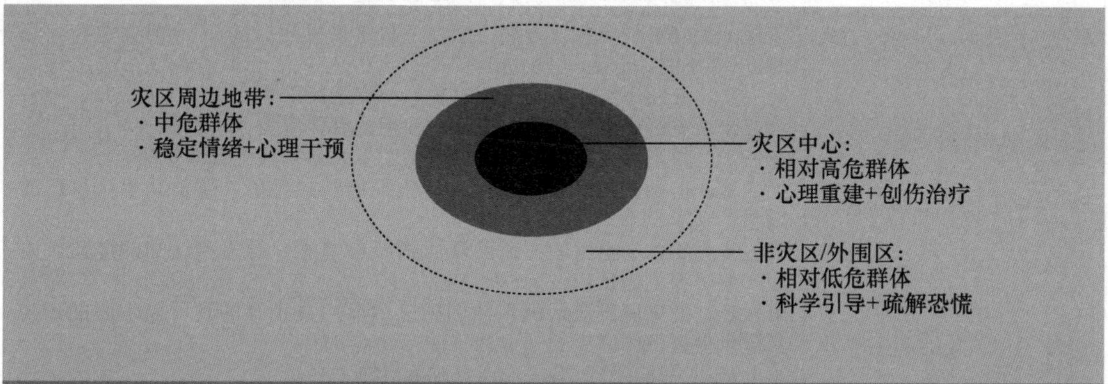

图 8-2 灾民心理疏导的“三级圈”路径示意图

资料来源：唐钧. 紧急救助［M］. 北京：中国人民大学出版社，2009.

8.3.2 灾区民众心理疏导的方式方法

对灾区民众的心理疏导直接关系到善后的顺利程度和秩序情况。应根据受灾群众的典型特征及具体情况，对其开展心态调适，进行心理辅导，从而帮助其尽快恢复正常。

8.3.2.1 心理疏导的心态调适

对灾区民众的心态调适是指，对受灾民众在第一时间所开展的心理疏导工作，帮助民众调整心态、适应灾后环境和灾后恢复工作。

心态调适应满足三方面要求：一是恰当的肢体动作，比如，目光直视、保持微笑、语气缓慢清晰，保持平心静气，提供专注倾听、专心陪伴，辅以手势和肢体语言，加强沟通效果。二是科学的语言沟通，包括及时询问民众的生理及心情状况，并对民众的问题提供合理妥当的回应与解释。三是了解并解决灾区民众的实际问题。比如，将灾区民众引导至安全地点，可帮助其缓解恐惧和紧张情绪；让受伤民众得到及时的抢救与包扎，有助于解除其痛苦和焦虑情绪。

在心态调适的实际操作中，可应用危机干预六步骤法、关键事件应急报告法、团体危机干预法等（见表 8-2）。

表 8-2　　灾区民众心态调适的方式方法（示例）

方法	具体操作要点
1. 危机干预六步骤法	第一步，倾听灾区民众心声，从灾区民众角度确定心理问题； 第二步，保证灾区民众的安全； 第三步，与灾区民众进行积极的沟通和交流； 第四步，与灾区民众共同分析问题并提出解决问题的方法； 第五步，制定行动改进的计划； 第六步，从灾区民众那里获得其愿意改进的承诺
2. 关键事件应急报告法	正规的关键事件应急报告法一般在危机事件发生后的 24 小时内进行，用时 2～3 小时，分为 7 个步骤： 第一步，介绍小组成员和干预过程，与灾区民众建立信任关系； 第二步，灾区民众提供危机事件中发生的具体事实； 第三步，鼓励灾区民众讲出危机事件发生时最初最痛苦的想法； 第四步，挖掘灾区民众在危机事件中最痛苦的经历，鼓励其承认自己的情感； 第五步，要求小组内的灾区民众回顾各自情感、行为和认知的体验，以便产生更深刻的认识； 第六步，使灾区民众认识到他们的应激反应是正常的且可以理解的，为其提供促进整体健康的知识和技能； 第七步，总结、修改有关应对策略和计划
3. 团体危机干预法	团体危机干预法主要针对救援救助人员进行，分 3 个阶段实施： 阶段一，执行任务前，制定组织预案，通过演习明确任务和职责，减轻焦虑感和建立团队信心； 阶段二，执行任务中，保证每个成员都有同伴，通过共同承担任务和相互交流减轻压力，限制工作量，保证休息时间，使工作人员有机会与家人交流，安排专门的消融疗法； 阶段三，任务结束后，给参加援助的工作人员一定的假期，使其从繁重而紧张的工作任务中解脱出来，防止其出现应激障碍（PTSD）症状

资料来源：唐钧．紧急救助［M］．北京：中国人民大学出版社，2009.

8.3.2.2　心理疏导的沟通技术

心理疏导的沟通技术是指，利用简单易懂的提问，识别灾区民众心理问题的症结，通过恰当的心理学手段，使民众快速减轻或消除不适的心理反应及症状行为。

语言是沟通技术的工具，针对灾区民众心理应激情况，以准确、鲜明、生动、灵活、亲切的语言，分析和确定心理状况的根源、成因、本质和特点，激励、鼓舞民众增强同灾害做斗争的勇气和信心，教给民众战胜自己心理问题的方法和步骤，充分调动其主观能动性，使其掌握自我领悟、认识和矫正的能力，促进其心理朝好的方向发展，以减轻、缓解并消除应激行为反应症状，配合救助工作。

一般情况下，应用沟通技术进行心态调适，可以借鉴三方面的成功做法：一是通过工作人员的自我专业身份介绍，使灾区民众产生崇拜心理和信任感。经验表明，这种引导崇拜技术在实施灾害心理救援中非常重要。二是通过移情或暗示，加快与灾区民众之间的沟通，如通过表情语言使灾区民众亲身感觉到紧急救助人员就像亲人、朋友一样，这样灾区民众才能更好地配合救援救助工作。三是利用政府及各界给予的援助，对灾区民众进行宣传鼓励，使其重新振作，直至得到灾区民众的承诺为止。

8.3.2.3 心理疏导的倾听技术

心理疏导的倾听技术，有助于了解灾区民众的内在想法，掌握其需要救助的心理症结，为实施正确的救助策略提供诊断基础。

倾听技术在使用中具有四项要点：一是在开始时就用自己的语言向对方真实地说明自己将要做什么；二是通过科学的回答方式，让灾区民众了解其描述事实和情绪体验被认真倾听和理解；三是通过恰当的回答技巧，帮助灾区民众进一步了解自己的情感、内心动机和选择，使其感到有希望、信心和动力来解决问题，并力图脱离危机，使其能够开始用更加现实和合理的观念来看待危机，并迅速建立自信和自控能力；四是帮助灾区民众了解危机境遇的影响因素，使其更加客观，以危机局外人和合理的方式来面对，而不是仍局限于自己内心的思维框架或感情用事。

科学有效的倾听技术可参考以下四点经验：一是全部的精力集中于灾区民众；二是领会灾区民众言语和非言语的交流内容；三是捕捉灾区民众准备与他人进行情感交流时的真实状态；四是通过言语和非言语的行为表现方式，建立信任关系，使灾区民众认可心理救助的过程。

8.3.3 基于不同群体的心理疏导策略

不同的群体对于灾难的认识和反应不尽相同。心理疏导要根据其特征，采取相应的策略和方法进行心理恢复、辅导、咨询。

8.3.3.1 针对不同年龄阶段群体的心理疏导策略

针对不同年龄阶段的灾区民众，应根据其心理特征，采取针对性的心理疏导策略（见表8-3）。

表8-3　针对不同年龄阶段群体的心理疏导策略

面对的群体	心理疏导策略
1. 受灾儿童	(1) 尽快为受灾儿童建立舒适安全的环境，让其远离灾难现场，初步建立安全感； (2) 有家长或专门人员陪护、关心和鼓励，使其重新建立归属感，一定程度上满足其对家庭和爱的心理需要； (3) 采用科学的、能为儿童所接受的方式（如角色扮演）告诉其事实真相，并使其逐步接受现实，尽量避免欺骗策略； (4) 通过游戏、活动来帮助宣泄恐惧等消极情感，建立积极情感，缓解心理紧张和忧虑，增强心理承受能力
2. 青少年	(1) 积极倾听，以真诚的态度、科学的技巧，鼓励青少年说出真心话，引导诉说并倾听其心理感受，有助于其释放心理压抑、稳定情绪； (2) 帮助青少年了解并接纳灾后的负面情绪和消极态度，协助其了解灾难造成严重后果的事实，并知道需要时间来克服； (3) 尽快帮助受灾青少年恢复正常的生活和学习，创造良好的环境，让其和相互熟悉的同龄人尽可能多地待在一起； (4) 对于父母或全部亲人在灾难中罹难的青少年要加以关爱，让其感受到温暖，重新建立对生活的信心等

续前表

面对的群体	心理疏导策略
3. 中年人	(1) 帮助中年人接受所面临的不幸与自身的反应； (2) 引导中年人正确宣泄心中的情感，避免不恰当地发泄情绪； (3) 密切注意其情绪反应，对灾后出现应激创伤障碍或其他严重心理疾患的人，应由专业的机构和医师给予心理和药物治疗等
4. 老年人	(1) 陪伴在老人们身边，提供物质和情感支持，帮助老年人联系和寻找医生或者家人，及时减轻他们的无助感，增强安全感； (2) 鼓励和协助老年人的家人加强对受灾老年人的关心和照顾，关注老年人的身体和心理健康状况； (3) 帮助老年人寻求社会支持等

资料来源：唐钧. 紧急救助［M］. 北京：中国人民大学出版社，2009.

8.3.3.2 针对丧亲灾区民众的心理疏导策略

失去亲人灾区民众的情绪多处于不稳定状态，表现出易怒和对别人不信任的现象。对此，心理疏导的首要工作目标是与丧亲者沟通，帮助他们解决实际苦难，提供心理支持；取得他们的信任，建立良好的人际关系。

在对失去亲人的灾区民众进行心理疏导时应注意四点①：一是态度要诚恳，情感要真挚，让对方感觉到温暖而不是敷衍；二是注意说话语调和面部表情，尽量使用对方的用词、用语与其交谈；三是当好倾听者，用心理解和领会倾诉者的思想与感情，避免打断对方的谈话、随意转换主题、说教、匆忙下结论、回避问题等；四是避免给予建议，给丧亲者提供直接建议是件很危险的事，要避免这样做，目的是帮助丧亲者发现重建生活的资源，让其自己做出决定。

对于失去亲人的灾区民众的心理疏导可参考以下方法：一是鼓励丧亲者表达内心感受及对死者的回忆；二是帮助丧亲者认识、面对、接受丧亲的事实；三是不加评价地倾听，以利于丧亲者表达出各种想法；四是帮助丧亲者发现、接受和表达悲哀过程中的各种复杂情感；五是告诉他们在痛苦时哭泣是一种很自然的情感表现，而不是软弱；六是允许并鼓励丧亲者反复地哭泣、诉说、回忆，这种表达方式不限性别和年龄；七是支持丧亲者合理应对悲痛，让对方明白痛苦是正常的灾后反应；八是告知丧亲者尽管痛苦，也必须面对和经历痛苦过程，回避和试图绕过这一阶段是不现实的；九是告诉丧亲者应激反应到底是怎么回事，帮助丧亲者了解自身的被爱过程，能减轻其害怕会因此发疯的恐惧；十是直至帮助丧亲者走出悲痛，并逐渐投入新的生活。

8.3.3.3 针对救援救助人员的心理疏导策略

灾难发生后，军人、警察、消防员、医护人员、志愿者等救援救助人员往往是第一批到达现场的群体，也往往是在现场时间最长的群体。为了抢救生命、降低损失，他们要在现场冒着生命危险，争分夺秒，高强度、超负荷地连续工作，在第一时间目睹灾难现场的

① 周红五. 心理援助：应对校园心理危机［M］. 重庆：重庆出版社，2006.

血腥，感受到灾民的悲痛，而这一切对他们都有强烈的影响，可能导致其出现四方面的身心症状：一是极度疲劳，营养、休息与睡眠不足，产生生理上的不舒服，如做噩梦、晕眩、呼吸困难、肠胃不适等；二是情绪受感染，过度地为灾民的惨痛遭遇而感到悲伤，由于有罪恶感或觉得对不起死者的家属，觉得自己可以做得更好、做得更多，怀疑自己是否已经尽力，是否已充分帮助周围的人；三是其中有的本身或家人也是灾区民众，为了职责舍小家、顾大家，他们可能会有更加强烈的负罪感和内疚感；四是灾后情绪低落，出现负面的身心症状，如头痛、失眠、抑郁等。

对救援救助人员进行心理辅导，应遵从五项策略：一是提醒他们在救援救助过程中尽量注意保护自己，注意休息，避免过度疲劳；二是提醒他们尽可能避免感情投入，帮助他们正确认识和评价自己的负罪感和内疚感，让他们明白自己已经尽力；三是多让他们与同事、朋友及家人交流，鼓励他们讨论自己的感受，说出自己的想法，寻求支持和帮助；四是救援救助的一个阶段完成后，就要加强休息和睡眠，鼓励他们多参加户外活动和体育锻炼，多做自己感兴趣的事情；五是如果出现持续的身体和心理的不良反应，应建议他们尽快寻求专业帮助，不应拖延。

本章小结

应急处突结束后，应及时开展灾区的秩序管理和过渡安置工作。

灾区现场秩序管理是指，对灾区社会秩序进行全方位管理。公共危机后需有效恢复和切实管理的社会秩序主要包括救援救灾、灾民安置、城市运转、社会治安、市场秩序、生产秩序等；检验灾区秩序管理情况的标准，包括个体层面的守序标准和整体层面的可逆标准。

过渡安置是指，设置临时安置区域，转移、疏散、撤离并妥善安置灾民，与此同时，还应采取应急或风险防控措施来防止次生衍生灾害。过渡安置的首要工作是设置临时安置区域，将灾民转移到安全地带并妥善安置，做好相应的区域建设、综合保障、管理服务工作。

对灾民的心理疏导旨在从心理上解除危机状态，使危机的心理症状得到立刻缓解和持久的消失，使心理功能恢复到危机前水平；同时，增强心理“免疫力”，预防同类心理危机，应遵循以人为本、遵循规律、多措并举的原则，根据不同阶段、不同群体受害者的心理不适、精神创伤或情感问题，开展相应的现场心理疏导和长期心理干预。

关键术语

灾区秩序管理　快速可逆　过渡安置　心理疏导

案例研讨

“4·20”芦山地震后的过渡安置和秩序管理

2013年4月20日8时2分46秒，四川省雅安市芦山县龙门乡（北纬30.3°，东经103.0°）发生里氏7.0级地震。在抗震救灾进入受灾群众安置阶段后，芦山县坚持一手抓受灾群众安置工作，一手抓次生灾害防治，确保人民群众生命财产安全。

1. 高效有序妥善安置群众

紧急落实临时安置，在县城内设立10个较大安置区域，安置受灾群众近2万人。在其余8个乡镇40个村因地制宜设立临时安置区域548个，安置受灾群众10万人。对倒房户及房屋严重受损户，采用搭建板房小区、简易过渡房或发放过渡安置费自寻住处的办法安置，7天搭建1 000套城市过渡板房。截至2013年6月底，全面完成城乡受灾群众过渡安置任务。

对受灾困难群众发放临时生活补助（每人每天0.5千克粮、10元钱），共计发放救助金1.65亿元、救助粮8 123.56吨，发放人数59.3万。县城每个安置区域确定1名县级领导、1个县级部门负责落实物资发放、群众救助等安置工作，每个乡镇指派专人联系安置区域，让每一个受灾群众“有饭吃、有衣穿、有干净水喝、有临时医疗救助、有临时安全住所”，实现乡村组（社区）受灾群众100%得到妥善临时安置。启动农村过渡安置补助、城镇过渡安置补助等工作，以党员干部示范带动，积极引导受灾群众搭建安全简易住所，群众过渡安置工作加速推进。

2. 严防次生灾害发生

芦山县委、县政府坚持把防治次生地质灾害作为抗震救灾的重大任务，扎实推进地质灾害防治“四到位”（监测到位、避险到位、提醒到位、培训到位）和“五个一”（一个牌子、一条线路、一个口哨、一张明白卡、一个监测员），确保不产生新的重大人员伤亡和财产损失。

一是迅速开展地质灾害调查评估工作。在全国和四川省的协调下，组织省市县8支专业队伍共155名技术人员对地质灾害点进行巡查，共排查地质灾害隐患点576处（原有地质灾害点144处，新增隐患点432处），其中，需应急排危项目100处，做到底子清、情况明。

二是加强地质灾害监测预警工作。通过国家应急广播电台和县电视台滚动播出地质灾害点位；逐点落实地质灾害点监测人员，实现监测全覆盖；安装标志牌，发放避灾警报锣、报警口哨、气象报警收音机、手摇报警器；每天坚持晴天一次、雨天两次的电话抽查，切实增强危机意识，杜绝麻痹大意。

三是加强地质灾害宣传教育和避险演练。印发《预防地震次生灾害宣传资料》8万余份，发放给安置区域群众和中小学生，让群众掌握地质灾害相关知识和安全避险基础知识。对地质灾害监测员进行防治知识专题培训，增强应急处突能力；在全县 9 个乡镇 40 个村 255 个村民小组全面开展地质灾害应急避险演练，演练内容包括群众转移、伤员救护、应急抢险等，共演练 255 次，参加演练人员 1.2 万人次，实战砺“兵”，防患于未然。

四是加强卫生防疫。县灾后卫生防疫指挥部与各乡镇、县级各部门签订卫生防疫目标责任书，实行分片包干，网格化管理。全县每个村、居委会落实 2 名卫生防疫人员和 1 名医疗人员，驻村（居委会）开展医疗卫生和防疫工作，每个安置区域配备固定的医疗人员、防疫人员和消杀人员，实现卫生防疫进居民安置区域、进村组、进家庭。在灾后卫生防疫指挥部的统一指挥下，全县开展饮用水监测、消杀、传染病监测、灾后传染病疫苗接种以及血吸虫病防治工作。震后，全县无突发公共卫生事件和重大疫情发生。

3. 灾区秩序迅速恢复

震后半小时，对外电信联络基本恢复，流动金融营业车开始运行。当日下午，在县城和乡镇设 558 个临时安置区域，紧急转移、应急安置受灾群众 10 万余人；紧接着县指挥部便有序发放帐篷、棉被、食品、饮用水等急需物资，有力保障了安置区域群众有干净水喝、有东西吃、有地方住。震后 1 天，调频广播信号恢复传输并播出震后第一期自办新闻节目。震后 3 天，410 名高三学生前往成都西南财经大学异地复课。震后 5 天，抢修和新铺设饮用水管道 140 千米，修建临时供水设施 79 处，全县基本实现应急供水。震后 15 天，全县 12 852 名学生全部复课。

4. 社会捐助和物资发放

截至 2013 年 12 月 31 日，芦山县慈善总会共计接收捐赠资金 1 169 笔，8 819.66 万元，其中定向捐赠 4 136.54 万元。接受各方爱心人士和社会机构捐赠棉被 21.44 万床、衣物 15.4 万件、粮食 2 848 吨、食用油 62.9 万千克、方便面 11.23 万件、矿泉水 68.25 万箱及其他物质。此外，还紧急调拨救灾帐篷 4.71 万顶、车辆 189 辆、发电机 1 134 台、通信设备 1 121 部、药品 1.28 万件。所有物资通过乡、村、组三级迅速发放到受灾群众手中，解决了全县 12 万余名无家可归灾民的衣食住行问题。

第 9 章

负面影响防范和舆情管理

知识结构图

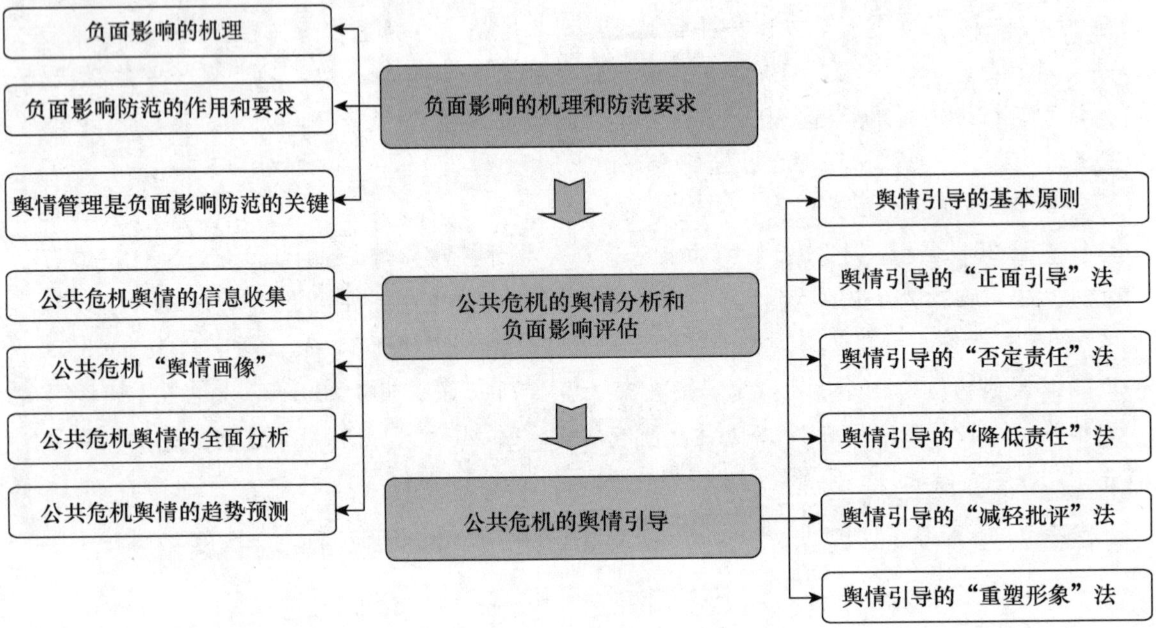

重点问题

- 负面影响的机理和防范要求
- 公共危机的舆情要素及其管理要求
- 公共危机的“舆情画像”要点
- 公共危机舆情的全面分析要点
- 公共危机舆情的趋势预测要点
- 公共危机舆情引导的基本原则
- 舆情引导的“正面引导”策略要点
- 舆情引导的“否定责任”策略要点
- 舆情引导的“降低责任”策略要点
- 舆情引导的“减轻批评”策略要点
- 舆情引导的“重塑形象”策略要点

9.1　负面影响的机理和防范要求

“舆论场”的公共危机管理，除了突发事件新闻发布和危机公共关系，还应做好负面影响防范的相关工作。

9.1.1　负面影响的机理

9.1.1.1　负面影响的界定

公共危机的负面影响，是指在相关主体责任和公共危机舆情的共同作用下，由于公共危机事件本身所导致或公共危机管理不善所引发的社会恐慌、过度防卫、维权纠纷、造谣传谣、扰乱秩序甚至损坏公信等社会负面影响类的问题。

公共危机的负面影响兼有危机后果和次生灾害的双重属性，既可能是公共危机带来的最终后果，突出表现为公共危机事件导致人民群众“不高兴、不答应、不满意”的后果；也可能是公共危机触发的连锁反应，作为次生灾害将引发新一轮公共危机。

9.1.1.2　负面影响的来源

负面影响来源于公共危机本身或现场与舆论场的公共危机管理不当。具体而言：一是危机事件自身引发，尤其是相关部门违反法律法规和党纪条例所导致的责任事故类公共危机，即“更可怕的后果”；二是现场的公共危机管理不善引发，应急失误并导致人财损失的恶性后果，即“做错了”；三是舆论场的公共危机管理不当引发，如媒体频繁曝光、社会舆论批评指责、危机公关不到位、造谣传谣和恶意中伤等引发，即“说错了”或“被认为做错了”。

将上述三类来源予以组合，形成当前公共危机负面影响易发高发的三类情形，并可能造成三种等级的后果（见图 9－1）。

情形 1：“全责＋被批评”，相关主体对于事故发生或应急不力，存在全部责任。例如，安全生产事故可能引发社会恐慌和舆论批评，导致严重的形象受损和公信受损。

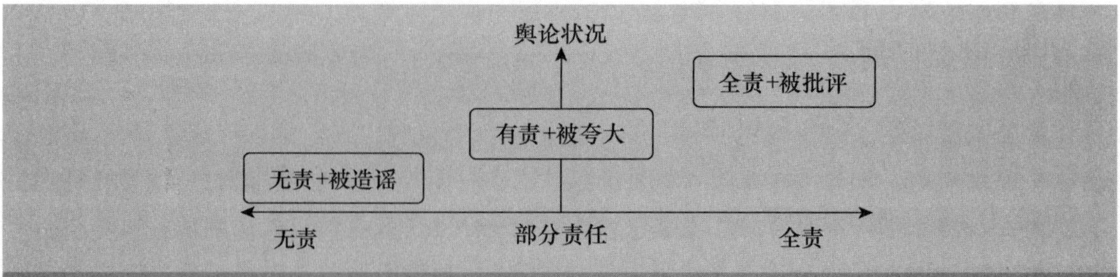

图 9-1　负面影响的来源和情形示意图

情形 2：“有责＋被夸大”，相关主体在公共危机事件中责任较小，客观因素和不可抗力较大，管理与服务存在瑕疵，个别官员存在不当行为等。例如，受害者因客观因素未成功获救，可能引发形象轻微受损和民众不满。

情形 3：“无责＋被造谣”，由于造谣传谣、恶意中伤、故意扰乱舆论秩序等言行，责任主体在无责任的情况下被“冤枉”，虽然无责但也可能导致严重或轻微的形象受损与公信受损。

9.1.1.3　负面影响的“推手”

根据负面影响的界定和来源，相关主体的责任状况和公共危机的舆论状况是导致负面影响的重要因素。基于此，本书提出负面影响的两种“推手”：一是相关主体责任状况中的“责任事故”，二是公共危机舆论状况中的“谣言”。二者对公共危机负面影响形成“助推效应”，共同导致负面影响的产生、升级、扩散，并产生危害。

1. 责任事故对负面影响的“助推效应”机理

对负面影响产生“助推效应”的责任事故，可分为公共安全类和公共服务类。

公共安全类责任事故，是指由于公共危机事件本身导致民众死伤进而、财产损失引发民众“不答应”的公共安全问题①，突出表现为社会恐慌和过度防卫，进而在网上发帖讨论和制造负面舆论、在现场出现极端语言和行为等。

公共服务类责任事故，是指常态社会管理或危态危机管理的过程中出现给群众生产生活带来不便，导致民众“不满意”的公共服务问题②，突出表现为社会担忧和极端维权，可能引发居住环境、经济、劳动保障、房屋、医疗、教育等领域的维权纠纷。

2. 网络谣言对负面影响的“助推效应”

对公共危机负面影响产生“助推效应”的网络谣言，不仅带来负面影响，还将产生威胁公共安全、导致人财损失、形成负面标杆、激化社会矛盾、恶化社会环境、损害社会信

① 根据《风险评估与危机预警报告（2015～2016）》的相关研究，典型的公共安全问题可分为公共交通安全事故、公共消防安全事故、公共基础设施安全事故、民众日常生活安全事故、食品安全事故、生产安全事故、社会治安事件、自然灾害应对不善、互联网安全事故、医疗卫生事件、学校安全事故等类别。唐钧. 风险评估与危机预警报告（2015～2016）[M]. 北京：社会科学文献出版社，2016.

② 根据《风险评估与危机预警报告（2015～2016）》的相关研究，典型的公共服务问题可分为安全服务保障不到位、居住地环保服务不到位、出行难、办事难、看病难、上学难、养老难、殡葬遇难题、公共服务供给方问题等类别。唐钧. 风险评估与危机预警报告（2015～2016）[M]. 北京：社会科学文献出版社，2016.

任等后果。网络谣言由三类因素共同导致：一是大数据时代权威信息缺位导致信息不对称，二是利益诉求复杂导致造谣传谣具有动机，三是社会治理欠完善催生信谣。

网络谣言涉及社会运行政治、经济、文化、生活多个方面，主要有安全类、时政类、经济类、生活类、娱乐类等。谣言的手法也呈现多样化特征，具体表现为：一是杜撰细节，在已有新闻的基础上杜撰出虚假的细节；二是“张冠李戴”，将不同新闻糅合在一起，达到吸引眼球的目的；三是“旧闻新炒”，将以往谣言翻出来稍加修改重新炒作；四是夸大事实，刻意夸大放大某些细节，造成骇人听闻的效果；五是完全虚构，谣言内容全部属于杜撰虚构。

9.1.2　负面影响防范的作用和要求

9.1.2.1　负面影响防范的三重功能

负面影响防范具备三重社会功能：回应社会关切、治理网络谣言、展示官方态度。

第一，回应社会关切，尊重民众知情权。如遇重大突发公共事件，特别是类似于沉船、爆炸等导致严重人员伤亡的事件，应就其救援、善后、处理等过程，举行一系列新闻发布会来引导舆情。具体而言：一方面，回应社会关切的问题，尊重民众知情权，消除受众的信息不确定性，便于其及时了解与事件密切相关的动态、进展；另一方面，引导舆论朝着有利于妥善处理事件、正确认识相关问题的积极方向发展，澄清传闻，以正视听。

第二，治理网络谣言，疏导社会恐慌。危机发生后，突发状况下信息需求的增多和信息传播的不及时，导致谣言的出现和传播。负面和消极类谣言的出现与传播会引发社会恐慌，甚至对社会秩序造成恶性影响。对此，及时发布权威与官方的信息，有利于及时辟谣，规避谣言传播扩散，疏导社会恐慌情绪，维护社会秩序。例如，甲型 H1N1 流感（也称“猪流感”）蔓延时，出现多起谣言，引发社会恐慌与担忧，所幸官方机构及时辟谣，安定了民心，维护了秩序。

第三，展示官方态度，维护形象与公信力。通过信息发布，展示管理部门或责任部门对于应急的真诚、诚实、可靠、负责等态度，有利于维护形象与公信力。例如，在重大核事故发生后，国家领导人公开表达对核电项目的信心，展现政府的自信态度，也给予公众鼓励。

9.1.2.2　负面影响防范的总体要求

负面影响防范应立足于负面影响的机理。一方面，对负面影响的两个“推手”责任事故和网络谣言进行处理；另一方面，同步做好现场和舆论场的公共危机管理，尤其是舆情管理。具体应做到：

第一，对于导致负面影响的责任事故，做好事前防范和事后惩处工作；

第二，对于引发负面影响的网络谣言，做好谣言认定和依法处理工作；

第三，在做好公共危机管理“现场”的应急响应、紧急救援、专业处置和“舆论场”的新闻发布、危机公关等工作基础上，切实加强舆情的分析和管理。

9.1.2.3 处理负面影响类责任事故的相关要求

当前，党纪条例和法律法规对导致负面影响的责任事故处理予以严格要求，强调造成“社会影响恶劣”的事件（或事故）要依法追究主要负责人的法律责任，依法从严惩处（见表9-1）。

表9-1 负面影响类责任事故处理的相关要求（示例）

相关法律法规与党纪	负面影响类责任事故处理的要求
《中华人民共和国刑法》	国家机关工作人员滥用职权或者玩忽职守，致使公共财产、国家和人民利益遭受重大损失的，处三年以下有期徒刑或者拘役；情节特别严重的，处三年以上七年以下有期徒刑
《中国共产党问责条例》	党组织和党的领导干部违反党章和其他党内法规，不履行或者不正确履行职责，给党的事业和人民利益造成严重损失，产生恶劣影响、损害党的形象，应当予以问责；对党组织予以检查、通报、改组等问责；对党的领导干部予以通报、诫勉、组织调整或组织处理、纪律处分等问责
《中国共产党纪律处分条例》	党员和党组织违反相关要求，造成恶劣影响或不良影响的，给予警告或者严重警告处分；情节较重的，给予撤销党内职务或者留党察看处分；情节严重的，给予开除党籍处分
《关于实行党政领导干部问责的暂行规定》	党政领导干部违反相关规定，造成重大损失或者恶劣影响的，根据具体情形实行责令公开道歉、停职检查、引咎辞职、责令辞职、免职等问责
《国务院关于特大安全事故行政责任追究的规定》	发生特大安全事故，社会影响特别恶劣或者性质特别严重的，由国务院对负有领导责任的省长、自治区主席、直辖市市长和国务院有关部门正职负责人给予行政处分
《生产安全事故报告和调查处理条例》	没有造成人员伤亡但社会影响恶劣的事故，国务院或者有关地方人民政府认为需要调查处理的，依照有关规定：事故发生单位及其有关人员根据具体情形处以罚款；属于国家工作人员的并依法给予处分；构成违反治安管理行为的由公安机关依法给予治安管理处罚；构成犯罪的依法追究刑事责任
《最高人民法院关于充分发挥审判职能作用切实维护公共安全的若干意见》	对于严重损害群众利益、社会影响恶劣、群众反映强烈的国家工作人员贪污贿赂犯罪、渎职犯罪，发生在事关民生和公共安全的重点领域、重点行业的严重商业贿赂犯罪等，要依法从严惩处

资料来源：根据公开资料整理，为不完全统计。

9.1.2.4 治理负面影响类网络谣言的相关要求

对于导致负面影响的网络谣言，我国正在建立健全并严格执行相关的法律法规和政策制度，对网络谣言的性质、责任认定、损害赔偿以及管理的主体、程序、监督等给予明确的界定，同时切实加大行政法、刑法等对网络谣言的规制，进一步增强现有法律法规的可操作性（见表9-2）。

表 9-2　　网络谣言治理的相关法律法规和政策文件

相关法律法规与政策	网络谣言治理的具体要求
《中华人民共和国刑法》	明文禁止造谣传谣的多种情形，包括：煽动颠覆国家政权、推翻社会主义制度；损害他人的商业信誉、商品声誉，给他人造成重大损失；侮辱或诽谤他人；编造虚假信息，严重扰乱社会秩序等；并对上述情形的违法者给予有期徒刑、拘役、管制、剥夺政治权利、罚金等多种形式的处罚
《中华人民共和国民法通则》	明文禁止造谣传谣致公民或法人名誉受损
《中华人民共和国治安管理处罚法》	明文禁止造谣传谣扰乱公共秩序，违反者予以拘留或罚款的处罚
《中华人民共和国侵权责任法》	明文禁止利用网络造谣传谣侵害他人的名誉权等民事权益，违反者应承担相应侵权责任
《计算机信息网络国际联网安全保护管理办法》	明文禁止造谣传谣扰乱社会秩序
《互联网信息服务管理办法》	明文禁止造谣传谣扰乱社会秩序、破坏社会稳定
《最高人民法院、最高人民检察院关于办理利用信息网络实施诽谤等刑事案件适用法律若干问题的解释》	有关寻衅滋事罪的解释将网络空间纳入“公共场所”，网络谣言被纳入寻衅滋事罪等予以惩治

资料来源：根据网络公开资料整理，截至 2018 年 8 月，为不完全统计。

9.1.3　舆情管理是负面影响防范的关键

舆情是负面影响最直接的表现形式。基于此，负面影响防范的关键是舆情管理。

9.1.3.1　舆情是负面影响的直接表现

公共危机的舆情，是指公共危机事件相关的新闻报道、网民意见、媒体评论及其映射的群众对于危机管理主体及其工作“满不满意、高不高兴、答不答应”的社会心态。基于当前所处的信息化时代，舆情已逐渐脱离纸媒宣传和人口相传的传统场域，将互联网空间作为其重点场域；同时，由于互联网的开放性特征和全球化趋势，舆情的物理空间常常从某一地区拓展至全国乃至全球。

舆情包含四个元素，通俗可称为“谁在说”“说什么”“怎么说”“谁在听”。具体而言：

第一，“谁在说”是舆情的主体。舆情主体的性质、地位、影响力等都会对舆情的发展态势产生作用。当前任何具备通信基础工具的个体或组织均可能成为舆情主体，传统媒体与新兴媒体、官方媒体与商业媒体、网民自媒体和社交平台交流，均可能成为舆情的发源。

第二，“说什么”是舆情的客体，也即舆情的主题和内容。舆情客体是主观性与客观性的统一，一方面舆情受到主体的主观性影响，另一方面在传播过程中其全面程度、精确程度、真实程度等可能受到舆情传播客观规律或因素的影响。

第三，“怎么说”是舆情的方式和渠道。不同的舆情表现方式对群众和媒体的影响力也不同。突发事件现场报道的文字、图片、视频，对于群众而言其可信度不同，群众更容易相信“眼见为实”的报道；舆情传播的渠道和平台也可能对群众态度产生影响。例如，对于公共危机人财损失情况的报道，官方媒体比商业媒体和自媒体对群众而言更具有可信度。

第四，“谁在听”是舆情的受众。受众的特征差异将导致其对舆情形成不同的反应，例如，受众文化素质、年龄、性别、地域、职业等差异，会影响其对舆情的反应态度，利益相关者和围观群众的态度和结论也有所不同。

9.1.3.2 舆情管理的相关要求

舆情管理是负面影响防范的重要策略，我国相关政策文件对于舆情管理给出具体规定和详细要求（见表9-3）。

表9-3　舆情管理的相关要求

相关法律法规和政策	舆情管理的具体要求
《国家突发公共事件总体应急预案》	突发公共事件的信息发布应当及时、准确、客观、全面。所谓及时，就是要在事件发生的第一时间向社会发布简要信息，随后发布初步核实情况、政府应对措施和公众防范措施等，并根据事件处置情况做好后续发布工作
《中华人民共和国突发事件应对法》	履行统一领导职责或者组织处置突发事件的人民政府，应当按照有关规定统一、准确、及时发布有关突发事件事态发展和应急处置工作的信息
《中华人民共和国政府信息公开条例》	行政机关应当及时、准确地公开政府信息。行政机关发现影响或者可能影响社会稳定、扰乱社会和经济管理秩序的虚假或者不完整信息的，应当发布准确的政府信息予以澄清
《国务院办公厅关于进一步加强政府信息公开回应社会关切提升政府公信力的意见》	建立健全舆情收集、研判和回应机制，密切关注重要政务相关舆情，加大网络舆情监测工作力度，重要舆情形成监测报告，建立重大政务舆情会商联席会议制度，建立政务信息发布和舆情处置联动机制，妥善制定重大政务信息公开发布和传播方案，共同做好政府信息发布和舆论引导工作
《关于全面推进政务公开工作的意见》	建立健全政务舆情收集、研判、处置和回应机制，加强重大政务舆情回应督办工作，开展效果评估。对涉及本地区本部门的重要政务舆情、媒体关切、突发事件等热点问题，要按程序及时发布权威信息，讲清事实真相、政策措施以及处置结果等，认真回应关切
《国务院办公厅关于在政务公开工作中进一步做好政务舆情回应的通知》	进一步明确政务舆情回应责任，把握需重点回应的政务舆情标准，提高政务舆情回应实效，加强督促检查和业务培训，建立政务舆情回应激励约束机制
《〈关于全面推进政务公开工作的意见〉实施细则》	明确回应责任，突出舆情收集重点，做好研判处置，提升回应效果

资料来源：根据网络公开资料整理，截至2018年8月，为不完全统计。

9.1.3.3 舆情管理的科学流程

舆情管理，是指针对公共危机的舆情，做好其收集、会商、研判、评估、回应、引导、处置等一系列工作。对此，国务院办公厅印发的《〈关于全面推进政务公开工作的意见〉实施细则》做出规定，要求建立健全政务舆情收集、会商、研判、回应、评估机制，对收集到的舆情加强分析研判并进行分类处置。

舆情管理主要分为舆情分析评估和舆情引导管理两大板块，进而细分为四个环节：

第一，信息收集和“舆情画像”，全面收集和汇总舆情相关事件过程、舆情基本情况、舆情传播状况、舆情受众状况等情况，从而将舆论场的公共危机整体现状进行描述画像。

第二，舆情分析和负面影响风险评估，通过多要素的舆情定性、多种模式的舆情定责、多种方式的舆情风险定级，对舆情进行更深层次的分析与解读。

第三，舆情和负面影响的趋势预测，在舆情状况呈现和全面分析的基础上，针对公共危机舆情的发展趋势，从量化、质性、风险三个维度进行预测。

第四，舆情引导和全面管理，基于舆情分析的结果，规避、化解或干预舆论场的舆情风险，阻止、消除、处置现场的危机。

舆情管理的上述四个环节相辅相成，形成动态循环。

9.2　公共危机的舆情分析和负面影响评估

公共危机舆情管理的首要工作是舆情分析，对舆情整体状况、关键要素、负面影响风险等进行全面识别和充分评估，在此基础上开展舆情管理工作。

9.2.1　公共危机舆情的信息收集

舆情相关的信息收集是舆情画像的前提。公共危机管理中，舆情收集的重点包括七个方面的内容：(1) 涉及重要决策部署的政务舆情信息；(2) 涉及公众切身利益且可能产生较大影响的媒体报道；(3) 引发媒体和公众关切、可能影响政府形象和公信力的舆情信息；(4) 涉及重大突发事件处置和自然灾害应对的舆情信息；(5) 严重冲击社会道德底线的民生舆情信息；(6) 对政府及其部门重大政策措施存在误解误读的舆情信息；(7) 严重危害社会秩序和国家利益的不实信息等。

基于此，在舆情收集的过程中，应根据舆情信息来源所在的平台，尽可能开展覆盖全媒体、全网络、多渠道的舆情收集。舆情收集的渠道主要包括：即时社交媒体、自媒体新闻平台、网络论坛/BBS、网络新闻、新闻跟帖、博客空间、视频播客、网络调查等（见表9-4）。

舆情收集可通过人力操作或人工智能来实现，其基本原理是“信息抓取→信息匹配→信息筛选”。一是基于相关性的信息抓取，在互联网上搜索并获取与目标相关的信息，其核心在于如何全面、快速获取有关信息；二是基于关键词的信息匹配，即提炼与舆情事件紧密相关且具备敏感性的关键词，以此为索引，与抓取的信息进行扫描比对，查看信息中是否存在相应的关键词；三是基于有用性的信息筛选，对于抓取和匹配的信息进行审查和判定，筛除无用或可用性较低的信息，找出可利用的有效信息。基于此，获取与舆情相关的有效信息，为舆情画像呈现提供原材料和依据，也为接下来的舆情评估和趋势预测打下基础。

专　栏

舆情收集的渠道和要点

表 9-4　舆情收集的渠道和要点

渠道类型	典型代表	不同渠道中舆情收集的要点
1. 即时社交媒体	微博、微信、抖音、快手、豆瓣、知乎、QQ 等	以社会关系为基础，具有相对保密性，话题内容更为私密，在很大程度上显示了网民的真实意见
2. 自媒体新闻平台	微信公众号、今日头条、微博签约自媒体、百度百家号、搜狐自媒体、凤凰号自媒体、知乎自媒体、网易号、一点资讯等	以个人订制或兴趣推送的方式关注，形成焦点事件的发布平台，在一定程度上显示了网民的关注导向
3. 网络论坛/BBS	天涯社区、百度贴吧、猫扑社区、凤凰论坛、搜狐论坛、网易论坛、新浪论坛、中华网论坛等	(1) 根据帖子热度和跟帖讨论的内容，评估网民的倾向性意见；(2) 收集全国性舆情时重点关注典型代表中的论坛；(3) 收集地方舆情时重点关注各省市级地方地域性论坛；(4) 关注相关行业、单位、企业的官方网站、论坛与留言板
4. 网络新闻	(1) 新浪、网易、腾讯、谷歌等商业性新闻网站；(2) 人民网、新华网、央视网等官方权威性网站	(1) 根据新闻热度，可在一定程度上评估网民态度偏好；(2) 兼顾商业性新闻网站和官方权威性网站，部分还应关注境外舆情
5. 新闻跟帖	人民网、新华网、网易、搜狐、新浪等各大门户网站	根据新闻跟帖热度和跟帖讨论内容，可在一定程度上评估网民意见
6. 博客空间	新浪博客、搜狐博客、百度空间、QQ 空间等	根据发帖的主题、内容、热度，可汇总并整理形成网民的意见
7. 视频播客	优酷（土豆）、爱奇艺、搜狐、芒果、凤凰视频等视频网站	(1) 根据视频热度和跟帖留言，可在一定程度上评估网民的意见；(2) 重视视频和播客的价值，及时抽取有价值的内容

续前表

渠道类型	典型代表	不同渠道中舆情收集的要点
8. 网络调查	(1) 直接开展网络调查的平台，如第一调查网、问卷星等；(2) 介绍或引用网络调查结论的网帖、文章	(1) 运用网络调查方式就某一社会热点事件、话题和现象进行民意的征集和测试，是最直接了解特定话题舆论和民意的途径；(2) 网民意见已通过调查进行了汇总整理和初步统计分析；(3) 网络调查存在相应误差

资料来源：为不完全统计，具有相应的误差。

9.2.2　公共危机的“舆情画像”

公共危机舆情评估的基础工作是舆情的现状画像，简称“舆情画像”，是指在舆情收集的基础上，对舆情事件、基本情况、传播状况、受众状况给予描述画像。

9.2.2.1　公共危机的“舆情事件画像”

在舆情收集的基础上，对于公共危机舆情所呈现出的公共危机事件本身做出描述画像，主要从以下两方面做出初步呈现：一是对舆情核心事件的过程进行梳理，包括该事件的背景、起因、经过、后果、调查处理等方面的最新进展和整体情况；二是对事件所有舆情进行分阶段梳理，对事件舆情过程进行分时段或分阶段的梳理。一般而言，舆情可分为酝酿期、升温期、高潮期、消退期，不同时期的舆情传播数量和舆论侧重点不同。

9.2.2.2　公共危机的“舆情传播画像”

公共危机舆情传播面临互联网传播的环境，与传统媒体相比，互联网具有适时性、快捷和交互性，导致舆情传播呈现出更复杂多变的特征和状态。具体表现为：一方面，舆情传播的源头多，既有官方信息，也有民间声音；既有记者挖掘，也有内部爆料。另一方面，舆情传播的速度快，舆情相关事件被初次曝光后，根据事件严重程度和影响范围，舆情将快速传播，迅速形成某一区域甚至全国性、全球性的舆论热点事件。

基于此，对于公共危机事件舆情传播状况的画像，应尽可能全面仔细，从传播数据、传播路径、传播焦点、传播走势等方面做全方位展现。

一是舆情传播数据，包括新闻媒体、网络自媒体两类的传播数据。其中，新闻媒体包括官方媒体、专业媒体、商业媒体等，一般对其影响力、类型等进行分级分析；网络自媒体包括营利性自媒体平台和非营利的社交平台等，一般按照论坛贴吧、微博、微信、问答平台、网络直播等进行分类分析。综合这两种媒体，对于全网的舆情热度、舆情声量等也可做相关统计分析。当前，多种舆情监测和分析软件基本能够对舆情传播数据予以分析和展示，但由于数据抓取工具、数据分析指标等主观客观情况，最终结果存在相应的误差。

二是舆情传播路径。传播路径是指舆情在一定时间内从产生到扩散，以转载、转发媒介（媒体及自媒体）等为节点构成的传播过程。

三是舆情传播焦点。传播焦点是指舆情传播过程中关注度最高的关键词、关联词、敏感词、媒体报道热点、网民话题热点等。

四是舆情传播走势。一般以小时、天等时间单位为节点，检索舆情事件各个时段的传播数量和关注焦点，绘制传播走势图，以此观察舆情发酵的状态和趋势。

以 2017 年 4 月的“某县学生跳楼死亡”舆情事件为例予以说明。某舆情监测和分析软件对事件的舆情传播路径分析如图 9－2 所示：

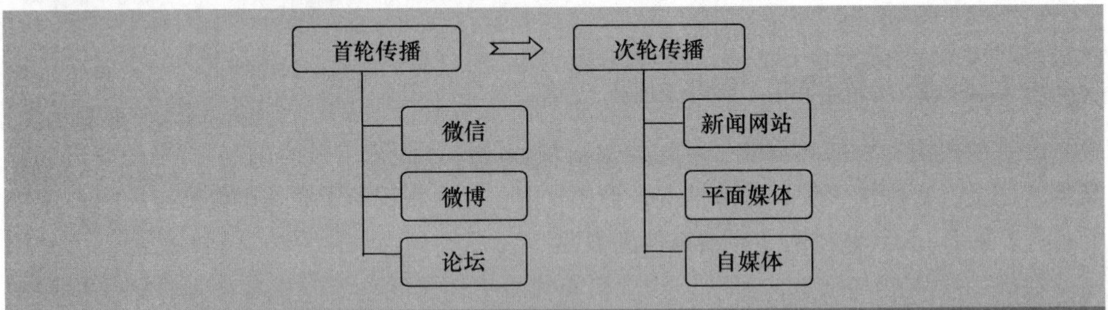

图 9－2　“某县学生跳楼死亡”舆情事件的部分传播画像

9.2.2.3　公共危机的“舆情受众画像”

公共危机事件的舆情受众是指，舆情产生接受、回应、评论、转发转载甚至制造二次舆情的主体（个体或群体、个人或单位），包括舆情接受者、关注者、二次传播者等。互联网空间中的舆情受众已不再受物理空间限制，可能遍布全国乃至全球，舆情受众的身份、特征、态度等也呈现多样化特征。基于此，舆情受众画像应尽可能全面仔细，从受众的属性和反馈两方面做全方位展现。

舆情受众的属性画像是指，对舆情受众本身的分析，既包括舆情受众在网络环境中的身份特征、活跃状况、参与平台、粉丝数量、表达习惯、兴趣分布等的“舆论场”属性特征，也包括对舆情受众在现实环境中的地理位置、身份特征、职业、年龄、学历、收入状况等方面“现场”属性特征，从而绘制舆情受众属性特征的全方位、立体化画像。

舆情受众的反馈画像是指，对舆情受众的态度、看法、意见、言论的分析以及对其支持、理性、共识等的程度测量。一般而言，舆情受众反馈可分为 4 种态度、6 类情绪、16 种心态（见表 9－5）。

表 9－5　舆情受众的态度、情绪、心态汇总

分析维度	细化情况	对应舆情展现形态
态度（4 类）	正面倾向、中立态度、负面倾向、不确定态度	关键词等
情绪（6 种）	支持、乐观、中立、质疑、担忧、畏惧、反对	关键词、表情、标点符号等

续前表

分析维度	细化情况	对应舆情展现形态
心态（16种）	（1）基于信任官方的支持；（2）对利国项目的支持（保障国家安全、增进国家利益、维护国家形象等）；（3）对利他项目的支持（方便他人、扶助弱势群体、带动地区经济发展等）；（4）对利己项目的支持（提高个人收入、降低生活成本、带来生活便利、提高生活质量等）；（5）对不损己项目的中立态度；（6）对任何事件无所谓的态度；（7）充分了解、全面认识、理性思考基础上的辩证态度；（8）尚未表态的不明确态度；（9）对可能产生纠纷的担忧；（10）对安全、污染等共性问题的担忧；（11）邻避效应"不要建在我家附近"的心理；（12）对属地政府和相关部门管理能力的不信任；（13）对责任主体的怀疑；（14）对未知事物的畏惧；（15）对特定项目的畏惧；（16）绝对反对的逆反心态	关键词、表情、标点符号等

资料来源：为不完全概括，具有相应的误差。

9.2.3 公共危机舆情的全面分析

公共危机舆情的全面分析，主要从舆情定性、主体定责、风险定级三个维度开展。

9.2.3.1 公共危机舆情的定性

公共危机的舆情应从舆情源头、舆情传播、舆情受众、舆情环境的四要素予以定性。

第一，舆情源头的定性，是指对舆情所涉及公共危机事件中的"人"和"事"进行定性分析，其中"人"是指舆情相关群体，"事"是指舆情相关事件。一方面，对舆情涉及的主体（个体或群体、个人或单位）进行定性分析，分析主体的特征属性和利益诉求，尤其是对主体是否存在合法合理诉求未被满足、是否存在不合理诉求或过高期望、是否涉及境外反动势力、是否为公共安全高危人群等问题予以分析研判；另一方面，对舆情相关事件进行分析，对舆情涉及具体事件进行定性分析，尤其是对该事件是否涉及敏感群体、敏感事件、敏感地区、敏感时段等问题予以分析研判（见表9-6）。

表9-6 舆情相关事件的定性

定性的指标	指标内涵
敏感群体	舆情相关事件是否涉及政治人物、社会知名人士、特定身份人士、特定群体等敏感群体，是否将由此引发全国乃至全球的舆论关注
敏感事件	舆情相关事件是否涉及政治、军事、国家安全、社会稳定、国计民生、"下一代问题"等敏感事件，是否将由此引发全国乃至全球的舆论关注
敏感地区	舆情相关事件的发生地点是不是政治、经济、文化中心城市，是否在国内其他重要地区引发舆论连锁反应等

续前表

定性的指标	指标内涵
敏感时段	舆情相关事件的发生时间是否处于重大节日、重要活动期、关键节点等，是否会引发异于平时的舆论连锁反应等

资料来源：根据公开资料整理，为不完全统计。

第二，舆情传播的定性，是指对舆论制造传播者和舆论传播状况的定性分析。一方面，对制造并传播舆情的主体（个体或群体、个人或单位）予以定性，尤其是对发布、曝光、转发、转载、评论的主体是否涉及造谣传谣，是否为敏感群体、境外势力、公共安全高危人群等予以分析。另一方面，对舆情传播情况进行分析，主要从空间和时间两个范畴开展定性分析：对舆情传播空间进行定性分析，包括舆情地域空间关联性、舆情地点特殊性、舆情地域连锁反应等；对舆情传播时间进行定性分析，包括舆情时间历史关联性、舆情事件敏感性、舆情传播和发展的时间规律与趋势等。

第三，舆情受众的定性，是指对舆情受众的情绪态度、意见倾向、身份情况、实际行动等进行的定性分析。具体包括：一是对舆论总倾向和网民的态度分析，二是对关注该舆论事件的人群进行分类分级，三是媒体与网民对舆论事件当事人、责任方的态度分析，四是网民对事件本身的反应程度。

第四，舆情环境的定性，是指将舆论事件置于公共危机管理“现场”和“舆论场”的整体社会环境中进行深入考察，利用心理学、社会学、统计学、新闻传播学、公共管理学等学科理论方法，对舆情源头、舆情传播、舆情受众进行深化的定性分析。具体从三方面展开：一是评估网络舆论的风险程度，即舆论事件引发群众的反应程度，是认知层面、表达态度还是会走向实际行动乃至引发社会骚乱；二是评估舆论反映的群众的利益诉求，如“保底诉求”和“超额诉求”、“合法诉求”和“不合法诉求”、“合理但超出政策预期的诉求”和“不合理的过高期望诉求”等，列出群众的需求清单；三是分析舆论反映的社会心态，包括正向、中立、负向的社会心态及其具体情绪和心理原因。

9.2.3.2 公共危机舆情的主体定责

公共危机舆情的相关主体定责，通常参考四种效应下的责任模式。

第一，“舆论场归因现场效应”下的法律责任。“舆论场归因现场效应”，是指“舆论场”的公共危机舆情事件，均会对应“现场”的公共危机事件，尤其是因主体责任事故引发的公共危机事件。基于此，公共危机舆情责任研判的首要工作是对舆情所对应的现实公共危机事件进行责任调查，结合相应的法律法规，明确涉事的企事业单位或社会组织负责人、相关部门责任人、属地政府责任人等的法律责任。具体操作中，现场事件调查的时间周期较长，但为了及时平息舆论场的危机，会采取的做法是：以舆情反映的情况为线索，结合现场调查的相关证据，控制或处置直接责任人，同时发布信息对调查结果和责任情况予以说明。

第二，“舆论场维序维稳效应”下的行政责任。“舆论场维序维稳效应”，是指公共危机舆情传播中，既可能出现造谣传谣、虚假信息、恶意中伤、造谣诽谤甚至不法言论，对舆论场的社会秩序和稳定造成严重影响，也可能出现互联网的违法扰序行为发展成为现实的违法犯罪行为，从“网络集群”演变为“实地集会”，从“虚拟无序”发展到“现实违法”。因此，舆论场秩序和稳定的维护尤为重要，对于利用舆情来破坏舆论场秩序和稳定的，应依据法律法规①追究其行政责任。

第三，“舆情连带效应”下的负面影响责任。“舆情连带效应”，是指现场的公共危机事件在舆情的作用下，连带产生社会恐慌、民众质疑、舆论谴责、形象危机、公信受损等一系列社会负面影响。对此，应深究公共危机事件及其舆情传播中受到舆论谴责、社会质疑最为严重的相关责任主体，并根据调查确定其确有责任、排除造谣传谣和恶意诽谤的，依据党纪条例、国家法律法规、政府部门相关规定②，追究其在负面影响方面的责任。

第四，“主观舆论审判效应”下的社会责任。“主观舆论审判效应”，是指在警方调查、司法审判尚未给出明确结果的情况下，“舆论场”出现根据舆情传播中的相关证据、言论、观点等给涉事人员予以舆论上的“主观定罪”，涉事人员可能未出现违法违规违纪的行为，或者对事件不负有直接相关责任，但被舆情认定为有责任或应负全责，并被媒体报道和网民言论所批评指责。舆论审判与法律审判相比，缺乏明确规则和规范制度，也缺乏真实证据和专业审核，事实上存在疑问的说法可能被采纳，辩论中诉诸情绪而非逻辑的观点可能获赞同，复杂的事件真相可能被简单化、片面化，民意也可能被误导、带歪甚至被恶意煽动。“主观舆论审判效应”可能导致两方面负面影响：一是试图通过舆情声势影响案件判决结果的“舆论”影响司法；二是虚假不公的媒体报道或网民言论可能对当事人的声誉和隐私造成损害。

9.2.3.3 公共危机舆情的风险定级

公共危机舆情的风险定级，即对舆情可能产生的风险等级进行分析，通常有如下两种方法：

第一，“后果危害度-社会关注度”定级（Hazard-Attention，H-A 定级），根据舆情事件的后果危害程度和社会关注程度对舆情风险进行等级研判。在实际操作中，后果危害度和社会关注度，将通过定量化或可操作化的分级指标予以明确（见表9-7）。

---

① 《中华人民共和国刑法》《中华人民共和国民法通则》《中华人民共和国治安管理处罚法》《计算机信息网络国际联网安全保护管理办法》《互联网信息服务管理办法》《最高人民法院、最高人民检察院关于办理利用信息网络实施诽谤等刑事案件适用法律若干问题的解释》等相关法律法规明文禁止互联网造谣传谣和扰乱秩序的多种情形，包括：煽动颠覆国家政权、推翻社会主义制度；损害他人的商业信誉、商品声誉，给他人造成重大损失；侮辱或诽谤他人；编造虚假信息，严重扰乱社会秩序；等等。

② 《中华人民共和国刑法》《中国共产党问责条例》《中国共产党纪律处分条例》《关于实行党政领导干部问责的暂行规定》《国务院关于特大安全事故行政责任追究的规定》《生产安全事故报告和调查处理条例》等相关党纪条例和法律法规对于“造成特别恶劣社会影响”“损害党的形象”“在社会上造成不良影响”“社会影响恶劣”的多种情形做出严惩严罚的要求。

表 9-7　　公共危机舆情“后果危害度-社会关注度”定级标准示例

级别	分级标准	
	后果危害度指标	社会关注度指标
特别重大（Ⅰ级）舆情	(1) 属地内发生严重危害国家安全、具有明显政治倾向的舆情； (2) 产生对属地公共安全和社会秩序造成严重影响的突发负面舆情； (3) 可能导致大规模群体性事件、政治性煽动事件或易被其他政治势力利用； (4) 需要统一指挥、协调属地有关部门和力量进行紧急处置的舆情事件	(1) 境内主要重点新闻网站大量报道有关负面信息，引发大量网民留言或论坛讨论的事件； (2) 境内主要商业网站大量转载有关负面信息，引发大量网民留言或讨论、评论； (3) 境内有关微博网站大量网民转发评论，出现行动性、煽动性言论； (4) 境内主要知名论坛大量炒作相关负面信息； (5) 境外主流媒体和网站进行相关报道的负面信息等
重大（Ⅱ级）舆情	(1) 在较大范围内对属地公共安全和社会秩序造成重大危害和影响； (2) 易由此引发政治性事件或授人以柄的突发负面舆情； (3) 需要统一指挥、协调相关部门和力量进行紧急处置的舆情事件	(1) 境内重点新闻网站报道有关负面信息，引发一定数量的论坛讨论； (2) 境内知名商业网站转载有关负面信息，引发一定数量网民留言； (3) 境内有关微博网站一定数量网民转发评论； (4) 境内主要知名论坛进行相关讨论； (5) 境外少数媒体和网站进行相关报道等
较大（Ⅲ级）舆情	(1) 在一定范围内对属地公共安全和社会秩序造成一定危害和影响的突发负面舆情； (2) 需要指挥协调有关力量进行紧急处置的舆情事件	(1) 境内少量新闻网站转载有关负面信息； (2) 引发少量论坛讨论； (3) 境内有关微博网站少量网民转发评论； (4) 境内主要知名论坛有相关讨论但未成为热点等
一般（Ⅳ级）舆情	(1) 在小范围内对本属地公共安全和社会秩序造成一般的危害和影响的突发负面舆情； (2) 需要协调有关力量进行处置的舆情事件	(1) 境内少量商业网站报道有关负面信息； (2) 境内少量论坛、微博网站有相关讨论但未形成热点等

资料来源：根据《印江自治县突发事件网络舆情处置应急预案》总结改编，为不完全统计。

第二，“社会责任-负面影响”定级（Responsibility-Influence，R-I 定级），根据舆情事件中相关主体的社会责任和舆情所产生的社会负面影响进行风险等级研判。

“后果危害度-社会关注度”定级和“社会责任-负面影响”定级，在实际操作中可根据图 9-3 形成清单（见表 9-8）。社会责任和负面影响的具体分析标准，可参考第一章的第三节的“1.3.3.3‘社会责任-负面影响’评估”的相关内容。

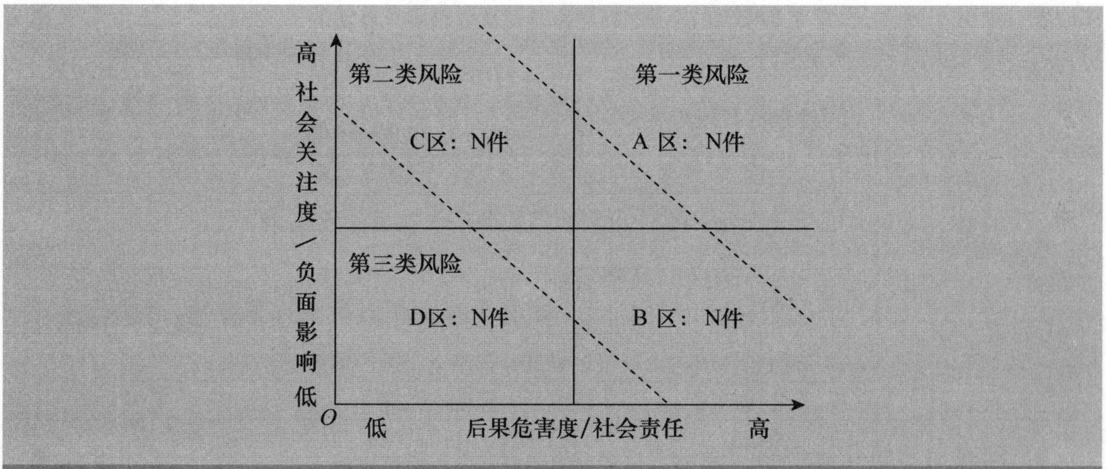

图9-3　“后果危害度-社会关注度”“社会责任-负面影响”风险定级示意图（示例）

表9-8　“后果危害度-社会关注度”/“社会责任-负面影响”风险定级操作表（示例）

等级 项目	第一类风险	第二类风险	第三类风险
风险定级	高危风险	中危风险	低危风险
所处区域	A区	B区；C区	D区
风险数量	N件	N件	N件
风险列表	具体内容根据评估情况填写	具体内容根据评估情况填写	具体内容根据评估情况填写

注：为不完全概括，具有相应的误差。

9.2.4　公共危机舆情的趋势预测

公共危机舆情可通过采取定量和定性相结合的方法，根据舆情演变规律和原理，进行趋势研判。

9.2.4.1　公共危机舆情趋势的量化预测

公共危机舆情趋势的量化预测一般应用舆情发布者状况、舆情传播状况、舆情受众互动状况的指标（见表9-9）。

表9-9　公共危机舆情趋势的量化预测指标（示例）

舆情预测范畴	舆情预测要素	舆情量化预测指标
1. 舆情发布者状况	（1）影响力变化	业界地位、社会地位、粉丝数量、关注群体、转载量、关系网等
	（2）活跃度变化	发帖量、回帖数等
	（3）价值观变化	舆情发布语义信息等

续前表

舆情预测范畴	舆情预测要素	舆情量化预测指标
2. 舆情传播状况	(1) 主题深挖或衍生	公共安全、民生权益、政策法规、医疗卫生、生态环保、官员问题、伦理道德等
	(2) 关注度	参与评论人数、点赞数量等
	(3) 信息主题危害度	高、中、低、无
	(4) 舆情形式	照片、视频、录音、文字等
	(5) 传播媒体和平台	报纸、杂志、电视、广播、门户网站、网络论坛、博客/个人空间、短信邮件、微博微信、移动客户端等
	(6) 传播媒体影响力	总流量、日流量、点击率等
	(7) 舆情传播度	转载量、报道次数等
3. 舆情受众互动状况	(1) 负面指数	回帖总数、负面回帖总数、中性回帖总数等
	(2) 受众影响力	影响力地域范围、舆情回复语义信息等
	(3) 参与频度	点击量、评论数、回复量、转载量等
	(4) 网民分布状况	IP 地址等

资料来源：根据网络公开资料和案例总结而整理，为不完全统计。

9.2.4.2 公共危机舆情趋势的质性预测

公共危机舆情趋势的质性预测，是指对舆情走向和发展趋势的研判，一般从舆情事件或现象的传播扩散、传播焦点转移、各方观点倾向变化、各方介入情况及舆情环境等入手进行预测，为后续舆情应对提供较全面的参考（见表 9-10）。

表 9-10　　公共危机舆情趋势的质性预测指标（示例）

舆情预测要点	舆情预测的参考标准
1. 舆情传播扩散路径的预测	(1) 来自网民爆料的敏感信息，需梳理网民观点、跟进关注情况的同时，研判媒体介入报道的可能性和报道方式等内容；(2) 来自媒体首发报道的信息，需预判有关报道内容在网民中可能引起的反响，评估报道在社交媒体的扩散情况等
2. 舆情焦点转移变化的预测	(1) 传播焦点转移经常出现在舆情事件发展的中后期；(2) 传播焦点的转移，根本原因是舆论关注矛盾焦点的转移；(3) 促成焦点转移的因素，可能是新事实或细节的披露，或媒体、涉事单位的主动引导等
3. 舆情受众观点态度变化的预测	(1) 舆情多渠道扩散或舆情关注焦点转移，将引发舆论场观点倾向的变化，是舆情走向的直接显性表征；(2) 反转舆情可能导致舆论态度和观点的颠覆性变化等
4. 舆情相关方介入影响的预测	应视情况考虑监管部门、新闻媒体、专家学者、竞争对手、合作方、受害方、律师等各方面因素，研判其介入时机、介入方式、介入程度和产生的影响
5. 舆情应对结果和成效的预测	应从官方响应、信息发布、公信力、动态反应、问责处理、应对技巧六大角度进行梳理，评估舆情应对的特点、优点、缺点、经验、教训、态度、策略等内容

续前表

舆情预测要点	舆情预测的参考标准
6. 舆情环境因素变化的预测	（1）社会思潮、公众心理和社会矛盾基本面等环境因素对舆情的影响；（2）行业特点、政策背景、历史因素、关联话题、媒介传播特点等环境因素对舆情的影响等

资料来源：根据网络公开资料和案例总结整理，为不完全统计。

9.2.4.3　公共危机舆情风险的升级预测

公共危机舆情因其所具备的关注社会动向、向政府施压、动员社会公众等特征，其风险逐渐从虚拟走向现实：一方面，舆情风险可能从“网络集群”发展到“实地集会”，网民在网络中对热点事件和话题的讨论可能随着事态发展而不断变化，不满的态度可能发展为现实的抗议示威；另一方面，舆情风险可能从“虚拟无序”演变为“现实违法”，网民在通过网络来汇聚民意、形成舆论施压、造成虚拟无序的同时，可能升级为现实中极端犯罪、恶意报复等违法违规行为。基于此，应做好舆情风险的升级预测（见表 9-11）。

表 9-11　　公共危机舆情风险的升级预测（示例）

风险行为预测	风险升级	预测类型
（1）现场集体的极端行为	高危	现场实地风险预测
（2）现场个体的极端行为		
（3）现场集体的行为艺术		
（4）现场个体的行为艺术	中危	
（5）网上召集现场		虚拟空间风险预测
（6）网上大规模关注和讨论	低危	
（7）网上一定范围的讨论		
（8）个体网上发帖		

资料来源：根据近年来国内外典型案例总结，为不完全概括，具有相应的误差。

9.3　公共危机的舆情引导

在舆情分析和负面影响评估的基础上，工作中还应加强舆情引导，对“信息管道”中的非官方信息进行有效引导，对“利益相关”群体的社会情绪和态度进行有序疏导。

9.3.1　公共危机舆情引导的基本原则

习近平总书记曾针对突发事件的舆情应对做出“及时发布权威信息，加强舆情引导”①

① 习近平对江苏响水天嘉宜化工有限公司“3·21”爆炸事故作出重要指示［EB/OL］. 新华网，2019-03-22.

的相关指示。科学的舆情引导，有利于规避舆情风险、化解舆情危机，在具体落实中应遵循以下基本原则：

1. 舆情引导的党性原则

舆情引导中应坚持的首要原则是党性原则，具体表现为：一是要体现党的意志、反映党的主张，维护党中央权威、维护党的团结，做到爱党、护党、为党；二是要增强看齐意识，在思想上、政治上、行动上同党中央保持高度一致；三是要坚持党性和人民性相统一，把党的理论和路线方针政策变成人民群众的自觉行动，及时把人民群众创造的经验和面临的实际情况反映出来，丰富人民精神世界，增强人民精神力量。

2. 舆情引导的“四个力”原则

舆情引导应坚持“传播力、引导力、影响力、公信力”。党的十九大报告提出“高度重视传播手段建设和创新，提高新闻舆论传播力、引导力、影响力、公信力”。习近平总书记 2016 年 2 月 19 日在党的新闻舆论工作座谈会上指出“尊重新闻传播规律，创新方法手段，切实提高党的新闻舆论传播力、引导力、影响力、公信力”①。

3. 舆情引导的中心目标原则

舆情引导应遵循中心目标的原则，坚持“高举旗帜、引领导向，围绕中心、服务大局，团结人民、鼓舞士气，成风化人、凝心聚力，澄清谬误、明辨是非，联接中外、沟通世界”的中心目标。对此，必须把政治方向摆在第一位，牢牢坚持党性原则，牢牢坚持马克思主义新闻观，牢牢坚持正确舆论导向，牢牢坚持以正面宣传为主。

4. 舆情引导的正确导向原则

公共危机的舆情引导应坚持正确导向，具体而言：一是各级党报党刊、电台电视台要讲导向，都市类报刊、新媒体也要讲导向；二是新闻报道要讲导向，副刊、专题节目、广告宣传也要讲导向；三是时政新闻要讲导向，娱乐类、社会类新闻也要讲导向；四是国内新闻报道要讲导向，国际新闻报道也要讲导向。

5. 舆情引导的正面宣传原则

公共危机的舆情引导应贯彻落实“团结稳定鼓劲、正面宣传为主”的原则。做好正面宣传，要增强吸引力和感染力。要根据事实来描述事实，既准确报道个别事实，又从宏观上把握和反映事件或事物的全貌。要直面工作中存在的问题，直面社会丑恶现象，激浊扬清、针砭时弊，同时发表批评性报道要事实准确、分析客观。

6. 舆情引导的分众化原则

舆情引导应遵循分众化的原则，强化用户意识和内容意识，做好受众细分和内容创造，以“适应分众化、差异化传播趋势”②，促进官方信息的分众传播和精准传播。具体而言：一是研究舆情受众特点，实行精准推送；二是研究舆情受众需求，积极提供人民群

① 习近平．提高党的新闻舆论传播力引导力影响力公信力［EB/OL］．人民网，2018-01-03.

② 习近平总书记在党的新闻舆论工作座谈会上（2018 年 1 月 3 日）指出“要适应分众化、差异化传播趋势，加快构建舆论引导新格局”。

众需要、喜爱的功能和服务；三是强化内容意识，增强优质内容的创造能力；四是在重大问题或关键节点上勇于发声且善于发声，科学地设置议题和挖掘层次等。

9.3.2　公共危机舆情引导的科学策略

基于舆情分析的结果，舆情引导应遵循科学策略，主要包括："正面引导""否定责任""降低责任""减轻批评""重塑形象"。

9.3.2.1　"正面引导"，改善舆论生态

"正面引导"的舆情引导策略，是指相关主体所开展的一系列正面引导媒体舆论和社会态度的工作，一般在常态时就应做好相关工作，危态时根据需要持续使用，从而有效改变舆论生态。"正面引导"应遵循以下三原则：一是正面宣传，弘扬正能量，突出正面亮点，弘扬正向观点；二是正本清源，做好相关的辟谣和劝说工作，让舆论回归正面；三是引导民众，积极配合，形成正面的社会舆论氛围。具体操作中可使用以下三种方法：

1. 宣传说理式引导

宣传说理式引导是指，相关主体通过直接向受众说明情况、说清政策、讲明道理，以达到说服对方、正面引导的效果，既是对受众知情权的充分尊重和保障，也能发挥沟通、说服的作用，消除群众对应急工作的质疑和误解，引导群众配合相关工作（见表 9－12）。

表 9－12　　宣传说理式引导的模式和示例

模式	具体要求
(1) 开展宣讲	新政策发布或新型危机事件发生后，群众可能对政策内容或事实真相不了解而产生怀疑担忧，对此相关主体向受众直接讲解政策要点和事件原理，这有利于打消疑虑
(2) 领导表态	领导人公开承诺，表明快速处置、全力救援、严查事故、加强整改、规范监督等的态度，并表达对今后相关领域发展的信心态度，可起到安定民心、正面引导的效果
(3) 面对面沟通	与直接利益相关群体直接对话，了解其意见和诉求，消除其误解和担忧，引导其配合应急工作
(4) 开展科普	以通俗易懂且群众易于理解、接受、参与的方式介绍知识、倡导方法、推广技术、普及应用，打消公众顾虑担忧、形成正面引导

资料来源：根据网络公开报道和资料整理，为不完全统计。

2. 互动参与式引导

互动参与式引导是指，与群众开展互动交流，邀请群众参与常态风控或危态应急的工作，让其了解相关工作的性质、意义、难度，来正面引导民意、降低社会阻力。一方面，在了解人民群众的意见和态度的同时，向人民群众传播及时有用的讯息；另一方面，互动参与式引导既有利于获取群众对应急工作的理解，引导群众主动配合，同时也有利于营造社会共同参与治理的良好氛围。具体操作中一般有四种模式（见表 9－13）。

表 9-13　　互动参与式引导的模式和示例

模式	具体要求
(1) 传统式的多样化开放日活动，以亲切活泼的沟通形式深化理解	通过设立公众开放日/体验日、开展主题体验活动等多样化的形式，主动邀请群众近距离接触、了解、体验执法工作，以亲切活泼的沟通形式赢得广大群众的理解和支持，有效提升执法工作的社会认知度
(2) 通过新媒体，实现双向互动	借助官方网站、政务维基、官方微博、微信公众平台等全媒体技术和新媒体平台，在宣传信息的同时，鼓励群众参与、问政于民、集思广益，形成相关主体与人民群众的双向互动
(3) 通过志愿服务活动，引导群众参与应急工作	积极开展志愿服务，通过志愿服务活动让群众学会“换位思考”，加深群众对应急相关工作的认识和理解，从而争取“群众理解、社会支持”
(4) 通过群众自治支撑城市管理，形成深层次参与	引入社会治理的理念和做法，将单一的执法行为上升为多元的社会治理，通过群众自治等方式，改革创新，提升城市管理的有效性和人民群众的参与度

资料来源：根据网络公开报道和资料整理，为不完全统计。

3. “转移视线”式引导

“转移视线”式引导，是指可能引发民众质疑的危机事件发生后，通过解读现有政策、展现以往类似问题处置、剖析国外同类问题应对、发布民众自保指南和自救攻略等的话题代入和大量报道，将民众的关注点从当前事件上转移出去，引导其关注更全面、更客观、更有益于其切身利益的事实或问题。例如，在某问题疫苗事件（2018 年 7 月）中，民众对于相关部门的监管责任产生了质疑声音和情绪，在相关部门积极回应和调查追责的同时，出现对于“国内一类疫苗和二类疫苗的监管制度和做法全景”“欧美日本等国家对疫苗安全的监管经验”“哪些国内疫苗未出现问题且发挥重要作用”等话题的报道，一定程度上起到了正面引导的作用。

9.3.2.2　“否定责任”，规避形象蒙冤

“否定责任”的舆情引导策略，是指当相关主体不存在责任但被怀疑、误解、造谣有责时，及时开展责任的官方声明或信息发布，从而规避因被误认为有责而产生的形象蒙冤。“否定责任”的舆情引导策略应遵循定责准确、否定可信、不轻易变动或更改的基本原则。

1. 直接否定责任法

相关主体直接否定责任，主要包括两种状态：一是突发事件发生后，及时发声，撇清责任；二是被怀疑有责之初，快速辟谣，否定责任。

第一，及时发声，撇清责任。涉及群众切身安全和利益的事件易被网民关注和媒体报道，这一过程中可能会出现涉及执法部门的责任问题，对此，相关主体可自行出面，及时发声，撇清责任，也直接否定了可能出现的责任问题。以洛阳警方 2 小时内回应“洛阳不明巨响”事件为例：2017 年 9 月 22 日上午 11 时左右，洛阳市民通过微博并向洛阳警方官方微博“@平安洛阳”反映听到不明巨响并咨询相关情况；12 时 25 分“@平安洛阳”发

布情况通报，“我市公安机关未接到爆炸案（事）件的报警及人员伤亡报告，目前洛阳社会治安大局平稳”，随后洛阳警方官方微信公众号“平安洛阳”发布科普“音爆”文章，解释了当天市民听到“巨响”的原理。事后有网民称赞洛阳警方办事效率高，官博第一时间发声，否定了可能存在的官方责任，安抚了市民的恐慌情绪，减少了各种谣言的传播，快速平息了舆论风波。

第二，快速辟谣，否定责任。个人安全、公共安全、社会秩序等领域易出现造谣传谣，一旦出现造谣传谣的紧急情况，相关主体应立即查明并公开真相，对外发声以辟谣，消除社会恐慌，同时也达到否定责任的效果。以泉州网警辟谣“网传闽南老人被打视频事件”为例。2017 年 9 月 8 日，一段话题为“闽南老人被打”的视频在网络热传，视频中一年轻人持棍棒殴打老人，旁有一小孩哀求；8 日中午，官微（泉州网警的官方微博“@泉州网警巡查执法”）接到网友举报后，立即回应并排查事件发生地；9 日 11 时 54 分，警方官微继续发布调查说明，确认事件发生地在马来西亚，回应网友关切的问题，并附上视频中对话翻译；13 日 15 时 7 分，警方官微发布后续追踪调查说明的通告，告知事件具体细节。事后有网民肯定泉州网警积极排查、调查真相、实事求是的态度，点赞通告内容翔实、有说服力。因辟谣及时，杜绝了谣言的传播，平息了舆论的质疑。

2. 间接否定责任法

相关主体借助其他主体或渠道来间接否定责任，主要包括两种情况：一是邀请中立第三方，协助否定责任；二是由“官方自媒体”发声，辅助否定责任。

第一，中立第三方协助否定。邀请专业、权威、中立的第三方单位、组织、机构或专家来进行权威解释、专业论证，更有利于澄清事实、回应质疑、否定责任。以“东方之星”沉船事件为例。2015 年 6 月 1 日晚“东方之星”沉船事件发生后，针对官方发布的新闻发布会，多次聘请相关专家进行现场解说，对客船事故发生的不可抗力、救援实施的客观难度进行了详细说明，客观上否定了官方在事故发生和救援处置中的责任。

第二，“官方自媒体”辅助否定。“官方自媒体”是指由某一领域或行业中的公共部门从业人员以个人名义在微信、微博等平台开设的自媒体频道。在公共危机事件发生后，面对社会质疑或造谣传谣时，对于某些不便于官方平台直接说明的情况，在确保合法、真实、客观、可信的情况下，通过此类自媒体平台予以公开说明、澄清事实真相，从而回应质疑、否定责任。以某幼儿园虐童事件为例。2017 年 11 月，某幼儿园被曝虐童，随即引发网络热议。后经属地公安部门调查，除遭老师扎针之外的其他问题均为造谣传谣，警方对外发布造谣传谣的事实真相和处置结果的通报，但该通报遭到一部分网民的质疑和反对，甚至出现网民对公安部门是否秉公执法、客观调查的质疑和抗议。对此，公安领域的“官方自媒体”微信公众号“水母真探社”发表文章，对造谣传谣所涉及的细节内容进行了具体说明，对于网民所质疑的公安部门未开展客观调查等责任予以否定。

9.3.2.3　“降低责任”，缓解形象受损

“降低责任”的舆情引导策略，是指当相关主体存在部分责任或不存在责任，但被怀

疑、误解或造谣应负全部责任时，可开展相应降低责任的舆情引导工作，以缓解形象受损问题。“降低责任”的舆情引导策略应遵循态度诚恳、证据确凿、逻辑合理、可被监督的基本原则。在具体操作中可使用直接或间接降低责任的两种方法。

1. 直接降低责任法

直接降低责任主要从客观原因出发，通过举证“不可能”或“偶发性”、强调“难识别”和“难防范”等方法，降低主体责任。

第一，举证“不可能”或“偶发性”。相关主体证明该公共危机事件属于“五十年一遇”“百年难遇”“千年未遇”的极低概率事件，虽然主管部门具有安全提醒、宣传教育等责任，但事件本身是由不可抗力所引发。举证“不可能”或“偶发性”时，注意要确有证明，能够举证倒置、经得起推敲检验和各界监督。例如，在重特大自然灾害发生后，官方通过强调“‘超百年’一遇大旱”“遭遇百年一遇旱情”“百年不遇受灾严重”“超过百年一遇标准”“应对百年一遇暴雪灾害”“遭遇百年不遇暴雨袭击”“遭百年不遇强降雨”的“偶发性”来适当降低责任。

第二，强调“难识别”和“难防范”。相关主体展现该公共危机事件的发生原因是在事前“难识别”或“难防范”的，客观上存在风险识别和防范的极大难度。强调“难识别”和“难防范”时注意要有切实的证据，并有先例。例如，美国在遭遇2017年纽约“10·31”汽车撞人事件、2017年拉斯维加斯“10·1”枪击事件、2016年奥兰多“6·12”枪击事件、2013年波士顿“4·15”马拉松爆炸事件等恐怖袭击或枪击事件后，官方对外公布的调查结论多用“独狼式”袭击来形容犯罪嫌疑人。“独狼式”袭击多由个体完成，袭击者隐蔽性较强、犯罪地点和时机选择随意性强，存在较大的追踪监控和提前防范的难度。“独狼式”袭击的“难识别”和“难防范”，客观上降低了执法部门的责任。

2. 间接降低责任法

间接降低责任主要从主观原因出发，相关主体通过说明自身受到刺激、正当防卫、良好意图却办了坏事，或者适度回击对方，降低自身责任。

第一，说明受到刺激和正当防卫。相关主体说明该事件属于受到刺激之后的正常反应和正当防卫。这一方法在使用中需证据确凿、逻辑合理。欧美等国在遇到警察枪杀嫌疑人，尤其是白人警察枪杀黑人的事件后，多以“警察自卫”“正当防卫”等理由为警察做无罪辩护，以期降低甚至否定可能存在的“暴力执法”“选择性执法”等责任。典型案例如：2014年8月9日，美国密苏里州弗格森镇一白人警察达伦·威尔森枪杀黑人迈克尔·布朗，事后，当地警方在调查后声称，达伦·威尔森与迈克尔·布朗有身体接触，迈克尔·布朗曾试图抢枪，达伦·威尔森开枪属于正当防卫和合理执法；州大陪审团在2014年11月24日晚，认定达伦·威尔森使用武器合法，决定对其不予起诉。

第二，突出良好意图，体现“情有可原”。相关主体突出良好意图，在说明事件的起因和过程中，强调是抱着良好的意图开展相关行动，操作失误或客观原因导致意外事件出现；通过“出发点是好的”，属于“好心办了坏事”，来体现出负面后果的“情有可原”。

这一方法在使用中注意保持诚恳态度。

第三，适度回击对立方。相关主体尝试向对立方予以适度回击，抛出对于对立方责任的质疑，或者挖掘对立方“丑闻”以降低对方的可信度。这一方法在使用中须以事实为依据，经得起实践检验和群众监督，否则适得其反。以美国“食脸男”事件后官方的舆情引导策略为例。2012 年 5 月 26 日，美国迈阿密的麦克阿瑟公路大桥下，迈阿密先驱导报社所在大楼的摄像头拍到“食脸男”（本名为“鲁迪·尤金”，简称“尤金”）事件：一名裸体男子趴在一流浪老汉的身上疯狂啃食其脸部，随后赶到的警察开枪击毙了这名男子。官方采取多种方案来证明该“食脸男”本身有问题、有责任，以期降低相关部门责任时，反遭到“食脸男”家属朋友和其他社会机构的合理质疑（见表 9-14）。

表 9-14　美国“食脸男”事件中官方“适度回击”的分析

回击策略	官方佐证	社会质疑
暴力倾向	（1）迈阿密警方通报确认“食脸男”身份。该男子是 31 岁的鲁迪·尤金，在警局有案底，多次被捕； （2）尤金前妻接受媒体采访透露，“食脸男”有暴力倾向	（1）尤金女友表示他深爱着自己，并晒出二人恩爱照； （2）尤金母亲表示，尤金是“好孩子”，不应该遭到警察的射击；他是虔诚的教徒，会阅读《圣经》并陪她去教堂
患有精神病	（1）有警方称，尤金或患有“可卡因精神病”，这是一种毒品导致的精神问题，会促使人因燥热而脱去衣服、赤身裸体； （2）尤金前妻接受媒体采访表示，“我不能说他精神有问题，但他认为全世界都与他对着干”	（1）尤金女友透露，案发当天尤金一切正常，出门前抱着《圣经》与其吻别说“我爱你”；一小时后打电话告诉女友车抛锚了，并对她说“我爱你，我会回家”，此后再无音讯； （2）尤金亲朋好友表示，他一直梦想开上一家自己的洗车店，有着“亲切自然灿烂的笑容”
吸食毒品	（1）杰克逊纪念医院急诊室的一位医生表示，尤金的袭击行为是被称为“浴用盐”的毒品影响所致； （2）迈阿密警方通报称，尤金行凶前服用 LSD 新型迷幻药	（1）迈阿密戴德县法医部门公布尤金尸检报告，称只在其体内发现大麻成分，没有发现被称为“僵尸毒品”的合成毒品“浴用盐”，也未发现其他毒品或迷幻药； （2）尤金女友坚持称，他从未接触过除大麻外的毒品，并在努力戒掉大麻

资料来源：根据网络公开报道和资料整理，为不完全统计。

9.3.2.4　“减轻批评”，缓和舆论氛围

“减轻批评”的舆情引导策略，是指当相关主体确实存在责任，并因此遭到网民质疑、社会批评、舆论施压时，可应用媒体开展相应减轻舆论批评、缓和舆论氛围的工作。“减轻批评”的舆情引导策略应遵循态度诚恳、证据确凿、有实际行动的基本原则。

1. *态度导向的减轻批评法*

态度导向的减轻批评法，是指以好的公关态度来减轻公众批评。

第一，态度诚恳，及时回应质疑。危机状况下的群众由于获取信息不足、易产生质疑和批评。对此，迅速妥当地发布信息能够及时回应社会质疑、减轻围观群众的敌意和批评。及时回应在操作中的要求有四：一是官方确实掌握真实信息并如实通报；二是官方若未掌握全部信息，也应如实通报，告知最新进展；三是官方应急处置等工作本身应尽可能做到不出错或少出错，在“做好”的基础上“说好”；四是态度诚恳，信息通报的表达措辞和新闻发言人的言行表情应妥当。美国突发枪击或恐袭事件后，领导人或负责人会在第一时间召开新闻发布会，说明具体情况，即使政府尚未掌握最全信息、了解全部情况，也会如实向民众和社会汇报，以回应质疑、减轻批评。2012 年 12 月 14 日，美国康涅狄格州桑迪·胡克小学发生枪击案，造成 28 人死亡（其中 20 人是儿童），枪击案发生当日，时任美国总统奥巴马公开发表讲话，讲话最开始即指出，“政府当前尚未掌握最全情况，但会竭尽全力调查和处置”①，并满怀悲痛地对受害者家属和全社会表达悲痛、同情与歉意。

第二，恰当承诺，“超脱现状”。道歉的同时，相关主体应做出积极整改的承诺，明确整改的具体措施和操作方案，描绘整改的前景，展现整改后的良好状况，努力从当前的危机事件中“超脱”出来。例如，携程“退票费高于机票票价”事件（2018 年 3 月）后，携程 CEO 及相关负责人在深圳消费者委员会（简称消委会）的交流会上向消费者致歉，承诺解决消费者投诉的退票费高于机票费问题，并向深圳消委会提出 5 条整改措施。

2. 行为导向的减轻批评法

行为导向的减轻批评法，是指以切实的行动做法来减少公众指责，在实际操作中可采取严查严罚责任方、援助和补偿、“法外开恩”等方式。

第一，严查严罚责任方。对于人为原因导致的严重责任事故，严查严罚涉事责任方。应做到：一是严查事故原因和责任人，一查到底、责任倒查，并且顶格处罚。二是坚持不回避举报和不姑息问题的态度，对于社会监督和舆论中符合事实的部分应及时查处和尽快回应。对于涉事人员、企事业单位、政府部门、社会组织等相关涉事责任方，应严查其所负有的“三重责任”。其一是法律责任，以事实为依据、以法律为准绳，实事求是地审查法律责任；其二是行政责任，监管方是否存在渎职失职等问题，若存在问题应严肃实施行政处罚和行政处分；其三是社会责任，严查严处“违反社会主义道德，危害党、国家和人民利益的行为”“慵懒散”“不作为”等问题。从全球实践来看，对于出现安全事故或存在安全隐患的涉事企业，尤其是涉及医药、食品等领域，政府会予以严格查处和惩罚，以达

① 具体内容为：“今天下午，我同马罗伊州长和联邦调查局局长穆勒通了话。我代表国家向马罗伊州长致以慰问，并明确他可以利用需要的所有资源去调查这起令人发指的罪行，照料受害者，安抚其家人”。原文为：This afternoon，I spoke with Governor Malloy and FBI Director Mueller. I offered Governor Malloy my condolences on behalf of the nation，and made it clear he will have every single resource that he needs to investigate this heinous crime，care for the victims，counsel their families.

到减轻批评、缓解压力的舆情引导效果。典型案例如强生含滑石粉产品致癌事件（2017年）中的责任方被罚款4.17亿美元[①]、宜家“夺命衣柜”事件（2016年）中的责任方被要求支付5 000万美元的赔偿[②]、葛兰素史克“非法销售未经核准的药物”事件（2012年）中的责任方被罚款30亿美元[③]。

第二，援助和补偿。为了给受害者补偿损失并减轻痛苦，给其提供物质赔偿、精神补偿、赔礼道歉、慰问关心等帮助，并通过恰当方式报道出来，有助于树立尽责尽义的形象，减轻社会的批评。在援助和补偿的实践中，目前面临着同等责任下赔偿“刚性增长”的趋势，原因在于：特定事件中的群众倾向于用以前最高的赔偿额度作为当前谈判的底线，造成赔偿费“只能高不能低”的惯性思维；与此同时，善后赔偿金额的增长客观上有利于减轻批评、增强民众好感。

第三，“法外开恩”。特定情形下的法理和人情可能会产生矛盾或难兼顾，对此，在依法依规处理的同时，可通过法律救济、行政救济、社会面救济等社会途径为群众提供帮助，必要时采取一定程度的“法外开恩”措施，为群众提供必要的帮助和保障，优化社会信任和公众关系。以紧急情况下社会主体自愿救人的权益保护和社会救济制度为例。由于紧急救援容易产生纠纷，近年来多地针对院前紧急救援中见义勇为者的权益保护进行了制度设计，部分地区出台了有关紧急救援的“好人法”[④]，对于见义勇为者提供一定的“免除责任”或“免于赔偿”制度，旨在鼓励具备急救专业技能的群众在力所能及的范围内开展紧急救援。

3. 逻辑导向的减轻批评法

逻辑导向的减轻批评法，是指将管理学、社会学、心理学等的某些规律或原理应用于实践中，以缓解或减轻公众指责。

第一，用“形象免疫力”对冲风险。在常态情况下，相关主体应重视正面宣传、加强主动公关、强化引导互动，从而积累社会信任度、民众好感度、形象美誉度，持续提升“形象免疫力”。在危机状况下，一旦出现负面舆情，可用“形象免疫力”来缓和矛盾、增强信任、减轻敌意、对冲风险。对于执法部门而言，如遇突发事件易被质疑有

---

① 加利福尼亚一陪审团判令强生向一名因使用其婴儿爽身粉进行卫生护理而患卵巢癌的妇女赔款4.17亿美元，包括7 000万美元的补偿性损害赔偿，和3.47亿美元的惩罚性赔偿。

② 宜家向三个美国家庭支付5 000万美元赔偿。

③ 美国司法部认为葛兰素史克既要被处以10亿美元的罚款和没收金额，还要支付20亿美元的民事罚款。

④ 典型包括：(1) 鼓励“第一响应人”（尤其是具备急救专业技能者）实施院前急救，其急救行为受法律保护，不追究有关法律责任，如《杭州市院前医疗急救管理条例》（2015年1月1日起实施）；(2) 防止救助人“被冤枉”，被救助人及其家属诬告陷害、捏造事实向救助者恶意索赔的需承担法律责任，如《北京市院前医疗急救服务条例》（2017年3月1日起实施）；(3) 鼓励见义勇为行为，给予通报嘉奖、颁发奖金、授予“见义勇为”荣誉称号等奖励或表彰，对见义勇为伤亡人员颁发一次性抚恤奖金等，如《广东省见义勇为人员奖励和保障条例》（2013年1月1日施行）；(4) 救助他人的成本或风险（被讹），由政府买单和承受，如昆明市文明办公开承诺，市民因搀扶摔倒老人被讹，由此产生的费用将由昆明市文明办申请爱心专项基金买单（2012年5月19日）；(5) 救助他人若被讹，由第三方买单，如由多名网友发起的“扶人志愿者协会”在河南三门峡卢氏县成立，该协会承诺，马路上搀扶摔倒的人若产生法律问题，将由该协会买单（2015年3月19日）。

责，对此，应加强常态情况下社会好感度的积累和“形象免疫力”的提升，有助于在危态情况下获得群众对于执法工作和执法难度的理解。执法部门积累常态好感度的重要策略主要包括：多为群众办实事、办好事，满足群众的合法合理诉求，在能力范围内解决一定的民生问题，促使群众理解、配合、支持执法工作。例如，北京城管部门在常态城市管理工作中，关注执法过程中如何解决群众的工作和生活困难，有效提高群众对城管执法的好感度，尤其是在近年来重点开展的街面环境秩序综合治理工作中，牵头整治社会高度关注、群众反响强烈的占道经营、无照经营、开墙打洞、非法小广告等突出问题，依法取缔各类违法行为，持续改善城市环境，以满足人民群众的合理诉求和合法权益。

第二，顺应公众心理，“先重后轻”。在某些国际做法中，对公共危机事件所造成的人员伤亡和财产损失的情况通报，往往遵循“先重后轻”的规律，也即最开始时根据形势预判得出较为严重的人财损失结果；之后随着调查的逐步深入和精细，对人财损失的结果进行修正，修正后的结果严重性可能低于最开始的通报情况。这种“先重后轻”的通报方式，从一定程度上顺应了公众心理，情况由坏变好、损害由重变轻等，更易于为公众接受，更有利于平复公众情绪、缓解紧张气氛、减轻社会批评，这反而为事件处置赢得了主动。反之，以减轻危害、淡化灾情为目标在对外公告中有意压低数值，存在伤亡数字通报随后上升引发群众恐慌、焦虑、质疑升级等风险。以美国 2001 年“9・11”事件为例。事件发生后第 15 天，美国官方公布的失踪人数为 6 398；2001 年 11 月 11 日，官方公布的修正后失踪人数为 3 748；2002 年 9 月 11 日，美国国防部公布的遇难者和失踪者的人数为 3 025；而最终核定死亡人数是 2 996。再以美国新奥尔良 2005 年“卡特里娜”飓风灾害为例。飓风过后，时任路易斯安那州州长披露，遇难人数将“数以千计”；美国联邦官员称死亡人数可能“成千上万”；新奥尔良市市长接受媒体采访时说“10 000 人可能遇难的数字并非不切实际的预测”；最终官方核实死亡人数为 1 300～1 600。

第三，妥善“区分”和“切割”责任。具体操作中应做到：一是在有理有据的情况下，强调极个别人的极个别行为；二是把人为错误与社会大环境的深层次矛盾区别开来，注意对外报道或采访时的恰当措辞；三是不回避、不否认个体问题中存在单位或组织的监管责任。例如，央视《新闻联播》曝光某公司对其床垫产品存在夸大其词、虚假宣传(2018 年 7 月)，涉事企业工作人员接受媒体采访称，该宣传属于店主的个人行为，店主自己为了卖东西，有点夸大宣传，“公司确实有盯不到的时候，只能说我们尽量加强内部监管”，“此次事件并不涉及罚款，公司会对涉事经销商进行处理”。

第四，“转移视线”。相关主体通过提出对相关方或对立方的责任质疑，适当申辩并反击批评者，设置多个舆论质疑的“靶子”，分散公众注意力，实质上减少了自身受“舆论攻击”的程度和次数。以某乳业集团检验出致癌问题牛奶后的申辩①为例。2011 年 12 月，

① 蒙牛纯牛奶检出含强致癌物　蒙牛公司公开道歉［EB/OL］. 腾讯新闻，2011-12-26.

国家质量监督检验检疫总局对外发出抽查结果通告称，某乳业公司生产的一批次牛奶产品被检出黄曲霉毒素 M1 超标 140%，黄曲霉毒素 M1 为已知的致癌物，具有很强的致癌性。对此，资深乳业专家王某某表示，牛奶中含有黄曲霉毒素，主要是因为奶牛食用了含有黄曲霉毒素的饲料所致①；资深营养专家顾某某表示，涉事公司黄曲霉毒素事件跟某企业瘦肉精事件很相似，即问题出在原料，但企业明显没有保证原料合格②。两位专家的言论引发社会关注和质疑，客观上转移和减轻了涉事公司所遭受的舆论指责。

9.3.2.5　“重塑形象”，重建社会公信

“重塑形象”的舆情引导策略，是指当相关主体确实存在责任时，可应用多种公关手段来达到重塑形象、重建公信的效果。“重塑形象”的舆情引导策略应遵循态度诚恳、有实际行动的基本原则。在具体操作中可使用以下三种方法：

1. “讲情式”的形象重塑

“讲情式”的形象重塑，是指相关主体在事发后开展态度真诚的自责自省，通过媒体渠道或公开方式向社会道歉、忏悔，以期寻求公众的宽恕。例如，神户制钢造假事件后，神户制钢董事长兼社长川崎博就篡改铝制品性能数据问题，向日本经产省制造产业局道歉，称“让顾客和消费者担心，对此深感歉意”（2017 年 10 月 12 日）；再如，大众“尾气门”事件后，大众集团美国公司总裁兼首席执行官迈克尔·霍恩在提交给美国联邦法院的证词中为“尾气门”事件进行“真诚的道歉”，并承诺要为此次事件“负全责”（2015 年 10 月 7 日）。

2. “行动派”的形象重塑

“行动派”的形象重塑，是指相关主体在事后主动开展根源整治，以确保今后在同样情况下不再重犯此类问题；与此同时，通过官方的信息发布、新闻发布会、媒体报道、记者采访等方式，向媒体和公众宣传其制度整改的决心、做法、计划、方案，尤其是完善制度、强化能力、调整职能、规范机制等“根源整治”措施，以期达到不再重犯错误并重塑良好形象的目的。在实际操作中，根源整治主要从以下两方面开展：

一是制度整改，制定相关法律和规定来规避和减少以后同类事件的发生。例如，2016 年 9 月，中办、国办下发《关于深化公安执法规范化建设的意见》，针对个别民警法治观念不强、执法素养不高等问题，规范执法行为，就规范执法依据、执法程序、执法行为和执法决策、执法监督、责任追究机制等，提出一系列加强和改进的具体措施；同时，强化能力建设，建立健全常态化执法教育培训机制，实行法律要求与实战应用相结合的执法培训模式，以规避同类事件的重复发生。

---

① 原话为：“像玉米、稻谷、豆粕这些饲料放得久了就可能发霉产生这种毒素，所以行内一发现这种情况都会首先查饲。黄曲霉毒素 M1 无疑是一种致癌物，包括我国在内很多国家都对牛奶和其制品中的黄曲霉毒素 M1 设下限量标准，所以是生产原材料样品和成品的必检项目。”

② 原话为“把发霉的谷物作为饲料，其中的黄曲霉毒素在 24 小时之后就能进入奶中。造成产品不合格的原因是当地个别牧场的一批饲料因天气潮湿发生了霉变，使得奶牛在食用这些饲料后原奶中的黄曲霉毒素超标”。

二是转变职能，由内而外改善“窗口形象”，从根源上防范同类危机的出现。例如，城管部门针对其执法权有限、“借法执法”等问题所引发的执法问题和形象困局，探索形成综合执法、综合监管、综合协调的三大职能设定，建立权责统一、权威高效的综合执法体制，由外而内改善其“窗口形象”。“执法＋监管”的职能设定，有利于发挥城管的优势，提升城管执法和服务水平，从根本上改善城管执法的窗口形象。

3. “担保式”的形象重塑

“担保式”的形象重塑，是指相关主体在自行开展道歉忏悔、整改重启等方面的公关时，可邀请具有权威性和公信力的第三方为之站台和担保，帮助其争取社会公众的重新信任与支持。以英国疫苗安全事故后权威认证来辅助“重塑形象”为例。在现代疫苗的发源地英国，某儿童医生威尔逊在 1974 年发表报告称，有 36 名儿童在接种“百白破”疫苗后发生脑病，经多方媒体报道和部分造谣传谣，英国社会曾出现大面积恐慌，民间对疫苗的抵制运动高涨，疫苗接种率从 81％直降到 31％。对此，英国国内专门成立了一个独立专家咨询机构，进行反复论证和深入研究，最终确认了“百白破”疫苗的安全性；与此同时，英国政府对接种疫苗的受害者进行及时和全面补偿，根据 1979 年的《疫苗伤害补偿法》，共有 638 人得到 1 万英镑的补偿。经过权威机构的不断释疑和政府的积极支持，社会对接种疫苗的信心逐渐恢复，“百白破”疫苗接种计划得以继续推进；1990 年后，英国“百白破”疫苗接种率提高到 90％以上，百日咳发病率也随之下降到中断接种前的水平，疫苗危机得以化解。

本章小结

公共危机的负面影响是“现场”的公共危机事件在“舆论场”的表现和延伸，由内部的相关主体责任状况和外部的公共危机舆论状况组成，具有危机源和次生灾害的双重属性，其三类来源是有责被批评、责任被夸大、无责被造谣，两个“推手”是责任事故和网络谣言。

公共危机的舆情，是指公共危机事件相关的新闻报道、网民意见、媒体评论及其映射的群众对于公共危机主体及其工作“满不满意、高不高兴、答不答应”的社会心态。舆情是负面影响最直接的表现形式，舆情管理是负面影响防范的关键。

公共危机舆情管理的首要工作是舆情分析，对舆情整体状况、关键要素、负面影响风险等进行全面识别和充分评估。一是“舆情画像”，在舆情收集的基础上，对舆情事件、基本情况、传播状况、受众状况给予全面呈现；二是舆情分析，主要从定性、定责、风险定级三个维度开展；三是舆情趋势预测，从量化、质性、风险三个维度进行预测；四是舆情引导和全面管理，基于舆情分析的结果，规避、化解或干预舆论场的舆情风险，阻止、消除、处置现场的危机。

公共危机的舆情引导应遵循党性原则、“四个力”原则、中心目标原则、正确导向原则、正面宣传原则、分众化原则等基本原则。在此基础上，应用五种科学策略。具体包括：一是“正面引导”，改善舆论生态，如宣传说理、互动参与、转移视线等；二是“否定责任”，规避形象蒙冤，具体可采取四种方案；三是“降低责任”，缓解形象受损，直接或间接减轻责任；四是“减轻批评”，缓和舆论氛围，如态度导向、行为导向、逻辑导向的方法；五是“重塑形象”，重建社会公信，如“讲情式”“行动派”“担保式”的方法。

关键术语

负面影响　谣言　舆情管理　舆情分析　舆情引导

案例研讨

美国拉斯维加斯和奥兰多枪击事件的舆情引导

“10・1”拉斯维加斯枪击事件①和“6・12”奥兰多枪击事件②是美国历史上死伤人数最多的两次枪击事件。事件发生后政府迅速开展舆情引导工作，应用一系列方案，以期实现转移大众视线、否定责任、减轻责任的效果（见表9-15）。

表9-15　“10・1”拉斯维加斯枪击事件和“6・12”奥兰多枪击事件后的舆情引导

舆情引导策略	“6・12”奥兰多枪击事件后的具体对策	“10・1”拉斯维加斯枪击事件后的具体对策	作用
1. “定基调”	宣称“6・12”奥兰多枪击事件是“（当时）美国历史上最为严重的枪击案”	宣称“10・1”拉斯维加斯枪击事件是“（当时）美国历史上最为严重的枪击案”	强调事件严重性
	奥巴马总统将“6・12”奥兰多枪击事件描述为“恐怖行径与仇恨行为”	特朗普总统将“10・1”拉斯维加斯枪击事件描述为“纯粹的恶魔行径”	将事件定性为恐怖事件
2. “否定责任”	“IS”公开声明，称对本次事件负责	“IS”公开声明，称对本次事件负责	试图将事件的直接责任归于恐怖组织
	媒体报道，称凶手宣誓向“IS”头目效忠	媒体报道，称凶手在2017年4月份加入“IS”	
	枪击案凶手前妻接受采访，透露凶手有家暴倾向和同性恋倾向	媒体曝光，凶手父亲为银行连环抢匪，曾成功越狱，登上FBI十大头号通缉犯名单	试图将事件的直接责任归于凶手本人

① “10・1”拉斯维加斯枪击事件：2017年10月1日，美国拉斯维加斯曼德勒湾酒店赌场的场外音乐节活动发生枪击事件，致59死527伤。

② “6・12”奥兰多枪击事件：2016年6月12日，美国佛罗里达州奥兰多一家名为Pulse的酒吧发生枪击事件，致49死44伤。

续前表

舆情引导策略	“6·12”奥兰多枪击事件后的具体对策	“10·1”枪击拉斯维加斯事件后的具体对策	作用
2.“否定责任”	媒体报道凶手“恐同”	媒体报道，凶手父亲有“精神病”和“自杀倾向”	试图将事件的直接责任归于凶手本人
	媒体报道，凶手是阿富汗移民后代，倾向激进的宗教主义	媒体报道，凶手曾供职于军工企业，有34把枪，其中两把枪被改造成全自动	
3.“减轻责任”	警方认定，该枪击案是一起“独狼式”恐怖袭击	警方认定，该枪击案为一起“独狼式”袭击	“独狼式”袭击，暗示枪击案的难防范性，试图减轻政府责任

资料来源：本案例相关内容根据新华网、凤凰网等媒体的公开报道整理。

第 10 章

灾区重建和安全风险防控

知识结构图

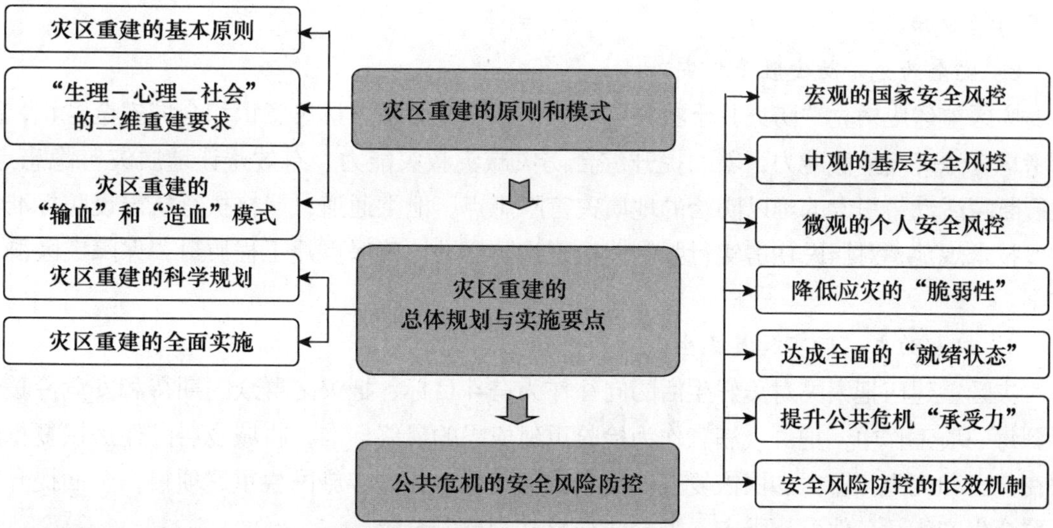

重点问题

- 灾区重建的基本原则
- “生理–心理–社会”的三维重建模型
- 灾区“三维重建”的总体目标概述
- 灾区重建“输血”和“造血”模式概述
- 灾区重建的总体规划与实施要点
- 安全风险防控的三维架构
- 安全风险防控的三重目标
- 安全风险防控的长效机制

10.1　灾区重建的原则和模式

灾区的恢复与重建，是指在过渡安置的基础上，对受到严重灾害打击的灾区进行全面恢复和重新建设，力争在恢复到灾前水平的基础上，使该区域的生产生活和社会经济有更高的进步和发展。

10.1.1　灾区重建的基本原则

科学的灾区重建应遵循以下四项基本原则：

1. 因地制宜，科学选址规划

灾区重建的选址应统筹恢复重建与发展提升，综合考虑资源环境承载能力，严格落实恢复重建总体规划和专项实施方案，科学合理确定重建规模、方式、时序。严格按照生态保护区、旅游产业集聚区、农牧业发展区、人口聚居区的功能定位，优化城镇和产业布局，力求“生产空间集约高效、生活空间宜居适度、生态空间山清水秀”的目标，促进灾区可持续发展。

2. 安全为先，防灾胜于救灾

灾区重建应树立“防灾胜于救灾”理念，强化全民防灾抗灾意识和全域安全意识，充分考虑资源环境承载能力，着力提升综合防灾减灾救灾能力，有效避让地质灾害隐患点、地震断裂活动带引发的难以防治的地质灾害隐患点、泄洪通道；严格执行抗震设防标准和建设技术规范，对居民住房实行强制性抗震设防标准；确保重建工程质量，保障灾区群众安全。

3. 以人为本，切实改善民生

灾区重建应把人民对美好生活的向往作为奋斗目标，把灾区群众的期待和安危冷暖体现到每一项工作中，把群众满意作为检验重建成果的最终标准，将城乡居民住房恢复重建摆在突出和优先位置，加快恢复完善公共服务体系，优先实施民生重建项目，全面提升灾区群众生产生活条件，增强灾区群众获得感幸福感安全感。

4. 尊重自然，兼顾生态环境

灾区重建牢固树立人与自然是生命共同体的理念，树立尊重自然、顺应自然、保护自然的生态文明理念，坚持节约优先、保护优先、自然恢复为主的方针，把绿色发展理念贯穿灾后恢复重建全过程，严守生态资源消耗上线、环境质量底线和生态保护红线，强化世界自然遗产、自然保护区、风景名胜区、森林公园保护力度，持续推进生态修复。

10.1.2　“生理-心理-社会”的三维重建要求

直接利益相关群体是事故的直接受害者，往往也是后期社会稳定问题和舆论施压的主力和根源，是过渡安置中需重点关注的群体。基于此，应针对直接利益相关群体，开展“生理-心理-社会”的三重补偿，满足受灾群众和因救灾而死伤的工作人员及其家属的合法合理需求，从源头消除负面舆论和社会稳定风险，保障恢复重建工作的有序开展。

以层面的需求为导向，开展“三维重建”(见表 10－1)。

表 10－1　　三维重建的目标及其具体要求

三重需求	三维重建	三维重建的具体要求
生理层面的物质需求	生理重建	(1) 住房重建，城乡居民住房恢复重建；(2) 就业恢复，劳动人口恢复稳定就业；(3) 设施改善，交通、水利、能源、通信等基础设施体系功能恢复；(4) 社会保障与公共服务，基本生活保障、义务教育、公共卫生和基本医疗、公共文化体育、社会福利等基本公共服务恢复；(5) 城乡建设，城镇功能完备且公用设施配套，农牧区基础设施恢复，群众得以正常生产生活等
心理层面的情感需求	心理重建	(1) 实施心理康复工程，通过心理辅导、治疗、咨询等方法，让灾民逐渐从心理创伤中恢复；(2) 通过司法援助、宗教安慰、健康教育、应急培训等多种方式，提升心理承受能力等
社会层面的整改需求	社会重建	(1) 经济发展，特色优势产业发展壮大，产业结构和空间布局优化，科学发展能力增强；(2) 灾害防治，隐患排查、监测预警、信息发布常态化，重点灾害得以积极治理和合理避让，建筑和设施抗震能力提高，民众安全意识增强，损失补偿机制发挥作用，防灾减灾救灾能力提高；(3) 生态环境修复保护，森林、湿地等生态系统、水生态环境及生物多样性保护，切实改善城乡环境质量，最大程度恢复灾区自然生态功能等

资料来源：以上根据最新情况汇总，将随社会环境的新变化而异。

10.1.2.1　生理层面的救助补偿和物质赔偿

生理层面的物质补偿，是指对突发公共事件中的伤亡人员、应急处置工作人员以及紧急调集和征用有关单位及个人的物资，按照规定给予救助、补偿、抚恤、理赔。

物质补偿主要来源于政府救助、市场保险（商业保险）和社会捐赠捐助，其用途主要包括六方面：(1) 受灾救助，向灾区紧急调拨受灾人员需要的食品、饮用水、衣被、取暖、临时住所、医疗防疫等生活补助或者生活必需品，保障受灾人员尤其是生活困难人员在冬春期间的基本生活；(2) 重建补助，对于倒塌、损坏的居民住房提供一定的恢复重建补助；(3) 伤亡抚恤，发给死者亲属的费用，用以优抚和救济死者家属，尤其是依靠死者生活的未成年和丧失劳动能力的亲属；(4) 事故赔偿，根据责任情况对事故中的人财损失予以相应的赔偿；(5) 征用补偿，对于为应对突发事件需要而依法征用公民、法人和其他组织财产，应按照评估或者参照征用时价值给予补偿；(6) 弱势群体社会保障，对孤儿、孤老、残疾人员提供供养经费和生活保障等。

物质补偿中的“赔偿”应根据责任情况来确定相关责任主体是否赔偿以及赔偿金额，《中华人民共和国侵权责任法》《中华人民共和国安全生产法》《工伤保险条例》《最高人民法院关于审理人身损害赔偿案件适用法律若干问题的解释》《最高人民法院关于审理民事、行政诉讼中司法赔偿案件适用法律若干问题的解释》等相关法律法规中已有明确规定。

10.1.2.2 心理层面的心理援助和精神补偿

心理层面的精神补偿，是指针对受害者和被救者在心理和精神方面所受的创伤，通过合法合理的精神补偿、危机干预、心理援助，疏导“受害者”情绪，遏制灾区的“恐慌心态”。

在我国，将灾后心理援助纳入善后安置体系已成为政府和社会各界的共识。《汶川地震灾后恢复重建条例》(2008 年 6 月) 明确规定，应开展灾后心理援助工作；《关于加强自然灾害社会心理援助工作的指导意见》(2012 年 6 月) 对及时恰当开展自然灾害社会心理援助工作和探索适合中国国情的社会心理援助工作机制提出了明确要求；《中华人民共和国精神卫生法》(2013 年 5 月) 做出突发事件发生后根据预案规定组织开展心理援助工作的具体要求；《全国精神卫生工作规划 (2015—2020 年)》要求全国各地组建突发事件心理危机干预队伍，定期开展培训和演练，发生突发事件后及时组织开展心理援助。

10.1.2.3 社会层面的调查追责和问题整治

在针对生理和心理层面的补偿基础上，还应开展标本兼治的问题整改，一方面对直接利益相关群体中的受灾者及其亲友家属进行抚慰和补偿，另一方面也对间接利益相关群体形成心理安慰，缓解或消除社会担忧与恐慌情绪。问题整改在操作中可分为两方面：一方面，通过技术整改，防止同类或相关的危机事件短期再发生；另一方面，通过制度整改，根治同类或相关的危机事件。

例如，“7·23” 甬温线特别重大铁路交通事故是一起因列控中心设备存在严重设计缺陷、上道使用审查把关不严、雷击导致设备故障后应急处置不力等因素造成的责任事故，事后政府采取一系列整改工作以规避问题再犯：一是技术整改和问题排查，在事发后一周对甬温线设计缺陷软件和故障应急预案进行整改，事发后一年里全国铁路全面开展安全生产大检查；二是管理优化，事发后一周内国务院召开常务会议决定，适当降低新建高速铁路运营初期的速度，以利于增加安全冗余、防范安全风险；三是制度整改和机制调整，“7·23”甬温线特别重大铁路交通事故引发社会对铁道部体制机制存在弊端的关注，之后铁道部被撤销，实行铁路政企分开，组建国家铁路局和中国铁路总公司①。

10.1.3 灾区重建的“输血”和“造血”模式

根据灾区重建的资金来源，重建模式可分为“输血”与“造血”两种，以此为基础形

① 2013 年 3 月 14 日，全国人大审议通过了《国务院机构改革和职能转变方案》。铁道部被撤销，实行铁路政企分开，组建国家铁路局和中国铁路总公司。(1) 将铁道部拟订铁路发展规划和政策的行政职责划入交通运输部，交通运输部统筹规划铁路、公路、水路、民航发展，加快推进综合交通运输体系建设；(2) 组建国家铁路局，由交通运输部管理承担铁道部的其他行政职责，负责拟订铁路技术标准，监督管理铁路安全生产、运输服务质量和铁路工程质量等；(3) 组建中国铁路总公司，承担铁道部的企业职责，负责铁路运输统一调度指挥，经营铁路客货运输业务，承担专运、特运任务，负责铁路建设，承担铁路安全生产主体责任等。

成灾区重建的工作思路和组织机构。

在实际操作中，需结合灾区具体情况和重建具体阶段，将“输血”和“造血”相结合，因地制宜，统筹灾区群众的切身利益和灾区的长远发展。

10.1.3.1　中央支援、对口帮扶的“输血”模式

灾区重建的“输血”模式，是指灾区通过政府财政和社会捐助等提供的资金和物资来进行重建。“输血”模式主要应用于重建初期的恢复阶段，旨在迅速恢复住房、公共服务设施、交通设施等事关群众生存的最基本的生活和生产条件。“输血”模式的重建资金来源以中央财政和地方财政为主，辅以社会捐赠和受灾群众自主投入，通过中央或其他地方投入财力、物力、人力到灾区，以“输血”来确保灾区的存活。

“输血”模式示例 1：中央动员，全国对口援建

中央动员、全国对口援建的“输血”模式，典型案例为 2008 年的“5・12”汶川地震的灾后重建，我国创新实施“中央动员，全国省市对口援建，跨区域风险共担”的重建模式，让地震重灾地区在较短时间内不仅恢复重建，且获得显著的跨越式发展。

中央政府提出“一方有难、八方支援，自力更生、艰苦奋斗”的方针。以中央政府为核心，进行统一指挥，采取非常规手段，集聚全国之力抗震救灾，采取了“全国一盘棋、集中力量办大事”的举国体制，开展汶川的灾后重建。《汶川地震灾后恢复重建对口支援方案》(2008 年 6 月 11 日）要求按照“一省帮一重灾县”的原则，依据支援方经济能力和受援方灾情程度，合理配置力量，建立对口支援机制。灾后恢复重建对口支援省市 19 个，受援方为受灾严重的四川省 18 个县市、甘肃省和陕西省受灾严重地区的部分县市，对口支援的时间长达 3 年，支援方各省市每年对口支援的实物和资金投入不能低于本省市上一年度地方财政收入的 1%；对口支援的内容包括重建规划与工程咨询、建设和修复城乡居民住房、公共服务和基础设施、就业培训和扶持经济发展、市场服务设施建设等。

“输血”模式示例 2：中央统筹、省内援建帮扶

2013 年“4・20”芦山地震后，中央提出“地方作为主体”的新机制，确立了地方政府在灾后重建中的主体责任。芦山在重建的过程中，建立起“中央统筹指导，地方作为主体”模式下的四川省内对口援建和帮扶模式。

四川省按照相关要求，进一步将全国援建模式转变为省内援建模式，整合全省资源用于芦山地震灾区援建帮扶。具体包括：(1）省内地方对口援建，组织省内 7 个经济较发达市对口援建重灾县（区)，通过项目援建、智力支持和产业援建等方式，推进对口援建向对口帮扶合作转变；(2）省直部门对口帮扶，组织省直有关部门加强灾区指导帮助，通过人才、管理与技术帮扶以及招商引资协同推进等方式，帮助灾区科学开展灾后重建；(3）包县联点帮扶，省重建委安排雅安市市级领导包县（区）蹲点指导，确保责任落实到人，积极做好灾区群众就业帮扶，鼓励企业吸纳就业，组织职业技能培训。

10.1.3.2　自力更生、借势发展的“造血”模式

灾区重建的“造血”模式是指，灾区通过接受其他地区或人员所提供的生产能力帮

扶、发展能力支持，辅助自身创造价值和财富来进行重建。“造血”模式主要应用于重建中后期的发展阶段，在受到其他地区或人员在基础设施建设、优化产业结构、创建组织制度等方面支持的基础上，灾区需要自我发展式的重建，在基础设施、经济生产、产业文化、生态环境等方面自己“造血”。

灾区重建中的“造血”，应在“输血”解决基本生存问题的基础上自力更生，根据本地实际情况和优势不足，借助重建这一契机，谋求更长远的发展。

“8·8”九寨沟地震（2017 年）灾区重建的“造血”模式，因地制宜，着重强调生态环境修复保护和旅游产业恢复发展，并取得显著成效。一方面，生态环境修复以“生态环境自然美丽”为目标，统筹山水林田湖草系统治理，突出九寨沟世界自然遗产修复保护、着力修复自然生态系统、加强生态环境监测等要求。2018 年 8 月，九寨沟地震重建一周年的媒体报道显示，九寨沟的重建实践彰显生态理念：九寨沟景区内，尊重自然、绿色修复的举措有成效；同时，防治举措严守发展底线，已完成震损林清理和 45 处重大地质灾害治理工程，正加紧推进珍稀濒危保护物种栖息地修复，广泛动员灾区人民参与植树造林。另一方面，旅游产业发展以“旅游服务整体提升”为目标，高水平推动景区恢复提升和产业融合发展，恢复提升九寨沟景区，高水平打造国际生态旅游魅力小镇，大力推进大九寨世界重要旅游目的地建设，积极推动产业融合发展。2018 年 8 月，九寨沟地震重建一周年的媒体报道显示，九寨沟抓住重建契机，加快交通重建，破解交通瓶颈，总投资 150 亿元的九绵高速、九若路、川九路等重点交通项目已开工建设；同时，利用灾后重建契机，对旅游业进行“提档升级”，大力开发文化旅游产品，加快景区景点与城镇体系有效衔接，形成景城一体化，让九寨沟从过去单一的观光旅游地转为世界性的休闲度假游目的地。

10.1.3.3 “输血+造血”的可持续重建机制

灾区重建的可持续机制，应是“输血+造血”的模式，以地方为主体，形成以中央统筹指导、地方为主体、人民群众广泛参与的科学模式，各用所长、各尽其责、协同重建，既要强化地方抗御重大自然灾害的责任和能力，也应激发人民群众的主动性、创造性和自力更生重建家园的主人翁意识。

1. 中央统筹指导

中央统筹指导，是指党中央和国务院统筹灾区恢复重建的基本政策与规划，并提供必要的资源和支持。其中：（1）党中央在政治上领导灾区重建的方向；（2）国务院根据灾区实际，制定出台总体规划，安排中央重建资金；（3）国务院有关部门从行业指导的角度为灾区重建提供必要的专业资源指导，协助重建工作。中央统筹领导，保证了重建的基本原则和主要方向，有效保障了顶层设计的科学性和重建工作的可持续性。

2. 地方主导执行

地方主导执行，是指实行“地方负责制”，地方政府为决策、实施、责任主体。其中：（1）受灾地区的省一级政府负责恢复重建的总体指挥，研究制定恢复重建的操作原则和具体政策；（2）灾区市县负责具体落实项目，根据地方情况对项目进行微调；（3）省内无灾和轻灾地区向灾区提供人力、物力、财力、智力等多种形式的对口支援。地方主导执行，有利于及时地发现重建过程中的难题和障碍并迅速采取应对措施，有助于强化地方抵御重大自然灾害的责任和能力，同时也是对地方党委政府执政和社会治理能力的重大考验。

3. 灾区群众广泛参与

灾区群众广泛参与，是指灾区群众自力更生，在重建的具体实施中发挥主体作用。其中：(1) 建立社区群众的自建委，实行自我管理，实现互帮互助；(2) 鼓励群众参与基层组织的监督和管理工作，加强自我管理，促进基层民主；(3) 群众主动参与产业重建和基础设施的重建工作，完善自我服务，促进生产发展。灾区群众是地震灾害的受害者，更是灾后恢复重建的主力军，能否广泛动员灾区群众参与灾后恢复重建，不仅直接关系灾后恢复重建的进程，也影响到群众对重建成果的满意度。

4. 社会力量有序参与

社会力量有序参与，是指通过政府搭建平台或社会自主联络，设立工作联系会、项目对接会、社会组织服务中心、志愿者服务站等机构，形成联动协同和供需对接的社会参与机制，让专业的重建人员或组织参与到重建中。社会力量的有序参与需要政府相关部门的支持和引导。例如，《民政部关于支持引导社会力量参与救灾工作的指导意见》(民发〔2015〕188 号)，对过渡安置阶段和恢复重建阶段的社会力量参与提出要求；再如，“4・20”芦山地震的灾区重建中，灾区党委政府搭建社会力量参与平台，构建开放式、多元化、项目化、全程式的群团组织协同体系，为社会力量落地提供政策指导、规划统筹、关系协调等“一站式服务”。

10.2　灾区重建的总体规划与实施要点

灾区重建的核心是规划与实施，规划提供重建的“蓝图”，实施则是重建的“施工”。

10.2.1　灾区重建的科学规划

灾后重建规划是恢复重建工作的重要依据，必须建立在全面调研、科学评估、充分论证的基础上，具体要求有三：一是充分听取灾区干部群众的意见和建议，并开展科学民主决策；二是借鉴国内外灾后恢复重建的有益经验，组织专家对重大问题进行深入论证；三是加强总体规划与各专项规划之间的衔接协调，形成有机整体。

灾区重建规划应完成灾区评估、灾区方针设定、空间布局设置、专项规划制定等工作。

10.2.1.1　开展灾区评估

灾区调查评估主要包括基本概况评估、灾害损失调查评估、次生衍生灾害隐患排查及危险性评估、住房及建筑物受损鉴定、资源环境承载能力评价、重建面临挑战评估、重建有利因素评估等内容。

一是基本概况评估，包括地形地貌、自然灾害、生态环境、生态功能、自然资源、经济状况、少数民族、历史文化等。

二是灾害损失调查评估，包括人员伤亡、住房损毁情况、基础设施损毁情况、公共服务设施损毁情况、产业发展受损情况、生态环境受损情况等。

三是重建面临挑战评估，包括生态环境、资源环境、基建环境、经济环境、灾民情况、文化情况、短期恢复与长远发展的矛盾等。

四是重建有利因素评估，包括科学发展观的指导思想、以人为本的执政理念、灾民的积极性主动性、国家实力、多方援助、以往的经验教训等。

专　栏

灾害损失调查评估的方法和要点

灾区重建规划中需对灾区损失进行全方位调查。以地震灾害损失为例。具体包括：(1) 城镇和乡村受损程度和数量；(2) 人员伤亡情况，房屋破坏程度和数量，基础设施、公共服务设施、工农业生产设施与商贸流通设施受损程度和数量，农用地毁损程度和数量等；(3) 需要安置人口的数量，需要救助的伤残人员数量，需要帮助的孤寡老人及未成年人的数量，需要提供的房屋数量，需要恢复重建的基础设施和公共服务设施，需要恢复重建的生产设施，需要整理和复垦的农用地等；(4) 环境污染、生态损害以及自然和历史文化遗产毁损等情况；(5) 资源环境承载能力以及地质灾害、地震次生灾害和隐患等情况；(6) 水文地质、工程地质、环境地质、地形地貌以及河势和水文情势、重大水利水电工程的受影响情况；(7) 突发公共卫生事件及其隐患；(8) 编制地震灾后恢复重建规划需要调查评估的其他事项。此外，还需对毁损严重的水利、道路、电力等基础设施，学校等公共服务设施以及其他建设工程进行工程质量和抗震性能鉴定，保存有关资料和样本，并开展地震活动对相关建设工程破坏机理的调查评估，为改进建设工程抗震设计规范和工程建设标准，采取抗震设防措施提供科学依据。

10.2.1.2　设定重建方针

重建方针的设定总体应坚持以人为本、科学规划、统筹兼顾、分步实施、自力更生、国家支持、社会帮扶的方针，遵循受灾地区自力更生与国家支援相结合、政府主导与社会参与相结合、就地恢复重建与异地新建相结合、确保质量与注重效率相结合、立足当前与兼顾长远相结合、经济社会发展与生态环境资源保护相结合的六原则。

10.2.1.3　设置空间布局

灾区空间布局应检核资源环境承载能力综合评价和主体功能区定位，科学进行重建分区，合理划分城乡生产、生活、生态空间，节约集约利用土地，为灾后各项建设选址和布局提供依据。空间布局一般包括基于资源环境承载能力的重建分区、统筹生产生态生活的功能布局、统筹各类用地需求的土地利用、重要城镇规划等。

第一，重建分区。灾后恢复重建要与自然保护区规划相衔接，根据资源环境承载能力综合评价，将规划区国土空间划分为适宜重建区、人口集聚区、农业发展区、生态保护区、灾害避让区、适度重建区、综合发展区等。

第二，功能布局。根据灾区特征和情况合理布局功能。例如，“8・8”九寨沟地震，坚持宜居宜业宜游、全域协同发展原则，切实保护生态空间，集约整合生活空间，优化提升旅游业布局，形成“一核、两中心、三轴线、多点联动、整体提升”的发展格局。

第三，土地利用。严格保护草地、林地和耕地，坚持节约集约用地，统筹安排原地重建与异地新建用地，统筹恢复重建各类用地需求，科学核算、合理安排各项用地的规模，优化用地结构与布局。

专　栏

“5・12”汶川地震的重建分区

根据《国务院关于印发汶川地震灾后恢复重建总体规划的通知》（国发〔2008〕31 号）的公开资料，“5・12”汶川地震灾区重建分为“适宜重建区”“适度重建区”“生态重建区”三类（见表 10－2）。

（1）适宜重建区：主要指资源环境承载能力较强，灾害风险较小，适宜在原地重建县城、乡镇，可以较大规模集聚人口，并全面发展各类产业的区域；主要分布于四川的龙门山山前平原和与龙门山山脉接壤的浅丘地区，甘肃的渭河、泾河河谷地带和徽成盆地，陕西的汉中盆地边缘和关中平原过渡地带，以及其他零散分布的少数地块；功能定位为推进工业化城镇化，集聚人口和经济，建成振兴经济、承载产业和创造就业的区域。四川、甘肃、陕西各自的适宜重建区要分别成为成（都）德（阳）绵（阳）经济区、天水经济区、关中经济区的重要组成部分。

（2）适度重建区；主要指资源环境承载能力较弱、灾害风险较大，在控制规模前提下可以适度在原地重建县城、乡镇，适度集聚人口和发展特定产业的区域；主要分布于四川的龙门山山后高原地区和山中峡谷地带，甘肃的西秦岭山区，陕西的秦巴山区，以及其他应当控制开发强度的区域；功能定位为保护优先、适度开发、点状发展，建成人口规模适度、生态环境良好、产业特色鲜明的区域。

（3）生态重建区：主要指资源环境承载能力很低，灾害风险很大，生态功能重要，建设用地严重匮乏，交通等基础设施建设维护代价极大，不适宜在原地重建城镇并较大规模集聚人口的区域；主要分布于四川龙门山地震断裂带核心区域和高山地区，甘肃库马和龙门山断裂带，陕西勉略洋断裂带，以及各级各类保护区等；功能定位为以保护和修复生态为主，建成保护自然文化资源和珍贵动植物资源、少量人口分散居住的区域等。

表 10－2　“5·12”汶川地震的重建分区一览表

类型	面积（平方公里）	占规划区比重（%）	人口（万人）	占规划区比重（%）
适宜重建区	10 077	7.6	772.8	38.9
适度重建区	38 320	28.9	1 180.1	59.4
生态重建区	84 199	63.5	33.8	1.7

资料来源：国务院关于印发汶川地震灾后恢复重建总体规划的通知（国发〔2008〕31号）［EB/OL］. 中国政府网，2008-09-23.

10.2.1.4　制定专项规划

灾区重建的专项规划应分区域、分板块、分领域。具体包括：（1）空间布局规划，包括重建分区、城乡布局、产业布局、人口安置、用地安排；（2）城乡住房规划，包括农村居民住房、城镇居民住房；（3）城镇建设规划，包括市政公用设施、历史文化名城名镇名村、农村建设、农业生产、农业服务体系、农村基础设施；（4）公共服务规划，包括教育和科研、医疗卫生、文化体育、文化自然遗产、就业和社会保障、社会管理；（5）基础设施规划，包括交通、通信、能源、水利；（6）产业重建规划，包括工业、旅游、商贸、金融、文化产业；（7）防灾减灾，包括灾害防治、减灾救灾；（8）生态环境规划，包括生态修复、环境整治、土地整理复垦；（9）精神家园建设规划，包括人文关怀、民族精神；（10）保障政策措施规划，包括财政政策、税费政策、金融政策、土地政策、产业政策、对口支援、援助政策、其他政策；（11）重建资金规划，包括资金需求和筹措、创新融资、资金配置；（12）规划实施规划，包括组织领导规划管理、分类实施、物资保障、监督检查。

10.2.2　灾区重建的全面实施

灾区重建的全面实施，既要有序重建，根据灾区现状和具体规划，确定重建实施中各领域和板块的优先次序，也要有效重建，确保支持政策和保障措施提供充分，并通过监督检查、绩效考核等方式确保重建措施落实到位。

10.2.2.1　确定重建实施的优先次序

根据“三维重建”目标和重建科学规划，重建的优先次序一般为：

第一，优先居民住房重建，针对城乡居民住房建设和消费的不同特点，科学编制城市乡村的住房规划，制定相应的政府补助支持政策；

第二，加速公共服务重建，重点做好医疗卫生、文化体育设施、劳动就业和社会保障、社会管理四方面工作，提高社会治理能力和水平；

第三，加快基础设施重建，重点做好交通、水利、能源、通信四方面的基础设施重建工作，充分发挥基础设施对经济社会发展的支撑作用和安全保障能力；

第四，高起点推动产业重建，一般围绕农牧业、工业、服务业、文化旅游业等多方面发展，努力使灾区有就业、有收入、有后劲；

第五，抓好灾害防治和防灾减灾，主要包括开展调查评价、推进综合整治、强化监测预警与应急保障等工作，保护灾区群众生命财产安全；

第六，突出生态环境重建，尊重自然、尊重规律、尊重科学，加强生态修复和环境治理，促进人口、资源、环境协调发展。

10.2.2.2　提供重建实施的支持和保障

灾区恢复重建需要资金和政策等的支持保障，确保重建的人力物力财力。《中华人民共和国突发事件应对法》等规定，受灾地区可根据遭受的损失和实际情况，由上一级政府提供资金、物资支持和技术指导，组织其他地区提供资金、物资和人力支援；国务院根据受突发事件影响地区遭受损失的情况，制定扶持该地区有关行业发展的优惠政策。具体包括财政政策、税收政策、金融政策、保险政策、土地政策、产业政策、地质灾害防治和生态修复政策、项目管理政策、援助政策、援建政策、资金保障政策等。

10.2.2.3　落实重建实施的监督检查

重建实施的过程中，还应强化目标管理、监督检查、绩效考核、责任追究，确保恢复重建目标任务落到实处。具体包括：一是对恢复重建资金和重要物资的筹集、分配、拨付、使用，实行全过程跟踪审计和动态管理，确保重建资金按照规定专款专用，重建物资安排使用规范合理；二是认真履行项目管理程序，严格执行项目法人责任制、招标投标制、合同管理制、工程监理制和竣工验收制；三是建立健全恢复重建资金、项目和物资档案登记制度；四是及时公布资金安排、物资使用、项目进展，接受社会监督，确保灾后恢复重建全过程的公开与透明。

10.3　公共危机的安全风险防控

安全风险防控工作贯穿公共危机管理的全流程，旨在全方位提升公共危机管理的能力，切实保障国家安全。

10.3.1　安全风险防控的架构

安全风险防控，由宏观的国家安全风控、中观的基层安全风控、微观的个人安全风控组成，形成“面→线→点”的安全风险防控网络（见图 10－1）。

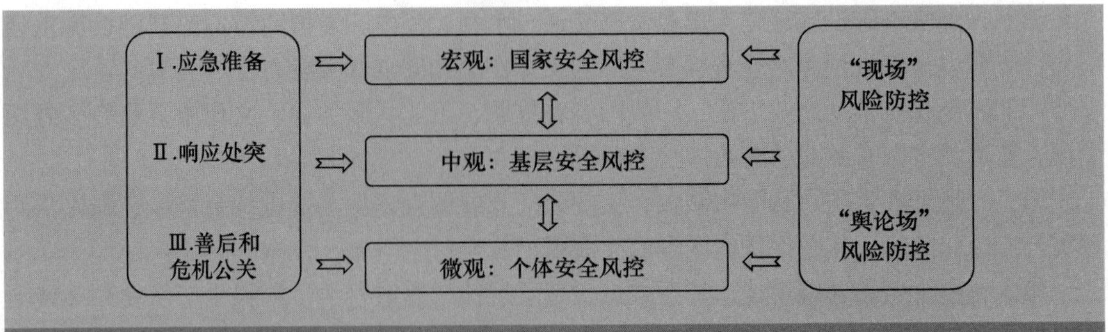

图 10－1 安全风险防控的架构示意图

10.3.1.1 宏观层面的国家安全风险防控

宏观而言，防灾管理旨在提升国家层面的安全风险防控能力。

在我国，由应急管理部牵头，重在“加强、优化、统筹国家应急能力建设，构建统一领导、权责一致、权威高效的国家应急能力体系”①。根据《国务院办公厅关于印发〈国家突发事件应急体系建设“十三五”规划〉的通知》（国办发〔2017〕2 号）的相关要求，国家安全风险防控能力建设，应做到“应急管理基础能力持续提升，核心应急救援能力显著增强，综合应急保障能力全面加强，社会协同应对能力明显改善，涉外应急能力得到加强，应急管理体系进一步完善”。具体包括六大板块（见表 10－3）。

表 10－3 国家安全风险防控的体系建设

板块	领域	具体内容
1. 应急管理基础能力	（1）突发事件风险管控体系	突发事件风险评估标准规范，全国自然灾害综合风险调查，安全生产风险管控和隐患排查治理，全过程、多层级环境风险防范，公共卫生、食品药品安全检验检测和风险防控，立体化社会治安防控，国家网络安全保障等
	（2）城乡社区和基础设施抗灾能力	城乡综合防灾规划，提升关键基础设施灾害设防标准，隐患治理和抗震加固工作，推进应急避难场所建设，防洪抗旱和水安全保障能力，重要基础设施防灾能力建设，农牧渔业防灾减灾体系建设，道路基础设施灾害防御和保通，严格落实企业生产设施规划、设计、建设安全标准等
	（3）突发事件监测预警服务体系	地震预警和紧急处置，海洋灾害、海洋平台溢油和海洋污染监测预警，农林灾害监测，动植物检验检疫和疫情监测预警，国家环境安全动态监测预警，安全生产信息化建设，交通安全信息监控，对公共交通和人员密集场所大客流监控，突发急性传染病预防预警，食品安全突发事件信息直报和舆情监测，金融风险动态监测预警，突发事件预警信息发布体系，国家应急广播体系建设等

① 中共中央办公厅 国务院办公厅关于印发《应急管理部职能配置、内设机构和人员编制规定》的通知。

续前表

板块	领域	具体内容
1. 应急管理基础能力	(4) 城市公共安全风险管理	城市公共安全风险评估，生命线工程全生命周期风险管理，海绵城市、城市地下综合管廊、人民防空工程、城市应急水源等城市基础设施建设，常态与应急管理相结合的城市网格化管理，城市应急联动综合应急管理等
	(5) 基层应急管理能力	综合性乡镇应急队伍建设，应急信息员队伍建设，乡镇（街道）基层应急管理能力标准化建设，行政村（社区）应急服务站（点）建设，社区应急规范化建设，提升基层风险评估、隐患排查、预警信息传播、信息报告和先期处置能力等
2. 核心应急救援能力	(1) 应急救援突击力量建设	省、市、县三级综合应急救援队伍标准化建设，公安特警队伍建设，海警应急能力建设，公安消防和武警水电、交通、森林部队及防化力量建设等
	(2) 重点行业领域专业应急救援能力	危险化学品应急救援基地和队伍，油气输送管道应急救援基地和队伍，水上应急救助和抢险打捞能力，国家海上溢油应急能力，国家核事故应急救援队，国家铁路应急救援基地，突发急性传染病防控队伍建设，食品安全应急检验检测，核生化物质监测、现场筛查和实验室分析等
3. 综合应急保障能力	(1) 应急平台支撑能力	政府综合应急平台体系，部门专业应急平台，以“天地图”为基础的应急信息资源“一张图”等
	(2) 应急通信保障能力	公用应急卫星通信系统，公众通信网络多路由、多节点和关键基础设施的容灾备份体系，国家应急通信专业保障队伍装备配置，现场应急通信互联互通标准等
	(3) 应急物资保障体系	应急物资保障体系，综合应急物资储备库，社会化应急物资保障，中央、地方救灾物资储备库，城市应急物资储备等
	(4) 紧急运输保障能力	应急运力储备，交通应急抢通，空中紧急运输服务队伍体系，航空运输能力社会化储备，应急物流等
4. 社会协同应对能力	(1) 公众自救互救能力	行业从业人员救援能力专业培训，大中小学公共安全知识和技能培养，公众突发事件防范意识和自救互救能力，群众性应急救护培训和应急演练，公共安全教育基地，网上科普宣教平台和应急虚拟体验馆，应急科普宣教等
	(2) 社会应急力量	专业化社会应急救援，应急管理社会中介服务，应急志愿服务法规制度建设，应急响应社会动员，应急管理信用体系建设等
	(3) 应急管理科技支撑能力	应急管理相关学科建设，应急管理专业人才队伍，公共安全科技支撑，公共安全与应急管理的科技攻关、装备研制和应用示范等
	(4) 应急产业发展	应急产品和应急服务标准体系，应急科技资源和信息资源开放共享，应急产业发展培育计划，政府购买应急服务，应急产业宣传推广，应急产业联盟等社团组织等

续前表

板块	领域	具体内容
5. 涉外应急能力	(1) 海外权益保护和安全保障	加强海外利益保护，确保海外重大项目和人员机构安全；完善共建“一带一路”安全保障体系，坚决维护主权、安全、发展利益
	(2) 对外医疗援助和全球应急处置	积极参与联合国维和，开展国际人道主义救援，进行海外护航，认真履行健康领域国际公约，勇于承担国际人道主义责任
6. 应急管理体系	(1) 应急管理法律法规和标准体系	《中华人民共和国突发事件应对法》配套法规制度和规范性文件，四类突发事件应急相关法律法规体系，地方性应急管理法规，应急管理标准体系建设和实施应用等
	(2) 应急管理组织体系	“统一领导、综合协调、分类管理、分级负责、属地管理为主”的应急管理体制，城市应急管理组织体系和辅助决策指挥，社区和企事业单位落实应急管理责任，突发事件应急处置现场组织指挥，领导干部应急管理能力培训等
	(3) 应急管理工作机制	信息报告机制，应急联动机制，应急新闻工作机制，信息发布机制，恢复重建机制，应急评估机制，资金投入机制，风险分担机制，应急管理智库等
	(4) 应急预案体系	应急预案评估、编制和管理，应急预案编制指南，风险评估和应急资源调查，应急预案数字化应用，应急预案演练等

资料来源：根据《国家突发事件应急体系建设“十三五”规划》等公开资料总结整理，为不完全统计。

专　栏

美国的国家安全风控体系设计

美国《国家应急准备目标》(National Preparedness Goal)① 认为，需要全面提升预防、保护、缓解、响应、恢复5个领域的国家安全风险防控能力（见表10-4）。

表10-4　美国国家层面的安全风险防控能力建设的内容和要求

主要领域	国家应急能力的建设要求	具体项（32项）	
		特定项	通用项
1. 预防	防范、避免或阻止公共危机事件	(1) 取证与归因；(2) 情报与信息共享；(3) 封锁与中断；(4) 监控、搜索与侦测	(1) 计划；(2) 公共信息和预警；(3) 协调

① FEMA. National Preparedness Goal (Second Edition) [EB/OL]. [2018-09-10]. https://www.fema.gov/media-library-data/1443799615171-2aae90be55041740f97e8532fc680d40/National_Preparedness_Goal_2nd_Edition.pdf.

续前表

2. 保护	保护美国的利益和信仰，保护美国民众及其资产不受公共危机的威胁和影响	(1) 进入控制和身份确认；(2) 网络安全；(3) 情报和信息共享；(4) 封锁与中断；(5) 物理保护措施；(6) 保护项目和活动的风险管理；(7) 监控、搜索和侦测；(8) 供应完整性和安全	(1) 计划；(2) 公共信息和预警；(3) 协调
3. 缓解	通过减轻未来灾害影响以减少生命和财产的损失	(1) 社区减灾；(2) 长期脆弱性；(3) 减灾、风险和抗逆力评估；(4) 威胁和危害确认	
4. 响应	灾害发生后能快速应对、挽救生命、保护财产、维护环境，并满足基本生存需求	(1) 关键交通；(2) 环境响应；(3) 健康和安全；(4) 遗体处理服务；(5) 基础设施系统；(6) 大规模人员照顾服务；(7) 大规模搜索和救援行动；(8) 现场安全和保护；(9) 操作沟通；(10) 公共、私人服务和资源；(11) 公共健康和医疗服务；(12) 情势评估	
5. 恢复	及时恢复和重建受巨灾影响的生命、健康、设施、经济、社会、文化、历史、环境	(1) 经济恢复；(2) 健康和社会服务；(3) 住房；(4) 基础设施系统；(5) 自然和文化资源	

（注：根据《国家应急准备目标》（National Preparedness Goal）总结整理，为不完全统计）

10.3.1.2　中观层面的基层安全风险防控

在实际操作中，由于基层是公共危机管理的“第一响应人”和最直接利益相关群体，其安全风险防控能力是核心和关键。此处基层主要包括：一是行政层面的基层组织，也即街道和乡镇；二是社会层面的基层单元，包括企事业单位、社区、家庭和个人；三是物理层面的基层物件，包括基础设施设备、防灾避难场所等。

基层的安全风险防控能力建设主要包括基层安全的风险调查管控和隐患排查治理能力、城乡社区的抗灾能力、基础设施的抗灾能力、特定灾害的风险防控能力（见表10－5）。

表 10 - 5　　基层安全风险防控能力的板块和指标

主要领域	具体项（21 项）
1. 基层安全的风险调查管控和隐患排查治理能力	(1) 灾害频发易发地区县级行政单元的自然灾害综合风险调查和综合减灾能力评估； (2) 石油天然气管道、高压输电线路、特种设备等重要设施设备的风险管控； (3) 铁路运输、水路运输、道路交通、城市公交和轨道交通、危险化学品、煤矿、非煤矿山和烟花爆竹等高危领域的安全生产风险管控和隐患排查治理； (4) 海绵城市、城市地下综合管廊、人民防空工程、城市应急水源等城市基础设施和综合防灾建设； (5) 金融、电力、通信、交通等关键信息基础设施和基础性行业的风险防控能力等
2. 城乡社区的抗灾能力	(1) 农村危房改造、城市老旧小区改造等隐患治理和抗震加固； (2) 基于灾害特点、人口分布、城乡布局的各级各类应急避难场所建设； (3)“专兼结合、一队多能”的综合性乡镇应急队伍建设； (4) 灾害信息员、气象信息员、群测群防员、食品药品安全联络员、网格员等应急信息员队伍； (5) 有班子、有机制、有预案、有队伍、有物资、有培训演练的乡镇（街道）基层应急管理能力标准化建设； (6) 有场地设施、有装备物资、有工作制度的行政村（社区）应急服务站(点) 建设； (7) 基层风险评估、隐患排查、预警信息传播、信息报告和先期处置能力等
3. 基础设施的抗灾能力	(1) 交通、水利、通信、供水、供电、供气、供热、广播电视等基础设施的抗损毁和快速恢复保障能力建设； (2) 自然灾害易发地区道路的建设、管理、养护、风险评估、灾害防御和保通能力； (3) 铁路、公路、港口、航道和输变电线等重要基础设施防灾能力建设及其抵御台风、冰冻、暴雨（雪）、雷电、大风、大雾等极端天气的能力等
4. 特定灾害的风险防控能力	(1) 沙尘暴风沙源区和沙尘路径区沙化土地治理、林业有害生物防治等基础能力； (2) 农牧渔业的防灾减灾能力和应对气候变化能力； (3) 中小河流、中小型水库、其他小型水利设施的防洪抗旱和水安全保障能力； (4) 依托大型企业、工业园区、公安消防的危险化学品应急救援基地和队伍建设； (5) 水上应急和海上溢油的专业救助和抢险打捞能力建设； (6) 专业齐全、功能完备、支撑有效的核应急能力建设等

资料来源：根据《国家突发事件应急体系建设“十三五”规划》等公开资料整理，为不完全统计。

10.3.1.3　微观层面的个人安全风险防控

微观而言，防灾管理提升个人安全风险防控能力。个人作为政府部门和组织机构的组成要素或辅助力量，需要提升其安全风控能力和应急素质，以便在公共危机管理过程中承担处理协调者、医疗救护者、媒体应对者、现场评估者、安全保障者、心理疏导者、应急管理者等角色。

在提升个人安全风控能力的战略规划和实际操作中，发展“应急救援员”国家职业资格是重要手段。应急救援员（或称为“紧急救助员”）是指具备国家职业资格和紧急救援专业技能，能够运用紧急救援专业知识和技能，承担先期辅助处置并帮助遇险人员开展自救互救活动的人员。

应急救援员的培训不仅教给群众应对突发状况的自救互助技能，更能提供风险评估与危机处置的科学做法，尽可能减少应急处突的人财损失。根据应急救援员的培训，个人安全风险防控的能力要点如表 10－6 所示：

表 10－6　　个人安全风控能力提升的主要内容

模块	具体内容和细分领域
1. 现场判断与记录汇报	赶到灾害现场后，首先对现场进行判断，准确判断事故灾害种类，如实记录情况，迅速、有针对性地进行报警和求助。可细分为：(1) 初级判断；(2) 报警与求助；(3) 情况记录与汇报工作；等等
2. 辅助逃生与隔离危害	在条件允许的情况下，紧急疏散灾害现场人员，特别注意要避免发生群聚或踩踏等事故，同时注意隔离危害，确保安全疏散地点远离危害、安全可靠。可细分为：(1) 辅助逃生；(2) 隔离危害
3. 初级医疗救护	在条件允许的情况下，应迅速开展伤情检查，初步判断伤情的轻重，并应遵循科学的原则和程序，在专业医疗救助人员未到达前，实施院前的医疗救助。可细分为：(1) 救助行为要求；(2) 专业道德要求；(3) 伤情检查；(4) 掌握常用救护技术；(5) 常见症状与简单处理；(6) 常见外伤创伤简单处理
4. 危险源测评与区域划分	确定危险源的准确位置和影响范围，评估已经引起的人员伤亡和财产损失程度以及可能再造成的人员伤亡和财产损失等情况；同时，实施现场区域划分，合理利用有限的安全地带，保障救助工作顺利进行。可细分为：(1) 损失程度评估；(2) 影响范围评估；(3) 现场的功能区划分；等等
5. 人员与财产保护	确定涉灾人员的定位并开展搜寻，帮助受影响人员到达安全地带，并对其进行相对科学合理的安置，对价值贵重、无法再生、数量稀少甚至独一无二，或者关系到国家利益的财产予以保护。可细分为：(1) 人员疏散和临时安置；(2) 人员搜寻；(3) 财产保护；等等
6. 事态控制与心态调试	维护现场秩序，提供良好的环境，确保不引发突发事件之外的损失，同时通过沟通、倾听、心理辅导等方式，做好现场人员的心态调试。可细分为：(1) 现场秩序维护；(2) 现场心态调试；等等
7. 医疗救护与组织救助	观察生命体征变化，具体判断伤情，在此基础上，有组织地开展对伤员的医疗救助。可细分为：(1) 伤情综合判断；(2) 伤情处理；(3) 组织救助；等等
8. 预案启动与部门协调	根据现场实际情况，参考类似事件预案紧急制定施救方案，获得相关部门同意认可之后组织实施。可细分为：(1) 建议启动预案；(2) 协调救助机构；等等

续前表

模块	具体内容和细分领域
9. 业务指导与物资管理	总体把握紧急救助的整体情况，对一般救助人员开展业务指导，并对救灾资源科学管理。可细分为：（1）指导紧急救助业务；（2）救灾物资管理；等等
10. 舆情收集和研判	现场或通过媒体收集舆情，在充分掌握舆情的同时对舆情进行研判，客观分析公众对于紧急救助的满意度，并提出救助工作合理改进的建议。可细分为：（1）舆情收集；（2）舆情研判；等等
11. 心理疏导	灾难发生后，涉灾人员可能出现更加严重的心理问题，需要长期关注和治疗，接受针对性的心理疏导。可细分为：（1）开展心理疏导；（2）实施心理康复
12. 预案完善和培训	对应急预案进行完善，对知识进行更新，并且对紧急救助队伍开展有针对性的培训。可细分为：（1）预案的完善；（2）预案的培训；等等

资料来源：唐钧. 紧急救助［M］. 北京：中国人民大学出版社，2009。

特定行业人员的个人安全风控能力提升将发挥重要作用，警察、城管、导游、出租车司机等行业从业人员若把紧急救助救援练成基本功，配套必备的自救互助和应急救援技能，有利于全面提升全社会的应急能力，增强公共危机管理的社会力量。

10.3.2 安全风险防控的目标

10.3.2.1 降低应灾的“脆弱性”

防灾管理能够降低“脆弱性”，从而尽可能避免或减轻个人、组织、社会因公共危机所遭受的损失。根据联合国国际减灾战略（United Nations International Strategy for Disaster Reduction)① 等的界定，“脆弱性”是指个人、组织、社区、社会等主体对于公共危机及其危害影响的敏感程度和承受能力。敏感程度越高、承受能力越低，则表明“脆弱性”越高，越容易遭受灾害袭击、被灾害影响并产生损失。

脆弱性集中表现在薄弱环节，降低脆弱性从薄弱环节调查开始，通过案例研究等方法，对薄弱环节做出分析，并提出和采取相应的整改和应对措施。

1. 薄弱环节调查

薄弱环节调查是指危机管理部门对各自职能和管辖范围内的薄弱环节进行经常性或是定期的检查和调研，发现危险源，并做统计汇报，为风险评估和制定预警方案做准备。危机预警部门根据自己的职能或管辖范围，对所辖范围内的薄弱环节进行严格的检查。具体包括以下三个步骤：第一，查找薄弱环节。要考虑两个因素：一是分析本部门管辖范围内的自然环境、地理位置、经济结构、人口分布等因素，二是结合本地区的具体灾害。第二，将薄弱环节登记造册，加以分类汇总。第三，将调查结果形成报告，发给相关部门。

① 脆弱性英文原版解释为：Vulnerability is the conditions determined by physical，social，economic and environmental factors or processes which increase the susceptibility of an individual，a community，assets or systems to the impacts of hazards。UN. The United Nations International Strategy for Disaster Reduction［EB/OL］.［2018-09-10］. https://www. unisdr. org/we/inform/terminology.

易受灾害影响的薄弱环节如表 10－7 所示：

表 10－7　　易受灾害影响的薄弱环节

<table>
<tr><th rowspan="2">灾害示例</th><th colspan="2">主要的薄弱环节</th></tr>
<tr><th>“有形”的薄弱环节</th><th>“无形”的薄弱环节</th></tr>
<tr><td>洪水</td><td>农作物、家畜、机器、设备、基础设施、建筑等洪泛区的所有事物</td><td rowspan="7">社会凝聚力、社区结构、历史文化遗产等</td></tr>
<tr><td>地震</td><td>脆弱建筑及其住户、机器和设备、基础设施、家畜</td></tr>
<tr><td>火山爆发</td><td>接近火山的任何事物，如家畜、人口、屋顶、供水系统</td></tr>
<tr><td>滑坡、山崩</td><td>处于地质不稳定地区的任何设施和人口（悬崖、陡坡上的建筑、地质基础薄弱的道路和建筑等）</td></tr>
<tr><td>强风</td><td>高层建筑和屋顶、栅栏、高树、路标、大广告牌、捕鱼的船只、海岸的工业</td></tr>
<tr><td>干旱和荒漠化</td><td>农作物和家畜、农业人口</td></tr>
<tr><td>技术灾难</td><td>人的健康和生命、建筑、设备、基础设施、农作物、家畜等</td></tr>
</table>

资料来源：Disaster Management Training Programme. Vulnerability and Risk Assessment（2nd edition）[M]. 1994：41.

2. *薄弱环节的脆弱性分析*

将薄弱环节调查报告交给专家委员会或是有专业知识的人员进行分析，主要分析薄弱环节的脆弱性，进行量化和排序，并预测灾难发生时可能造成的损失。具体包括：

第一，脆弱性分析应提前设置标准，该标准要做到统一性和特殊性相结合。系统化的统一的标准，有利于实现分析工作的标准化管理；同时注意标准的特殊性，考虑到不同组织、不同行业、不同地区的特殊性（如基础结构差异、经济多样性、性别、残疾等），做到从实际出发，保证标准的客观、有效。

第二，在分析脆弱性的基础上制定相应的风险整改方案。

第三，针对不同的薄弱环节制定相应的检查、监督制度。须对危险源进行经常监测，及时排查隐患；要特别注意对生命线系统（交通、通信、供水、供暖、电力等系统）薄弱环节的监督和检查。

第四，做好相应的档案管理工作。评估结果形成报告，录入危机信息数据库，做好备案，以备研究和咨询时使用；对不同方面的薄弱环节进行分类，建立目录、索引；如果可行，根据对薄弱环节的调查和评估编制危机风险图，以直观的形式标注薄弱环节及其脆弱性。危机风险图的内容主要包括：（1）薄弱环节是哪些；（2）脆弱性是什么；（3）可能造成的损失是什么；（4）紧急避难场所和路线的位置；等等。

3. *针对薄弱环节和脆弱性采取相应的整改措施*

薄弱环节调查和脆弱性分析有效识别出安全隐患时，可根据相关结果，采取相应的整改措施，降低脆弱性。

以安全生产为例，在薄弱环节调查和脆弱性分析后，相关部门应切实做好相应的安全生产监督和整改工作。具体包括：（1）建立健全相关法律法规；（2）明确本辖区或职责范围内有哪些存在安全隐患的生产部门，登记造册，做好备案；（3）对存在安全隐患的企业和重大风险源进行定期的监督检查；（4）及时制止违反安全生产法律和政策的行为，并予以惩罚；（5）定期公布企业安全生产和事故的相关信息；（6）制定安全生产标准，对土地、建筑、工程等建设项目实行标准化管理；等等。

10.3.2.2　达成全面的“就绪状态”

防灾管理有助于在突发状况下迅速达成“就绪状态”。就绪状态也指危机管理4R理论①中的“预备力”，是指各方面都能做好准备，以确保安全、平稳、有效地应对突发危机。

全面的“就绪状态”，既包括“人”方面的就绪，也包括“物”方面的到位。具体而言：一方面，相关的所有主体各司其职，组织和人员到位，启动相应等级的应急预案，制定具体的应急工作方案，使应急力量迅速到位；另一方面，相关的所有保障均已到位，动用防灾管理的资金和物资，确保应急队伍、装备、技术、通信、运输等多方面的保障到位，同步向上级有关单位上报信息，如有需要启动专家系统，咨询专家的应急意见和建议，提供保障，确保应急响应得以有效推进。

就绪状态的达成，需在机构设置与职能设定、预案编制和演练管理、综合保障和物资储备、宣教培训和人才培养等四方面做好充分准备（见表10-8）。

表10-8　　就绪状态评估的基本框架和方法

要素	就绪状态的定性评估示例	就绪状态的定量评估示例
1. 机构设置与职能设定	（1）应急最高领导的设置和职能；（2）应急统一领导机构的建设和职能；（3）常设应急管理机构的建设和职能；（4）专项应急管理和指挥机构的建设和职能；（5）专家顾问组的建设、更新、运转、维护情况；（6）各类相关机构的配备人员数量和素质；（7）各类相关机构的配套物资、设备、资源和保障情况；等等	（1）属地政府公共危机管理办事机构人员到岗率；（2）属地政府公共危机管理领导机构组建率；（3）属地政府公共危机管理办事机构组建率；等等
2. 预案编制和演练管理	（1）应急预案体系的建设情况；（2）应急预案制定小组；（3）风险分析情况；（4）应急资源调查情况；（5）意见征求情况；（6）应急预案评审；（7）预案修订情况；（8）预案演练规划；（9）演练组织实施；（10）演练总结评估与改进；（11）预案改进和更新情况；（12）预案的宣传、教育、培训情况；等等	（1）预案涉及法律、法规、规章、制度等的监督检查覆盖率；（2）属地的总体应急预案制定率和三年修订率；（3）属地的专项应急预案制定率和三年修订率；（4）属地政府的部门应急预案制定率和三年修订率；（5）属地政府各部门联合应急预案制定率和三年修订率；（6）属地一般性单位和基层组织应急预案制定率和三年修订率；（7）属地的相关企业集团应急预案制定率和三年修订率；（8）风险评估覆盖率；（9）重大危险源普查覆盖率；（10）危险区域普查覆盖率；（11）重大危险源监测覆盖率；（12）关键基础设施监测覆盖率；（13）重大突发事件预警率；（14）属地政府应急预案演练频率；（15）属地政府应急预案演练部门参加率；等等

① 危机管理4R理论认为“公共危机管理的能力由缩减力（reduction）、预备力（readiness）、反应力（response）、恢复力（recovery）组成”。HEATH R. Crisis Management for Managers and Executives: Business Crises, the Definitive Handbook to Reduction, Readiness, Response and Recovery. London: Financial Times Pitman Pub., 1998.

续前表

要素	就绪状态的定性评估示例	就绪状态的定量评估示例
3. 综合保障和物资储备	(1) 人力资源；(2) 财力保障；(3) 物资保障；(4) 医疗卫生保障；(5) 交通运输保障；(6) 治安维护；(7) 人员防护；(8) 通信保障；(9) 公共设施；(10) 科技支撑；等等	(1) 城市紧急避难场所人均面积；(2) 每万人口医院和卫生院床位数；(3) 救灾储备支出占地方财政支出的比重；等等
4. 宣教培训和人才培养	(1) 应急救援专业人员培训情况；(2) 应急指挥人员培训情况；(3) 防灾减灾志愿者培训情况；(4) 社区减灾培训情况；等等	(1) 每十万人拥有综合应急救援人员数量；(2) 综合应急救援队伍覆盖率；(3) 每万人拥有执业（助理）医师数量；(4) 每万人拥有注册应急志愿者数量；(5) 中小学应急知识课开设率；(6) 每万人《应急知识手册》发放量；(7) 十万人拥有公共安全教育基地；(8) 应急管理干部培训率；(9) 应急志愿者培训率；(10) 社区减灾培训率；等等

资料来源：根据相关公开资料整理总结，为不完全统计。

10.3.2.3　提升公共危机“承受力”

安全风险防控的最终目标在于提升公共危机“承受力”，也即对于公共危机的承受能力。“承受力”指责任主体承担社会稳定风险和社会责任的综合能力，具体包括防范力、应急力、公关力、恢复力、承受力的综合状况。在实际操作中，可以细化为具体的评估项（见表 10－9）。

表 10－9　　公共危机“承受力”的具体研判项

类别	描述	主要评估和提升项
1. 防范力	排查化解事故隐患，评估并整改风险的能力	(1) 风险识别和隐患排查； (2) 风险评估和高危定级； (3) 风险整改和隐患治理等
2. 应急力	应急响应和处突救援的能力以及相应的社会配合状况	(1) 官方应急能力（“一案三制”、应急处突、紧急救援、综治维稳等）； (2) 社会应急能力（民众在公共安全等方面的意识和技能）等
3. 公关力	以民众为中心开展公共关系，并争取民众认可、理解、满意的能力	(1) 由内而外地做好群众工作； (2) 由外而内地吸收“最大公约数”； (3) 能够获得社会各界信任； (4) 愿意配合社会矛盾调解等
4. 恢复力	灾后迅速恢复至灾前状态的能力	(1) 社会秩序的恢复； (2) 基础设施的恢复； (3) 群众生产生活的恢复； (4) 灾区发展的恢复等
5. 承受力	对综合社会风险的承受能力	(1) 上述四项评估项的综合； (2) 承担社会责任的能力

资料来源：唐钧. 社会稳定风险评估与管理［M］. 北京：北京大学出版社，2015；郭济. 中央和大城市政府应急机制建设［M］. 北京：中国人民大学出版社，2005.

10.3.3 安全风险防控的长效机制

党的二十大报告对于安全风险防控的长效机制建设作出明确指示，要求“坚持安全第一、预防为主，建立大安全大应急框架，完善公共安全体系，推动公共安全治理模式向事前预防转型”。安全风险防控若要实现长效化，需针对“应急准备”“响应处突”“善后和危机公关”三个板块，做好制度整改和机构设置两个层面的根源治理和优化提升（见图 10－2）。

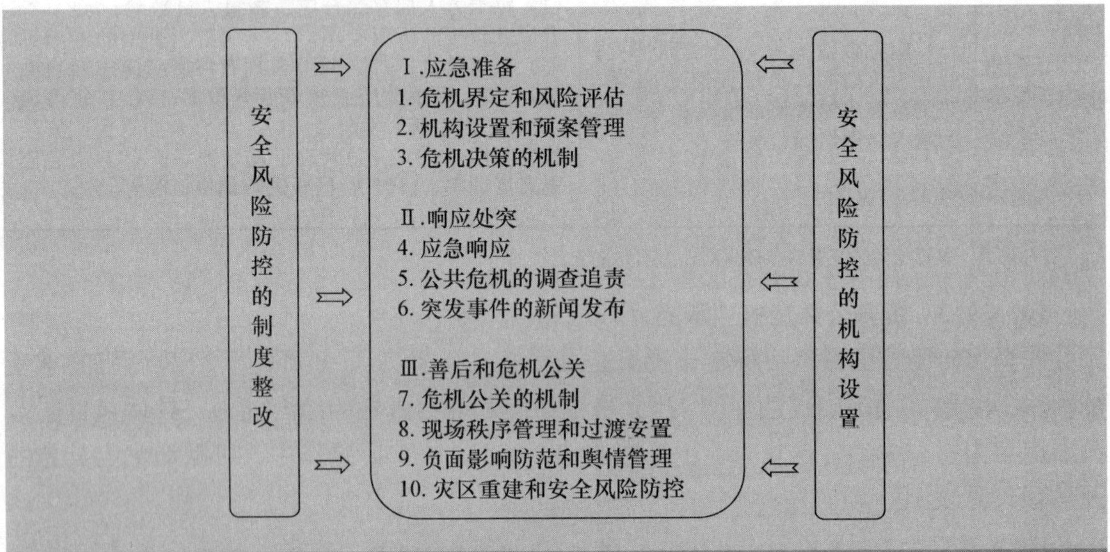

图 10－2 安全风险防控长效机制的机理示意图

第一，以制度整改为核心的根源整治是安全风险防控长效机制的基础，建立健全安全风险防控长效机制，让风险防控工作得以常态化。以美国三角工厂火灾事故后的制度整改为例。美国三角工厂火灾事故①造成 146 名女工死亡的恶劣后果和负面影响，之后美国社会进行了一系列根源整改，有效防止了群死群伤的安全生产事故再次发生。具体包括：制度深层次的社会理念：反思“社会达尔文主义”的理念，罗斯福“新政”后政府监管和干预的理念逐步加强，逐步打破放任自由的市场规则，解决安全监管“真空”、劳工权益受侵害、城市管理不健全、社会保障缺位等问题；同时，社会价值观被重塑，民主平等的价值观再次引起重视，“生命的价值重于财富”成为美国现代主流价值观之一，为社会公共安全营造了良好的文化环境。具体的政策制度：推动了纽约州乃至全美一系列人道主义法律制度的出台，建立健全保障生命安全的法律法规，《全国劳工关系法》《社会保障法》《公共住房法》《劳工权益保障法案》等的出台，为改善劳工的生存与工作环境提供了稳定的法律基础。

---

① 美国三角内衣工厂火灾发生于 1911 年 3 月 25 日的纽约三角女装厂，是美国纽约市历史上最大的工业灾难，导致 146 名服装工人被烧死或跳楼致死。事发前管理人员为防止工人趁换班时溜出去休息抽烟，将通向楼梯井和出口的紧急逃生门全部上锁，致事发时多数女工未能及时逃生。

第二，以设置机构为核心的“三定方案”是安全风险防控长效机制的关键，逐步完善保障安全风险防控工作得以实施的机构和人员。以美国“9·11”事件后的防控恐怖袭击安全风险的长效提升机构建设为例。具体包括：一方面，成立国家反恐中心，为风险源的全面、动态识别打下坚实的基础。美国反恐的情报系统机构多样、来源广泛、实时回报，中央情报局、联邦调查局、国防情报局等 16 个部门都设置有相关的情报机构，以确保涉恐情报信息收集的全面完整，为恐怖袭击风险源的全面与动态识别提供参考。另一方面，组建国土安全部，系统整改涉恐安全隐患，从而降低恐怖袭击高危风险的等级。反恐是美国国土安全部的组建原因与最高目标，整改涉恐安全隐患的具体策略包括：消除生化安全隐患、打击极端暴力行为、保证关键基础设施安全、防范爆炸袭击、防止核恐怖袭击、强化驾驶执照和身份证件的安全管理①。

专　栏

提升耐受灾害的“韧性”

安全风险防控应切实提高受灾主体耐受灾害的“韧性”，使得主体能更好地承受住公共危机带来的破坏性后果和毁灭性损害，并得以迅速恢复。“韧性”② 是指个体、系统、社区、城市、国家或社会等主体能够承受公共危机造成的损害并从其影响中迅速恢复的能力。防灾管理能够提升相关主体抵御灾害的能力，提高相关系统迅速恢复到正常状态并维持常态运转的能力，进而在整体层面提升从灾害中恢复以及抵御未来更严重灾害的能力。

联合国人居署（UN-HABITAT）提出的“城市韧性概述方案”在防灾管理的框架下提升城市层面的韧性。具体包括：(1) 通过公民团体和社会组织的参与促进民众了解风险；(2) 支持和保障个体、社区、企业和公共部门的防灾投资；(3) 将灾害风险评估作为城市发展规划和决策的基础；(4) 投资维护减少风险的关键基础设施；(5) 开展教育和卫生设施的安全评估与整改；(6) 建筑建设规范和土地使用规划应符合防灾减灾原则；(7) 落实学校和社区的防灾减灾教育培训；(8) 保护生态系统和自然缓冲区；(9) 强化城市风险预警系统建设，提升应急管理能力和公众防灾能力；(10) 灾后重建以幸存者的需求为中心。

本章小结

对遭受严重损失的灾区进行恢复与重建，在坚持基本原则的基础上，以“生理-心理-

① 国土安全部反恐职责介绍［EB/OL］. 美国国土安全部官网，2018-09-10.

② “韧性”最早用于生态学领域，20 世纪 90 年代，学者将其拓展至工程、社会与经济等领域，其内涵不断得到丰富。21 世纪以来，“韧性”在公共危机管理中的应用不断扩展。2005 年国际减灾会议确认了韧性在防灾减灾工作中的重要性，并提出“灾害响应”的理念。韧性作为一个核心的概念，已经被应用到城市环境、乡村环境、气候变化、可持续发展等多个领域。

社会”的三维重建为目标，对直接利益相关群体予以多维度抚恤、补助、补偿、援助；以“输血＋造血”的可持续发展理念，中央统筹指导、地方主导执行、灾区群众广泛参与、社会力量有序参与的重建机制，全面开展重建规划与实施，力争在恢复到灾前水平的基础上，该区域的生产生活和社会经济有更高的进步和发展。

安全风险防控工作贯穿公共危机管理的全流程，由宏观的国家安全风控、中观的基层安全风控、微观的个人安全风控组成，形成“面→线→点”的安全风险防控网络，旨在降低应灾的“脆弱性”、达成全面的“就绪状态”、提升安全的“风险承受力”，要实现常态与危态的良性循环，需做好制度和机构层面的整改根治和优化提升。

关键术语

三维重建模型　过渡安置　恢复和重建　“输血”式重建　“造血”式重建

案例研讨

“4·20”芦山地震后的四川芦阳二小重建

“4·20”芦山地震后，根据《芦山地震灾后恢复重建总体规划》实施方案，芦山县芦阳镇第二小学（简称芦阳二小）灾后重建项目选址于芦阳镇先锋社区石羊小区，遵循可持续发展的思路，开展异地恢复重建。

此次重建项目估算总投资5 290多万元，其中中央重建资金为2 244万元，壹基金捐建修建校舍主体建筑资金为2 500余万元。学校规划土地面积43亩，新建校舍8 460平方米，新建体育场地8 000平方米，新建附属设施21处，按标准增配相关设备、图书等。根据《四川省人民政府办公厅关于规范农村义务教育学校布局调整的实施意见》，按照九年义务教育“划片招生、就近入学”的原则，根据《农村普通中小学校建设标准》（建标　109—2008），规划在校学生为1 080人。

1. 遵循可持续原则，异地恢复重建

在壹基金、儿童教育专家、教育局和业主学校的共同协商下，确定四项重建原则。

一是遵循合理布局原则，以方便学生就学，有利于提高教育质量和优化教育体系结构为出发点和落脚点。

二是遵循安全原则，确保校园校舍安全，确保建筑质量，把学校建成最牢固、最安全的地方。

三是遵循标准化建设原则，促进县域教育均衡发展，以校舍安全、适用为目的，不盲目追求学校建设的高标准，避免华而不实。

四是遵循绿色、生态、智慧校园的原则，在灾后重建中体现学校特色和绿色发展理念。

按照以上原则设定了新建小学的总体目标，即通过完成该所学校的灾后重建，建成具备国内领先水平的抗震减灾和儿童全面发展的示范性校园；为学校学生提供全面发展的环境，并为学校及周边社区人群提供安全应急避难场所。校园建设成果得到儿童教育专家、教育局和学校等各方的认可，并通过政府的验收备案。具体目标分别如下：

第一，坚持以人为本的理念，全面贯彻落实科学发展观，完成抗震减灾示范校园灾后重建工作，确保学校按期交付，投入使用，使学校能够恢复正常的学校教育功能，使灾区儿童能够有安全、友好的成长空间。

第二，建设促进儿童全面发展的人文校园，使其成为雅安灾后重建学校援建的示范项目。

第三，学校的建设具备系统的减灾功能，使得学校能够作为社区应急避难场所，发挥社区减灾中心的功能。

2. 台湾专家设计，功能齐全系统化

根据芦山县下达的“4·20”灾后重建项目规划，新校址位于芦阳镇先锋社区石羊组潘河桥右上方，占地约 60 亩。新建校舍 8 460 平方米，新建体育场地 8 000 平方米，新建附属设施 21 处，按标准增配相关设备等。直接受益的对象是 613 名现有的在校学生和未来计划的 1 080 名学生，间接受益对象是学校周边社区的避难人群。

学校聘请了台湾境向联合建筑师事务所，进行合理的空间布局和高水平的建筑设计。学校建设包括综合行政楼一栋、多功能教室一栋、音乐教室一栋、教学楼四栋、避灾顶棚和食堂各一栋、400 米跑道标准运动场一座、篮球场三个。还规划建设有校园广播系统、远程教室等各类现代教育教学设施，以及其他附属设施和校园绿化、文化建设等。其中，避灾顶棚兼具风雨操场及灾时避灾功能。这一工程是着力打造民生项目的优质工程、放心工程。

3. 精心布局与规划，优化环境，丰富文化

台湾境向联合建筑师事务所根据芦阳二小办学实际，经过反复研究，在不破坏原生态的情况下，设计具有兼顾生态、安全、文化、美观的新型现代化校园。校园建筑古朴幽雅，呈连廊式，建筑与校外山水、树木融为一体，相得益彰，高端、大气，典雅、时尚。

学校环境优美，校园内树木葱郁、碧草如茵的同时，校园文化特色鲜明，校园文化重点以“感恩奋进”“快乐成长”“创客教育”“优美环境”四大板块为主体，特色鲜明，是孩子们快乐学习、快乐成长的摇篮。芦阳二小的微机室、阅览室、科学实验室、音乐教室等功能室设备齐全，已向学生全面开放，芦阳二小建立了“创客乐园”，为学生素质的提高搭建了平台。

芦阳二小在重建过程和重建后一直坚持把感恩教育摆在思想政治工作和学生德育工作的重要位置。在全校师生中，广泛宣传社会各界对芦山教育、芦阳镇第二小学的支持和关爱，广泛开展感恩援建单位、感恩政府关怀、感恩老师培育、感恩父母养育、感恩同学关心等主题教育活动，在学生中培育感恩之心，播种爱的种子，传递爱的正能量。

具体做法有建设感恩校园文化并建立感恩陈列室，在校门口、操场等显著的场所设置感恩墙、感恩标语，开展“感恩奋进”班队主题活动等。

4. 注重安全设计，打造抗震减灾示范校

学校建设完全按照国家抗震、消防等各项标准进行，提高了校舍抵抗自然灾害的能力，为广大师生生命财产安全提供了有力保障，成为抗震防灾示范学校。

芦阳二小新校区建筑全部是按 8 度抗震设防。教学楼均为一楼一底，且由走廊连接，相互拉扯。底楼教学楼前的草坪空间宽大，易于学生应急避灾；二楼的阅览室前的空坝有向地面滑行的逃生滑道。应急楼梯设计很宽，逃生时宽松、有序。

5. 作为城区应急避难场所，承担社会责任

原来老二小在汶川地震和芦山地震中作为安置区，接纳了很多当地受灾群众，具有比较丰富的应急救灾经验。因此，学校坚持与社区共存的理念，在规划设计之初就把学校作为社区和城区的应急避难场所进行设计规划。在室外的操场设计了高杆灯，确保应急照明。学校的设计能力能容纳临时避难居民 1 000 余名，吃喝住可以容纳 800 余名。同时，还建设了家乡应急安置区、应急功能区、应急通道、消防救难通道、应急供水系统、应急供电系统、应急广播系统等配套设施。

参考文献

REFERENCE

[1] 张成福，唐钧，谢一帆. 公共危机管理：理论与实务［M］. 北京：中国人民大学出版社，2009.

[2] 张成福，唐钧. 政府危机管理能力评估：知识框架与指标体系研究［M］. 北京：中国人民大学出版社，2009.

[3] 张成福，谢一帆. 危机管理新思路［M］. 北京：国家行政学院出版社，2014.

[4] 薛澜，张强，钟开斌. 危机管理：转型期中国面临的挑战［M］. 北京：清华大学出版社，2003.

[5] 唐钧. 紧急救助［M］. 北京：中国人民大学出版社，2009.

[6] 唐钧. 新媒体时代的应急管理与危机公关［M］. 北京：中国人民大学出版社，2018.

[7] 唐钧. 政府风险管理［M］. 北京：中国人民大学出版社，2015.

[8] 唐钧. 社会稳定风险评估与管理［M］. 北京：北京大学出版社，2015.

[9] 唐钧. 风险评估与危机预警报告（2015～2016）［M］. 北京：社会科学文献出版社，2016.

[10] 张成福. 公共危机管理：全面整合的模式与中国的战略选择［J］. 中国行政管理，2003（7）：6-11.

[11] 薛澜，张强，钟开斌. 危机管理：转型期中国面临的挑战［J］. 中国软科学. 2003（4）：6-12.

[12] 薛澜，钟开斌. 突发公共事件分类、分级与分期：应急体制的管理基础 [J]. 中国行政管理，2005 (2)：102-107.

[13] 唐钧. 公共危机管理：国际动态与建设经验 [J]. 新视野，2003 (6)：47-49.

[14] 唐钧. 风险沟通的管理视角 [J]. 中国人民大学学报，2009，23 (5)：33-39.

[15] 唐钧. 社会维稳的风险治理研究 [J]. 教学与研究，2010 (5)：29-34.

[16] 唐钧. 政府形象风险及其治理 [J]. 中国行政管理，2010 (5)：75-78.

[17] 唐钧. 社会公共安全风险防控机制：困境剖析和集成建议 [J]. 中国行政管理，2018 (1)：116-121.

[18] 唐钧. 社会公共安全风险防控的困境与对策 [J]. 教学与研究，2017 (10)：94-102.

[19] 唐钧. 论政府风险管理：基于国内外政府风险管理实践的评述 [J]. 中国行政管理，2015 (4)：6-11.

[20] 唐钧. 社会公共安全的治理研究 [J]. 中国人民大学学报，2018，32 (1)：50-58.

人大版公共管理类教材

公共管理类专业教材——学科基础课教材

书名	作者
现代管理学原理（第三版）（“十一五”国家级规划教材）	娄成武　魏淑艳
一般管理学原理（第四版）	张康之　周　军
管理学基础（第三版）	方振邦
政治学原理（第三版）	景跃进　张小劲
现代政治学原理（第四版）	石永义　刘玉萼　张　璋
公共管理学（第二版）	陈振明
公共管理学——一种不同于传统行政学的研究途径（第二版）	陈振明
公共管理学（第三版）（数字教材版）（“十二五”国家级规划教材）	蔡立辉　王乐夫
公共管理学（精编版）	王乐夫　蔡立辉
公共管理学（第二版）	张康之　郑家昊
公共管理概论（第二版）	朱立言　谢　明
公共政策导论（第六版）（数字教材版）	谢　明
公共政策概论（第二版）	谢　明
公共政策学——政策分析的理论、方法和技术（“十一五”国家级规划教材）	陈振明
公共政策学（第二版）	杨宏山
政策科学——公共政策分析导论（第二版）	陈振明
公共经济学（第三版）（“十二五”国家级规划教材）	高培勇
公共经济学教程	秦立建
政府经济学（第四版）（“十一五”国家级规划教材）	郭小聪
政府经济学（第四版）	潘明星　韩丽华

公共管理类专业教材——方法课教材

书名	作者
公共管理研究方法	何兰萍　张俊艳
行政学研究方法与应用案例	萧鸣政　等
管理定量分析：方法与技术（第三版）	刘兰剑

公共管理类专业教材——行政管理、公共事业管理专业教材

书名	作者
行政法学导论	姜晓萍
公共部门人力资源管理（第四版）	孙柏瑛　祁凡骅
公共部门人力资源开发与管理（第五版）（“十二五”国家级规划教材）	孙柏瑛　祁凡骅
公共部门人力资源管理（第三版）	滕玉成　于　萍
公共部门人力资源管理概论（第二版）	方振邦
公共部门人力资源管理案例	周均旭
行政管理学（第五版）（数字教材版）	郭小聪
公共行政学（第五版）	彭和平
公共行政学（第二版）	张康之　张乾友
行政学导论（第三版）	齐明山

书名	作者
行政管理学导引与案例	陈季修
管理心理学（第三版）	范逢春
公共组织行为学（第三版）（“十一五”国家级规划教材）	孙　萍　张　平
公共组织学（第四版）	李传军
行政组织学（第二版）	张　昕　李　泉
公共组织理论	陆明远　冯　楠
公共事业管理概论（第三版）	朱仁显
公共组织财务管理（第三版）（“十一五”国家级规划教材）	王为民
国家公务员制度（第五版）（数字教材版）（“十二五”国家级规划教材）	舒　放　贾自欣
国家公务员制度概论（第二版）	刘碧强　郗永勤
公务员制度概论	李如海
公务员制度	温志强　王彦平　郝雅立
当代国家公务员制度：理论与实践	胡春艳
行政领导学（第三版）	朱立言　李国梁
领导学（第五版）	邱霈恩
领导学	孙　健
现代市政学（第五版）（数字教材版）	王佃利
市政管理学（第五版）（“十一五”国家级规划教材）	杨宏山
社区管理（第四版）	汪大海　魏　娜　郇建立
社区管理原理与案例	魏　娜
电子政务教程（第三版）（“十一五”国家级规划教材）	赵国俊
电子政府与电子政务（第二版）（“十一五”国家级规划教材）	张锐昕
行政伦理学教程（第四版）（“十二五”国家级规划教材）	张康之　李传军
公共危机管理概论（第二版）	王宏伟
公共危机管理	唐　钧
当代中国政府与政治（第二版）	景跃进　陈明明　肖　滨
当代中国政府与行政（第三版）	魏　娜　吴爱明
地方政府学概论（第二版）	方　雷
地方政府管理（第二版）	陈瑞莲　张紧跟
管理秘书实务（第三版）	赵锁龙
行政秘书学	唐　钧
公文写作与处理	赵国俊
机关管理的原理与方法（第三版）	赵国俊　陈幽泓
公共部门绩效管理（第二版）	方振邦
政府绩效管理（第二版）	方振邦　葛蕾蕾
政府绩效评估	蔡立辉
政府公共关系（第二版）（“十一五”国家级规划教材）	廖为建　张　宁
西方行政学理论概要（第二版）（“十一五”国家级规划教材）	丁　煌
公共行政学史（第二版）	何艳玲
西方公共管理名著导读	汪大海
文化管理学（第三版）（“十二五”国家级规划教材）	孙　萍
文化创意产业导论	魏鹏举
卫生事业管理（第二版）（“十一五”国家级规划教材）	李　鲁
现代公用事业管理	崔运武

公共管理类专业教材——劳动与社会保障专业教材

书名	作者
社会保障概论（第七版）	孙光德　董克用
社会保障学	戴卫东
劳动经济学（“十一五”国家级规划教材）	董克用　刘　昕
劳动法与社会保障法	黎建飞
社会保险学（第四版）	孙树菡　朱丽敏
社会保障基金管理	李春根
社会保障国际比较	仇雨临

公共管理类专业教材——土地资源管理专业教材

书名	作者
土地经济学（第八版）（“十一五”国家级规划教材）	毕宝德
土地法学（中国人民大学“十三五”规划教材）	严金明
土地资源学	张正峰　赵文武
土地资源管理学（第二版）	张正峰
国土空间规划学	张占录　张正峰
不动产估价（第二版）（“十一五”国家级规划教材）	叶剑平　曲卫东
土地信息系统	曲卫东　韩　琼
地籍管理（第五版）（“十一五”国家级规划教材）	谭　峻　林增杰

公共管理类专业教材——城市管理专业教材

书名	作者
城市管理学（第四版）	杨宏山
城市管理学：公共视角	陆　军　等
城市管理法	王丛虎
城市总体规划原理	郐艳丽　田　莉

公共管理类教材——应急管理专业教材

书名	作者
应急管理导论：原理与案例	李燕凌　朱正威 张海波　章文光
应急管理概论	王宏伟
应急管理理论与实践	唐　钧
突发事件风险管理	张小明
应急管理新论	王宏伟
新媒体时代的应急管理与危机公关	唐　钧
公共安全风险治理	唐　钧

公共管理硕士（MPA）教材——核心课教材

书名	作者
全国公共管理硕士（MPA）核心课程教学指导纲要	全国公共管理专业学位 研究生教育指导委员会

书名	作者
社会主义建设理论与实践（第三版）	李景治　蒲国良
公共管理英语（修订版）	顾建光
学术规范和论文写作	胡宏伟
公共管理学（第三版）（全国优秀教材二等奖）	张成福　党秀云
公共管理学原理（修订版）	陈振明
公共管理导论	竺乾威　朱春奎　李瑞昌
公共政策分析	陈振明
公共政策分析导论	陈振明
公共政策分析概论（修订版）	谢　明
公共部门经济学（第三版）	高培勇　崔　军
公共经济学	唐任伍
行政法学（修订版）	皮纯协　张成福
行政法学概论（第三版）	胡锦光
非营利组织管理概论（修订版）	王　名
非营利组织管理	王　名　王　超
公共管理伦理学（修订版）	张康之
社会研究方法	陈振明
电子政务理论与方法（第五版）	金江军
公文写作概论	高永贵

公共管理硕士（MPA）教材——专业方向必修课、选修课教材

书名	作者
公务员制度教程（第六版）	舒　放　王克良
比较政府与政治（修订版）	卓　越
当代中国政府与政治（第三版）	吴爱明　朱国斌　林　震
公共部门人力资源管理及案例教程（第三版）	陈天祥
公共部门绩效评估（修订版）	卓　越
公共部门危机管理（第三版）	张小明
应急管理通论（第二版）	李雪峰
公共部门战略管理（修订版）	陈振明
MPA 学位论文写作指南	汪大海

中国人民大学出版社　管理分社

教师教学服务说明

中国人民大学出版社管理分社以出版工商管理和公共管理类精品图书为宗旨。为更好地服务一线教师，我们着力建设了一批数字化、立体化的网络教学资源。教师可以通过以下方式获得免费下载教学资源的权限：

★ 在中国人民大学出版社网站 www.crup.com.cn 进行注册，注册后进入“会员中心”，在左侧点击“我的教师认证”，填写相关信息，提交后等待审核。我们将在一个工作日内为您开通相关资源的下载权限。

★ 如您急需教学资源或需要其他帮助，请加入教师 QQ 群或在工作时间与我们联络。

中国人民大学出版社　管理分社

教师 QQ 群：648333426（工商管理）　114970332（财会）　648117133（公共管理）
教师群仅限教师加入，入群请备注（学校＋姓名）

联系电话：010-62515735，62515987，62515782，82501048，62514760

电子邮箱：glcbfs@crup.com.cn

通讯地址：北京市海淀区中关村大街甲 59 号文化大厦 1501 室（100872）

管理书社　　人大社财会　　公共管理与政治学悦读坊